李庾南　全国著名特级教师，江苏省首批名师，江苏省中小学荣誉教授，江苏省有突出贡献专家。著有《初中代数教学结构》、《初中几何教学结构》、《数学自学・议论・引导教学法》、《中学数学新课程教学设计30例》、《班主任工作艺术100例——触及心灵的足音》等九部专著；在《教育研究》、《课程・教材・教法》、《人民教育》、《数学通报》等报刊上发表论文百余篇；应邀为中国教育电视台、中国电视师范学院、江苏教育电视台等拍摄理论讲座、教学录像260多讲，在中国教育电视台等大众媒体播放。从教56年，教学成绩斐然，其创立的自学・议论・引导教学法历时35年，不断发展，为改革课堂教学结构和方法、发展学生的学力提供了成功的经验。先后荣获全国中小学教学改革“金钥匙”奖、苏步青数学教育奖等多项殊荣。2010年，“自学・议论・引导教学法”荣获全国基础教育课程改革教学研究成果一等奖；2011年，“初中学生学力发展研究”荣获江苏省第三届教育科学优秀成果一等奖；2013年，“自学・议论・引导教学法”荣获江苏省基础教育教学成果特等奖；2014年，“初中数学自学・议论・引导教学法35年探索实践”荣获首届基础教育国家级教学成果一等奖。曾被评为“全国教育系统劳动模范”、“全国先进工作者”、“全国教书育人楷模”、“江苏省第二届‘十佳师德模范’”。江苏省第八届人大代表，第九届全国人大代表。享受国务院政府特殊津贴。

2010年12月获全国基础教育改革优秀成果一等奖时与教育部原副部长王湛合影

2015年9月8日参加全国教书育人楷模相关活动后在紫光阁前留影

2012年12月为江苏省南通市中学数学骨干教师上示范课

2013年5月30日中考前夕指导学生自主学习、合作探究

与新入学的2010—2013届学生一起迎接新学期

与2013届摘取江苏省南通市中考桂冠的优秀毕业生合影

2011年5月18日在自学·议论·引导教学流派发展研究报告会上

2013年7月初为参加“李庚南数学教育培训班”的教师讲课

2012年5月在新疆维吾尔自治区伊犁州宣讲自学·议论·引导教学法

2009年为“人教学习网”拍摄“初中数学同步辅导”

2001年3月出席第九届全国人民代表大会第四次会议

2012年9月20日获“江苏省第二届师德模范”

2013年6月工作照

35年来部分科研成果

自学·议论·引导教学论

李庚南　著

人民教育出版社
·北京·

本书荣获
第五届全国教育科学研究优秀成果二等奖
江苏省第四届教育科学优秀成果一等奖

图书在版编目（CIP）数据

自学·议论·引导教学论/李庾南著. —北京：人民教育出版社，2013.7(2019.7 重印)
ISBN 978-7-107-26298-2

Ⅰ. ①自…　Ⅱ. ①李…　Ⅲ. ①教学研究—中小学　Ⅳ. ①G632.0

中国版本图书馆 CIP 数据核字（2013）第 157400 号

自学·议论·引导教学论

出版发行　人民教育出版社
（北京市海淀区中关村南大街 17 号院 1 号楼　邮编：100081）
网　址　http://www.pep.com.cn
经　销　全国新华书店
印　刷　人民教育出版社印刷厂
版　次　2013 年 7 月第 1 版
印　次　2019 年 7 月第 4 次印刷
开　本　787 毫米×1 092 毫米　1/16
印　张　31.25
插　页　4
字　数　470 千字
印　数　11 001~13 000 册
定　价　62.50 元

序　言：

绳锯水滴真功夫，断木穿石见魅力

上世纪80年代初，在全国数学教育的年会上，我听李庚南老师报告自学·议论·引导的教研成果。三十年后的今天，李老师的教学话题更为丰富、深刻，甚至触及专业前沿，频频得到业内专家和广大教师的称道，但她所说的还是原本的理念。在如今随风飘、盲目跟盛行的年代里，能始终认准一个专题，三十余年不摇摆，从认同到践行，再到自有心得，借鉴中有主见，持续中有新变，表现了优秀教育工作者坚定的实践自信。

李庚南老师的上述教学理念，源于经验兼及理性，又从个人钻研到带动团队，其影响已遍布全国不少省市。她作为始终坚守在教学第一线的初中数学教师，创造了极富自己特色的教学流派，这本书其实是她终身从教、上下求索的生命结晶。初中生学习数学，处在一个特殊的关键时期，知识从具体形象过渡到逻辑抽象，但又不能过于严谨；学生要从烂漫童真发展为独立建构的学习，但时常局限于稚嫩。这一阶段的数学教师是非常难当的，几乎课课都要动尽脑筋。李老师的成功正在于此，本书涉及的上百课例，处处体现了她的脑力与机智，每当论及先进的教学理念或原理的时候，作者都能用自己亲自做过的案例来说明。这一点十分重要，有人说：未经自己体验的理念只是别人的理念。李老师则不同，她已经把初中数学的主干知识、逻辑关系与针对不同儿童、有差别的教学理念做了天衣无缝的实践对接，自然而又顺畅。这是中国数学教育堪为世人赞美的最重要的“草根”亮点之一。

李老师是崇尚独立自学的教师典范。如本书所说，看、听、问、练、记，主要靠自己。她相信，离开了学生自己学、自己做，教学就无法摆脱灌输式，这是她践行的基点。李老师又格外重视班级中的集体议论，强调集思广益，把责疑发问、平等议论不仅作为课堂教学的核心环节，而且是教学的重要目标，由此提升课堂教学的思维品质。但无论是自学还是议论，都需要教师帮助，李庚南老师正是在这一方面，功力尤其独到，她的“相机引导”，简直到了炉火纯青的地步。首先，她的“相机”缘自对学生的精准了解，知道每个学生的心性与不同阶段的实情，然后找寻最适当的时机以便导之有理、引得出彩。她的绝招在悉心诱导而不是牵着学生走路，严格要求又不强制他们，全力开导却不去代替学生思考。数学是一门逻辑思维很强的学科，李老师的引导，注重数学知能的连贯一致而不是零打碎敲，讲求学生接受能力合乎顺序的引领，还能预见学生可能出现的差错而防于未然，她对学生何时自学、何时议论均有细微而完善的安排。李老师的这种“相机引导”，时间一长，我们看到的是，师生相悦，学习效能倍增，本来冷冰冰的数学知识教学，成了师与生、生与生共同成长的欢乐园地。

我特别崇敬李庚南老师，尤其敬仰她说的如下一段话：我和团队坚持三十年磨一剑，没有朝令夕改，见异思迁，不做“学究式”的概念推演和“书斋式”的坐而论道，而是以“绳锯木断，水滴石穿”的韧劲，矢志不渝，瞄准为学而教的方向，一头扎进课堂，一步一个脚印。我想，医生的真功夫在病床上，教师的真功夫在课堂上。李老师一辈子做数学教师，当了五十余年的班主任，这是创纪录的教师业绩。她从“教书匠”而进入“匠心独运”的卓越境界，其中的艰辛与创造，全部凝结在自己的课堂实践之中，这样的真功夫有断木穿石的无比魅力，应是不可多得的财富，足可藏之名山，留之后世。愿天下教师，面对新时代滚滚红尘，不为各种诱惑所动，不唯风、不盲从、只唯实，专注一心、寻寻觅觅，一切归结于至高无上的育人追求。这可算是我向李庚南老师学习的一点感悟。适逢李老师的新书要付梓出版，权以为序，敬请各位同行指正。

顾泠沅

2012年岁末

（本序作者系上海市教育科学研究院原副院长、研究员，华东师范大学教授、博士生导师，兼任上海及全国教育科研、课程改革、教师教育等领域的多种职务。被评为上海市劳动模范、首届教育功臣和全国劳动模范，获全国五一劳动奖章，享受国务院政府特殊津贴。）

目 录

第一章
自学·议论·引导教学产生的背景

自学·议论·引导教学的实验探索从20世纪70年代末开始，至今已走过了三十多年历程。随着时代的发展，教学改革的深入，它由创建自学·议论·引导初中数学教学法，到形成具有教学普遍意义并可操作的自学·议论·引导教学体系，进而推广、拓展成为教学一线广为流传和持续发展的自学·议论·引导教学流派。

一定时代的社会环境、发展形势、时代精神等，无不影响着教育教学观念和方式方法的变革。1978年，我们提出培养学生自学能力、开展自学·议论·引导教学的改革实验，也是与时代的发展、教育改革和发展的背景息息相关的。

第一节　改革开放新时期对教育的新要求

1978年，党的十一届三中全会犹如一声春雷，把人们从十年“文革”极左思想的禁锢中唤醒，我国进入了拨乱反正、改革开放的新时期，学校教育教学工作逐步走上健康发展的轨道。1978年1月，教育部颁发了《全日制十年制中小学教学计划（试行草案）》。同年秋，编订了相应的教学大纲，编写了新中国第五套全国通用教材。我们的教学普遍定位在“以纲（教学大纲）为纲”、“以本（教材）为本”。1983年，邓小平同志提出教育“三个面向”的指示，即教育要面向现代化、面向世界、面向未来，言简意赅，内涵极其丰富和深刻，揭示了新时期教育改革、发展的内涵和实质，为新时期我国教育的改革和发展指明了方向，至今仍然是我们进行教改实验最重要的指导思想和依据。其时为贯彻落实三中全会精神和“三个面向”的重要指示，南通市教育局组织开展了“提高教育质量的根本出路在哪里”的大讨论，明确了教育是科学的观点，要科学育人，按照教育规律办教育；教育在发展的观点，只有发展才能继往开来，满足建设四个现代化的要求；教育要改革的观点，只有改革传统教育模式，走改革之路，教育质量的提高才有保证，才能培养出高素质人才。南通市教育局提出了24字教研方针，即“打好基础，培养能力，发展智力，改进教法，减轻负担，提高效率”，积极提倡抓点带面，开展教改实验，争做教改志愿兵、先行者、“冒尖户”。我深受这种解放思想、改革开放的时代潮流的感召和激励，决心当教育改革的志愿兵，在即将跨入不惑之年时，开始了我的教改之旅。

1985年《中共中央关于教育体制改革的决定》和1986年《中华人民共和国义务教育法》的颁布，标志着我国基础教育改革进入了新的历史时期。“实践是检验真理的唯一标准”得到确认，尊重科学、尊重知识、尊重人才得到进一步提倡。

改革首先带来了思想的解放，对人的主体价值的弘扬。其时，不少教育工作者努力冲破“左”倾思想的桎梏，对传统教学思想特别是对新中国成立以后照搬苏联凯洛夫教学思想的做法，进行了深刻反思。有学者认为，凯洛夫尽管肯定了“学校教学工作的基本组织形式是上课”，并系统地论述了上课的类型、结构和方法，但存在着明显不足：其一，一定的教学形式和方式方法是由一定社会的物质条件和培养目标决定的，应随着社会需要、物质条件和培养目标的变化而变化，不能模式化；其二，传统的课堂教学是以解决教育对象的数量和传授知识、技能为主要宗旨的。

1957年，未满18周岁的我，高中毕业就走上讲台，对教师这个职业怀有深厚的感情。尽管我不是科班出身，但天生的不服输、不逊人的倔强性格使我认定，一定要在这个岗位上做出点成绩。但20多年了，尽管我起早带晚，尽心尽职，教学效果却不尽理想。在教学之余，我常常回顾和反思，深感要在自己的教育观念和教法上找原因。新中国成立以后，我们受凯洛夫教学模式的影响较深，课堂教学存在明显的弊端。首先，整齐划一的培养方式，丢弃了我们国家因材施教的宝贵教育传统，忽视学生之间的合作与交流，压抑了一部分学生的兴趣、爱好、才能，妨碍了优秀学生的成长。其次，这种以传授知识为主的课堂，教师“满堂灌”，学生处在被动的地位，被动地接受、被动地思考、被动地练习，教学效率低，教学质量难以提高。再次，课堂教学中教师“以纲为纲”、“以本为本”，照“教参”画瓢，教学结构和形式固定化，束缚了教师教学的个性、创造性和艺术性，影响了学生的最大发展。针对这些情况，我们加强了对所教班级学生后续发展情况的跟踪了解，发现有些考分很高的学生走出校门后的发展情况并不理想，尤其缺乏自主性和创造性，自我发展的能力不强。而那些成绩一般，善于合作、善于探究、能力较强的学生却成为佼佼者。这种强烈的反差，促使我在反思中警醒，认识到之所以没有获得预期的效果，原因就在于过多地在“教”里兜圈子，而忽略了学生的“学”；在学生个体学习中兜圈子，而忽略了学生之间的交流和互助；在“学会”上兜圈子，而忽略了“会学”；在分数上兜圈子，而忽略了能力。显然，这种课堂教学的状态和当代科技的迅猛发展，和以发展智力、培养德智体全面发展的人为特征的“多出人才、快出人才、出好人才”的客观要求，和振兴中华的伟大战略目标是极不适应的，必须破旧立新，继往开来，走革新实验之路。

第二节　国际数学课程改革、研究的推动

改革开放带来了清新空气，教育改革也激活了一池春水。

20世纪前半叶，世界课程的发展经历了由探讨课程如何科学制订到探讨重视知识结构、科学方法和过程同步的过程。进入80年代，世界课程变革以哲学意义上的知识本体论研究为基本特征。随着科技文化更新的不断加速，西方发达国家认识到了基础教育对社会经济发展的重要性，各国从实际出发进行了规模宏大的基础教育改革运动，课程改革成为其中的重要部分。尽管各国社会文化、历史传统的差异以及经济增长速度不同，课程改革的出发点也有差别，改革措施各具特色，但也显现出一些共性特点。如注重学生的全面发展和个性培养，重视学生对基础知识的掌握和基本素质的提高，注重学生思维能力和创新精神的培养，等等。

20世纪的数学变革有了革命性的飞跃。如60年代初，在美国兴起并席

卷全球的著名的“新数运动”，带来了数学课程的彻底性改革，出现了新内容、新体系。新内容包括集合论初步、数理逻辑初步、近世代数基础知识、微积分初步、概率与统计初步、线性规划知识、算法语言与程序设计初步等。新体系强调从全局出发，对整个数学课程作统一的处理，以体现“数学是个整体”的现代数学特点。运用公理化方法把整个数学课程结构化和代数化。但是，“新数运动”并不符合学生心理结构的发展：其一，过分追求抽象化、形式化、公理化，严重脱离了学生的心理发展水平；其二，以数学结构思想组织起来的教材和学生心理结构的发展并不一致；其三，只强调对数学的理解，忽视必要的基本技能训练，与学生的心理发展曲线不吻合。由于这三种结构的不一致，导致了“新数运动”的失败。继“新数运动”之后，70 年代美国“回归基础”的呼声日益高涨，并着手大力推行生计教育。这个时期的数学课程特点为，大量增设谋生课程，从经验中学习数学，从劳动中学习数学；数学课程以学生为中心，以问题为中心。这种数学课程的改革，虽然避免了新数课程不满足学生心理结构发展的缺点，暂时使学生学到了谋生所必需的数学知识，但从某种意义上说，它是课程发展史上的一种倒退现象。80 年代，美国的数学课程改革方向转向以“问题解决”为中心，教育者认为教授数学的真正理由是因为数学是应用极广的学科，而且教授数学还有利于解决各种各样的问题，他们把数学描述成培养及锻炼解决问题能力的手段。90 年代以来，现代科学、哲学对理科教学中知识本身的关注，促成了数学教育的转向：推理不只是逻辑演绎，而是与利用手头的资料、数据作出推断更加相关，重视对资料、数据的质量与可信度的判断能力；学习不仅是听讲，还要基于研究、发现或实验，它们将成为学习的重要方式；学习的价值不单是传承知识，而且要体现知识的创造与共享；数学学习更多的是基于生活，这比任何时候都更为迫切。因为科学技术的迅猛发展，特别是信息时代的到来，要求人们具有更高的数学修养。美国科学院院士格林姆（J. Glimm）主编的报告《数学科学、技术、经济竞争力》提到：“数学的思考方式具有根本的重要性，简而言之，数学为组织和构造知识提供方法，以至于当它用于技术时就能使科学家、工程师生产出系统的、能够复制的，并且是可以传播的知识。”知识经济时代对数学课程改革的要求越加强烈。同时，人们对学生学习的理解更加清晰。“学习不是一种被动地吸取知识，并通过反复练习、强化储存知识的过程，而是学生用原有知识去处理每项新的任务，同化新知识，并构建他们自己的意义。再者，一些思想、概念在记忆里不是孤立的，而是有组织的，并且和他过去用的自然语言及遇到过的情况相联系。这种对学习的积极的、构造的观点必须在教数学的途径中反映出来。”美国数学科学教育委员会、数学科学委员会以及2000年数学科学委员会的报告《人人有份》中就预示了数学课程改革的七个重大转变，其中有五点尤为重要：第一，中学数学的目标应从双重使用（为多数人的数学很少，为少数人的数学很多）转变到单一目标，为所有学生提供重要的、共同的核心数学；第二，数学教学从“传授知识”的传统模式转变到“以激励学生学习为特征的，以学生为中心的实践模式”；第三，数学教学从热衷于无数的常规练习转变到发展基础宽广的数学能力；第四，数学教学从强调为学生进一步的课程的需要转变到更多地强调学生今天和将来的课题；第五，公众对数学的理解从“随心所欲的法则的不变教条”转变到“关于模式的严格而生动的科学”。可见美国对培养和发展学生数学能力的高度重视。这种能力培养反映在课堂教学中，表现为三个方面：一是提高学生参与课堂数学教学活动程度；二是培养发散思维，发展空间想象；三是注意联系实际，培养解决问题的能力。与美、英等发达国家相比，我国数学教育的优点是比较重视“双基”，重视让学生掌握系统的知识，显得不足的是学生学得不够活泼，创造能力与应用知识的能力较差。在国际数学改革的驱动下，我国数学课程改革特别是义务教育阶段学生数学能力的培养显得尤为重要。这些，直接或间接地融入我的课堂教学改革理念之中，成为我努力践行的目标和方向。

第三节　对我国初中数学教育中存在问题的反思

1977年，百废待兴，中国开始了拨乱反正的行程，中小学各科教学新大纲和新教材的编写工作刻不容缓。1978年2月，《全日制十年制学校中学数学教学大纲（试行草案）》颁布。这套新的大纲及根据这套大纲编写的新教材是我国中学数学教育新的里程碑。它结束了“文化大革命”十年的混乱和分散局面，总结了新中国成立 28 年来正反两方面的经验教训。这一大纲根据数学教育现代化的要求，提出了新的教学目的。在教学内容上首次提出“精简、增加、渗透”三原则，实现数学教学内容的现代化；在进度上，把初中数学提高到讲完二次函数、二次不等式，把高中数学提高到微积分的程度，这在我国数学教育史上还是第一次。大纲规定中学数学为混合教授，学科名称综合为一门“数学”，不分科设课。这个大纲对中学数学教学的目的、教学内容以及教学中的注意事项都作了原则性的规定。但是一线的教师在数学教育中还普遍存在以下一些基本问题。

一、课程理念偏狭

(一) 局限于“双基”教学

关于九年义务教育三年制初中《几何》第三章第三节“三角形的内角和”的教学，我曾经听过一位教师的课，教学过程如下。

教师演示教具：

把三角形纸片的两个角剪下拼在第三个角的顶点处（见图 1-1）。

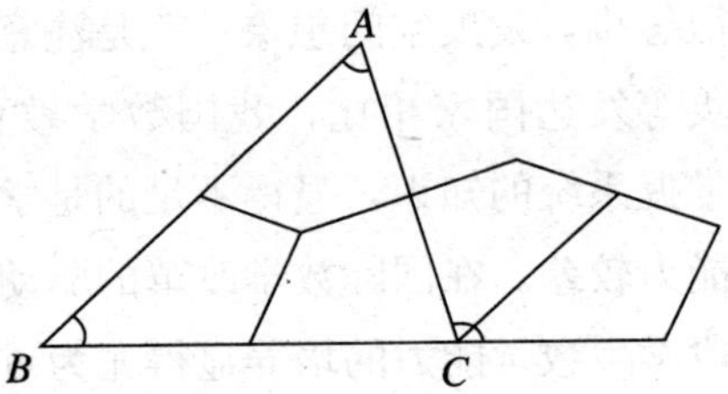

图 1-1

问学生：“你们发现了什么?”

学生回答：“三角形三个内角的和等于 180°。”

(教师很高兴，认为自己的启发“成功”，揭示了课题。而学生一点都不激动，因为这是在小学就已知的知识。)

教师讲解：现在我们来证明这个结论——三角形的内角和定理：三角形三个内角的和等于 180°。

首先要画出图形，写出“已知”和“求证”。

已知：$\triangle ABC$（见图 1-2）。

求证：$\angle A+\angle B+\angle C=180°$。

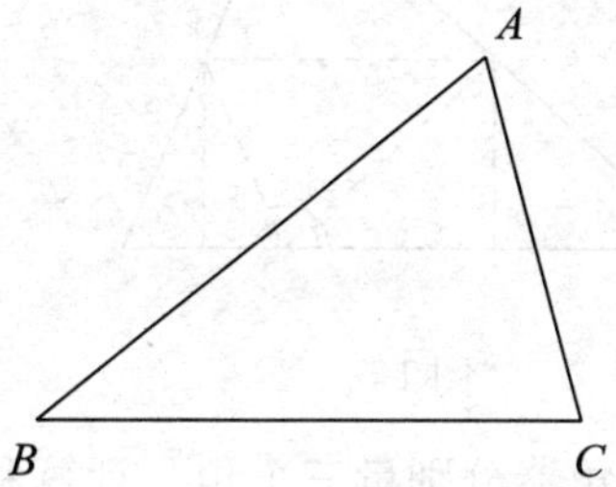

图 1-2

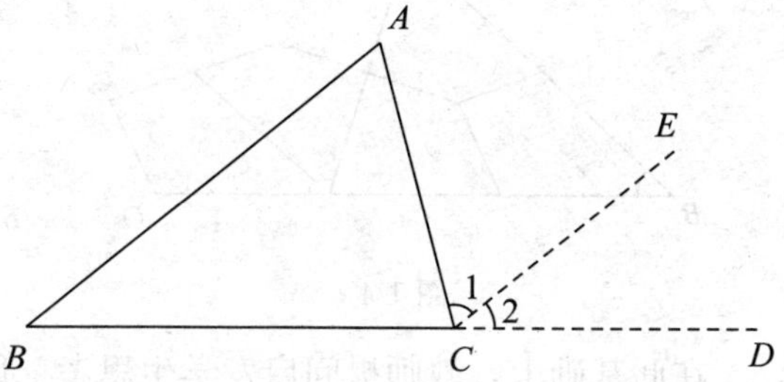

图 1-3

然后教师按教材上的“分析”讲解：“上面的实验启发我们，要证明这个结论，可以延长一边 BC 得到一个平角$\angle BCD$，然后以 CA 为一边，在$\triangle ABC$ 的外部画$\angle ACE=\angle A$，再证$\angle ECD=\angle B$ 即可（见图 1-3）。”并板书证明过程。随后给出几组练习题，让学生运用定理求出三角形中未知的角的度数（包括课本上的例 1）。最后讲解三角形按角的大小的分类及定理的推论 1（直角三角形的两个锐角互余）。一切都很顺利，教师也非常欣慰，因为学生解题正确，设计的教学内容都教完了。

教师着眼于指导学生学习课本知识，过于注重接受性学习、机械训练，只能达到学生学会书本知识的目的，而课程的功能应从单纯注重传授知识转变为体现引导学生学会学习、学会生存、学会做人。从这一理念出发，“三角形内角和”的教学可以从学生已知三角形三个内角的和等于 180°出发，首先引导学生回顾小学数学学习中怎样知道这个结论的。

有学生说：是用量角器分别量三个角的度数，而后相加。有学生量的结果是三个角的和等于 180°，有的是大于 180°，有的是小于 180°。此时教师说量有误差，若准确的话肯定是 180°。

有学生说：是用剪、拼的方法学习的，将三角形纸片的三个角分别剪下，拼在其中一个角的顶点处（如图 1-4），用直尺的一边靠上 BCD 能对齐，说明$\angle BCD$ 是一个平角为 180°。

有学生说：我们当时用折纸的方法将三个角折拼在一起，成为一个平角

(如图 1-5)。

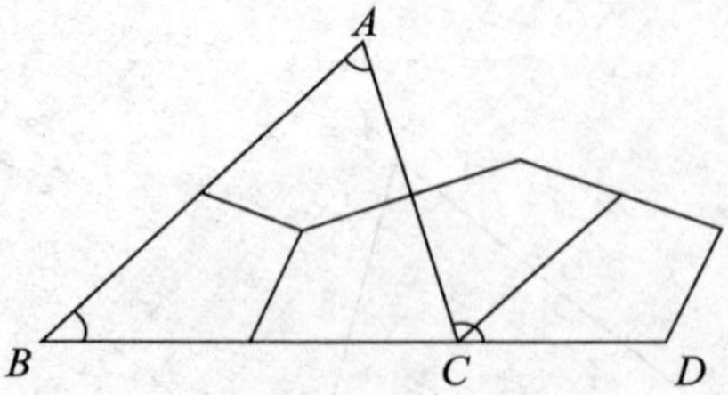

图 1-4

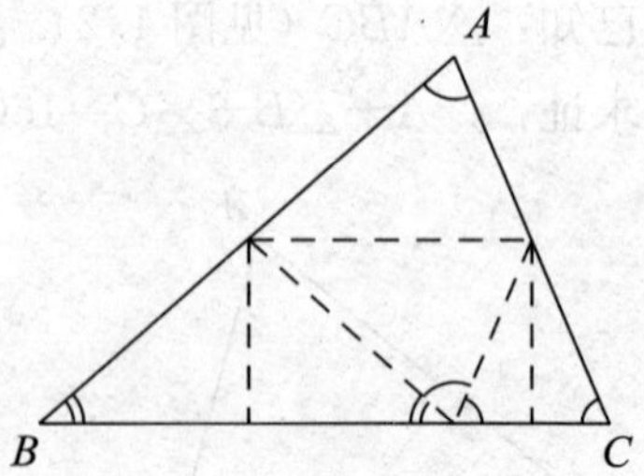

图 1-5

在此基础上，教师提问启发学生思考：用量角器分别量三个角，计算和时不一定为 180°，用直尺靠上去一定能靠齐吗？折纸将三个角拼在一起一定拼成 180°吗？因为这些都是实验的方法，不仅给我们提出一个命题“三角形三个内角的和是 180°”，而且为我们证明这个命题提供了依据，即以“平角为 180°”为依据证明结论。请大家进一步思考，如图 1-3 如何用数学方法不改变∠A、∠B 的大小移动∠A、∠B 至∠1 和∠2 处？学生的思维很快由事实情境上升为数学情境，进而想出多种辅助线，用推理的方法证得三角形内角和定理及其推论。这样的数学课程，学生不仅获得了知识和方法，而且获得了情感体验。因而我们进一步认识到，要实现课程功能的转变，必须改革学习内容，优化学习过程与方法，使学生在学会学习的过程中形成正确的价值观、人生观和世界观。

（二）课程功能残缺

不少教师认为学生是靠教师讲会的，多讲多得，多练多得，因而注重知识的灌输、接受，甚至造成死记硬背、生搬硬套；学习结果仅仅注意分数，很少开发利用全面发展的教育资源，课程功能残缺的现象较为普遍。

例如，在学习九年义务教育三年制初中《代数》“可化为一元二次方程的分式方程”时，有一位教师是这样组织教学活动的：

首先给出课本的引例。

一同学到邮局买了两种信封，共 30 个，其中买 A 种信封用了 1 元 5 角，买 B 种信封用了 1 元 2 角，B 种信封每个比 A 种信封便宜 2 分。两种信封的单价各是多少？

接着按课本的分析和解答内容进行讲授。

解：设 B 种信封的单价是 x 分，则 A 种信封的单价为（$x+2$）分。A 种信封买了 $\frac{150}{x+2}$ 个，B 种信封买了 $\frac{120}{x}$ 个，一共是 30 个信封，由此，得

$\frac{150}{x+2}+\frac{120}{x}=30$。

这是一个分式方程，用各分式的最简公分母，即 $x(x+2)$ 去乘方程的两边，就可以得到整式方程：

$150x+120(x+2)=30x(x+2)$，

整理，得 $x^2-7x-8=0$。

解这个方程，得 $x_1=8$，$x_2=-1$。

我们知道，用各分式的最简公分母去乘方程的两边，把分式方程化成整式方程时，可能会增根，所以解分式方程时必须检验。检验的方法有两种，一种是代入原方程检验，另一种简便的方法是代入原分式方程的最简公分母，使最简公分母不为 0 的根是原方程的根，使最简公分母为 0 的是增根。

经检验，$x_1=8$，$x_2=-1$ 都是原方程的根，但负值不合题意，应舍去。

$\therefore$ $x+2=10$。

所以 A 种信封单价是 1 角，B 种信封单价是 8 分。

教师边讲解边板书了“设”、“列”、“解”、“检验”、“答”的内容。

这时，教师认为已向学生讲完了解可化为一元二次方程的分式方程的步骤及其原理了，下面的任务是要让学生具体地掌握解分式方程的技能。于是分两步进行，第一步，教师讲授课本的例 1“解方程 $\frac{6}{(x+1)(x-1)}-\frac{3}{x-1}=1$”，让学生再次领会解分式方程的方法及步骤。第二步，让学生对照例 1 的解法，独立完成教师给出的练习题，目的是让学生会解分式方程。

教师评讲完板演学生的解题过程后，就给出了方程 $\frac{x^2-2}{x}+\frac{2x}{x^2-2}=3$，讲解“换元法”。随后讲解例 2“解方程 $\frac{2(x^2+1)}{x+1}+\frac{6(x+1)}{x^2+1}=7$”的解题步骤。讲完后，给出习题让学生模仿例题，独立用换元法解方程并进行评讲。

最后布置课外作业。

显见，本节课教师注重讲，多讲、讲透，让学生听、看、模仿、练、多练。教师不仅期盼而且坚信这样教，学生一定能学会、学好。

如果这位教师能清楚地懂得“学生是学习活动的主体”、“学习活动的目的是让学生自由地全面地获得发展”的话，就会认真地研究学生。在初中《代数》第二册第九章分式中，学生已学习了“可化为一元一次方程的分式方程及其应用”，掌握了解分式方程的基本思想和一般方法及其步骤，现在研究的分式方程去分母后是转化为一元二次方程的。新的课题是“可化为一元二次方程的分式方程”，而一元二次方程的解法也是学生已掌握的技能。这样，本节课中教师的作用不应只是讲书本，研究的重点不是一般解法，而应是“换元法”。所以，教师的作用应是激发学生的求知欲望——去分母后得到的方程是目前还不会解的高次方程，怎么办？进而引导学生探求解决问题的途径和方法——用“换元法”，最后让学生亲自实践——独立地运用“换元法”解某些特殊的分式方程。这样的教学是从“以教师的教为中心”，转变为“以学生的学为中心”，即教师“目中有学生”，教学“有的放矢”。这必须建立在教师清楚地懂得学生本课题之前已学到了什么程度，本节课的学习重点是什么，怎样启发学生明确探究方向，积极探索解决问题的方法。这就是顾泠沅教授2011年5月18日在“李庚南自学·议论·引导教学流派发展研究报告会”的《忘我的行动研究者》报告中所说的“帮助式教育”，即“教师帮助学生发展，他自己懂得做尽量让他自己做，这叫做独立自主”。这种在教师帮助下或引领下的自主学习活动，不仅让学生获得了新知识、新方法，更让学生获得了自主探究、解决问题的信心、方法以及学习的愉悦，激发新的学习激情。

（三）重结果，轻过程

当时的课堂教学中重结果轻过程的教学还普遍存在。例如，初中《代数》第七章第一节“同底数幂的乘法”和第二节“幂的乘方与积的乘方”教材，不少教师花了五个课时左右来教学这三条幂的运算性质，方法是一条性质一条性质地讲清楚，而后便是应用性质的练习，即计算，而不是在引导学生弄清这三条运算性质的生成过程及相互关系上下功夫，导致学生只能获得结果（即性质）知识，而不能获得过程知识。

又如，在学习初中《几何》第二册第五章第二节“平行线分线段成比例定理”时，由于定理的证明涉及无理数和极限的概念，有的教师觉得不好讲，干脆就直接告诉学生平行线分线段成比例定理是“三条平行线截两条直线所得的对应线段成比例”，其推论为“平行于三角形一边的直线截其他两边（或两边的延长线），所得的对应线段成比例”，而后就应用定理来解题。这样教，使学生只知道了“是什么”，不知道“为什么”，更不知道自己有没有学会，是怎样学会的。显然，这样的教学，学生获得的知识不仅不是活的有生命力的知识，而且“得而复失”的危险是明显存在的。

在解题教学中，教师常常讲的是自己的思维结果，即解题思路是什么，怎样作辅助线，怎样推理得到结论……或根据什么公式、法则计算，计算中要注意什么，等等，很少讲自己分析寻找思路的过程，在分析、研究过程中走过什么弯路或碰过壁，如何修正、调整的。其实，教师的这种经验对于学生来说，也许比求得了这个问题的解更重要。如果能让学生独立思考，充分交流思维过程，在交流过程中互相启发，互相释疑，互相补充，学生获得的就不只是这个问题的解决，而更多的是获得了分析解决问题的策略、方法和经验，以及丰富的数学学习情感体验。

例如，在研究相似三角形的性质和判定在解决几何问题中的应用时，对于下面例题的研究，我让学生独立思考后，交流自己的研究情况。

如图 1-6，$\triangle ABC$ 中，D 为 BC 中点，过点 D 的直线 FD 交 AC 于点 E，交 BA 延长线于点 F。

求证：$EA \cdot FB = EC \cdot FA$。

有学生说：证 $EA \cdot FB = EC \cdot FA$，首先要将其化成“等比式”。

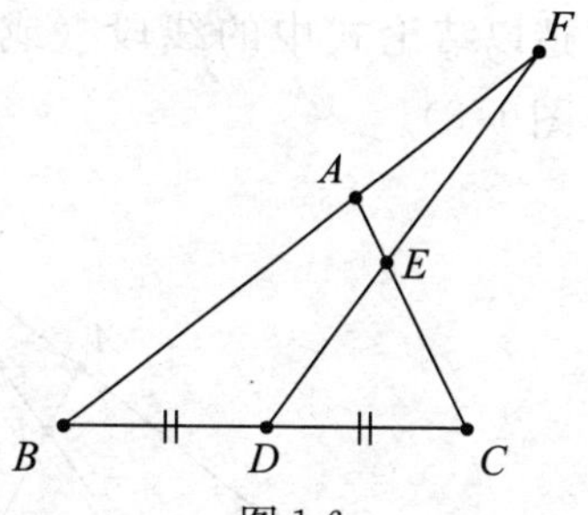

图 1-6

有学生说：我知道要将“等积式”写成“等比式”，但写错了，因此，找不到证明方法了。

有学生说：只要将一个积写在“外二项”（或“内二项”）位置，另一个积写在“内二项”（或“外二项”）位置就不会错啦！

有学生说：我写对了，是要证$\frac{EA}{EC}=\frac{FA}{FB}$，但找不到有关的相似三角形。

有学生说：我不会用已知条件“D为BC中点”。

……

在学生充分暴露了思考过程中遇到的障碍后，让学生小组合作，探究如何解决疑难，寻找解题的路径。

最后全班交流讨论。

有小组认为：证比例线段一般要运用平行线分线段成比例定理或相似三角形对应边成比例，这样就要作辅助线——平行线，构造相似三角形。所以，过点A作$AG /\!/ BC$交FD于点G（如图1-7），构造$\triangle AGE \backsim \triangle CDE$和$\triangle FAG \backsim \triangle FBD$，用上已知条件“$BD=DC$”得到$\frac{AG}{DC}=\frac{AG}{BD}$，根据“相似三角形对应边成比例”，得到$\frac{AG}{DC}=\frac{EA}{EC}$及$\frac{AG}{BD}=\frac{FA}{FB}$，运用过渡比“$\frac{AG}{DC}=\frac{AG}{BD}$”推出结论式。

有小组介绍：我们也试过，过点E作$EM /\!/ BC$交FB于点M，发现虽可得到$\frac{AE}{EC}=\frac{AM}{MB}$，但将$\frac{FA}{FB}$中的线段$FB$分成$FM$和$MB$，不能转换为$\frac{FA}{FB}$；同样过点$D$作$DN /\!/ AC$，交$AB$于点$N$或过点$F$作$AC$的平行线都不能构造与结论式中的四条线段有关的相似三角形。因此，所作的平行线必须能构造以结论式中的线段（或与其有关线段）为对应边的相似三角形（如图1-8）。

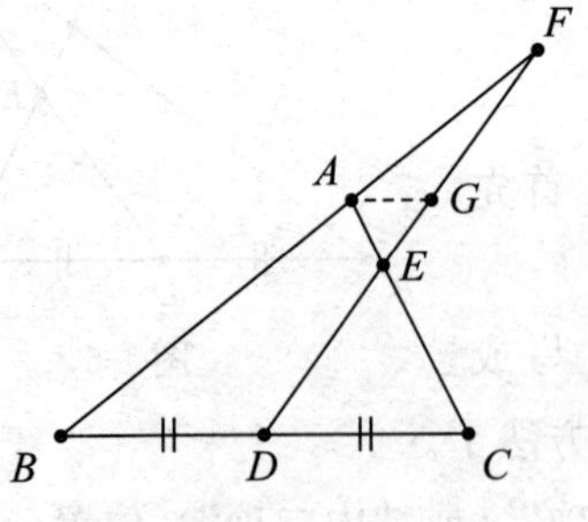

图1-7

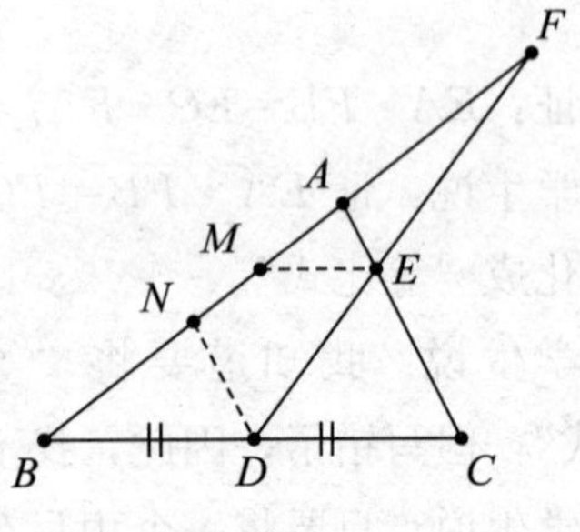

图1-8

有小组根据已有的解题经验——由已知 BC 中点 D，想到“将三角形中线延长一倍”，构造相似三角形和全等三角形，探寻到如下解题方法：

如图 1-9，延长 FD 至点 M 使 $DM=DF$，连接 CM，显然 $\frac{FA}{FB}$ 转化为 $\frac{FA}{CM}$，由 $CM/\!/BF$ 可得 $\triangle FAE\backsim\triangle MCE$，推出 $\frac{FA}{CM}=\frac{AE}{EC}$，从而推出结论成立。

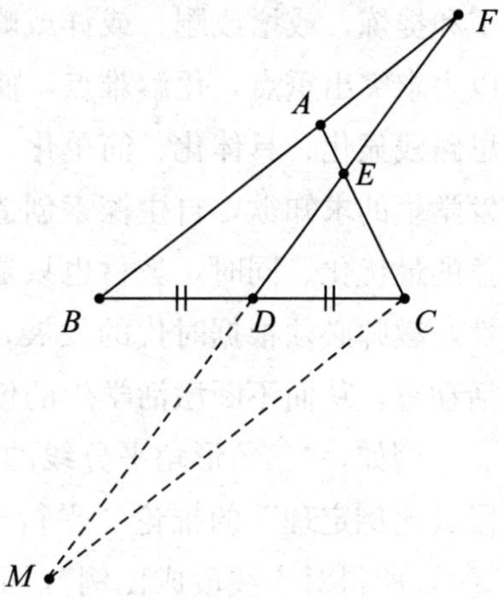

图 1-9

……

这样的解题教学，学生不仅知道了本题是怎么解的，更重要的是学生经历了从“不知道如何思考分析”，到进入“解题路径”遇到疑难，进而到解决疑难取得成功，再到总结规律、经验和教训的全过程，学生不仅理解了学习内容（这是理解外在的内容），更掌握了学习的方法（这是理解内在的过程）。如此长期坚持下去，学生就不会再出现“老师讲的时候我都懂的，但是遇到了新的数学题时，我却不知道如何下手”的情况了。

二、教学内容陈旧

传统教学认为教学内容就是教材内容，突出地表现为“课本中心”，教学内容过于强调课程的学科体系，从本本到本本，严重脱离社会实践和生活实践，只靠口讲、耳听、死记硬背、题海战术，理论与实际脱离，学用分离，导致学生学得乏味。

尚待彻底解决的问题是正确处理教学内容与教材的关系，克服以教材为中心，照本宣科，补充大量习题机械地反复地训练的现象。

教学内容不只是指新授的知识，而且是知识与技能，过程与方式方法，情感、态度与价值观等的整合。教材是教学内容的基本要素，但不是全部，所以课堂教学不能照本宣科。教师对某个概念的分析、某个例题的讲解、某个材料的选择等，其实都融入了自己的思想、见解、主张和思维方法。教材的内容是统一的，但学生的认知水平和可接受能力却存在着很大的差异，所以教师必须依据教学目标和学生的认知实际和需求，对教材内容作精细的加工和提炼，或增或删，或详或略，或整理铺陈，或在某一点上深究，等等，以力求突出重点，化解难点，使深奥的知识、抽象的思维方法、复杂的解题思路浅显化、具体化、简单化，易于学生接受；使呆板的材料鲜活起来，激发学生的求知欲，自主探索创造的热情，互助合作的自觉行动，实现教学效益的最优化。同时，教材也只是一个样本，它本身带有一定的程式性或滞后性，教师必须根据时代的发展、课改的要求，不断调整或补充知识、方法、活动等，从而不断激活学生的创造力。

例如，“三角形角平分线的性质”一节教材，编写者运用“平行线分线段成比例定理”的推论“平行于三角形一边的直线截其他两边（或其延长线），所得对应线段成比例”，证明三角形内角平分线性质定理“三角形的内角平分线分对边所得的两条线段和这个角的两边对应成比例”，介绍了运用辅助平行线转移比例的方法后给出三角形外角平分线的性质命题，提示学生用“同样的方法”（即平行线转移比例方法）证明。如果“教教材”，势必使学生失去了自主探究、个性潜能释放、自学能力锻炼和提高的机会，因此，我在教学时没有照本宣科，而是变革了教材内容及其呈现方法，在与学生共同研究了运用“平行线分线段成比例定理”的推论证明三角形内角平分线性质定理后，总结经验：要证线段$\frac{a}{b}=\frac{c}{d}$，可以利用辅助平行线找出其中三条线段和另一条线段成比例。如$\frac{a}{b}=\frac{c}{d'}$时，要证$\frac{a}{b}=\frac{c}{d}$，问题转化为证线段$d=d'$成立。而后，让学生根据这一思路研究添辅助平行线的多种方法。这时学生独立思考、相互交流后，获得的方法就不是教材中的唯一一种了，而是出现多种辅助线，如图 1-10、图 1-11、图 1-12：

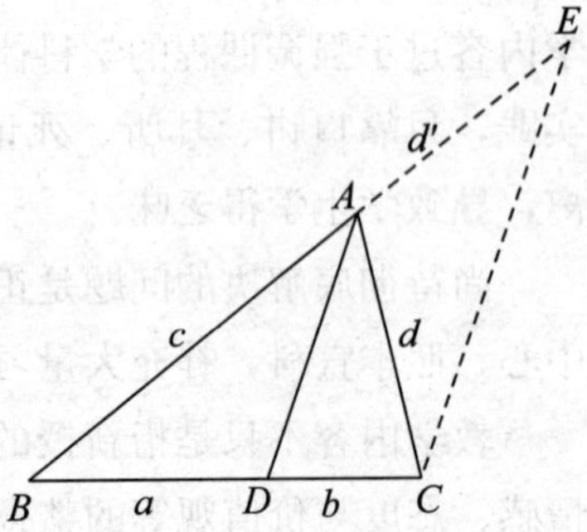

图 1-10

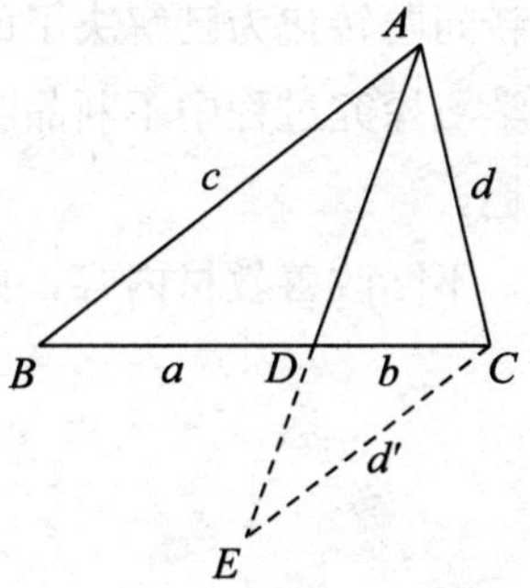

图 1-11

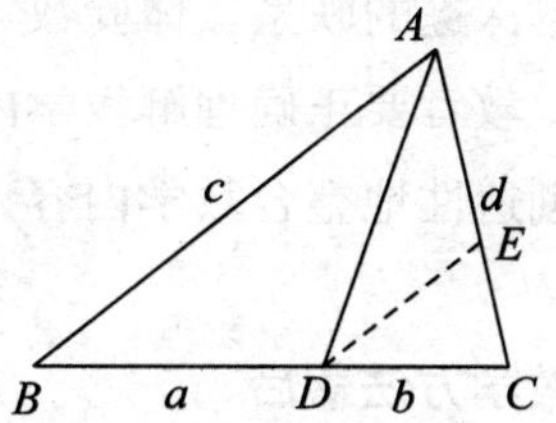

图 1-12

在图 1-12 中，$\left.\begin{matrix}\dfrac{BD}{DC}=\dfrac{AE}{EC}\\ AE=ED\end{matrix}\right\}\Rightarrow\left.\begin{matrix}\dfrac{BD}{DC}=\dfrac{ED}{EC}\\ \\ \dfrac{ED}{EC}=\dfrac{AB}{AC}\end{matrix}\right\}\Rightarrow\dfrac{BD}{DC}=\dfrac{AB}{AC}\Rightarrow\dfrac{a}{b}=\dfrac{c}{d}$。

……

在这基础上引导学生回顾“角平分线上的点到角两边的距离相等”后，提出：“能否运用三角形面积公式转移比例呢？”学生自主探究又获得了一种转移比例的方法，开拓了学生思维的境域。

对于三角形外角平分线性质定理的证明，我没有给予学生书本上的提示——用辅助平行线转移比例，让学生自行探究证明方法，给予学生展现智慧潜能的机会，结果有学生这样证明：在 BA 延长线上截取 $AE=AC$，连接 ED，使 DA 成为$\triangle BDE$ 的内角平分线，由已证的三角形内角平分线性质定理得$\dfrac{BD}{DE}=\dfrac{BA}{AE}$，由于 $DE=DC$，$AE=AC$，$\therefore\dfrac{BD}{DC}=\dfrac{BA}{AC}$（见图 1-13）。

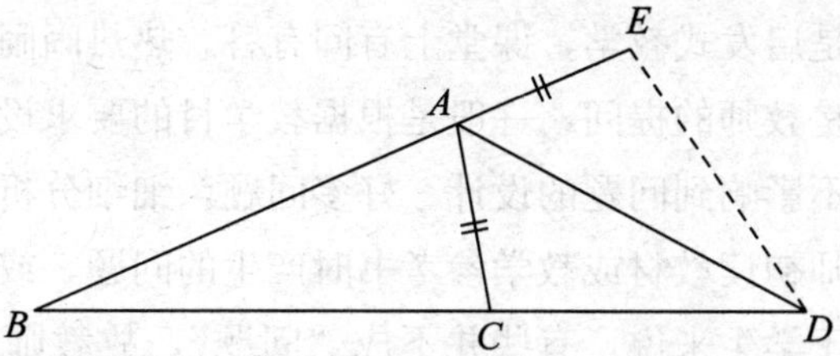

图 1-13

这样的教学内容，有效地培养了学生将新问题转化为已解决了的问题或基本的简单的问题的能力，使学生在这样的学习探究过程中不断品尝数学知识间微妙、深邃的联系，体验数学学习的乐趣。

所以，教者要正确理解教学内容的内涵，不断改善教材内容，更重要的是我们要创造性地整合教学内容。

三、教学方法落后

教学方法过多地是单向传授的方式，机械呆板，教师主宰，学生被动。

许多教师是按照自己的观念、思想来认识教材的，同时也常以为学生对教材的认识都是从零开始的，全班学生的学习能力、水平、速度等如同体育课的操练是整齐划一的。因此，备课就是在上述情况下设计教案，课堂教学过程就是在教师的引导和启发下，一步步地完成教师预先设计好的教案的过程。课上教师就成了导演，学生是演员，教案是脚本，课堂是舞台，课堂教学的过程，成了在教师的导演下，学生一步步地配合教师实践教案的过程。因此，学生只有服从教师，服从教案，教师将自己的思想强加给学生，学生没有独立的思想；即使有独立的思想，课上也没有提问、表达、实践和发展的机会。这种教学把丰富复杂、动态变化的课堂，主观地变成静态、机械和程式化的过程，缺乏生机和灵气，缺乏情感交流和思维碰撞，也谈不上有激情和兴趣产生，更谈不上学习的主体意识和学生个性的发展。久而久之，就会把学生的思维方式方法框定在教师既定的教案框架内，学生便成了教师实现教案的工具，抑制了学生独立的思维习惯、创新意识和探索、实践、创新能力的发展。正因为教师把教学过程作为实践自己教案的过程，因而方法自然是讲授为主，伴以教师的提问，学生回答教师的提问或根据教师的提问开展讨论。表面看是启发式教学，课堂上有问有答，热热闹闹，似乎学生积极主动参与了，可是教师的提问，一般是根据教学目的要求设计问题的，对教材的理解也不会不影响到问题的设计。好多问题，细细分析，不是学生遇到的问题，倒是教师初读教材或教学参考书时产生的问题，或是主观臆想的问题。这些问题对于学生来说，有些并不成“问题”，故教师一问，学生马上就能答，看似热热闹闹地参与了，其实全是为问而答，学生无多大成就感，也就不能有效地激发学习的热情；或者有些问题为难了学生，教师认为简单，可学生力所不能及，教师认为不值得提出研究的问题，而学生却感到困惑或不解。课堂上更多的是教师问学生，很少让学生自己提出问题，相互讨论研究，导致课堂信息系统的封闭或半封闭，扼杀了学生的创造力和主体性。

必须彻底革除单向的传输，整齐划一的要求，纯演绎式、缺少知识生成过程研讨的教学。

第四节 对中学数学教学基本任务的认识

多年的教改实践过程，就是我对中学数学教学基本任务的认识和理解不断深入、完善、提高的过程。

20 世纪 70 年代，中国共产党十一届三中全会之前，我对中学数学教学的基本任务的认识，还只是停留在教会学生数学教科书上的代数、几何等基础知识与基本技能，培养学生的运算能力、逻辑思维能力和空间想象能力，提高学生分析和解决数学问题的能力，从而提高数学教学质量。

例如，当时我教人教版（以下所指教材均为人教版，故不再标明版本）初中《几何》第二册第三章第十二节“等腰三角形的性质”时，就只侧重于使学生学好“双基”，我给出命题“等腰三角形的两个底角相等”后，和学生共同分析该命题的题设结论，画出图形，写出“已知”和“求证”。

已知：如图 1-14，$\triangle ABC$ 中，$AB=AC$。

求证：$\angle B=\angle C$。

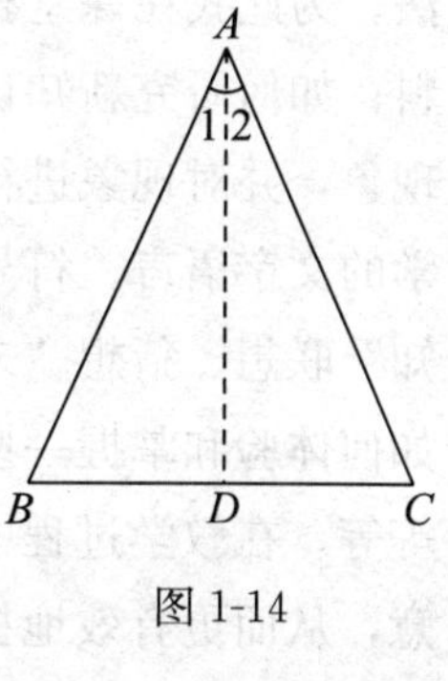

图 1-14

师生共同分析证题思路，构造分别含有$\angle B$ 和$\angle C$ 的一对全等三角形，如作顶角的平分线 AD，则 $\triangle ABD\cong\triangle ACD$（SAS）；作底边 BC 上的高 AD，则 $\triangle ABD\cong\triangle ACD$（HL）；作底边 BC 的中线 AD，则 $\triangle ABD\cong\triangle ACD$（SSS），并择其一，板书证明过程。问题获证后，教师讲解：（1）这是等腰三角形的性质

定理，简称“等边对等角”，它将三角形中边的相等关系转化为角相等的关系；用符号语言表达定理：如图，$\triangle ABC$ 中，因为 $AB=AC$，所以 $\angle B=\angle C$。（2）在证明 $\triangle ABD\cong\triangle ACD$ 的过程中，还可得到两个结论：$AD\perp BC$ 于点 D，即 AD 为 BC 边上的高；$DB=DC$，即 AD 为 BC 边上的中线。这是等腰三角形性质定理的推论 1：等腰三角形顶角的平分线平分底边并且垂直于底边。简称为“等腰三角形三线合一”性质。该性质的题设中含有两个事项：一是“等腰三角形”；二是“顶角平分线”、“底边上的高”、“底边上的中线”三个事项中之一，结论便是另两个事项。

在以上讨论基础上，教师引导学生讨论课本上的例题与教师补充的与课本类型不同的例题，最后让学生完成课本上的练习，布置一定数量、质量的课外作业，使学生掌握定理及其推论，并会运用新学的知识解答有关的计算题和证明题，以提高学生的解题能力。

20 世纪 70 年代末，在知识迅猛发展的形势下，我首先认识到数学知识不只包括数学的概念、公理、定理、法则、公式以及解题的技能技巧，还包括数学的思想方法；课本中的数学知识只是数学知识“沧海之一粟”，远远不能满足一个人一生中生活、工作的需要。然而，它却是学生未来学习所必需的基础知识、基本技能，更重要的，它是学生能力、情感发展的载体，是学生走出校门后能继续学习发展的基础。

一、中学数学教学的基本任务不只是“授之以鱼”，而是要“授之以渔”

之后，我在教学数学“双基”的同时，十分重视教给学生学习数学的方法。为此我在课堂教学中，着力指导学生如何阅读数学课本及课外参考资料；如何研究新知识的发生过程；如何通过实践（实验操作或演练等）观察现象，并对现象进行比较、分析、综合、抽象概括、推理论证；如何运用数学的文字语言、符号语言、图表语言等表达自己学习的成果；如何由“已知”联想、猜想“未知”，如何将“新知”转化为“已知”或已解决的问题；如何体验和掌握一些基本的数学思想和数学方法；如何想问题、解决问题；等等。在教学过程中，我更加重视激发学生的学习兴趣，调动学生学习的情意，从而更有效地提高教学效果，提高学生的学习质量。

因此，在教学同样的教材“等腰三角形的性质”时，我重视了学生自己动手操作，实验观察，分析研究，抽象概括，对教学过程进行了如下改革。

我首先向学生提出问题：我们已经学习了等腰三角形的定义，同学们能否根据定义，自己动手操作，将一张矩形纸片对折后，剪一刀剪出一个等腰三角形？在学生独立思考、动手操作后，我引导学生进行全班分析研究。首先提问学生：为什么剪成的图形是一个等腰三角形？学生回归到等腰三角形的定义：有两边相等的三角形叫做等腰三角形。接着进一步启发学生思考：对折时的折痕抽象为几何图形，是什么图形？它有什么作用？由此得到等腰三角形的哪些性质？经过师生的交流讨论，推理论证，从而使学生获得了等腰三角形的性质定理及其推论 1，而后让学生将定理及其推论 1 的文字表达转换为符号表达式。最后，我又提供数学材料，让学生进行定理及其推论 1 的简单应用练习，以深化对定理的认识，初步理解定理的应用价值。

通过这样的教学，不仅加深了学生对“等腰三角形的性质”的认识，同时也了解了该知识产生的背景和过程以及它的应用价值，更重要的是在这一过程中，让学生经历了自己动手操作、观察比较、联想、猜想、分析综合、抽象概括的过程，学会用归纳、演绎和类比的方法进行推理，用数学的思想方法阐述自己的思想和感受，使学生的思维品质得到提升，思维水平和思维能力得到有效的提高，想数学、学数学的方法得到进一步掌握。

在教育科研和教学改革实践的深入发展中，我不断探索，不断总结和反思，因而对中学数学教学的基本任务的认识也越来越全面和深刻。

二、中学数学教学的根本目标是促进学生的发展

我们的教学观要彻底地从“以教师教为中心”转变到“以学生学为中心”，学生的学习观要自觉地从“被动接受学习”转变到“探索、探究、研究性学习”，教师要真正地变以“教”为主为以“学”为主。“教”是为了引导学，指导学。

为此，我对“等腰三角形的性质”这节教材的教学，又从学程（教程）入手作了进一步改革。

教师首先引导学生回顾“相等的线段”、“相等的角”、“全等三角形”的

定义，而后让学生个人折叠等腰三角形的纸片，根据定义找出等腰三角形中的“相等线段”、“相等角”、“全等三角形”。在此基础上全班交流讨论。

1. 学生边演示边讲解，相互补充，充分交流了以下内容：

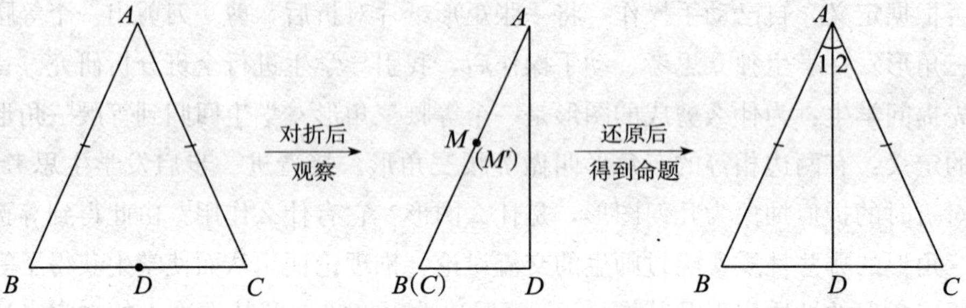

等腰三角形纸片
$AB=AC$。

AB、AC 重合，
BC 分成能重合的两条线段，
$\angle B$、$\angle C$ 重合，
$\angle BAC$ 分成能重合的两个角，
平角分成能重合的两个直角，
$\triangle ABC$ 分成两个能完全重合的两个直角三角形。

在 $\triangle ABC$ 中，
$\because$ $AB=AC$，
AD 分 $\triangle ABC$ 成两个全等三角形，
$\therefore$ $\angle B=\angle C$，
$\angle 1=\angle 2$，
$AD\perp BC$ 于 D，
$BD=DC$。

图 1-15

2. 教师参与交流并引导学生对上述事实进行数学思考，概括为等腰三角形的性质定理及其推论 1。

3. 教师指出对折时两腰 AB、AC 完全重合，因而 AB 与 AC 上能重合的点叫做对应点，如 B 与 C 是对应点，AB 上的点 M 与 AC 上的点 M' 重合，则 M 与 M' 为对应点，对应点的连线叫做对应线段，所以 MB 与 $M'C$ 是对应线段，可见 $MB=M'C$。

4. 教师启发学生由“等腰三角形底边上的高、底边上的中线、顶角的平分线三线合一”，自主、自由地进行联想、猜想，并进行论证：

（1）一般的等腰三角形一腰上的“三线”不合一（见图 1-16）；

（2）等腰三角形两腰上的高、中线、两底角的平分线对应相等（见图 1-17、图 1-18、图 1-19）；

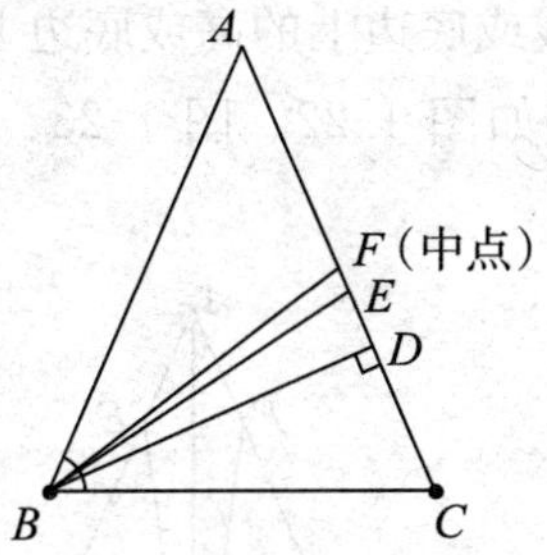

图 1-16

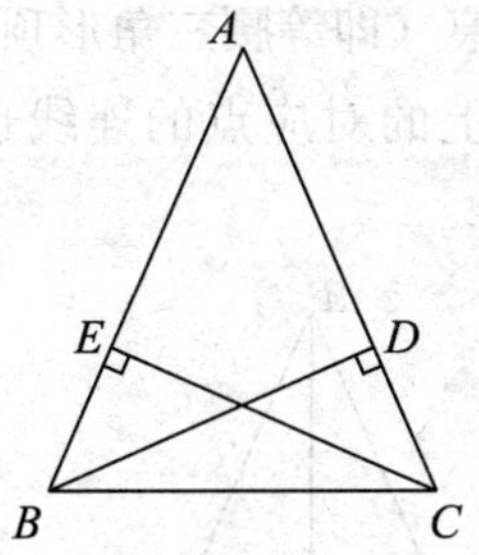

图 1-17

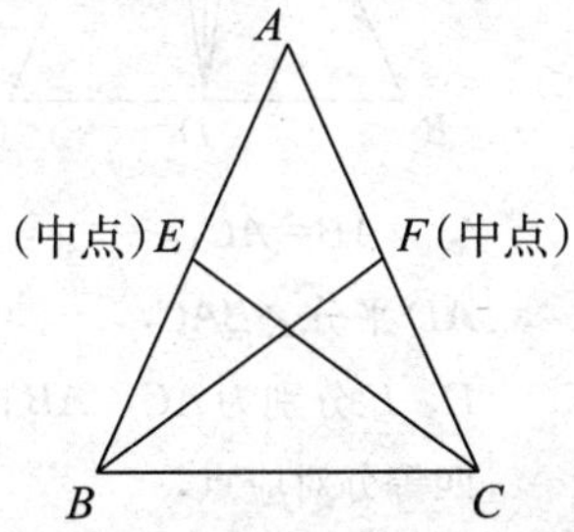

图 1-18

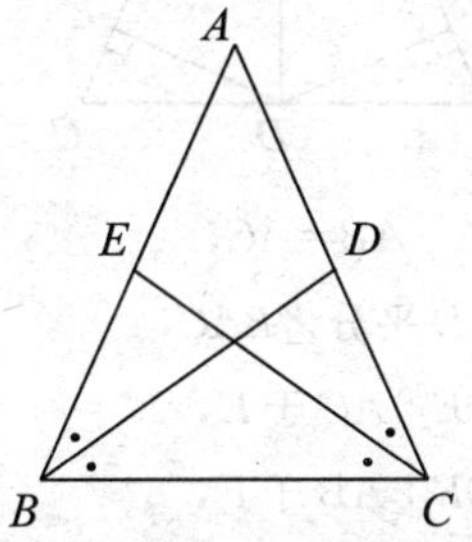

图 1-19

（3）等腰三角形两腰上的高的垂足、两腰的中点、两底角的平分线与腰的交点都是两腰上的特殊对应点，联想到两腰上的一般的对应点与 B、C 的连线也相等（如图 1-20 和图 1-21）；

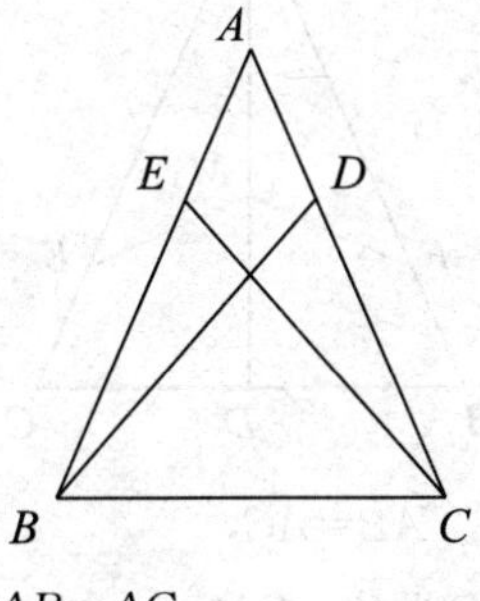

∵ $AB=AC$，
点 E、D 分别为 AB、AC 的三等分对应分点，
∴ $BD=CE$。
［同理△BDC≌△CEB（SAS）］

图 1-20

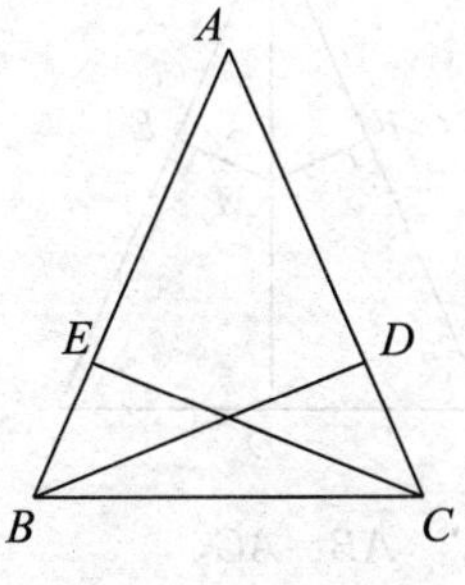

∵ $AB=AC$，
BD、CE 分别为三等分∠ABC 和∠ACB 的对应线段，
∴ $BD=CE$。
［同理△BDC≌△CEB（ASA）］

图 1-21

（4）折痕（即等腰三角形顶角平分线或底边上的高或底边上的中线）上的点与两腰上的对应点的连线也相等（如图 1-22、图 1-23、图 1-24、图 1-25）。

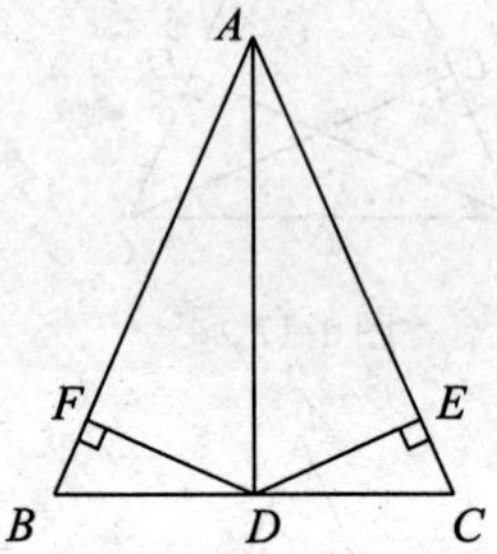

∵ $AB=AC$，

AD 平分$\angle BAC$，

$DE\perp AC$ 于 E，

$DF\perp AB$ 于 F，

∴ $DE=DF$。

图 1-22

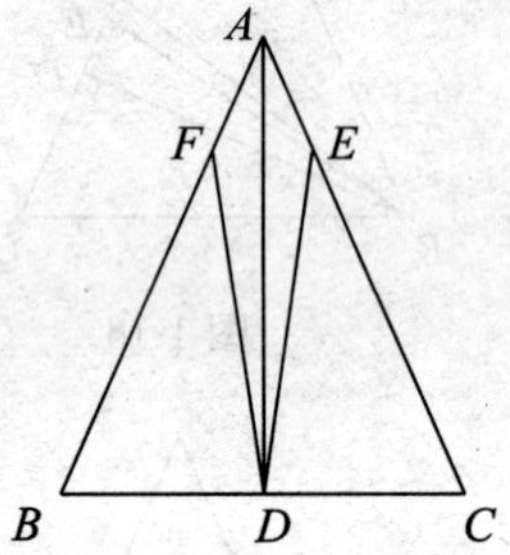

∵ $AB=AC$，

AD 平分$\angle BAC$，

E、F 分别为 AC、AB 的四等分对应点，

∴ $DE=DF$。

图 1-23

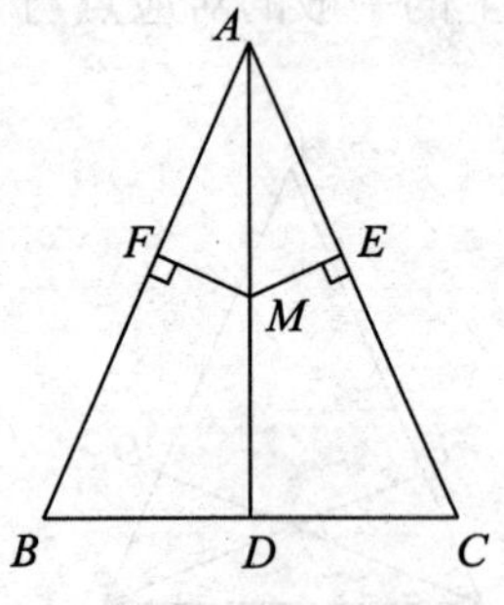

∵ $AB=AC$，

AD 平分$\angle BAC$，

点 M 在 AD 上，

$ME\perp AC$ 于 E，

$MF\perp AB$ 于 F，

∴ $ME=MF$。

图 1-24

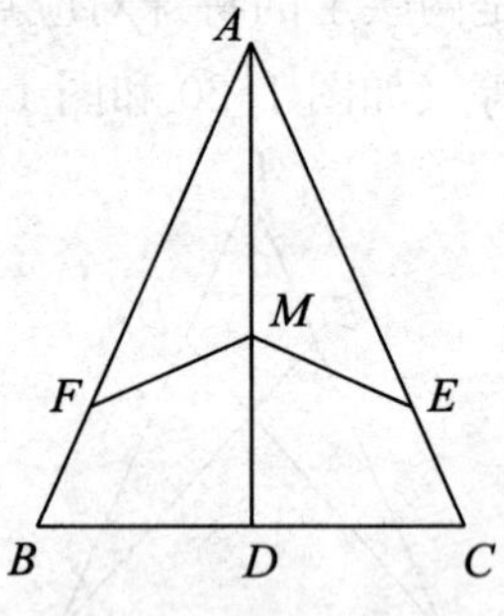

∵ $AB=AC$，

AD 平分$\angle BAC$，

点 M 在 AD 上，

E、F 分别为 AC、AB 的四等分对应点，

∴ $ME=MF$。

图 1-25

5. 教师充分肯定学生研究的主动性、自主性、创造性，激励学生将自己探索并论证了的这些结论用数学语言加以概括，从而将书本上给出的等腰三角形性质作了进一步的拓展研究。

这样，学生经历了“动手操作”、“亲自体悟”、“积极参与”、“与人合作”、“自己提出问题、自己研究并解决问题”、“深刻体会”的过程，因而获得的不只是数学知识，基本的数学技能，研究和解决问题的一般策略、方式方法，而且生动地体验了数学活动所充满的探索与创造的活力，获得了成功的喜悦，激励了自主探究、交流、合作学习的积极主动性，发展了学力。同时，也使学生感受到数学的对称美、相似美、和谐美、简洁美，使学生增进了对数学美的主观感受能力。这样的数学教学真正地促进了学生的发展。

又如，我对提高学生“分析解决问题的能力”的认识也是逐步提高的。过去我们只是侧重于提高分析解决纯数学问题的能力，而忽视学生应用数学知识、技能、方法去解决生产实践、生活实际中问题的能力的提高。

例如，在学习初中《几何》第三册第六章“解直角三角形”时，除了分析研究课本中与生产、生活有联系的问题外，还适当补充一些与学生生活实际贴近的一些问题。

南通濒江临海，每年夏季都有台风影响，学生在听气象预报时，并没有将它与数学联系起来，因而我选择了这样一道习题：

台风是一种自然灾害，它以台风中心为圆心在周围 10 千米范围内形成气旋风暴，有极强的破坏力，如图 1-26 所示。根据气象观察，距沿海某城市 A 的正南方向 220 千米的 B 处有一台风中心，其中心最大风力为 12 级，每远离台风中心 20 千米，风力就减弱一级，该台风中心现正以 15 千米/小时的速度沿北偏东 30°方向往 C 移动，且台风中心风力不变。若城市所受风力达到或超过四级，则称为受台风影响。

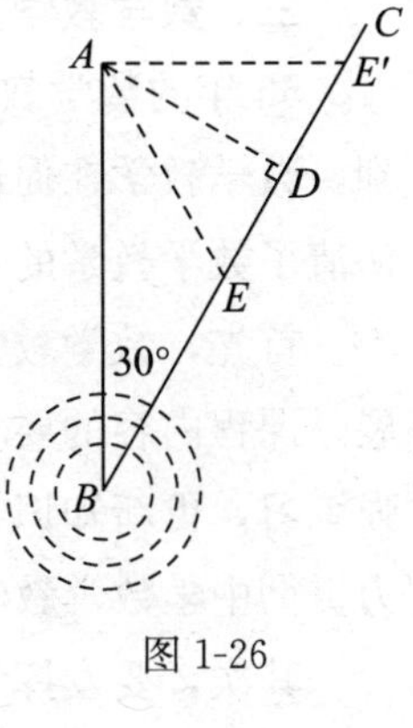

图 1-26

(1) 城市 A 是否会受到台风的影响？请说明理由。

(2) 若会受到台风影响，那么台风影响城市 A 的持续时间有多长？

(3) 城市 A 受到台风影响的最大风力为几级？

学生分析：问（1），实质是求 A 到 BC 的距离 AD，解 Rt$\triangle ABD$ 可得 $AD=110$ 千米，这样城市 A 受到的台风最大风力 $=12-\frac{110}{20}=6.5$（级）大于 4 级，所以城市 A 会受到台风的影响。

问（2）要求台风影响城市 A 的持续时间，实质是求城市 A 从受到台风 4 级风力影响开始到又减弱到 4 级风力为止，即求台风中心在 BC 上所经历的这段路程，设台风中心到达 BC 上的 E 处时，城市 A 受 4 级台风影响，可求得 $AE=20\times(12-4)=160$（千米），解 Rt$\triangle ADE$ 可得 $DE=\sqrt{AE^2-AD^2}=30\sqrt{15}$（千米），所以台风中心到达 D 处时 A 市受台风影响最大，风力达 6.5 级，到达 E' 处时，A 市受台风影响的风力又减弱到 4 级，故台风影响城市 A 的持续时间为 $\frac{2DE}{15}$，即 $\frac{60\sqrt{15}}{15}=4\sqrt{15}$（小时）。

通过对这个实际问题的研讨，学生又进一步认识到现实生活中蕴含着大量的数学信息，数学在现实世界中有着广泛的应用，体会到面对实际问题时，应自觉主动地尝试从数学的角度运用所学的知识和方法寻求解决问题的最佳方法和途径。学生深刻地感受到数学的应用价值，必将增进对数学的理解和学好数学的自信心与主动性。

三、数学教学在促进学生发展的同时必将促进教师自身的发展

56 年的数学教学历程，尤其是后 35 年的教学改革历程，使我深深体验到，数学教学在促进学生发展的同时也必将促进教师自己的发展。我进一步认清了数学教学的本真。

首先，数学教学是数学活动的教学，在活动中强调主体性的发挥和发展。课程内容的要求、处理方式以及重点不断变化，需要教师认真思考，加强练习，更新知识，认识和理解课程的变化，把握好课程内容，在教学中努力贯彻中学数学教学目标的要求。这对教师无疑是挑战。

其次，要发挥学生的主体性，促进学生的发展，必须加强对学生的认知规律、学习理论、教育心理学等方面的学习，加强对教育教学实践的探索研究、调查、反思、总结，这就需要教师对数学课程内容整体认识、理解和把

握，并且还需要研究在“双基”学习的同时，如何以知识为载体去体现数学和数学教育的价值。这对教师来说又是一个挑战。

最后，强调学生的主体性，强调师生间互动的数学教学活动，改变了完全由教师设计、主导、控制的课堂教学，教师需要更新教学方法，提高教学艺术，力求实现由重传教向重发展转变，由统一要求向承认差异和因材施教转变，由重教师“教”向重学生“学”转变，由单向或双向的信息交流向多向、多层次的合作信息交流转变，由重结果向重过程转变，由以教师为中心向师生平等、和谐融洽转变，由教学模式化向教学灵活多样化转变，从而真正实现“教师是学生数学学习的组织者、引导者、指导者和合作者”。这对于教师，既是压力，更是动力，可以促进教师自身的不断发展。

所以说，中学数学教学的基本任务应该是促进教学相长，促进师生共同发展。获得这种认识，是一种上下求索、螺旋上升的过程，也是一个自我反思、与时俱进的过程，是被动接受式向主动探究式跃进的过程。完成了这一飞跃，把握数学教学的规律，教师就能左右逢源，游刃有余，进入教学的佳境。

第二章
自学·议论·引导教学的探究历程

1977年，党的十一届三中全会胜利召开，改革的春风吹遍了祖国大地，广大教育工作者解放思想，积极投身教育教学改革。从1978年开始，我和我所在的南通市启秀中学的领导、同事，在省、市教育行政部门的直接领导和指导下，有的放矢地致力于教育教学改革实践和教育科研，逐步创立并不断丰富、完善自学·议论·引导教学。三十多年来，这一教学实验历经了起步、发展、高潮、深化四个阶段，围绕“学法与教法”、“学程与教程”、“主体与学力”、“风格与流派”四大主题，研究了“学生自学数学能力及其培养”、“自学·议论·引导教学法的创建和实验”、“优化学习过程，改善教学结构”、“学程导进技艺研究”、“主体性教育研究”、“初中学生学力的形成及其发展”、“初中学生学力发展与评价研究”、“学生学力发展与课堂教学创新——自学·议论·引导教学新探究”八个课题。研究经历了由数学学科到各学科，由初中到高中，由校内到校外的推广实验，研究领域和范围不断拓展，研究成果及时推广，使自学·议论·引导教学不仅仅是一个学科的教学变革，也不仅仅是教学方法的变革，而是教学领域较为全面、带有根本意义的一种创新。因为它是对教学过程本质的研究，是教学理念的创新，是教学体系的建立，所以它得到了广泛流传，形成了自学·议论·引导教学流派。

第一节　学法与教法

第一阶段：1978—1990年。这一阶段是起步阶段，主要是学习，在检讨、反思教学现状的基础上思考、酝酿。针对当时存在的主要问题，确定了研究和改革的方向，并以“学生自学数学能力及其培养”和“自学·议论·

引导教学法的创建和实验”为课题进行研究。

一、课题“学生自学数学能力及其培养”的实验研究

1978年，许多教师认为，“学生是靠教师讲会的，教师多讲，学生多得；教师少讲，学生少得；教师不讲，学生不能学”。课堂上教师“满堂灌”，学生被动接受，教学效率低，教学质量难以提高。面对科技迅猛发展，知识不断更新的形势，我们清醒地认识到，课堂上教师给予学生的知识只是沧海一粟，教师只有授学生以“渔”，才能使学生终身得“鱼”，因而提出了“学生自学数学能力及其培养”的实验研究课题。

通过实验研究，总结了“学生自学能力的内涵”、“学生自学的心理过程”、“学生自学能力的发展规律”、“培养学生自学能力的层次序列”等理论体系和操作框架。在教学理念上解决了：(1) 学生是靠自己学会的，是在教师引导下，通过积极主动地“看”、“听”、“问”、“练”、“操作”、“笔记”等学会的，不是靠教师讲会的；(2)“学会”与“会学”的关系是，在想懂中达到懂想，在学会中达到会学，最终形成自学能力；(3) 教学，不只是教会学生知识，更要突出对学生学法的研究和指导。

课题的研究成果相继获得了“江苏省普通教育改革优秀成果奖”和“全国中小学教学改革‘金钥匙’奖”。

二、课题“自学·议论·引导教学法的创建和实验”的实验研究

研究了学生自学能力的内涵和发展后，我们又着重思考自学数学能力应该如何培养，于是确立了第二个课题——“自学·议论·引导教学法的创建和实验”。教学理念、教学目标的变革，带动了教学原则、教学结构、课堂教学内容、教学环节、教学方式方法、教学评价等一系列的实验研究，从而创建了独具特色的教学体系——“自学·议论·引导教学法”。

这一课题研究的实践成果是：

变照本宣科、“忠实于教材”为从学生实际和教学大纲、教学目标出发，重组教学内容，实行单元教学；

变长期机械地沿袭凯洛夫的课堂教学五环节，为灵活而巧妙地运用并贯

穿教学全过程的“自学”、“议论”、“引导”三个基本环节；

变单向传输的教学模式，为生动活泼、浑然一体的个人学习、小组学习、全班学习三结合的教与学的形式；

变单一的继承和吸纳知识为会学、会探索、会创造知识；

变只重知识、技能、方法的学习，为知识、技能、方法、情感、态度相融并重，和谐发展。

通过实验研究，不仅建立了操作体系，更在教育理念上得到了进一步的升华。

(1) 进一步确立教学过程中师生的地位、关系、作用。学生是学习活动的主体，教师是学生学习活动的引导者、帮助者、合作者。同学间、师生间民主平等，互助合作，相互激励，共同发展。

(2) 进一步认识到智力活动和非智力活动在学习过程中的作用及相互关系。在教学过程中，必须将智力活动与非智力活动协调为一个统一体。如果没有意向，学习活动就失去了动力，智力发展就受影响；如果没有生动的智力活动，意向就不能落实、持久和发展。教师在引导时，必须极大地调动智力与非智力因素，统筹协调，有效地开展智力活动和非智力活动，才能调整好教与学的关系。

(3) 明确了教学的基本任务不只是让学生学会，更是要会学、会探索、会合作；不只是要会用本学科的知识、方法解题，更要会运用其解决其他领域的问题，发展应用意识、实践能力；不仅要会应用，更要在应用过程中优化思维品质和心理素质，使学生在科学精神、思维能力、情感、态度与价值观等方面得到和谐发展。

通过实践，总结了我们所倡导的学习方式：自学——虽然自学的形式多种，但是突出了自主学习；议论——强调自主学习基础上的交流讨论，并突出了合作学习、探究学习，以及在互动探究过程中自觉体验、感悟的学习方式。

倡导的教学方式是：教师是学生合作学习的伙伴，教师的作用是保证学生学习的主体地位，激发学生的主体意识，其作用是在引导、帮助、激励、评价、点拨、释疑、解惑中发挥的。

课题研究成果及时得到推广。南通市教育行政领导亲自担任实验推广领导组组长，组织并指导市区及市属六县（市）开展有组织、有领导、有计划、有步骤的推广实验，不断总结经验，培养教科研骨干，并向全省、全国举办讲习班，到全国各地以及一些高师院校讲学、上示范课，宣传推广自学·议论·引导教学法。课题研究成果获江苏省教育科学优秀成果一等奖，全国首届教育科学优秀成果二等奖。出版的专著《初中数学自学·议论·引导教学法》荣获江苏省人民政府颁发的“江苏省哲学社会科学优秀成果二等奖”。

以上两个课题，分别研究了六年多，着力探究了初中学生自学数学能力及其培养的途径和方法，共同的主题是“研究学法与教法”。显然，当时我们的注意力已投向了学生的自学能力，至于自学能力的培养，我们则把重点放在通过教法改革推动学法的确立上。

三、实验检析、验证与推广

实践证明，这一阶段从初一到初三的几轮实验的教学效果均比较显著，我们从实验效果、教学法特点以及验证与推广等方面进行了总结。

（一）实验效果的检析

1. 学生的自学能力有了明显提高

以第三轮实验班（1986 年入学）为例，刚进校时只有不足 10%的学生稍有些阅读数学教科书的能力（以能看简易教材，能简单模仿为标志），而到初一第一学期期中，能在限定的时间内自学完规定的有一定难度的材料，并完成相应题目的学生就达到 91.1%。到该学期期末，这个比例上升到 100%，而且其中 77.2%的学生能用概括性的语言归纳出结论，并用抽象的符号来表示（这个比例比期中时增加了 25.3%）。到初一学年结束，有 63.2%的学生能对一个单元甚至整章进行系统整理，其余 36.8%的学生也能进行初步整理。

这个班学生在初一学年中订阅有关数学的杂志、报纸，人均 1.4 份，普遍对数学课有兴趣，主动看数学课外读物。一学年中人均阅读 6.96 本，他们的阅读量大大超过对照班级。在调查中，该班学生都反映一年来自己的阅读速度有了很大提高，“原先读四五遍才开窍的问题，现在读一两遍就可以了”。更可贵的是阅读质量也起了很大变化，由起初“只能肤浅地领会表面内容”、“肤浅地了解个大概”、“只会机械模仿”到后来“不但要知其然，而且还要知其所以然”，已不满足看懂会做，还要探究“每个例题的目的和每一步的根据”，“联想到相同类型的题”和“挖掘一些更深的内容”，要分析“一章一节的核心与关键”，小结“看书的几点经验和心得体会”。有16%的学生已能超越书本（包括参考书），运用现有的知识通过类比、联想进一步去探讨新的课题：由研究字母系数方程的解法联想到如何对含字母系数的不等式进行讨论；由二元一次方程组的解法考虑三元一次方程组的解法；由二元一次方程组有唯一解的情况去研究方程组无解、有无穷多个解的情况，由此得出方程组的解与它们系数间的关系。有80.7%的学生已开始将这些自学方法迁移到其他科目（如语、英、地、史、生等）。有位学生写道：“在学习语文时，也采用看、问、听、记，学完了某一课、某一单元，把知识提炼、分类、概括、记忆，有助于全面地掌握知识。”还有的说：“这种迁移思维在别的学科学习上也可用到。比如在学习生物时，老师讲了植物细胞，那就会想到动物细胞的特点是否也相同呢？再一分析、比较，抓住两种细胞的差异，就可以很快掌握动物细胞知识了。”

再从横向比较中来看学生自学能力的提高。以第一轮（1980年入学）初一第二学期的一次自学能力测试为例（见表2-1）。

表2-1

<table>
<tr><th colspan="2">被测试班级</th><th>平均成绩（分）</th></tr>
<tr><td colspan="2">实验班</td><td>83.5</td></tr>
<tr><td rowspan="2">对照班</td><td>某重点校重点班</td><td>63.5</td></tr>
<tr><td>某一般校重点班</td><td>34.5</td></tr>
</table>

2. 学生对基础知识、基本技能的掌握较为扎实

以1983年、1986年毕业的两轮实验班参加全市统一的升学考试的数学成绩为例（见表2-2、表2-3）。

表 2-2

	人数	初中入学考试时数学成绩		初中升学考试时数学成绩	
	n	$\overline{X}$	S	$\overline{X}$	S
实验班	59	102.678	5.930	102.644	13.350
对照班	38	100.487	7.816	90.592	19.595
Z		1.476		3.327	
p		>0.05		<0.01	

八三届毕业的实验班，初一入学时的59人全部升入初三参加升学考试，而对照班原入学学生经转学、留级至初三毕业时尚存38人参加升学考试。比较这两个班初中入学时的数学成绩，实验班的均分略超出对照班，但经统计检验，这种均效差异无统计学意义，表明他们入学时数学成绩基本相同，但比较他们初中升学考试时数学成绩可以看到实验班占有明显优势（$p<0.01$）。从以考查“双基”为主的升学考试中的这个优势，不难说明这种教法有利于学生数学知识和技能的掌握，这一点从1986届实验班的升学考试成绩再一次得到了证明（见表2-3、表2-4）。

表 2-3

		实验班	对照班Ⅰ	对照班Ⅱ	对照班Ⅲ
人数	n	54	47	50	181
初中入学考试时数学成绩	$\overline{X}$	83.057	86.00	94.45	94.68
	S	9.893	7.864	4.288	3.611
初中升学考试时数学成绩	$\overline{X}$	105.46	93.79	102.08	100.56
	S	14.903	16.057	10.007	13.091

表 2-4

		实验班～对照班Ⅰ	实验班～对照班Ⅱ	实验班～对照班Ⅲ
初中入学考试时数学成绩均数比较	Z	1.664	7.716	8.467
	p	>0.05	<0.01	<0.01
初中升学考试时数学成绩均数比较	Z	3.767	1.367	2.179
	p	<0.01	>0.05	<0.05

初中入学时，实验班与对照班Ⅰ的数学成绩基本相同（尽管对照班Ⅰ比实验班的均分还高出 2.943 分），而在初中升学考试中，实验班的数学成绩明显地超过对照班Ⅰ（$p<0.01$，差异非常显著）。对照班Ⅱ、Ⅲ初中入学时数学成绩均分都远远超出实验班（$p<0.01$，差异非常显著），而且学生水平远比实验班整齐。到初三升学考试时，实验班的数学成绩均分反而超出对照班Ⅱ、Ⅲ，而且与对照班Ⅲ的差异显著。

扬州师范学院对第二轮实验班初一第二学期末的调查测试，进一步证实了自学·议论·引导教学法有利于数学基础知识和基本技能的掌握（见表 2-5、表 2-6，测试题经过扬州师范学院几次审核、小样测试，其效度、信度、区分度、难度各项指标基本接近和达到国际标准）。

表 2-5

比较项目	实验班（52 人）		对照班Ⅰ（53 人）		对照班Ⅱ（54 人）	
	$\overline{X}$	S	$\overline{X}$	S	$\overline{X}$	S
基本知识	35.567	5.888	31.070	7.002	28.918	7.
基本技能	37.625	12.185	29.590	13.652	20.076	11.
总成绩	73.192	16.816	60.660	19.659	48.990	18.

表 2-6

	实验班～对照班（Ⅰ）			实验班～对照班（Ⅱ）		
	知识	技能	总成绩	知识	技能	总成绩
Z	3.565	3.181	3.512	5.191	7.504	7.139
p	<0.01	<0.01	<0.01	<0.01	<0.01	<0.01

3. 学生数学的综合运用能力和辩证思维能力得到较快提高和发展

在由扬州师范学院同一次进行的数学综合运用能力测试中，除数学模拟能力、形式逻辑推理能力以外，实验班学生和对照班学生在数学的语言、抽象、分析、运用、推理能力、辩证逻辑思维能力上都有非常显著的差异（见表 2-7、表 2-8）。在这些能力的发展中，实验班学生占有明显的优势。在初一还没有显示出明显优势的数学模拟能力与形式逻辑推理能力，在初二、初三阶段逐渐显现出来。在初三第二学期的能力测试结果说明了这一点（见表2-9）。

表 2-7

	语言表达能力		抽象概括能力		分析能力	
	$\overline{X}$	S	$\overline{X}$	S	$\overline{X}$	S
实验班（53）	6.792	2.301	11.420	3.105	13.720	4.541
对照班（107）	5.486	2.492	9.533	2.930	9.589	4.312
Z检验	$Z=3.286$ $p<0.01$		$Z=3.686$ $p<0.01$		$Z=5.506$ $p<0.01$	

	运用能力		推理能力		数学模拟能力	
	$\overline{X}$	S	$\overline{X}$	S	$\overline{X}$	S
实验班（53）	20.790	6.169	2.245	1.491	3.943	3.212
对照班（107）	17.120	7.800	1.589	1.325	2.925	3.188
Z检验	$Z=3.235$ $p<0.01$		$Z=2.716$ $p<0.01$		$Z=1.892$ $p>0.05$	

表 2-8

	形式逻辑推理能力		辩证逻辑思维能力	
	$\overline{X}$	S	$\overline{X}$	S
实验班（54）	27.259	4.591	21.288	4.303
对照班（125）	26.30	4.733	17.944	4.476
Z检验	$Z=1.270$，$p>0.05$		$Z=4.715$，$p<0.01$	

表 2-9

	数学模拟能力		形式逻辑推理能力	
	$\overline{X}$	S	$\overline{X}$	S
实验班（54）	8.575	3.478	13.25	3.311
对照班（125）	4.312	3.342	9.4	4.113
Z检验	$Z=7.615$，$p<0.01$		$Z=6.619$，$p<0.01$	

1989年3月，江苏省南通市教育科学研究所对第三轮实验班（初三）进行了全面测试，测试报告如下。

自学·议论·引导实验班测试的报告

南通市第十二中学（即现在的启秀中学）李庚南老师主持的初中数学自学·议论·引导教学法实验的第三轮实验即将完成，为了对实验的结果进行科学、客观的评估，我所应邀对实验班的学生进行了一次全面测试，现将测试结果报告如下。

一、测试工具

为了对实验班学生的学习能力及其非智力因素的状况进行全面测试，我们选择：

1. 上海市教科所和徐汇区教育学院联合编制的《初中毕业生学习能力测验量表》(1987年本)，作为测验实验班学生一般学习能力的工具，该量表将一般学习能力分为两大部分：

(1) 语言能力部分，包括语言推理能力、阅读理解能力、书面表达能力；

(2) 数学能力部分，包括概括数学材料的能力、对数学材料的抽象能力、形成空间概念和想象的能力、逻辑推理能力、用数学和其他符号进行运算的能力、简缩思维能力、思维的逆转能力、数学概念的运用能力。

2. 武汉市教育科学研究所修订的《Y. G-WR性格检表》，作为测验实验班学生非智力因素的工具，该量表以性格的特性理论编制。它有12个特性，即：

(1) 抑郁性；(2) 情绪稳定性；(3) 自卑感；(4) 神经质；(5) 主、客观性；(6) 协调性；(7) 攻击性；(8) 活动性；(9) 细致性；(10) 思考的向性；(11) 支配性；(12) 社会的向性。

二、施测

1. 测试对象：南通市第十二中学初三(1)班全体51名学生，全部收回答卷。

2. 测试时间：1989年3月9日上午8时开始，至11时30分结束。

3. 测试地点：南通市第十二中学初三（1）班教室。

4. 主试人：南通市教育科学研究所姚天勇。

助理主试：南通市第十二中学李庚南。

5. 施测过程严格按照量表的测试要求进行，对随机干扰因素作了较好控制，结果可信。

三、测试结果

1. 学习能力（见下表）

项目	实验班		常模	Z检验	
	平均分 $\overline{X}$	标准差 S	平均分 υ	Z值	差异情况
语言能力	95.21	11.87	79.33	10.18	非常显著（$p<10^{-5}$）
数学能力	52.06	15.86	42.50	4.31	非常显著（$p<10^{-4}$）

2. 性格情况（见下表）

项目	实验班		常模	Z检验	
	平均分 $\overline{X}$	标准差 S	平均分 υ	Z值	差异情况
(1) 抑郁性	5.63	3.61	6.85	2.77	十分显著（$p<0.01$）
(2) 情绪稳定性	9.63	4.51	10.96	2.02	显著（$p<0.05$）
(3) 自卑感	7.92	4.12	9.05	1.95	显著（$p\approx0.05$）
(4) 神经质	8.59	3.67	8.20	0.76	不显著（$p>0.20$）
(5) 主、客观性	7.69	3.11	8.60	2.07	显著（$p<0.05$）
(6) 协调性	8.49	4.20	8.10	0.66	不显著（$p>0.20$）
(7) 攻击性	12.10	3.70	11.55	1.06	不显著（$p>0.20$）
(8) 活动性	11.43	4.25	11.80	0.62	不显著（$p>0.20$）
(9) 细致性	11.55	3.48	10.80	1.67	不够显著（$p>0.05$）
(10) 思考的向性	9.24	3.67	9.40	0.31	不显著（$p>0.20$）
(11) 支配性	11.53	3.36	10.35	2.51	显著（$p<0.05$）
(12) 社会的向性	10.12	3.85	9.00	2.07	显著（$p<0.05$）

四、初步评价

1. 一般学习能力测验的两项结果，均显示高于上海市普通初中的平均值，经统计检验，差异非常显著，说明实验班的学生已形成了较强的学习能力。

2. 性格检查表明，实验班学生在12个性格特征中的6个特征显示出与常模的显著差异，它们是：

(1) 抑郁性，$\overline{x}<\mu$，低分特征是：开朗、沉着、有自信心。

(2) 情绪稳定性，$\overline{x}<\mu$，低分特征是：情绪稳定。

(3) 自卑感，$\overline{x}<\mu$，低分特征是：相信自己的能力，有勇气。

(5) 主、客观性，$\overline{x}<\mu$，低分特征是：对事物的看法比较符合实际，较少空想。

(11) 支配性，$\overline{x}>\mu$，高分特征是：在集体活动中积极、主动，有组织能力。

(12) 社会的向性，$\overline{x}>\mu$，高分特征是：外向、热情、善于交际。

由此可见，实验班的学生已初步形成了比较良好的性格。

（二）自学·议论·引导教学法的主要特点

从实验效果检析，我们感到自学、议论、引导教学对提高教学质量起着积极作用，有六个主要特点。

1. 辩证地处理“学会”和“会学”的关系，突出了“会学”的地位和作用。把学会和会学统一起来，在学会中会学，用会学促进学会，相辅相成，把“双基”和智能的发展结合起来。

2. 辩证地处理了大块知识结构与小段的课时安排的关系，突出了基本的知识结构的地位和作用。改变了单一的班级教学形式，打破了按课时分配的小段教学，灵活组织单元。由于教材结构大，课时安排多，所以回旋余地大，使学生能在学习过程中深入思考，自行消化、分析、归纳。

3. 辩证地处理个体独立思考与群体启发交流的关系，突出了独立思考的地位和作用。培养学生独立获取、系统整理、科学应用知识的能力，都是要经过自学、独立思考的。群体议论也是群体的自学，群体议论都是在个体独立思考基础上进行的；反过来，群体议论又推动了独立思考，拓宽思路，多方面比较。适时引导更加促进了独立思考质量的提高。

4. 辩证地处理好数形的讲练与思维训练的关系，突出了思维训练的地位和作用。各个环节上都强调思维训练，在概念形成上下功夫，通过自己的思维来形成概念。强调计算能力是由已知的知识、智力和计算技术三位一体的结合，教学过程中突出思路的训练，使数学教学成为数学活动的教学。

5. 辩证地处理教与学的关系，突出了学生是认识主体的地位、作用。教师引导作用不是简单的灌输，而是落实到启发、诱导、点拨上，使学生会想问题，想懂问题，会学问题，学会问题。

6. 辩证地处理了智力活动和意向活动之间的关系，突出了意向活动的地位、作用。动机、兴趣、情感、意志、态度等不是智能本身，但在智能发展中起着动力、定向、引导、维持、强化等一系列相互联系、相互促进的作用。如果没有意向，认识活动就失去了动力，智力发展就要落空。如果没有生动活泼、引人入胜的智力活动，学习的情感、意志、兴趣、需要等就会削弱。自学·议论·引导教学采用多种途径，引起动机；运用多种方法，激发兴趣；通过多种渠道，融洽情感，使学生产生强烈的情感体验，接受教师的教育，自动调节自己的学习行动，并在行动上作出积极的反应。智力劳动的丰硕成果又进一步激发学生的学习兴趣、学习责任感，引起学习机动，产生极大的学习积极性。如此循环往复，实现教学过程的优化。

（三）教学法的验证与推广

一种教学体系的形成，必须坚持长期不断的实验与研究，成果还要扩大试点，进行验证，逐步推广。在扩大验证和推广试点中，既要控制实验因子，又要开放搞活。在这方面，我们着力进行了三个“双推”。

第一个“双推”，即广义的推广（宣传、交流有关信息）和狭义的推广（有组织地按照本教学法的路子进行系统实验）。

在广义的推广方面，我应各地邀请，外出到北京、山东、浙江、广东、广西、辽宁、黑龙江、安徽、河南等省、市的一些地区以及本省的一些市、县作“初中数学自学能力及其培养”、“自学·议论·引导教学法的三个基本环节”等专题讲座，计60多场次，有1万多人次听讲。有的省市连续约讲，如北京崇文区讲2次，南京讲5次，黑龙江省在佳木斯、大庆、黑河、北安、绥化分别开设讲习班，借班上课。此外，按照教学单元和教法顺序，由江苏省电化教育馆或其他借班上课的地、市摄制了几何、代数教学录像23节，在不少省市组织播放。还撰写了70多篇论文或专题总结，在省、市、全国学术年会上宣传介绍或在报刊上发表，从而达到交流信息的目的，得到了专家同行的指点与鞭策。

在狭义的推广方面，我们有组织地按照本教法的路子进行系统实验。1986年8月，南通市教育局建立了中学数学自学·议论·引导教学法教改实验领导小组，作出了有计划、有部署、有领导地推广这项实验的决定。接着，市属六县和淮阴市属金湖县也相应建立教改实验领导小组。领导组成员由分管教学的局长、实验教师代表、专职数学教研员、教师进修院校数学教材教法教师和教改实验学校领导同志组成。在市、县教改实验领导小组的部署下，从1986年下学期起，进行验证式扩大试验的17所中学25个初一班级开始了同步实验。1987年1月，市实验领导小组作出了同步实验班级的实验规划，明确实验指导思想，规定初一、初二、初三各年级实验的要点，并从理论指导、力量配备、教学研究、经费开支、后勤服务等方面，提出了保障措施。1987年10月，市实验领导小组在总结初一阶段实验的基础上，又提出了初二年级实验的详细打算，要求实验教师进一步掌握教学精神和基本路子，把握学生自学能力的培养序列，重视非智力因素，控制实验因子，加强平时记载。初三学年，着重研究改革课堂教学结构、优化教学过程组合，以及科学测试评估等问题，实验教师都写好实验报告，为进一步推广提供成功经验。与此同时，南通教育学院邀请我到该院举办“初中数学骨干教师培训班”，讲授自学·议论·引导教学法，引导学员投入这项实验。

部分外省市学校也与我们进行了同步系统实验，效果都比较好。

第二个“双推”，既推广教学法的改革，更推广教育观念的更新。在这一阶段的教改实验中，我深深体会到，改教法首先要改思想，而改思想又要在改方法中落实。自学·议论·引导教学法不是把注意力放在教师的“讲深讲透”上，而是放在学生的非智力因素培养和学法指导上。教学的引导作用在于调动学生学习的积极性、主动性和自觉性，促使学生通过积极的思维活动和科学的学习方法去获取知识，发展智能。师生把个体自学、小组议论、全班交流有机地结合起来，改变了传统教法单向传输信息的弊端。于是我们在推广实验中注意把推广教法和改革教育观念相结合。教法好不好，要从造就“四化”建设人才这个总目标出发，要用现代教育理论去衡量。我们通过小型研讨，感到自学·议论·引导教学法与传统教法相比，显示了很大的优越性。它有利于学生兴趣、情感、意志的培养，使他们积极主动地进行学习，个性得到充分的发展；它有利于学生掌握科学的学习方法，建立合理的知识结构和认知结构，学习效果比较明显；它有利于学生智力的开发和能力的培养，尤其是自学能力的提高和思维能力的发展。为了使大家提高认识，做到改教法与改思想相结合，我们在推广实验中，着力于培训实验教师队伍，这是至关重要的。从 1986 年暑假起，我们对同步实验的教师先后集训了十次。集训地点分别放在市区和县区。每次集训突出一两个中心议题，从不同角度对教法作系列专题介绍，结合学习教育科学理念、科学实验方法，分析整章教材教法，交流学术论文、实验报告，畅谈实验体会，激励教师奋发向上。还提倡实战练兵，让集训所在县的实验教师上公开课，其他实验教师也可借班上课，并邀请集训所在县的教师一起听讲座，一起听课评课。

第三个“双推”，既推广科研成果——本教学法的应用，又推广教改实验的研究方法。改革教学法是需要经过实验的，这是一种教育科研的方法，其基本特征是它的实践性、客观性、系统性和创造性，不同于一般教学研究。将研究成果推广、验证、应用，同样需要一定的科研方法。因此，我们注意推广与实验结合、应用与创造结合，以达到普及和提高的结合，不断地充实和完善。在集训实验教师时，注意普及教育科研、教改实验的基本知识和技能，组织同步实验的教师协力攻关，不断充实、完善这种教法。一是探索了自学·议论·引导教学法的可行性。市教育行政部门还组织了市中学数学几个不同的改革实验课题的教学观摩和比较研究，使大家体会到运用人民教育出版社统编教材，采用自学·议论·引导教学法，在一般中学是完全可行的。凡运用这种教学法的班级，学生自学能力都比较强，基础知识比较扎实，毕业升学考试成绩都远远超过面上的一般学校，甚至达到重点中学的水平。二是探索了自学·议论·引导教学法的科学性。实验表明，自学·议论·引导教学法，是以辩证唯物主义的认识论为指导的，符合学生的认知规律，符合教学规律，符合现代人才的培养要求，是科学的。三是探索自学·议论·引导教学法的系统性。通过广大实验教师的辛勤劳动，不断总结，逐步修改、充实、完善，才形成了自学·议论·引导教学法的体系。

第二节 学程与教程

第二阶段：1990—1998年。主要研究自学能力和学法方向的确立。自学能力培养如果只停留在理念层面，只是在策略层面，甚至只在具体途径、方法层面探索，那是不够的，必须落实在教学结构上。而这样的结构应当是学习进程的结构，是学生展开学习的过程，于是我们把研究实验的中心任务放在“学程导进”上。导进不只是方法、技术问题，而应当是科学与艺术的结合。于是，这一阶段形成了两个课题：“优化学习过程，改善教学结构”（1990—1995）和“学程导进技艺研究”（1995—1998）。其主题是关注学程与教程的内在关系。这是自学·议论·引导教学的发展期。

一、课题“优化学习过程，改善教学结构”的实验研究

（一）关于“学习”的理论认识

1. 关于“学习主体”的理论认识

现代教育理论和实践揭示了现代社会的人的基本特征是独立性和主体性，教育应该而且必须增强人的这些品质，并将其看作学生全面发展的核心成分。

学生学习的主体性的内涵一般应包括自主性、独特性、能动性、创造性和整体性。主体的发展是全面和谐的发展。

2. 关于“学习过程”的理论认识

学生的学习过程是在一定的学习基础上继续增益新知识，培养新技能，以形成其进行高一级学习的新的基础的过程。它具有可纳性、自汲性、发展性和创造性。一句话，学习过程应充分体现主体性，呈现多维化。

3. 关于“学习本质”的理论认识

我们认为，要认识学生学习的本质属性（特性），必须从以下几个方面去把握其内在的固有的质的规定性。

首先必须看到，学习的主体——学生是以学习为主要任务的社会中的、发展中的、教育过程中的人。学生是在教育情境中进行学习的人。一方面，学生的学习有教师的指导；另一方面，学生所参加的是一种规范化的学习，是有目的、有计划、有组织地进行的；再一方面，在班级学习中，不仅发生着学生与学生、学生与教师的关系，而且还发生着学生个体与集体之间的关系，而学生集体本身也是具有教育功能的。这些，也决定了学生学习活动的特殊性。

其次，需要看到教学条件下学习内容与学习过程，学习、掌握与发展的统一。

最后，还需看到学生的学习不只是为适应当前的环境，而是为适应今后的需要。从当前看，学生的学习容易成为一个被动的过程；而从未来看，他们的学习又有待于发展到完全独立而主动的自学阶段（即退出教学系统，进入一般的人类学习的阶段）。从这一方面来看，学生尤其需要培养起独立积极学习的自我教育、自我发展的态度和能力。

我们认为，学生的学习就是学生在教师指导下，能动地掌握和发展人类社会历史经验，并使自身获得全面发展的过程。

4. 关于“数学学习”的理论认识

数学学习是学生学习的一个部类，所以它具有学生学习的一般特点。又由于数学本身有其特殊性，所以数学学习可以看作数学知识的学习、数学活动的学习、数学文化的学习。

（二）实验的理论假设

在现阶段初中数学课堂教学中，坚持学生学习的主体观与主体性发展的教育观，把数学教学看作数学活动的教学，面向学生学习与发展的需要，从优化数学学习过程、改善数学教学结构两方面入手，改革单一、呆板、程式化的被动学习局面，突出学习主体地位，力促学习主体性的递进，使学生在教师指导下，自主自觉地掌握数学知识和数学活动经验，增强数学观念，并使自身获得全面发展。

（三）操作要素及其关系

1. 优化学习过程

优化数学学习过程的逻辑生长点是有成效的数学学习，它的展开是主体活动与发展序列化、层次化、系统化的过程。

（1）关于数学学习的准备。主体的学习准备状态是学与教的出发点，也是主体心理发展的必然过程。数学自主学习全过程，始终都是考虑“准备性”与“发展性”的结合。

（2）数学活动的因素。在数学自主学习中，主体的数学活动有四个方面的结构变量是值得重视的因素。

① 活动的目的性。它不仅关系到活动动机的激发，而且关系到活动过程的调控及活动效果的鉴定。学习活动的目的不仅在于产生某种物质化、形迹化的结果，而且更为重要的是在于改变自身内部的定向性和激励作用。

② 活动的积极性。它与动机、兴趣及情感体验等有关，集中体现在学习者对待数学和数学活动的态度上面。教育的作用在于学习动机的激发、学习效果的提高等。

③ 活动的独立性。它与态度有关，又与意志、努力联系在一起。培养学生在任何环境、条件下都能独立地积极学习和工作的自我教育、自我发展的态度和能力，这正是学校教育的目标。数学自主学习是使活动的独立性渐进增强，乃至主体性完全积极独立发挥的过程。

④ 活动的创造性。自主学习是学生的主体性与活动能力日益发展的过程。它不仅需要强化创造意识，而且在有效的数学学习活动中统一起来，并且在活动中充分发挥其效用，自身也获得充分发展。

（3）自学能力与自学活动。主体的自学能力与自学活动是在发挥其主体性基础上的动态的、发展中的统一。如果把学生在学习过程中的独立性程度作为依据，学生自学活动发展的过程具有所谓的两极性：一端是完全依靠教师的，一端是完全依靠自己的；从一端到另一端，学生的独立性程度逐渐增强（或减弱），它构成整个学校学习过程的起点、终点和中间阶段。所谓自学能力的发展，也就是在这样的过程中得到培养和发展的（如图 2-1 所示）。对于主体的某种数学活动及其活动能力的发展而言，这一模型也是成立的。

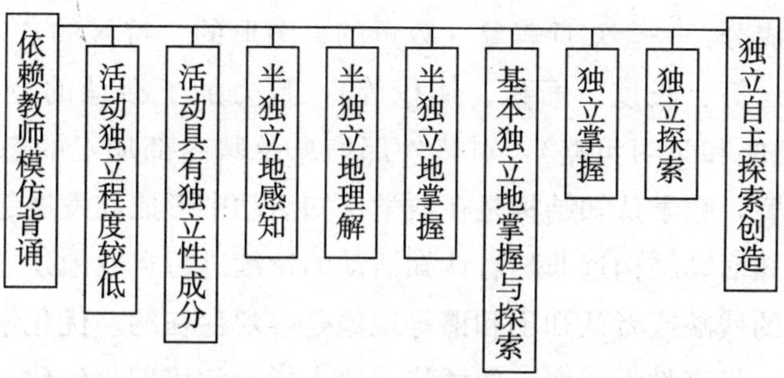

图 2-1　由不能独立学习到独立自学的发展模型

数学自主学习，要求实现由教学向自学的过渡；有成效的数学学习，表现为主体自学活动的独立性与创造性的不断发展。

（4）数学自学能力的内涵与发展规律。根据长期教改实验，我们探索了数学自学能力的内涵，它主要包括独立获取数学知识的能力、系统整理数学知识的能力和科学应用数学知识的能力。独立思考能力是数学自学能力的核心要素。数学自学能力的发展有以下几条规律：数学自学能力可能发展的普遍性和实际发展的差异性，数学自学能力发展的渐进性和跳跃性，数学自学能力发展速度的变更性和发展倾向的交替性。

2. 改善教学结构

在改善教学结构方面，我们汲取以往教改实验的成果，进一步调整、充实、完善、优化与数学学习过程相适应的教学要素体系。在教学内容上，重组教材内容，实行单元教学；在教学形式上，采用个人学习、小组（指邻座四个同学）学习、全班学习三结合的教学；课堂上“独立自学”、“群体议论”与“相机引导”三者相辅相成，融为一体，贯穿于教学全过程。此外，本课题实验研究中，我们还注重探索了以下几点。

（1）认知体系及其顺序结构。

学生通过学习将人类数学知识经验转化为个人的认识，集中表现为个体的数学认知过程。这一过程是个体在教师引导下对数学教材开展积极的反思认知的过程。在这一过程中，学生在掌握数学知识结构的同时，也在形成相应的认知结构。

根据心理学理论，结合我们的经验，我们认为可以将数学认知结构分解为如下心理成分：一套知觉表象（数量的、图形的、符号的），比较抽象的概念（数、运算、长度、面积、体积等），智力加工活动的经验和创造性（数学智慧技能和学习策略），对待外部信息及其内部加工的态度（数学态度）等。无疑，数学认知结构是在数学认知活动中形成和发展起来的，但合理的数学认知活动结构远非随着认知活动的持续进行自发地建立起来的，认知结构成分的残缺或者认知不和谐等现象是客观存在的。优化学习过程，改善教学结构，提高教学效率，便意味着要求指导和培养学生建立科学、合理的认知结构，并不断促进它的精确化和整体化的发展、完善。

合理的数学认知结构是数学知识和数学认知在抽象—理论思维水平上的统一。它不仅指对数学知识经验的概括或对知识系统的整理，而且指在一定阶段，对已获得的数学知识在理解其全部意义（个别的、一般的、普遍的）的基础上，结合自己的感觉、知觉、记忆、思维、想象等心理特点，组合成一个体现内部规律的科学的整体结构。这样形成的数学认知结构是一定阶段学习的结果，也是新的数学学习的条件。数学学习和认知发展过程正构成这样的一个连续体：从简单的联想学习到形成在意义上、态度上、动机上和技能上相互关联的、越来越复杂和越来越抽象的智力加工模式体系。

从教学认知体系发展研究中，我们概括出促进主体认知体系的顺序结构，它也是一个教学指导模式，表现为：由阅读、听讲、实验、制作、演练等途径获取信息→对所获得的信息进行思维制作（包括析理、论证、推导、记忆等），懂得是什么、为什么、内在结构及相互联系，并将其纳入已有的知识体系，进行系统化、条理化、逻辑化→运用概念和规则解题，通过解题练习、自我体验和总结，懂得怎样将概念和规则运用于与原先的学习情境相类似（即同一水平上的迁移）或完全不同的新情境中（纵向迁移），达到掌握概念和规则，并产生新的高级规则，形成智慧技能→对自己的学习过程进行反思认知，即明白自己是如何学习、如何整理、如何记忆、如何自我控制与调节的，从而获得和改进认知策略及学习策略→进行再学习、探索。

（2）两重因素的协调结构。

所谓两重因素，系指智力因素与非智力因素。学生以教材作为主要认知对象，充分发挥其主体性，展开有目的的、积极的、系统的认知活动，不仅实现着客体向主观认识的转化，而且实现着主观意识向客观结果的转化。在这由外向内及由内向外的转化过程中，个体在逻辑上“重演”数学的发现与创造，即在人类发现基础上的再发现与再创造。在这再发现与再创造的过程中，不仅有逻辑思维活动，而且有空间想象活动；不仅有智力活动，而且伴随着非智力活动；不仅有心理——意识活动的参与，也有生理——神经活动的参与。所以，有目的、有组织、科学的数学学习活动，不仅仅是在教师引导下积极地把数学知识体系转化到自己认知结构中去的过程，而且在此过程中也总是伴随着全部心理品质、生理素质的重新组合和调整，包括整体心理结构和生理机能的发展。同时，经历了这种组合、调整和发展的个体，又进一步影响着以上转化活动的进行。主体从对数学教材的认识到身心的全面发展，正是通过这种积极的过程而实现的。有组织的教学认知活动就是要有意识地、强有力地影响、促进个体的一般发展。

数学教材的育智与全面育人的因素，是蕴含在教材之中，以凝聚的、物化的形式存在着的。数学教育必须充分发掘教材的教育性因素，并引导学生通过自身的积极努力而将其化为个人的精神财富和精神品格，转化为主体的活的知识、活的智力、活的思维观念和活的个性品质，从而实现从教育的可能性到现实性的飞跃。

掌握两重因素协调结构，还特别要求结合学生心理健康的教育，激发主体学习数学的情感、意志。

(3) 调控因子的层次结构。

数学教育的核心是学生自学能力的培养与发展过程。数学自学能力是一个系统结构，具有整体性、层次性和多样性，根据学生数学自学能力发展的客观规律，结合数学学习的要求，我们概括出下面的数学自学能力发展的层次模式：自学能力的发展序列（如图 2-2 所示）。

这是自学能力发展的六个层次，它表明发展的水平、阶段。其中，基础阅读能力是整个自学能力的重要基础，逻辑整理、结构模进、认知评价是自学能力的一般发展，系统总结、科学探索是自学能力发展的高级层次。在自学能力发展过程中，六个层次是螺旋式上升的，前一层次是后一层次的基础，后一层次包括前一层次。所以从各发展阶段的联系看，往往是纵向发展

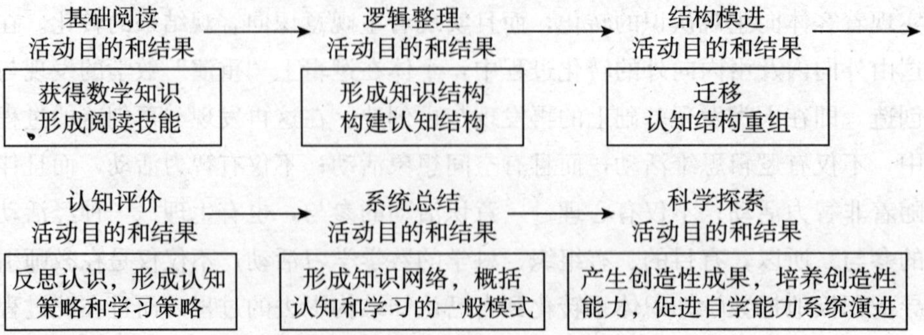

图 2-2　自学能力发展阶段与层次模式

有递进关系，横向发展又有交叉关系。

（4）初中代数与几何的教学结构。

在以上理论认识的指导下，我们研究整理了初中代数和几何的教学结构，出版了《初中代数教学结构》、《初中几何教学结构》（1991 年由广西教育出版社出版），由实验班实施。

（四）变量控制

1. 目标控制

将促进学生有成效的数学学习作为控制目标，以形成性测试与终结性测试作为检测手段，根据目标达成状态调控实验过程。

有成效的数学学习的直接含义，是指数学学习应是有成效的——既取得成功，又具有效率。它涉及学习的准备：第一，学习的准备应具有新的学习取得成功的可能性；第二，学习的准备应保证新的学习在时间和精力的消耗上“经济而合理”。所以，衡量有成效的学习就是两条基本标准：一是学习效果标准，一是学习效率标准。

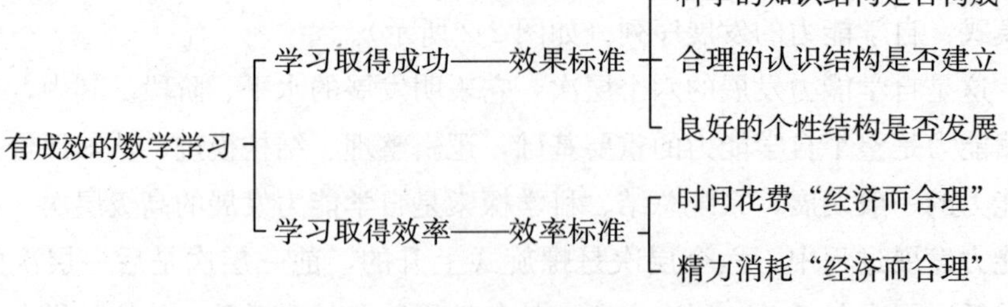

2. 准则控制

对实验因子的控制，我们概括了几条特定的原则，广泛宣传，达成共识，坚持贯彻。

(1) 全面发展的原则。

这是教学和学习的目的性要求，要求通过有组织的数学认知活动，促进学生的素质全面发展。具体要求是：掌握数学基本知识和基本技能，培养数学能力，发展智力，提高思想认识，培养数学态度及其他非智力因素，讲究生理和心理卫生。

学生的全面发展是以认知教材为中介，在有组织的积极活动过程中实现的。贯彻这一原则，须力求系统优化，对于教师和学生，都有系统优化的自我要求。比如对于学生，存在内部心理系统、数学认知系统、数学知识系统等。心理系统优化意味着心理整体和谐地发展，数学认知系统的优化意味着合理认知结构的建立与发展。学生应该着眼于每一系统的动态优化，即发展中的优化，努力达到有成效数学学习的目标。在数学学习中，教师系统优化的目标是提高数学教学的质量和效率。教学系统优化的着眼点是教学系统的整体优化，落脚点是有成效数学学习的动态优化，着力点是学生数学自学能力的系统优化。

(2) 从教学向自学过渡的原则。

首先要注意力求数学学习与数学教学在教学过程中的统一。学生、教学内容和教师是教学过程的基本因素，贯彻从教学向自学过渡的原则，要求实现为达到一定目的的教学系统诸因素在教与学相互作用中的有机统一。

在教学系统内的各种联系与关系中，教师和学生之间的关系是一种最基本的关系。教学过程的要素组合优化主要取决于师生关系。实际教学力求尊重学生的主体地位，使学习进程达到教师的灵活调控与学生积极的自我调节的有机结合，促进学生主体性的发挥和发展，促进数学自学能力和整体素质的发展。

数学教学与数学学习在教学过程中的统一及其优化，从系统目标上看就是为了有效地引导学生进行有成效的数学学习；从系统进行的实质来看，就是促进有成效数学学习状态的更替，就是学习主体地位和主体性的递进。

其次，就学生主体的学习与发展看，要求注重培养他们数学活动的态度、方法，要求其逐步掌握自学的方法和技能，养成独立学习、独立思考、独立评价、自主发展的习惯和能力。

数学自学能力发展具有层次水平特征，要促进主体学习水平的层次递进，并要有意识地做到准备和发展相结合，基于已有的身心发展水平，实现由准备状态到期望状态的转化。

由于数学的特点，要求直观与抽象相结合，严谨性与量力性相结合，学习与思考相结合，教师示范、引导与学生独立活动相结合，以至更好地以教学活动引导达到强化自学活动。

(3) 多种学习形式聚合迁移的原则。

阅读、议论、练习、评价、探索、总结等是学习活动的基本形式。对于数学概念的学习，“读”知其义，“议”促进理解，“练”使其巩固，“评”明正误优劣，“探”实现纵向迁移，“结”促进认知结构的组织与重新组织。其活动经验的概括可聚合成一体化的活动形式要素组成的结构，也具有学习迁移的功能。

以上活动形式结构用于原理学习、解题学习等具有同等的意义。从功能水平看，它也具有“水平迁移”与“纵向迁移”的层次水平。

(4) 多向反馈、及时调控的原则。

反馈是数学学习过程中的一个必要环节，且为系统的控制提供有效的调整依据。多向反馈包括自我反馈、“个体↔个体”式反馈、“个体↔群体”式反馈、“群体↔群体”式反馈等多种传向形式（其中“个体”指学生个体或教师个体；“群体”大指班级，小指小组）。根据反馈信息即时调控，是提高学习成效的方法之一。

数学学习过程中的自我反馈与调整包括自我反思、自我评价、自我矫正、自我控制、自我协调等。

(5) 全程训练思维原则。

在某种意义上，数学学习是数学思维活动经验的学习，思维训练是培养数学自学能力的核心。数学教学要贯彻全程训练思维的原则。无论是认知的过程，还是在自学、议论、听讲的某一环节，都要注重思维的训练。反思认知能力也主要是在对过程及结果的反思的基础上形成与发展起来的。智慧技能和学习策略的掌握运用，应主要视为理性思维的过程和结果。

3. 实验过程

本实验依据自然状态下的教育实验思想，在明确实验目标、构建理论模型、确定控制原则、拟订课题计划等工作的基础上，点面结合，分步实施，分段测评，动态调控。

实验工作的主要步骤如下。

（1）确定实验对象，开展调查，积累资料。

选取了179个实验班，学生达9 000多人。实验班都是常态分布，对实验处于半盲状态；对实验教师的学历、职称不作规定，但都是实验的自愿者，采用准实验方法。

采用问卷测试、小型座谈、个案调查等方式，获取实验班学生的学习方法、兴趣、态度、“双基”等方面的有关资料，制订实验工作计划。

（2）培训实验教师。

鉴于实验教师人数较多，限于经费等原因，采取二级培训办法。一级培训对象为市业务指导组成员（由市、县教研员及骨干实验教师组成），二级培训由各县（市）教研员及骨干教师对本地区实验教师进行培训。

实验期间，举办了七次实验教师培训班。每次培训作一个专题讲座，进行学习讨论，并推荐有关的数学教育学、心理学、哲学等理论书籍。通过学习和讲座，促使实验教师更新观念，转变教学思想，提高教学理论水平，并且明确实验的操作要领，开展实验研究。

（3）实验过程的调控。

① 实验教师遵循变量控制原则，按照《初中几何教学结构》和《初中代数教学结构》的思路组织实验操作。

② 实验教师集训期间，组织说课、上研究课、评课等活动，采用理论联系实际的方式开展交流研讨。

③ 平时通过听随堂课、与实验教师交谈、召开实验班学生座谈会、对学生进行阶段成绩测试等形式，了解实验情况，根据设定的原则检查变量控制的精确度，及时弥补实验的不足。

（五）实验效果

在1995年的中考中，实验班学生的数学成绩都优于同类型的其他班，有相当一部分实验班的成绩，包揽了当地的区（片）的前几名，甚至列全县（市）前茅。实验领导小组对我执教的实验班与由市教研室内定的对比班的情况作了具体检析。

实验班与对比班都是经重点中学挑选后就近入学的小学毕业生，无论学习成绩，还是学习兴趣、学习习惯等方面都没有显著差别，但经过三年学习，两者之间却出现了显著甚至非常显著的差异。

(1) 实验班不仅在中考中的数学成绩非常显著地优于对比班（见表1)，而且在面向大多数（升学考试成绩的及格率达96.8%，毕业成绩及格率达100%）的基础上，保证了优秀学生个性的发展，优分率（百分法85分以上）达58.1%，这些学生“双基”比较扎实，思维活跃，无论是运算能力还是逻辑推理能力、应用数学知识解决实际问题的能力等方面都比较强（见表2)。中考数学班平均成绩111.8分（满分为130分），超过市均分29分。该班有3人中考成绩列市前20名，其中1人名列榜首，并获得邢氏教育基金奖。

(2) 实验班学生入学时的一些不良学习习惯得到了较好的矫正，学习自觉主动，正确的学习方法的掌握已迁移到其他课程的学习中，中考各科总成绩非常明显地好于对比班（见表3)。尤为可喜的是实验班学生自信心比较强，即使原来基础比较差的学生也坚信只要努力，自己的学业成绩也能提高。许多学生已不满足于平平稳稳地做题，而能迎着困难上，敢于挑战难度较大、思维要求较高的问题，体会解决数学问题的乐趣。

(3) 实验班学生的管理能力比较强。在初中入学时选几个比较称职的班干部都感到困难，到初一下学期，班干部就能在班主任指导下开展工作，初二时班级学期活动计划的制订、班级活动的开展都完全由学生自己设计和组织，参加学校活动也是由班干部自行组织。所以尽管李老师因外出讲学、参加学术活动或开会几乎占每学期的四分之一时间，但实验班在学校各项活动评比中还是名列前茅。

自学能力得到培养，为学生提供了一个有利于学习主动性发挥的氛围，使学生有可能真正成为学习的主体。学习对他们而言已不是负担，而是成为一种自身的需要。由要我学变成我要学，这种学习的内驱力又变成我能学好的自信心，从而使学生的需要、自信心、意志、情感这些个性中最活跃、最核心的因素得到充分的调动，这又进一步促使他们以更大的热情和决心投入学习。此时的学生不再是知识的奴隶而是学习的主人，遇到困难时已有初步的克服策略，进行调控的意识和能力，从而在学生身上初步构建了有利于他们进行积极、自主、持久的学习的内部动力系统。

对学生的培养，我们注意了整体性。在学生自学能力提高的过程中较全面地发展了学生的主体精神。并且也迁移到个体生活及班级集体活动中，表现出较好的自主、自理、自治的能力。

表1　实验班、对比班初中入学、初中毕业升学考试数学成绩对比表

		初中入学			初中毕业		
班级	人数 n	$\overline{X}$	S	Z	$\overline{X}$	S	Z
实验班	62	95	8.715	1.897 ($p<0.05$)	111.18	6.04	5.49 ($p<0.001$)
对比班	69	91.16	13.201		88.92	31.17	

表2　实验班、对比班各项能力对比表

班级	人数		项目					
			双基	计算	逻辑推理	思维发散	综合分析	应用
实验班	62	$\overline{X}$	59.294	9.403	14.113	9.00	4.274	10.762
		S	6.025	1.137	2.864	2.218	2.76	2.069
对比班	59	$\overline{X}$	52.458	7.864	10.335	6.017	2.542	8.898
		S	12.576	3.451	6.391	4.424	2.438	4.334
Z 检验			4.209 $p<0.001$	3.313 $p<0.01$	4.207 $p<0.001$	4.073 $p<0.001$	5.087 $p<0.001$	3.029 $p<0.01$

表 3　实验班、对比班初中毕业升学考试总成绩对比表

班级	人数	$\overline{X}$	S	Z
实验班	62	558.178	73.064	4.389
对比班	59	483.847	110.333	($p<0.001$)

二、课题“学程导进技艺研究”的实验研究

在前面课题的实验研究中，我们进一步体会到教育教学工作不仅是“科学”问题，更是“艺术”问题，必须把教育教学的技艺和效益提升到一个新的水平。我们不仅要研究教学结果，更要研究教学过程。教学过程的研究，首位的又是学生学习过程的研究。因此，我们继而提出了“学程导进技艺研究”课题。

（一）对学程与教程的关系的认识

（1）学程与教程的关系是辩证统一的，教程和学程在本质上是一致的。学程是教程的出发点和归宿，教法思路要依据学法思路。教师要研究、引导并参与学生的学程，才能使之更好地内化和发展。

（2）教与学的研究已不是一般意义上的教与学的问题研究，而是教育的本质——发展问题的研究，即教师自身获得发展，学生自主、自动、自由地获得全面发展。

（3）学生是通过教学过程中自身的学习过程获得发展的，因此教的过程要服从并服务于学生的学习过程，教法与学法应融合统一，确立教为学服务的教学理念。

（二）对“主体性学程”的调查与研究

我们采用访谈方式进行调研。我们根据“学程导进技艺研究”的宗旨，研究“如何优化自主性的学习进程”，设计了学生学习现状调查提纲。

1. 你对学习______科的意义、目的的认识。（你认为______科的学习有什么意义、作用，自己学习要达到什么要求？）

2. 你对______科在学习时是否感到有兴趣、有信心，遇到哪些困难，如何对待、克服的？（可以举例说明）

3. 你在______科______单元老师授课前，自己有没有阅读课本、参考资料？能不能初步理解？经过课前阅读的自学后，再听老师讲课，觉得有什么帮助？

4. 你在听老师讲课时，感到对自己最有启发、最有兴趣，或最厌倦、最不懂的方面（指知识和能力的掌握以及教法等）是什么？请举例说明。

5. 你在参与小组讨论或全班讨论时，有何感觉和想法？有哪些改进的建议？

6. 你完成课后作业有哪些具体步骤？你对看书、思考、核对书本的答案等是怎样处理的？

7. 你在复习时，对概念、定理、题目、知识点、知识系统是怎样安排的？（熟读、背诵、思考、举例、问人、做题目、实验……）你最注重的是什么？

8. 你认为哪位（些）老师的教法、哪位（些）同学的学法是比较好的？对照自己，如何改进自己的学习？请举例说明。

以初二（1）班为调查重点，将该班学生按学习的实际程度，平均分为5个小组，每组13人，均有上、中、下三种对象，每一组重点调查一个学科，由该学科的教师和该班的任课教师对小组进行访问座谈，并都写成调查报告。根据小组调研材料，从学习的情意、知识的汲取、学法的改进、策略的调控四个方面对“主体性学程”现状进行了分析。

调查的结果表明，不同的学科、不同的学习内容、不同的教学方法，以及学生不同的性别，学程是有差异的。对照主体性学程研究的指向，针对学程调查的现状，关于学程导进，我们认为应从以下四方面进行设计并试验。

第一，激发学习主体的自觉性，引发学习情意。对各科学习的目的、意义，要按照教学大纲的精神，对学生进行宣传教育，同时要启发学生联系学习实际，各自明确学习的要求，特别要从学习情意的现有水平出发，提高学习情趣的层次，锻炼学习的意志。

第二，把自学贯穿于“三结合”教学的始终。坚持在引导中进行有成效的自学，引导学生在学习中形成爱好，锻炼意志，既掌握知识、技能，又理解知识的形成过程，学会科学的学习方法，形成辩证唯物主义的观点。

第三，注重引发学生参与多边互动的意识，开发交往学习的潜能。“三结合”教学方式形成了信息交流的立体网络。在调查中，对于议论的作用，有的学生业已认识并感受到，但师生间、学生间互动的多边性、优越性，尚未被多数学生所认同。各自对学习的态度、方法都较封闭保守，多竞争，少合作。应当明确，师生个体的任何言行，几乎都发生在同伴、同学群体相互作用的情境之中。师生间、学生间的互动是教学中非常重要的人力资源，不能视而不见，弃而不用。充分开发这些多边互动的潜能，可以交汇智慧，增强学习能力，提高学习效率。

第四，引导学生学会对自我学习的反思，加强学习策略的调控。这点在调查中几乎没有反映出来。因此，我们必须在课上、课前、课后用心理咨询的方式，解决学生在学习中反映出来的复杂多变的心理现象，使他们逐步达到对学习策略的自我调控。

以上所述都是主体性学程中需要解决的。此外，还需将新的教学观念具体化为操作技艺，为学程导进的研究奠定基础。

（三）主体性学程的含义及导进研究

1. 主体性学程的含义

主体性学程的含义是：（1）理解学生，表现为对每个学生的信任、尊重和关怀；（2）促进发展，表现为给每个学生提供思考、创造、表现并取得成功的机会；（3）积极主动，表现为所有的学生都积极参与，获得新知，掌握方法，形成智能，发展自我。

2. 主体性学程导进技艺

（1）研究教材，了解学生，整合教学内容，设计教学链。

教学内容是教学活动中具有实质性的因素，是完成教学目的的素材，是一定的知识、能力、思想与情感等方面的内容组成的结构和体系。教学过程中，学生的身心发展水平、已有的智能结构、个性特点、能力倾向和学习前的准备状况等均对教学活动具有影响。教学大纲是教学活动的依据，大纲的要求是全体学生都应达到的。教材是教学的基本内容，教师必须发挥主体的创造性，才能充分发挥教材的作用。所以，我们必须在掌握大纲、熟悉教材、了解学生的基础上，恰当地制定包含知识的深广度、技能训练、能力培养、思想品德等侧重面的教学目的，组织与教学目的一致的教学内容，组编教学链。这是形成主体性学程的基础。

(2) 研究教学过程。

我们就教学链中每一个知识环的教学，从激发情意、参与活动、调控策略以及取得成效后的转化、迁移四个方面开展了教学技艺的初步探讨。概述如下。

1) 创设情境，引入新知。

教学过程既是一个认识的理性过程，同时也是一个情感的、社会化的非理性过程。兴趣、动机、情感、意志、信念以及价值观等组成的动力系统，对由感知觉、记忆、思维等组成的认知活动系统起着定向、始动、鉴别、筛选、调节、维持、强化的作用。正是两个系统的相互联系、相互作用，才能保证主体性学程的顺利进行。我们总结、运用的引发学习情意，激发学习主体自觉性的操作技艺有以下几点：

① 从传统文化入手，引入新知，激发民族自豪感，促进学习情意；

② 从生产、生活实际入手，营造事实情境，抽象为学科的知识情境，引入新知，揭示知识来源于实践又服务于实践的辩证关系，培养学生的应用意识，激发求知欲望；

③ 从学习中的疑难或困惑入手，在学生百思不得其解时，引入新知，产生对知识的渴求；

④ 从知识之间的内在联系、逻辑发展入手，激发猜想，引入新知，产生急于评价的心理要求。

2) 参与活动，形成知识、技能，培养自学能力。

操作技艺有以下几点：

① 设计问题链，展开知识的产生过程，让学生的思维活动层层展开，逐步深化，形成新知，发展思维能力；

② 设计实验和演练操作，让学生动脑、动手、动口，在实践活动中获取知识和技能、热情和自信，提高自学能力；

③ 个人学习、小组学习、全班学习三结合的教学形式，是以激发学生情感为基础，让每个学生积极主动参与，为每个学生提供自我表现、创造的机会，使每个学生获得成功的体验的教学形式，在课堂教学中灵活地运用“三结合”教学，组织有成效的群体议论，开发交往学习的潜能；

④ 运用评价，对学程中的情意、知识、技能、方法作出价值判断，增强自我完善意识。

3）调控策略，掌握方法。

我们不仅要学生理解学习内容，还要他们掌握学习方法，注重总结学习过程的方法，掌握学习内部规则系统。一方面学会总结对学习对象的调控方法，获得智慧技能，另一方面学会总结自身的学习过程，作出改进学习方法的决策。这是学生对自己学习活动的一种自我意识和体验，是较高层次的一种带有策略性的方法。操作技艺有以下几点：

① 让学生获得语言知识，即能说出学会了什么；

② 让学生获得程序性知识，懂得获取知识的过程，即能说出是怎样学会的；

③ 让学生获得策略性知识，即调控自己学程的知识，能说出自己改进学习方法的决策。

4）取得成效，转化、迁移。

取得成效是教与学的共同追求。在学生学习取得成效，即形成了科学的知识结构，建立了合理的认知结构，发展了良好的个性结构的同时，必将转化为新的学习热情，增强自学能力，向新的学习层面迁移，开展新的学习活动。具体操作技艺有以下几点：

① 将所学知识系统化、逻辑化、结构化，即引导学生对所学知识进行总结、概括、提炼、升华，运用同化和调整，扩大原有知识结构；

② 对认知过程进行认知，总结经验教训，即时调控学习内容和学习过程的方法，建立合理的认知结构，奠定新的学习基础；

③ 理论联系实际，应用新知解决问题，实现知识的迁移、拓展；

④ 获得成效，进一步激励学习情意，进入下一知识的学习。

主体性学程应当是下列过程的螺旋式上升的循环：

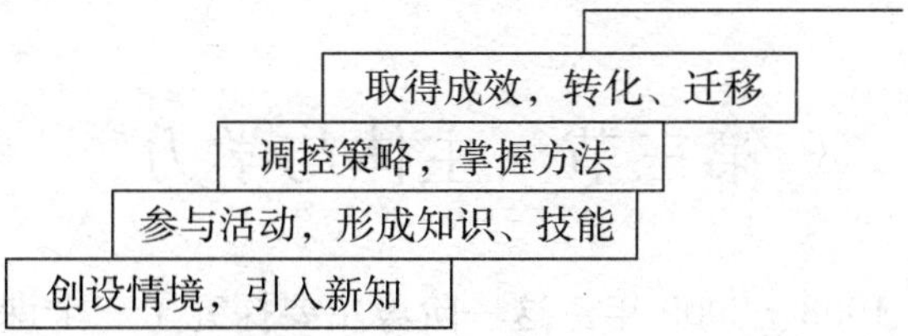

在操作层面解决以下问题：

① 在学习动力方面，强调调动学生的学习情意；

② 在开发学习资源方面，注重新旧知识联系、知识与社会生活的联系、新知识的生成过程；

③ 在改革学习方式方面，强调交流、合作、反思、领悟、自我调整，达到改进。

教师从学的角度研究教，各学科的教师根据课题要求对学生的学习基础、学习规律等开展调查研究，在此基础上研究教。所谓“教研”就是“学研”。通过这样的“教研”，教师才能掌握创设情境引入新知→启发参与，形成智能→调控策略，改进方法→取得成效，转化迁移→进入下一学程的螺旋式上升的操作技艺，发挥学生学习的主体性，促进学生学习的内存和外显的先在变量、过程变量、情境变量、效果变量的有效控制的技艺。

这项课题的研究，将自学·议论·引导教学法扩大成为泛学科、跨年级、覆盖全校的全过程的研究，并在我校建立了“教学走向生本”、“科研走向师本”、“培训走向校本”，促进学校、教师、学生持续发展的“三本”联动机制。研究的成果在面向21世纪国际数学教育研讨会及全国学术会议上交流发表，而且由中国教育电视台等单位拍摄音像制品推向全国。实验的过程不仅发展了学生，也有效地发展了教师，课题组被评为“江苏省优秀教师群体”，我校被评为“江苏省先进集体”，对学校教育教学指导思想的建设作出了贡献，为学校持续发展创造了条件。

研究报告获“江苏省教学研究成果一等奖”（全省共五个一等奖）。

第三节　主体与学力

第三阶段：1998—2009 年。这一阶段主要探究了三个课题："主体性教育研究"（1998—2002）、"初中学生学力的形成及其发展研究"（2002—2005）、"初中学生学力发展与评价研究"（2005—2009）。这三个课题分别触及了一些深层次的问题。一是学生的主体性问题。自学能力培养如果不能真正地确立学生的主体地位是不可能成功的。二是学力问题。从自学能力到学力，不仅是内涵的扩大、丰富，而且是对学生主体的深究，涉及学生主体的内在核心因素对克服当前盛行的"唯学历"的人才观和"唯考分"的质量观，具有十分重要的现实意义。因此，这个课题的研究更具整合性、统领性和现实指导性。这样，"能力为重"在我们的实验和研究中具有更丰富、更深刻的内涵。三是评价问题。评价始终是难题，但如果一直不敢去涉及，更不敢去攻克，自学能力的培养一定会遇到瓶颈制约。三个课题是一个共同的主题，那就是"学习主体与学生学力"。这是自学·议论·引导教学研究的高潮期。

一、课题"主体性教育研究"的实验研究

自学·议论·引导教学的研究自始至终贯穿着一条主线：探索和求证学生在学习中的地位。自学·议论·引导教学的教育目标是"学生全面充分的发展"。目标的实现，关键在于学生主体性的激发与发展，因此自学·议论·引导教学研究的新里程碑必然是站在主体性教育的理论高地上对教学法体系进行再认识、再实践、再创造。"主体性教育研究"将自学·议论·引导教学的研究从教学范畴扩展和提升到教育范畴。

（一）立题依据

1. 对马克思主义基本原理的再认识

马克思主义关于人的全面发展学说有两句至理名言："每个人的全面的自由的充分发展"，"使每个人的发展成为社会发展的必要前提"。这就表明：

要让人人都主动全面发展，有独特的个性和健全的人格。

马克思早就说得很清楚："主体是人，客体是自然。"我们应当明确人是自己与交往对象共同实践的产物，人的发展只能是自主性的，教学属于主体之间的交往行为，这不是工具性而是伦理性的行为。正如有的教育家所说，真正的教育应该是人对人的主体间灵肉交流活动，师生间共学、共事、共修养，相亲相爱，关系融洽，隔阂完全打通，实现真正的精神交通，真正的人格教育。

毛泽东同志早就倡导学生要有自己的主动精神和独立人格，不能使学生失去自我。

邓小平同志提出教育要"三个面向"，培养"四有新人"，要求培养不断追求新知，具有实事求是、独立思考、勇于创造的科学精神的人才。

江泽民同志号召全社会都要高度重视知识创新。

所有这些都明确昭示：要让人人都能主动全面发展，有独立个性和健全人格。

2. 对教育学理的再认识

要全面理解和实践"本体论"——教育是人的自我构建的实践活动（有外部实践和内在的指向非对象性的实践），学生是一切教育教学活动的主体。应确立"以学生全面发展为本，以受教育者的学习为中心的"教育观、学生观。

要全面理解和实践"生成论"——人的生成是自主的，是主客体和人与人之间相互作用的结果，主要是通过自己实践、体验、内化而形成的。内化是指主体外部的东西通过主体的主动吸收转化为主体内部的东西，离开了主体就谈不上内化。高尚的社会道德只有学生主体积极参与道德实践，才能转化为优良的个人品德；科学的知识结构只有主体主动参与学习（教学）活动，才能转化为相应的认知结构。主体也离不开内化，不要或不能内化，也就不会有真正的主体。学生是在与社会和外部世界的相互作用过程中，实现自我发展、生长的，是在外部环境的影响下，体验内化、发展提高的，是主观和客观相统一的结果，必须确立"以学习者为主体"的教学观，坚持教为学服务。

3. 时代发展的需求

当代教育强调要培养学生的实践能力、创新精神和科学态度。现代教育观的核心在于培养学生的主体性与参与意识。由此可见，现代教育理论基础正由传统知识论向主体教育论转移，遵循两个基本命题，即“实践”是人特有的存在方式，“人是进行自我创造的主体性存在”，强调科学实践观与主体能动性的统一。当今新一轮课程改革的具体目标，要求“改变课程过于注重知识传授的倾向，强调形成积极主动的学习态度，使获得基础知识与基本技能的过程同时成为学会学习和形成正确的价值观的过程”，“加强课程内容与学生生活以及现代社会和科技发展的联系，关注学的兴趣和经验，精选终身学习必备的基础知识和技能”，“倡导学生主动参与、乐于探究、勤于动手，培养学生搜集和处理信息的能力、获取新知识的能力、分析和解决问题的能力以及交流与合作的能力”，“改变课程评价……发挥评价促进学生发展的功能”。这些都要求将培养发展学生的主体性放到突出的位置上。

4. 本校教学改革实验研究的深化与拓展

我们坚持从事自学·议论·引导教学的理论与实践研究 22 年，经历了前面四个课题的实践探索，概括出自身的一整套理论体系与操作技艺，形成了一支教育科研的骨干队伍。这四个实验研究课题始终贯穿着一根主线：探索和求证学生在学习中的地位。因此，主体性教育的研究成为前面 22 年的实验研究的必然发展和深化。

（二）主体性、主体性教育的内涵和特征

主体性是主体的本质属性，是主体在同客体的相互作用中表现出来的能动性。要关注学生学习的主体性，就是要关注学生在学习活动中表现出来的能动性——学生在学习活动中表现出自觉、积极和主动的精神；要关注其主动性——学生有成就动机、竞争意识、兴趣和求知欲，主动实践、体验、内化、建构；要关注其自主性——自尊自信、自我调控、独立判断、自觉自理，学生是自己行为的主人；要关注其独立性——有自己独特的内在世界和独立的生动活泼的思维活动；要关注其创造性——具有创新意识、创造性思维活动，动手实践能力和探求新知、追求新的活动方式和新的活动成果的内在需求和意向，具有无限发展的创造潜力；要关注其整体性——学生在学习活动中表现出来的生理与心理、智力与非智力、思维与行为等方面的和谐完整的构建，这是学生主体性形成的基础所在。

主体性教育，就是人的教育，人的主动全面发展的教育，是对人的价值的一种承认，是对人的存在价值的一种保护和升华，是发展个性、培养创新精神和实践能力的教育。简言之，主体性教育是一种培育和发展受教育者的主体性的社会实践活动。

主体性教育是根据社会发展的需要，适应学习者身心发展的条件，教育者通过启发、引导受教育者内在的教育需求，创设民主、宽松、和谐的教育情境，有目的、有计划地组织的各种教育活动，让学生自己锻炼成为能动地、自主地、创造性地进行实践和认识活动的社会主体。其特征如下。

（1）全面性。主体性教育认为学生主体性发展是其“生理—心理—文化”结构的全面、和谐、充分的发展。主体性素质是一种综合的整体的素质，各要素之间具有相互促进或相互促退的内在机制。学生身上蕴藏着丰富的学习、发展的潜能。在学习过程中，通过独立活动、积极思维，把教育资源内化为合理的认知、智能和方法结构，才可具有学生主体的自主性、能动性、创造性的特征。

（2）民主性。民主、平等、和谐的人际关系，尤其是师生关系是学生主体性发展的前提条件。要实现民主思想、民主精神、民主参与能力的培养，以民主教育造就富于合作化、个性化的主体性的新人。

（3）活动性。参与活动是主体性形成的基本途径，在活动中实践、体验，通过内化和外显无数次交替而逐步形成。

（4）开放性。要把学生的自我封闭式学习引向互助合作、及时交流的开放式学习；把学生从课堂引向社会，从课本引向社会实践活动，才有助于主体性的形成。

（三）实验研究的主要指向

1. 根据本课题的研究基础、范围、时空、教育阶段等诸多背景条件和实际情况，对课题研究的内容实事求是地定位，就必须把握以下四点。

（1）联结点——与原实验的联系、区别，突出对学生主体的尊重、主体性的养成、开发、利用。

(2) 扩展点——从教学领域为主扩展到课外活动、社区活动。

(3) 制高点——充分发展主体性，培养学生初步的创新精神和实践能力。

(4) 着重点——主要在初中阶段的教学领域，逐步向高中阶段及其他领域延伸。

2. 三个领域的实验要点、原则

(1) 在教学领域着重以下几方面的要求。

① 关注学程、教程的一致性，以学程为主。学程是教程的出发点和归宿。力求学的超前性，导的针对性。变“学跟着教走”为“导之学之需”。

例如，平面几何三角形的内角和的教学，学生在小学实验几何里就已经用“剪拼”的方法，如图 2-3 所示，而后将尺的边靠上 BC，能完全重合，说明三个内角的和等于一个平角，或用“量”的方法计算 $\angle A+\angle B+\angle C$，若和不是刚好为 180°，则教师告诉学生这是因为量得不准确的缘故，此时学生虽已懂得结论 $\angle A+\angle B+\angle C=180^\circ$，但仍有困惑：观察法能确定直尺边沿的确与 BC 完全重合吗？如果度量精确的话，$\angle A+\angle B+\angle C=180^\circ$？所以本节课的教学就应源于学生“剪拼”的认识基础，引导学生将剪、拼的事实抽象为数学事实，即不改变角的大小，移动角的位置，再抽象为辅助线，得到科学证法，使学生解决了困惑。

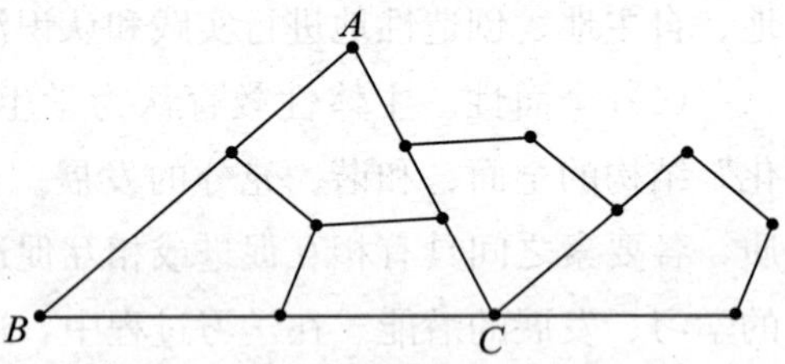

图 2-3

② 改变学生的被动思维、单一的传承知识为积极主动的实践探索思维，使学生具有初步的创新精神。

例如，体育课“前后滚翻组合动作”的教学过程就是学生积极主动实践、探索创新的过程：教师揭示课题后，让学生个人独立思考，体验已掌握的前滚翻和后滚翻动作→小组议论、相互评价，组编出各种有创见的“前后滚翻组合动作”→全班交流各小组的“创造”成果→小组各自自我评价和评价其他组的前后滚翻组合动作，并自我调整、改进→教师参与学习活动，向学生展示自己编排的组合动作→师生共同评价，总结提高，完成本节课的学习任务。

③ 改革教学模式，把握“自学”、“议论”、“引导”三个基本环节，灵活运用个人学习、小组学习、全班学习三结合的教学形式，确保学生学习的主体地位的实现。

例如，初一地理课“收听天气预报”的教学过程。

首先让学生听一段“天气预报”的广播录音，提示学生注意预报的具体内容（温度、云量、阴晴、风力、风向、降水……），通过“听”、“议”使学生获得“什么叫天气预报”、“天气预报的作用”等知识。这时的自学活动形式是先“听”，后“议”。

接下来，又引导学生看中央电视台《新闻联播》节目之后的天气预报录像，关注预报内容及播放顺序（卫星云图—天气形势图—城市天气预报图），学生又通过“看”的形式进行自学。

然后“看”卫星云图录像，结合挂图，全班议论，研究如何识、读卫星云图，根据图上云雨区的位置、移动方向及速度的分析，预测未来的天气预报，这时的自学活动是“看”、“议”结合，在此基础上，从学生已建立的认识出发，进行全班的练、议，识别天气符号。

而后又在全国的城市地图上让学生相互出题（即给出天气情况），相互邀请在地图上的城市旁贴上相应的天气符号。这时的议论是在全班的思考、操作中进行的，使得全班学生进一步掌握天气符号，学会识读城市天气预报图。

最后师生共同小结，即个人反思、体会，总结概括，全班议论、交流，相互补充、借鉴，达到预定的教学目标，整节课的活动形式是听、议—看、议—思考、操作—反思回顾、议。其中教师的引导、学生积极主动的思维贯穿始终。

④ 营造民主平等、互助合作、相互尊重的精神环境，不断激发学生的主体意识，张扬学生的个性，使学生成为课堂的主人、教学过程的主人。

例如，省编三年制初中思想政治教材第二册第三十九课“陶冶高雅情趣，追求美好人生”的教学片段：

教师首先向学生展示初一学生的一幅书法获奖作品，醒目的隶书“陶冶高雅情趣，追求美好人生”一下子就把学生的注意力集中起来了。当教师说作者就是他们的同龄人时，学生的惊讶、赞扬、羡慕之情油然而生。这时教师提出问题：“他为什么能写得这样好呢?”全班议论开了。有的说：“他刻苦练出来的!”有的说：“他对书法有兴趣!”等等。于是教师将学生引入了“正当兴趣的学习”。教师说：“兴趣是入门的向导。你们也有自己的兴趣，请同学们在全班交流自己的兴趣以及兴趣对自己成长所起的作用。”

通过全班的交流讨论，教师发现学生的兴趣广泛，个体之间的差异也很明显。学生不仅对音、体、美、电脑、打球等有兴趣，而且对所学的各门功课，包括劳动和手工等都有浓厚的兴趣；学生表达自己的兴趣爱好的方式方法也不尽相同。例如，爱好音乐的学生，当场高歌一曲；爱好航模的学生拿出自己的作品……学生们对兴趣的认识深度也有不同。交流过程中，一位学生说，他爱好英语，因为英语是现代社会的交通工具（他原意是“交际工具”）。同学们认为他说错了，异口同声地给他纠正：“交际工具!”他陷入了尴尬。“他没有说错！在信息社会里，英语就是信息高速公路上的一种交通工具!”教师的适时点拨不仅激励了该学生，增强了他的自信心，而且也为全班学生指明了方向，让大家认识到必须拓宽自己的知识面。有学生说，兴趣也有不正当的，比如进游戏机房打游戏机，因为它会消磨意志，浪费时光，影响学习和进步；又有学生说，爱好打球，虽是正当的兴趣，但也要控制时间，不能影响学习……通过教师灵活而适时的巧妙引导，使得学生能在宽松愉悦的氛围中畅所欲言，各抒己见，相互启迪，将“什么是正当兴趣”自觉地内化为自己的认识。

（2）在课外活动领域着重以下几方面的要求。

① 理论与实践的结合及其相互促进。

② 发挥主体性，突出研究性。

③ 学生是活动设计、组织、过程、评价的主人。要把活动的主动权真正还给学生。

（3）在家庭社区活动领域着重以下几方面的要求。

培养学生“四自”能力，即“自我塑造、自我完善、自我管理、自我发展”能力，从单纯依靠教师和家长的“他塑型”转变为重在“自塑型”的自我教育。

（四）实验研究概略

以革新教育理念为前提，着重理论联系实际，从理性层面和操作层面反复互相提升，把握学生为教育教学活动的主体，发展学生主体性的理念及其基本的操作技艺。以行动研究为红线，贯穿、渗透文献研究法、实验研究法、调查研究法、经验筛选法，融合各种方法，关注实验因子的调控，着重从个案动态进程和比较研究中，揭示规律，概括原则，实现先立后破。

1. 课堂教学方面

（1）切实培训实验教师，不断革新教学理念。

主体性教育呼唤高素质教师。课堂教学实践的研究使我们体会到，没有教师的主体创造性，就难以培养学生的主体创造性，主体性教育就很难得到实施与落实。为此，我们自开题后，除将课题研究融入学科的教学研究活动之中外，还在每年的上（或下）学期及暑期举办实验教师培训班，培训的主题及内容是：主体性与主体性教育的内涵等教育科学理论及相关的人文科学、哲学等方面的理论学习、研究；自学·议论·引导教学的精神实质、理论框架及操作体系的回顾和再认识，及其在主体性教育中的地位和作用的学习、研究；课外活动和家庭、社区教育活动中学生的主体地位及如何发挥主体性的探讨；“主体性教育课堂教学实践”研究会；主体性教育的课堂教学会课及评课活动等，使得全体实验教师的教学理念在实践中不断提升。师生都感受到了变革的必要，学的主体性不仅是学的手段，更是学的目的。大家对以下问题都有较深刻的认识。

① 只有学生的个性得到张扬，其主体性才能得到发挥和发展。这是教育的一个永恒的主题。

②“学会”与“会学”的关系。学习不是终止于“学会”，而是要达到“会学”；不仅是能传承知识，而是要学会知识创新。学生不是仅靠教法的改革而达到会学的，而是通过自己的实践、体验、内化而学会的，并且在学会中达到了会学。这样，我们的教育观就由传统的知识论转向主体教育论。

③ 全面理解和努力实践“本体论”和“生成论”。

④ 师生间互动应实现真正的“精神交通”。教法与学法应该协调，教程与学程在本质上是一致的，教法思路本应就是学法思路，而且学程是教程的出发点和归宿。我们应从“学”的角度研究“教”，教学研究的实质就是学法的研究，也就是学程的剖析和改善，更好地为学服务。

有的学者提出，要重新理解教育，重新发现教师，重新认识学校。所以对教师，尤其是青年教师开展校本培训，是当务之急！要把研究性的教改实验作为培养新型教师的重要途径。教师发展是学生发展的关键。我们要边学习，边实践，边改革，与时俱进，加强师资队伍的建设。教师发展，理念领先，要让理念与操作相互促进、提升，使个人实践成为更新个人内在理论的支撑，从自己的创新性实践中形成新的理论成分，更富有主动意识，使教改实践与教育理论发展息息相通。教学功底至关重要，而这并非一蹴而就的。功底是智慧与勤奋的结晶，是一种积累。有了正确的教育理念后，教者必须刻苦学习，准确把握课堂教学，全面关注学生智力、情意、生活经验等等，还要关心课本外的知识信息，拓宽视野，更新知识，这样才能在课上对学生引导时左右逢源，有深度，有见地，有新意。

例如初二政治课，课题是“犯罪的含义”。教者平时关注社会实际，因而用我们南通市学生熟知的南通工学院学生抢劫的犯罪事实作为研究犯罪问题的案例，引入课题研究，让学生列举出许多犯罪事实，当然其中也有些还未能划入犯罪范畴，这时正需要教师点拨，引导学生从犯罪实例中分析出犯罪的界定、犯罪的三个基本特征、一般违法与犯罪的区别与联系，使学生增强民主法律意识，遵守法律和社会公德。学生不仅加深理解了法治和德治的关系，同时也知道了自己对防微杜渐、预防和减少犯罪所肩负的职责。

再如初二几何课，课题是“平行四边形及其性质”。学生在小学数学学习中就认识了平行四边形及其对边平行且相等的有关性质，只是未能从理性上去认识，因而本节课的教学任务，重在引导学生完善理性认识，进一步掌握学习几何的方法，同时教师深刻研究了知识的背景，平行四边形是中心对称图形，由中心对称的性质，可知它具有边、角、对角线的特殊性质。为此，自己制作了简单而精美的教具，进行对比演示：将$\triangle ADC$沿AC翻折后，能否与$\triangle ABC$重合；将四边形$ABCD$绕对角线交点O旋转180°后能否与原四边形仍互相重合，使学生通过形象思维认识了平行四边形 $ABCD$ 绕对角线交点 O 旋转 180°后仍能与原来的图形互相重合这一本质特征，而后通过抽象思维，进行理性论证，得到结论：平行四边形的一条对角线将其分成两个全等三角形；两条对角线将其分成两对全等三角形，由全等三角形的性质推出了平行四边形的边、角、对角线的性质定理。这样的学习就有了质的提高，学生的知、智、能、情、意可能达到各自的“最近发展区”。

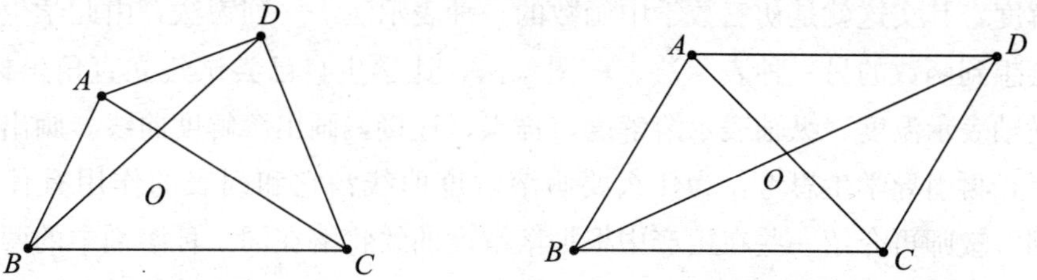

两个互相重合在一起的一般四边形　　两个互相重合在一起的平行四边形

图 2-4

（2）努力适应课程功能的转变，注重教学内容的综合及人文性的凸显。《基础教育课程改革纲要（试行）》强调课程的功能要从单纯注重传授知识转变为体现引导学生学会学习、学会生存、学会做人。首先要确定哪些基本知识和基本技能是学生终身发展必备的，同时应重新界定新时期基本知识与基本技能的概念。其次强调关注学生学习的过程与方法是引导学生学会学习的关键。最后，尤其重要的是要在学习知识的过程中潜移默化地培养学生正确的价值观、人生观和世界观，引导学生形成正确的价值选择，具有社会责任感，树立远大理想，努力为人民服务。

因此，新授课的学习内容，不只是指新授的知识，而是知识与技能，过程与方法，情感、态度与价值观等的整合，必须全面关注。

第一，关于知识，既不能将书本的知识分解成孤立的一个个知识点，一个个地去学、记、用，也不能只拘泥于、局限于本节、本章，甚至本学科的知识。教师必须认真研究教材，弄清知识的背景、内涵及其延伸发展，掌握教材体系及编者的编写意图，还要关注学科间知识、技能的综合，引导学生主动形成认知结构。

例如，初三化学新授课题是溶解度，教者应理清楚本学科知识的脉络，而且还可调查了解学生的数学学习情况，为引导学生自主学习而重组教学内容：溶解度的定义是，在一定的温度下 100 g 溶剂中所溶解溶质的最大质量，它是衡量物质在溶剂中溶解能力大小的尺度。定义中包含三个要素：一是温度，二是溶剂量，三是饱和状态，因而可设计三种实验。由定义可知溶剂为规定 100 g，溶液规定达到饱和状态，这样就是温度的变化会影响溶解度变化了。接着课本用列表的方法给出了几种固体在不同的温度下对应的溶解度，其实这就是初三数学中函数的一种表示法——列表法，由此学生肯定会想到函数的另一种表示法——图象法，让学生自己尝试建立直角坐标系，横轴表示温度，纵轴表示溶解度，描点，连接，画出溶解度曲线。画出曲线后，再引导学生思考：为什么要画溶解度曲线？它和列表的作用有什么不同？教师再介绍一些在生产中根据溶解度曲线将溶在同一种溶剂中的两种溶质分离开的实例。这样的知识，就是溶化学、数学知识为一体的知识，就是学生在教师引导下自主建构的知识，就是活生生的知识。学生感受到这是有价值的知识，也就激励了学生的主体意识。这样引导学生主动参与教学活动，使学生学得生动有趣，不仅掌握了陈述性知识，也体验到程序性知识，还领悟到策略性知识，为后续的自主学习创造了条件。所以，“照本宣科”是不能收到主体性教育的效果的。

第二，研究学生的知识经验、认知水平、情感、态度，寻找到与新授内容的最佳结合点。这样教师才能做到教为学服务，通过有的放矢、有效的引导，使学生自主、自觉、快速进入自主学习的进程。

新授内容，对于学生来说，学之初，并非全从零开始。有的是在上一学段就学过，但学的深度、广度和要求不同；有的是学生在生活实际中已有初步的感性认识；有的是学生有强烈的自主学习意识，自学能力强，课前已从各种渠道获取了新授的有关知识；有的是在新授课之前，自学教材有关章节中（包括例题、练习、习题）已为后续课作了铺垫，及早打下了伏笔；如此等等。教师必须认真分析研究，从学生实际出发，这样所组织的新授内容才是学生感到“新鲜的”、“有兴趣的”、“有求学需要的”、“有能力自主学习、探索学习的”，学生的主体性方能得以发挥和发展。

例如，初一历史，课题是“三国鼎立”。主要内容介绍了两个战役：官渡之战（公元200年），曹操以少胜多，打败了袁绍，奠定了统一北方的基础；赤壁之战（公元208年），孙权、刘备联军又以少胜多，打败了曹操，这是三国鼎立局面形成的关键。而后介绍了三国建立的国名、建立时间、建立者、都城以及三国统治时的强国措施。

学生对这些历史故事很熟悉，甚至还超过非历史学科的部分教师，所以教师就从展示曹操画像入手，调动学生的积极性，让学生畅所欲言，并评价历史人物。在学生交流过程中，教师点拨梳理新授史实，并指导如何看待历史故事与史实的关系，如何以辩证唯物主义的历史观来评价历史人物。

所以只有从学生实际出发，才能有效地为学生做自己学习的主人，自主学习、探索学习、合作学习发挥引导作用，潜移默化地培养学生正确的价值观、人生观、世界观。

第三，要研究学生的学习过程，重在引导学生改变学习性质，由接受性学习转变为研究性学习，就会促使学生成为学习活动的主体。研究性学习，是指教师在教学过程中，创设情境，让学生提出问题，或产生疑问、困惑，从而激发学生探求新知识的强烈愿望，而后引导学生研究解决问题的途径、方法。明确了研究方向后，学生就会积极思维、动手实践、主动探索、互助合作、独立判断、自我调控，使得新授内容成为学生自主学习、合作学习、探索学习的成果。

例如初二美术，课题是“平面构成、基本图形的自由分解与组合”。教材的内容主要有：自由分解将圆、方、矩形等单纯的基本形在一定分解刀数的限制下作相对自由的任意分解，分解刀数一般限制在2～3刀，分解的图形一般要求有形状及大小的对比或具有点、线、面的关系。

组合是将分解之后的单元作重新构成，组合的方式一般有移位、翻转两种基本方法。

教师认识到美术知识移位、翻转两种组合方式的实质就是平面几何中的全等变换之后，就有意识地尝试艺术与理科的大综合。从学生的知识经验入手，让学生观察教师的演示，第一个演示：由圆通过切、移后，变换成南通电视台的标志（见图2-5）；第二个演示：将长方形切、移后，成为柯达公司的标志（见图2-6）；第三个演示：将平行四边形切、翻折后，成为美国环球公司标志（见图 2-7）；第四个演示：将平行四边形切分成三个菱形，再将三个菱形旋转、平移，变换成三菱电器的标志（见图 2-8）。

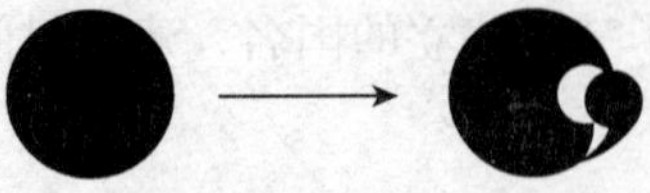

南通电视台标志

图 2-5

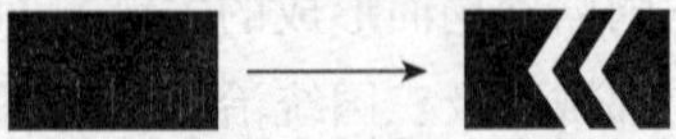

柯达公司标志

图 2-6

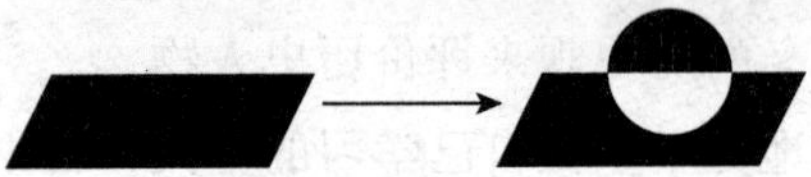

美国环球公司标志

图 2-7

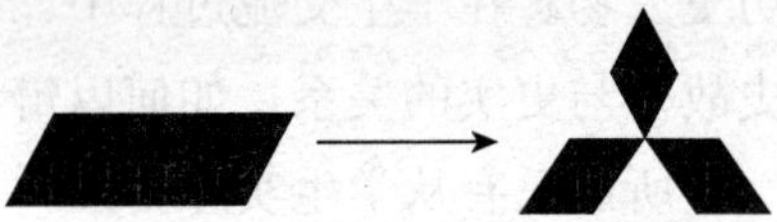

三菱电器标志

图 2-8

这样一下子就使学生兴奋起来了！学生明白了组合的方式，又感受到构成的新画面的意境和用形式的美来表示产业、企业、单位的标志和某种品牌，成为一种社会精神的结晶，从而激发了学生自己动手实践、尝试、体验的兴趣和学习的积极性。在这个基础上，教师提供材料，让学生动手实践，体验基本图形的分解与组合构成新图形的过程，并自我欣赏、相互鉴赏创作的作品，在评价的过程中，自然产生了创作的立意：怎样切（分解），怎样变换所分解的图形的位置（组合），构成的图形怎样才能表现出自己想创作的意境来。这时教师再作示范性的引导，使学生懂得了技能，自定主题，再进行设计制作。在设计和制作过程中，自由组合合作，相互鉴赏，自我调整，并进行作品的展示，交流作品的构思、制作、调整、修改过程以及对作品的体验、感悟，培养了学生新的造型观念和审美情趣，也陶冶了情操，享受了美。

第四，充分揭示并运用课本的内容与学生生活以及现代社会和科技发展、生产实践的联系，使学生感悟到“知识源于实践”，“知识就在我身边”，“知识用于实践”，“我在用知识”，使教学过程关注学生的学习兴趣和经验，成为师生、生生的交往，积极互动，共同发展的过程。

例如高一地理，课题是“海洋环境保护和海洋权益”。南通濒江临海，是中国 14 个沿海开放城市之一，2002 年南通市又召开了港口经济洽谈会，因而提出研究海洋的有关问题，学生是非常乐意的。学生从自己的生活感受以及由各种渠道所获取的信息，都能知道海水的水质如何，污染源在哪里，产生的危害是什么；学生从每年的6—9月份吃不到新鲜的海鱼得知休渔的道理；从广东破坏了“红树林”所带来的严重恶果，知道不能破坏海洋的生态。教师引导学生审视生活生产实际，学生就能自主地提炼、概括、获取并内化知识，而且感悟到海洋环境的保护与人类息息相关，自己也责无旁贷。进而体认到可持续发展的生态原理，懂得所有的人享有生存环境不受污染和破坏，从而能够过上健康和健全的生活的权利，并承担保护子孙后代满足其生存需要的责任；地球上所有生物物种享受栖息地不受污染和破坏，从而能够维持生存的权利，人类承担生态环境的责任；每个人都有义务关心他人和其他生命，破坏、侵犯他人和生物物种生存权利的行为，是违背人类责任的行为，要禁止这种不道德的行为。

从我国以及南通市的海岸线之长，我国拥有广阔的海域入手激发学生研究我们可以享有哪些海洋权益的欲望，从而学习新知识《联合国海洋法公约》。再从学生熟知的王伟被美国飞机撞机牺牲的事件入手，研究我们应怎样捍卫我国的领海权益，怎样处理与他国关于海洋权益方面的矛盾，激发了学生热爱祖国、热爱社会主义，反对帝国主义、霸权主义的热情，等等。这样的学习过程主动、生动，热烈、深刻；既获得了知识，又获得了处理问题的正确观点、思想和方法；既有独立思考，又能互相启迪，人际关系融洽和谐，交流发展了感情。所以说，我们要研究过程，重在过程，因为过程比结果更精彩！关注学生学习的过程是引导学生自主学会学习的关键。

(3) 注意教学形式的灵活选取，讲究教学方法的巧妙组合。

我们在主体性教育思想指导下构建了新的课堂教学模式，这一教学模式的显著特点是：变学生的被动学习为积极参与，变学生的被动思维为积极主动的探索思维，变学生自我封闭的学习为互助合作开放的学习。

第一，把握“自学”、“议论”、“引导”三个环节。

“自学”，是指学生在教师引导下积极、主动、自觉地“看”——看教科书及有关文字辅导材料，看教师的板书、同学的板演，看电化教学的画面，观察实验和操作过程等；“听”——听同学的发言、教师的讲解，听与教学内容有关的录音等；“问”——提出问题，主动求教他人或书报杂志等学习材料；“练”——不仅演算和解答课本或教师给出的习题以及同学提出的命题，并且利用测量、画图、观察等手段发现命题或解决问题的线索，进行演算、解答，练习整理知识结构和研究方法等；“记”——记下知识和方法的纲目要点，自己学习的重点、难点及注意点等；“议”——积极主动与同学、教师交流个人的思维过程、思维结果等学习信息，用规范的数学语言表达所获取的知识及其形成的过程，表达自己学习思考的方法并能回顾反思、调整学习的内容等。

“议论”，是指课堂学习中，学生在教师的引导下，师生之间、同学之间有共同的学习要求，关系融洽，气氛和谐，围绕着知识的形成过程、学习方法和思维方法的理解、把握以及学习的情感等较为广泛的问题，充分交流个体信息。在这多层次和多向交流中，相互激励，取长补短，同化、吸收、促进学习意向，培养分析问题和解决问题的能力。它不只是以对某个问题求得答案为目的，而是在议论过程中相互评价、补充、答疑，解决交流过程中出现的问题。议论的形式有小组议论和全班议论两种。

“引导”，指在教学过程中，教师尊重学生的主体地位，机智灵活地运用各种手段激励学生的学习意向，启发思维，点拨疑难，指导方法等，让学生自己学会、会学，想懂、懂想，促使学生的全部心理活动积极有效地进行和健康地发展。学生相互间也潜移默化地起着相互启发、引导的作用。

总之，“独立自学”、“群体议论”、“相机引导”是自学·议论·引导教学的三个基本环节。其中，“独立自学”是基础，“相机引导”是前提，“群体议论”是枢纽。三者相辅相成，融为一体，贯穿于教学的全过程。它有利于充分调动和发展学生的学习主体性，合理运用人力资源，用智力开发智力，从而提高教学质量。

第二，形成合作学习与平等探求真理的氛围。

教学的三个基本环节是通过个人学习、小组学习、全班学习三结合的教学形式来实施的。我们在课堂教学中运用学生个人学习、小组学习、全班学习三结合的形式来组织教学，充分发挥学生的主体性。

学习过程是学生认识和发展的过程。认识和发展必须依靠个人的独立钻研、积极思考，因而课堂教学中必须有个体阅读领会、实验操作、思考猜想、演练评价、归纳总结等方式的以个人为主的学习。但是，学生的个人智慧是有限的，个性差异又是存在的，知识基础、思维品质、自学能力、学习速度以及学习兴趣、意志、态度等各不相同，因而需要相互交流、帮助和激励，这样才能促进认识和发展，更好地深化和扩大个人学习的成果。所以，课堂中又必须有小组（邻座的四个同学）的学习活动，称之为小组学习。一个班级学生有相近的年龄特征、知识基础，有类似的基本学习方法，学习中还存在共性问题等，这就需要进行全班的学习讨论，尤其是教师的点拨、解惑、释疑，这样会使学生对知识的认识更完整、更深刻，智能得到进一步的锻炼和提高，意向得到更好的激发。

在课堂教学过程中，教师可根据教学目的和要求、教学内容、学生的学习能力等具体情况灵活地交替运用“三结合”教学形式，为学生提供自学、议论的时间、空间。通过教师的适时引导，使得学生有能力、有方法积极参与学习活动。同时，在感受、理解知识产生和发展的过程中，培养学生的科学精神和思维创新品质，提高学生收集处理信息、分析解决问题和获取知识的能力。实践证明，在小组和全班的学习中，师生间、同学间进行充分的议论，学生可以自由地提出问题，发表意见；可以随时听取别人的正确意见，修正补充自己的发言；也可以随时对教师的讲解或课本的阐述提出问题，甚至反驳和批评等，形成生生、师生平等地共同探求真理的氛围。这样就能有效地培养学生的团结协作精神和交往能力，增强学生自我反馈、自我调控的能力。

2. 课外活动方面

我们把提高主体自我教育的内在基础作为一项系统工程来抓，并把它与当前所进行的素质教育有机地结合起来，以尊重每位受教育者独立的主体地位为出发点，帮助他们真正树立起自身的主体意识，鼓励他们的每一点微小进步，尽力寻找、充分肯定、大力开拓主体自身的优势与内在潜质，增强自我应对各种复杂局面的能力，以及勇于面对挫折和困难的勇气与决心。

（1）办好少年团校、青年党校。

为培养青少年共产主义的远大理想，培养青少年良好的思想政治素质，我们在校党总支的领导下，以“团校”、“学生青年党校”为基地，开展对青少年学生的思想政治教育，系统介绍中国共产主义青年团的性质和作用、中国共产党的性质和基本路线，促其进一步加强对“没有共产党就没有新中国”的理解，激发其热爱党、热爱社会主义的热情，使他们思想上有追求，行动上有目标。2001届高三（8）班学生孙乐通过党校的学习，不仅进一步明确了自己个人奋斗的目标，而且明确自己对社会应尽的义务。他通过自己的努力考取了南京师范大学新闻系，同时资助了外地一位贫困学生完成学业。2002届高三（7）班建党对象王建勤在其繁重紧张的学习之余主动关心班集体，让其他同学集中精力搞好学习。她每天从很远的家赶到学校做好教室的环境卫生；组织同学在班级内开展互帮互学活动；在紧张学习的同时，积极参加学生会的工作；在她18岁生日的时候，以一种特殊的方法纪念自己成年，利用星期天义务献血，以此表达对社会的一片奉献之心。在她的影响下，另外几位高三的学生也学习她尽自己所能奉献社会。

“校中校”的建设影响深远，正如青年党校学员所说的：“激情在这里点燃，理想在这里升腾，信念在这里升华。”这些学生成为学校进行共产主义理想、信念教育的辐射源、播火人。关爱他人、奉献社会的道德风尚在校园内掀起。2000级高三（4）班学生陈艳隐姓埋名帮助港闸区患白血病学生韩崇苑，鼓励小崇苑：“命运掌握在自己手中，勇敢地挺过去，走出这段‘雨季’，天外是个天!”1998级高三（7）范雷松、陆建锋拾到巨额财物不动心，并急失主所急，根据点滴线索将钱包等物品送到失主家。“望着失而复得的包，我十分激动，在当今崇尚金钱的社会中，能够拾金不昧已是十分难得，而急失主所急，想方设法送还，更是可贵。”失主如是说，感谢学校培养出这样品德高尚的学生。

实践证明，少年团校、青年党校是对学生进行思想教育的极好形式，为青少年学生思想政治上的进步提供了肥沃的土壤，植根于这片土壤上的小苗正在茁壮成长。

（2）从学生学习、生活实际出发，组织活动内容。

我们注重教育活动的内容贴近青少年成长和发展的实际。以青少年学生的实际行为与感觉为切入点，把看似抽象空洞的道德信条与青少年日常生活、学习结合起来，将道德教育真正贴近学生的心灵。例如，在学习贯彻《公民道德建设实施纲要》和“公民基本道德规范”的时候，要求学生从身边去发现有悖于基本道德规范的行为、现象，然后以讨论会、班会等形式，通过学生对这些问题的剖析，让学生学会自主判断是与非，从而在错综复杂的是非面前，作出正确的判断，并在是非的判断基础上上升到道德认识和道德的实践。

现在教室内、走廊上随手乱丢杂物的现象减少了，更为可喜的是学生看到地面上的杂物，就会主动拾起扔到垃圾筒里。2002 届初三（5）班张同学，过去是一位“人见人恨”的人，家长厌弃他，教师讨厌他，因他经常欺负同学，同学远离他。经过自我反省、自我教育，他有了很大转变，在同学受伤流血的情况下，他毅然背起同学上医院，自己弄了一身的血迹。还有一次，他在教室门前看到国旗未挂好，主动从四楼跑下来，重新将国旗挂好。

（3）讲究教育方法，渗透“主体性教育研究”。

坚持以养成教育为基本方法，重视青少年学生道德行为的培养。青少年学生的思想意识和道德观念更多地来源于日常生活，来源于他们自己在社会实践中的亲身体验，他们往往是在实际生活的体验中，在行为习惯养成的基础上，伴随着自身的成长而认识到道德价值，树立起道德观念。青少年道德品质的形成重在体验，青少年道德教育重在养成，丰富多彩的教育活动和社会实践活动往往是青少年学生喜闻乐见的教育形式，易于被他们接纳，因而“有形教育”成了德育的重要载体。“校园十佳歌手比赛”、迎千禧年系列活动、“新世纪畅想”文艺汇演、火炬传递等学生自己组织的活动，如珍珠串线，绚丽多彩，寓教于乐。高中学生的军训，使学生感悟出纪律和作风的严肃性；组织学生参观自来水厂、污水处理厂，学生就各自的感受而写就的“社会实践调查报告”，充分反映出学生对社会责任、对人生前途的深刻思考，这是校会、班会课的说教所不能比拟的。2001 级高一（1）班“超越自我，做新世纪的主人”的主题班会，更是抓住时机，切合实际。班会课上，学生们各抒己见，引经据典畅想新世纪的未来，同时假设 10 年、20 年后自己在未来社会中的地位和作用，从而激发了学习热情，增强了社会责任心和使命感。

在日常管理中，将“主体性教育研究”渗透其中。通过民主选举班干部，不定期民主测评干部等方法，促进主人翁意识的确立，感受权利和义务，在强化班干部队伍建设的同时，促进文明班风的形成。初中部班主任在《家庭联系本》上建立“班主任信箱”，让全班学生及时反映情况，为班级献计献策，人人参与班级管理。高中部普遍建立班干部轮值制度，放手让学生自我教育、自我管理、自我纠正、自我完善。

3. 社区教育方面

在社区教育中，我们注重培养学生“四有”能力，发挥学生的主观能动性，引导他们参加一些社会公益活动，使学生既锻炼了自己，又服务于他人，同时培养了他们高尚的道德情操。我校与新城桥街办南公园社区结为社区共建单位；与南通日报社、中行南通分行、市少儿体校、通医附院等单位一起组织了多项活动。如在创建文明卫生城市的活动中，学生们积极主动打扫濠南路，踊跃参与指正使用不正确汉字的广告牌的活动；学生自愿与社会福利院的67位孤寡老人结对，定期看望老人，打扫卫生，并为老人们演出节目，给老人们带去欢乐，还在重阳节用自己省下的零花钱为老人们添置生活用品，受到社区领导的大力赞扬。

我校还将南通博物苑和烈士陵园作为德育教育基地，让学生定期参观，了解南通发展的历史，激励学生为南通的发展打好基础；每年清明节学生自己组织祭扫活动，缅怀先烈，新团员在陵园进行入团宣誓，高二年级学生进行成人宣誓，让学生接受爱国主义教育。

二、关于学力的研究

21世纪是知识经济时代，是信息化、网络化和全球化时代，是创新的世纪。科学技术迅猛发展，知识更新不断加快，综合国力的竞争使人才的竞争更加激烈，人的价值观念、伦理道德、知识结构、文化修养以及生存法则和方式必将发生重大变革，教育不光是传授知识，必须把培养会谋生机、求发展、不断创新的人才作为首要任务，这是新世纪赋予教育的重要使命。而当时学校及社会普遍对学历、升学率的片面追求，只注重传承知识的多少，分数的高低，反思我们过去的研究和实践，认识到我们对学生的学习能力的理解，比较多地侧重于学科的自学能力，尚未能从学生整体素质的提高，从全面发展和终身发展的高度，进行全方位、多层面的考察和综合把握；过去虽已把调动学习积极性、发挥学生主体作用不仅作为手段而且看作目的，但在教学实施过程中往往过多地当作手段，着眼于完成本课程教学任务，而对学生全面素质和终身发展的作用关注不够；对教学活动的认识，过去仅看到是一种施加外部影响的过程，而没有认识到更是学生内化体验的过程；仅看到是一种认知手段，而没有认识到也属于社会实践的范畴，在教学中表现出来的师生、生生关系也是一种人和人的社会关系，构成一定的教育环境。因此，自 2002 年起，我们在本体论，即学生是一切教育教学活动的主体，“以学生发展为本”和生成论，即学生是在与社会和外部世界的相互作用过程中，实现自我发展生长的，是在外部环境的影响下，内化体验、发展提高，实现主观和客观相统一的理论支撑下，开展了初中学生的学力及其发展的系列研究。

（一）学力的内涵

1. 学力的界定

我们认为，学生的学力主要指学生借助一定的教育环境资源和积极的综合实践活动，所形成的自我获取、自我构建、自我发展、自我超越的知识、能力、情感、态度的总和，其核心是学生积极自主的创造性思维和良好的精神品格。

国外有人认为，学习是人类倾向或才能的一种变化。在我国，也有人研究提出，学习是获得新经验并引起内在素质与外在行为变化的过程，须在事业上表现出来，才见得是学问。所谓学力是“学习效能”，就是说它有别于通常人们所说的“学历”，不是只关注学习者的求学经历，只看他曾在哪所学校就读，而是关注他通过一定阶段的学习，在“内在素质”和“外在行为”上取得的实际效果，学习者在形成自我获取、自我构建、自我发展、自我超越的能力以及良好的心理状态方面达到的实际水准和程度，为其终身学习提供了内在基础和动力。这正如《辞源》注释的那样，“学力”者“谓学问之所至也”。当然，一定的学力是和一定的学习经历相联系的；一般地说，一个人学历高，其学力也会相对较高。但是学力的形成是多种因素综合作用的结果，不能以为学历高，学力就必定高。相反，虽然有较高的学历，却没有相应的水平，不具备相应的学力，这种“有文凭无水平”或者“高学历低学力”的现象，在现实生活中并不鲜见。学力才是学习效果和教育质量的真实体现，是衡量一个人发展水平的重要依据。

2. 学力和能力的关系

人的能力是人们成功地完成某种活动所必需的心理特征，并且在变革客观对象的活动中，同时获得了自我变革、自我发展。心理科学研究认为，人的能力可分为一般能力和特殊能力。所谓一般能力，是指人在一切活动中所必需的一些基本能力，如感知、记忆、思维等方面的能力。这种一般能力同人在一定领域中表现出来的某方面智慧相结合，就形成了与一般能力相对而言的人的特殊能力。我们认为，一个人的学力总是同他所学习的专业相联系的，是一般能力在某方面的体现，具有一定的个性特点，从这点来说，它属于特殊能力范畴。但是一个人的学力，对他的其他能力的发展具有直接的影响和举足轻重的作用，因此它又是人的能力的基础部分。特别是随着人类文明的不断进步，现代科技越来越渗透到社会生活的各个方面，学习成为人类生存发展的第一需要和终身需要，学力也越来越成为每一个人最基本的生存和发展的条件。在现代社会，一个人假使没有一定的学力，就难以适应现代社会的需要，难以成为一个真正的现代人。

（二）学力形成和发展的主要特点

1. 学力习得的后天性

即一个人的学力不是与生俱来的，而是通过后天习得的，是内因和外因的结合。古希腊生物学家普多塔说过，人的头脑不是一个被塞满的容器，而是一个需被点燃的火把。现代心理科学家研究认为，人不仅具有已表现出来、达到某种熟练程度、可用成就测验来测查的实际能力，还具有尚未表现出来，但是通过学习和训练就可以发展起来，并达到某种熟练程度的心理潜能。美国哈佛大学心理学家霍华德·加德纳还研究提出了人的智能多元论，认为每个人至少有八种智能：语言智能、逻辑—数学智能、空间思维智能、身体—运动智能、音乐智能、交际智能、自我认识智能和自然观察者智能，并且每一项智能不是简单的才能和技能，而是通过各种文化活动刺激而发展起来的。人的学力，就是通过一定的教育和学习活动，使这些蕴藏着的心理潜能受到激活，得到开发，把头脑中的火花点燃，转化成为现实的学习效能，心理潜能是形成人的学力的内在根据，而学力则是人的心理潜能在一定条件作用下的展现，是学习主体的内在潜能和机谋、主观努力和先天条件、后天环境的统一。教育的功能和作用就在于通过创造良好的环境和条件，点燃人头脑中的火花，把心理潜能转化为实际学力。

2. 学力形成的开放性

马克思主义认为，人在本质上是社会关系的总和，实践是认识的唯一源泉。学力作为人的学习效能，也总是在一定的社会关系、教育环境和实践活动中形成和发展的，是内化和外化的统一。按照现代教育理念，学校教育课程不仅仅是教本、教参，而是教师、学生、教材和一定教育环境这四种要素的整合，课堂教学是师生之间、同学之间以及师生与教材和其他各种信息源之间进行交流、交往活动，是在一定教育情境中师生共同参与、互相切磋、积极探索、不断认识的过程。基于此，我们认为教学是一种对话、一种沟通，是合作和共建，没有交往就不存在真正意义上的教学。可以这么说，没有交往就没有教学，也就不可能形成良好的学习效能，光靠一个人苦读和面壁而思是难以形成良好学力的。

同时，人的学力又总是在一定的情境中展现和反映出来的。语言的表达或行为的展现，对一个人的学力的形成和发展，具有十分重要的作用。学力好的人，一定是开放的自我，能凭借自己的良好学力，很快地适应和进入情境，并且善于把握机遇，开拓认识新领域，在推动客观事物发展的同时，实现自我完善、自我超越。因此，学力也是适应和创新的统一。

3. 学力程度的发展性

学力作为学习的效能，它是一个动态的概念，总是处于发展状态中的，不能理解为一成不变的僵化模式，要建立动态发展的学力观，具体体现在以下两方面。（1）对学力的要求必须与时俱进，体现时代要求。历史经验证明，任何一种文化，只有适应社会的变化，不断地进行自我改革，才能生存发展，才会有生命力。而教育就是这么一种“形成未来”的重要因素，“使人民知道如何接受变化”，“培养一种能动的、非顺从的、非保守的精神状态”。学力作为学习效果和教育质量的重要体现，一定要顺应时代和社会的需要，不断地调整、充实、完善和发展。在农业社会时代、工业社会时代和信息社会时代，对公民素质和教育的要求不同，学力的程度要求自然也不会一样。我国现阶段对人的学力程度要求，同新中国成立之初甚至改革开放之前相比，已经有了很大提高。（2）学力提高必须循序渐进，体现不同阶段学生的年龄特点。用唯物辩证法的观点看问题，人始终“是一个未完成的动物”，是一个“半成品”；人的生存，是一个无止境的学习过程和完善过程，人的学习则是一个循序渐进的认识和实践的过程，人的学力也必然是有序提高的过程。不按照学生的成长规律，不能教育当其时，结果失去了教育、学习的最佳时期，当教不教、当学未学，会影响学力的很好形成和发展。反之，违背了学生的年龄特点，拔苗助长，对他们的学力的形成和发展也是十分不利的。教育作为一种有意识、有目的、有组织、有计划的育人活动，要按照时代的要求和人的发展规律，研究和把握好不同年龄和不同学习阶段学生不同的学力程度要求；要充分考虑到前后阶段学力发展的联系性和渗透性，前阶段为后阶段发展打好基础，留有余地，体现可持续发展的思想和规律；还要按照一定的学历程度系列，努力创造良好的学习环境和条件。这样才能让学生学力获得最佳发展，使之“不断地变成一个人”，变成一个“完善的人”。

4.学力内涵的综合性

人是由多种素质构成的综合性整体。特别是进入21世纪，现代科技的迅猛发展和社会的不断进步，对人的整体素质提出了更高要求，要具有丰富的现代文化科学知识、各种“学会生存”的能力、良好的心理状态以及较强的社会责任感。现代教育的基本目标，就是要把一个人的体力、智力、情绪、伦理各方面的因素综合起来，使他成为一个完善的人。因此，作为学习的效能，人的学力的高低必须取决于他的各种素质的质量和这些素质构建的合理性程度，是人的学习的综合性的产物。

（三）学力的基本结构

对学力的结构，主要可以从两个不同的视角进行分析。

从横向结构，即从学力的内容领域来分析，主要由三个基本要素构成。

一是学识要素，主要指以认知为基本特征，包括基础性、工具性和专业性等方面的知识和技能。要特别重视这些知识的可靠性和价值性，不断吸收人类认识的新成果，为自己的知识结构注入活力，始终保持与时俱进的良好发展态势，而不能抱残守缺、故步自封。二是能力要素，特别是人在一切活动中所必需的基本能力和学习行为相结合，形成良好的学习能力。这种学习能力，除了科学的学习方法以外，尤其要具有良好的学习品质，包括积极进取的学习精神、良好稳定的学习习惯和睿智机灵的学习策略等。并且这种学习能力，不仅是指学习书本知识的能力，而且包括修德养性、求知健身、实践创造以及搜集、运用和开发各种信息资源的综合性本领。三是心理要素，即具有良好的情感、意志、态度等心理品质。这三种要素，三者有机结合、相辅相成，互相渗透、互相促进。有人研究认为，人的本领有三个层次：一是知识层次，表明他知道什么；二是技能或者能力层次，表明他能做什么；三是基础层次，表明他用怎样的支撑去做人和做事。三者犹如树叶、树枝和树干，树叶、树枝固然对树的成长不可缺少，而树干却是树叶、树枝赖以存在和发展的重要依托。这是不无道理的。可以这么说，学校教育不仅是要发现人的才能，训练和提高人的才能，更要培养人的性格和态度，使智力和才能成为一种“活生生地起作用的力量”。所以，教育部 2001 年公布的《基础教育课程改革纲要（试行）》强调，基础教育的任务不仅是传授知识，更重要的是让学生掌握学习方法，培养终身学习的愿望和能力，要通过实现学习方式的多样化，从而促进学生知识和技能、学习能力和方法以及情感、态度和价值观的整体发展。根据这种学力结构观，那种把“学力”理解为仅仅限于“学习能力”，就不免失之于望文生义，忽视了学习内涵的丰富性和结构的整体性。

从纵向结构，即从学力的层次侧面来分析，可以分为三个层面。(1) 基础性学力，含义包括：第一，指各学科培养的学力中，由读、写、算等基础能力综合形成，对人的发展、提高具有奠基意义的学力，犹如中小学教育是为一个人成长打基础的阶段，称之为“基础性学力”；第二，从人的持续发展看，前一阶段学习生成的学力是后一阶段学力发展、提高的基础，同后阶段发展形成的学力相对而言，是“基础性学力”。(2) 发展性学力，指在前阶段形成的学力基础上提高发展，并且成为现实的，而且还处于不断发展、提高状态的学力。(3) 创新性学力。著名未来学家阿尔温·托夫勒称之为“未来学力”，认为这种“未来学力”是“第三次浪潮”的产物，首先表现为创造力，是机械办不到的处理新情境中的问题的能力。他还说，明日的技术所需要的人，是能够作出重要决策的人，能够在新情境中巧妙地应付的人。这种“创新性学力”，是一种比“发展性学力”更具有挑战性、层次更高的学力。其主要表现在：第一，从着眼点看，一个是面向过去和现在，为解决现实中的问题提出来的学力要求，另一个则是面向未来，为解决将出现的问题所提出的学力要求，因而它更具有前瞻性；第二，从表现形态看，创新性学力比发展性学力更具有自觉的创新意识、更强烈的创新精神和更良好的创新能力，具有这种学力的人，往往是一种敢于迎接时代挑战的开拓性人才。对于实现我们民族的伟大复兴来说，当前尤其需要确立这种创新性学力观，培养具有创新性学力的人才。

总之，学力是以知识为基础、以语言符号和数字逻辑为支撑、以表达为关键的，而思维是它的核心，要高度重视培养人的良好思维品质和思维能力。这正如我国著名学者杨福家所说的，教会了学生怎么做、怎么思考问题，他们就会自己拿钥匙去开门。教会学生学习，教会学生思考，自然地成为近年来世界各国都十分关注的教育改革问题。

(四) 建构学力发展型的生态课堂

学校课堂是发展学生学力的重要阵地，发展学生的学力也是课堂教学的主旨。学力发展型的生态课堂是以教师、学生、教材和环境等因素的动态情境为教学背景，以学生亲身体验作为教学重要手段，以学生在生态情境中自主探究、合作交流、智慧高效为特征的课堂。这种生态课堂特征既符合新课程提出的教学理念，有利于学生全面、和谐、持续地发展，更是发展学生学力的途径。

建构学力发展型生态课堂的教学策略如下。

1. 整体设计的和谐性

数学虽没有像语文那样的显性的艺术性和整体性，但有数学自身的逻辑性和结构性。如何让数学教学既呈现像语文那样的艺术性和整体性，又彰显数学本身之特色，我认为要对数学的课堂教学进行整体化设计，既要从显性的内容和隐性的知识上进行整体设计，又要从三维目标的达成上进行整体设计，使课堂教学成为一个有机的、生动和谐的、有深度和见地的整体，让学生从中感受和体验数学的整体美、和谐美。数学教学的整体性设计，首先要了解所要教学的内容和它在初中乃至高中阶段的数学知识结构中的地位，学生学习的基础，从而确立恰当的教学目标，围绕教学目标进行整体化设计，形成一个有血有肉的整体。

例如，关于“相反数”的学习，抓住“数轴上的点与实数一一对应”这根主线展开，建立相反数概念，根据去括号的变形依据，又将课后练习第 3 题“化简”(即把多重符号化成单一符号；若是正号，则“＋”可省略不写)拓展延伸，引导学生从形式上概括化简前后的符号特征：

−	(	−	68	)	−	(	+	0.75	)	
括号和括号前面的负号去掉		变号			括号和括号前面的负号去掉		变号			
=		+	68				−	0.75		得到去括号法则

在学习有理数的乘法时，由乘法法则，将 $-(-68)$ 理解为 $(-1)\times(-68)$ 得 68，$-(+0.75)$ 理解为 $(-1)\times(+0.75)$ 得 -0.75，进一步体会去括号法则。这样到了学习“整式的加减”时，学生理解了“式”的实质是“数”后，对去括号法则中的符号变化的规律不仅成为已掌握的知识，而且又可以从分配律的角度来认识这一规律。此时又可以由等式的对称性质拓展到添括号法则。因此在“合并同类项”时可以灵活运算，例如书本中求多项式 $2x^2-5x+x^2+4x-3x^2-2$ 的值，其中 $x=\frac{1}{2}$。

不一定拘泥于 $2x^2-5x+x^2+4x-3x^2-2$

$$=(2+1-3)x^2+(-5+4)x-2,$$

也可以原式 $=(2+1-3)x^2-(5-4)x-2$。

这种设计思考是从知识整体结构出发的，因而“相反数”一节的教学整体设计为：

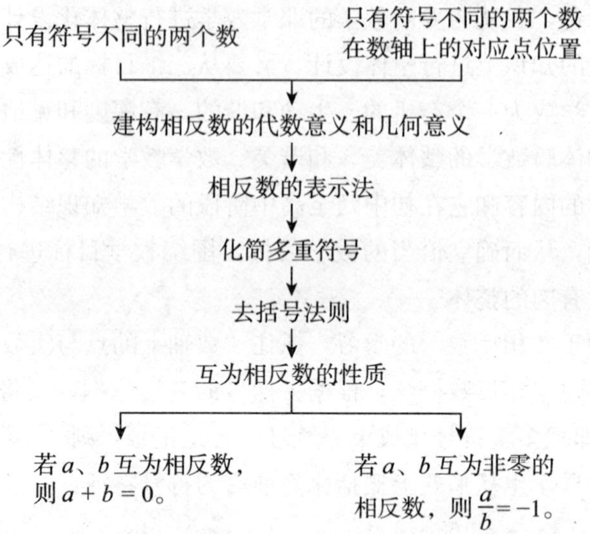

这样的教学设计，有利于学生自由、自主、自然地构建知识体系，而不至于出现思维的停顿和外在的干扰，真正实现“教学无痕”。

2. 问题设计的生成性

新课程倡导课堂教学的生成性，关注学生的情感体验。叶澜认为，具有生成性的教学才是丰实的课堂教学。要求我们在课堂教学中关注教学的生长点，以生长点作为我们新的教学因素。而学力发展型的生态课堂正是要抓住这种瞬间即逝的生成性资源，作为我们课堂新的增长点和活的教学因素，使课堂的有限资源得到无限增长。

要产生这种生成性资源，在教学设计时应进行有效预设。生成性资源的预设以问题为载体，以开放性设计来拓展问题的价值，在课堂教学时，引导学生进行深入思考与交流，在思考与思维的碰撞中激发学生的思维火花。教师要善于捕捉这种思维火花作为知识教学的生长点，并放大这些生长点，化为教学中最具活力的教学因素，获得教学资源的新增长。

例如，八年级上册“等腰三角形”的教学。由于等腰三角形的本质特征是轴对称图形，所以本节课的生成设计为：

折叠操作，感受等腰三角形的特征

↓

生成等腰三角形的对称性质：“等腰三角形是轴对称图形。”

↓

由轴对称图形性质生成等腰三角形的性质命题

↓ 推证性质命题

生成等腰三角形的性质定理

①等腰三角形的两个底角相等。

②等腰三角形的顶角平分线、底边上的中线、底边上的高互相重合。

↓ 拓展、延伸

概括出：等腰三角形的关于它的对称轴对称的线段相等。

3. 知识建构的体验性

新课程提出学生亲身经历数学知识的形成与应用过程，就是要让学生主体参与教学的全过程，通过自身的实践与反思，得到充分的体验，从而获得真正意义上的知识建构。而学力发展型的生态课堂是以学生的亲身体验作为学生主动学习的手段，让学生在师生共同创设的情境中体验，在体验中获得新的知识，在交流中让学生再体验，从而主动建构知识，完善自己的知识结构。

建构主义认为，任何知识的获得都是学生自主体验的结果。因此在教学设计时，我们要对知识进行体验化设计，让学生在合作交流、自主体验下主动建构知识。而这种设计的方法是把知识点加以分散，在每一个知识点的教学中设计感性体验，在充分的感性体验下，引导学生对感性认识理性化，进而获得深层次的理性体验，自主建构自己的知识体系。

例如，“圆”的概念的建构。学生不仅在日常生活中见过或使用过不少圆形物体，对“圆”有较丰富的感性认识，会用圆规画圆，而且也认识圆的圆心、半径、弧、弦等图形，只是不能将这些认识数学化。因此教学时，首先让学生研究如何画圆，并观察圆形成的过程，在个人思考、操作后，全班交流研讨，同学们想出了多种方法，如：固定一支笔的一端，让另一端绕着该固定端点在纸上旋转一周；用一根绳子，一头系上粉笔头，另一头按住不动，将绳子拉直，绕着固定不动的一头，在纸上或黑板上旋转一周；用圆规画出一圆；……操作方法虽不同，但得到了共同的体验，通过抽象概括，用规范的数学语言表述了圆的形成过程：在平面内，线段绕它固定的一个端点（O）旋转一周，另一个端点（A）所形成的图形叫做圆。这样，不仅建构了圆的定义，圆心、半径、符号等概念，而且通过对画出的圆的大小及位置的比较，建构了确定圆的二要素：圆心确定圆的位置，半径确定圆的大小。接着，学生又研究平面内的点与圆的位置关系，学生画出半径为 r 的⊙O，在平面内有一个动点 P，连接 OP，亲自动手操作点 P 运动时，点 P 与圆心 O 的距离发生变化，相应地，点 P 与⊙O 的位置关系也发生变化（见图 2-9）。

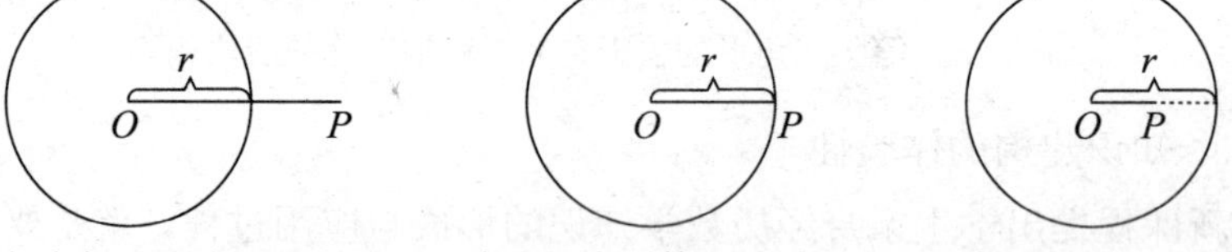

点 P 为动点，此时 $OP>r$，可见点 P 在⊙O 外，当 P 向⊙O 运动时，OP 逐渐变小；反之，若点 P 在⊙O 外侧 $OP>r$。

当 OP 小到等于 r 时，恰巧点 P 在⊙O 上；反之，若点 P 在⊙O 上，则 $OP=r$。

当 $OP<r$ 时，点 P 在⊙O 内；反之，若点 P 在⊙O 内，则 $OP<r$。

图 2-9

通过学习，学生自主建构了平面内点和圆的位置关系的性质和判定，为今后进一步研究平面内直线与圆、圆与圆的位置关系生成了思想观点和研究方法，学会用运动变化的观点进行实验操作，体验了“由量变到质变”的过程。

4. 课堂环境的生态性

新课程强调把课程视为教师、学生、教材和环境等因素交互作用的动态情境，视为一种生长性的动态系统，关注的是学生生命的发展，追求的是让学生在自然、和谐的课堂环境中学习。因此，课堂教学的设计要关注其生态性，让学生在生态环境中自由自主地获取知识。

生态课堂的设计主要体现在教学情境要真实自然，用真实有效的情境激发学生的内在激情，用真实的情境自然地引出新课教学，使学生对教师的教学感到自然而然，是情与意的自然需求，从而营造和谐的教学氛围，教学过程的展开要和谐，每一过程要在学生情感深处加以引入，在学生想要了解时适时展现，在学生深入探索中加以发展。这样的课堂教学才能真正从学生情感与知识发展上服务学生，课堂教学的动态情境才得以生态化，才能真正体现为学生生命发展而教。

例如学习“图案的设计”：欣赏在生活中常见到的奥运会五环会标、中央电视台台标、美国环球公司标志、柯达公司标志、三菱电器标志等→激发学生研究这些图案的生成的兴趣→把生活知识数学化，复习图形的三种变换（平移、翻折、旋转）→学生自己设计：选取一个（或多个）基本图形（平面图形），自由自主地、灵活地、多次地运用不同的变换设计图案（或组合图案）→师生共同欣赏创作成果→获得知识和情感的双发展。

又如教学“二元一次方程组”及其解法时，我没有按教材的展开顺序（先学代入法后学加减法），而是根据学生原有的知识经验加以提升、发展，生成新知识。首先引导学生回顾小学数学中建立的算术模型：“已知两数和为m，这两数的差为n，求这两个数”，方法是（“和”＋“差”）÷2＝大数，（“和”－“差”）÷2＝小数，在此基础上进一步引导学生：“如何用方程的思想求这两数呢?”学生很快建立了方程组，探求了方程组的解法：

设大数为x，小数为y，由题意得：

$$\begin{cases} x+y=m, & ① \\ x-y=n。 & ② \end{cases}$$

①＋②，得$x=\frac{m+n}{2}$；

①－②，得$y=\frac{m-n}{2}$。

$$\therefore \begin{cases} x=\frac{m+n}{2}, \text{……大数} \\ y=\frac{m-n}{2}。\text{……小数} \end{cases}$$

此时，教师和学生共同分析①＋②、①－②的实质是消去了一个未知数，转化为一元一次方程，先求得一个未知数的值。这种方法的依据是“等式的性质”。学生就这样轻松而愉悦地建构了二元一次方程（组）的概念和解的意义，解二元一次方程组的基本思想——消元，加减消元法的理论依据，为探求消元的第二种方法——代入消元法奠定了思想和感情基础。

学力发展型的生态课堂以“自然的，才是真正永恒的”作为追求目标，始终以学生的感受、学生的需要作为依据，获得课堂教学的新发展，四大策略作为建构学力发展型的生态课堂的主架与标准，这是实现师生学力发展的理想课堂之一。

第四节 风格与流派

自 2009 年开展江苏省教育科研重点规划课题“学生学力发展与课堂教学创新——自学·议论·引导教学新探究”以来，我们着力于研究自学·议论·引导教学的优秀教师教学风格中的共同特点，在此基础上有组织、有步骤、有计划地通过各种渠道，运用各种形式，宣传介绍，推广实践，总结提高，提升初中数学教学一线教师的教学理念、教学艺术水平，有效地提高了教学成果，推动了一批志同道合者自觉地成为自学·议论·引导教学的践行者，渐渐地形成了“李庾南教学流派”。这一流派也发展成为江苏教学流派（简称“苏派”）的典型代表之一。

一、教学风格：“这一个”的历练总结

这里的“风格与流派”仅限于教学领域。教学风格是教师在长期教学实践中逐步形成的鲜明而独特的教学主张、教学技巧、教学作风和教学艺术个性的综合表现。它是优秀教师教学思想的直接体现和教学艺术成熟的重要标志，也是其教学创造性活动的结晶，更是优秀教师教学艺术追求所达到的最高境界。独具个性的教学风格是“教学艺术的集中体现”，“没有独特个性的、没有风格的教学，就只能是教科书的传声筒，终将沦为教学机器。所以

优秀教师们都是以教学艺术及其风格作为自觉追求的”。① 我们在第四阶段的探索实践中，把锻造教师团队作为课题研究的重要目标，而提炼和总结教学风格也正是指导和促进教师专业成长的题中之义。我们坚持在理论学习中借鉴，在课堂实践中完善，在自我反思中创造，在总结提高中晶化，且行且思，且思且行，不满足于已有的发现和成绩，不囿于一种教学模式的羁绊，力争成为“一个有节制的不顺从者”，一个富有创造性的教学艺术的“追梦人”，终于逐步孕育出了自学·议论·引导教学的教学风格，主要表现为五个方面，即鲜明而坚定的教学思想、开放而有序的课堂活动、规范而灵动的教学技艺、本真而洒脱的教学气派、融洽而互敬的师生关系。

1. 鲜明而坚定的教学思想

法国思想家帕斯卡尔说：“人是能思想的苇草。”教学思想是教师对教育教学现象和规律的认识。它从整体上表现了教育者或研究者教育自觉的程度，也是教学是否成熟、是否优质的重要标志，同时是衡量教学风格、教学流派是否形成的重要标志。缺乏教学思想，或者教学思想模糊，对教学实践没有指导作用，就不可能形成教学风格乃至教学流派。鲜明而坚定的教学思想是教学风格的核心所在。从 20 世纪 70 年代末到本世纪初的三十多年，我和我的团队始终围绕教与学的关系去探讨、去实验，主要侧重于对“学”的研究，从学生“自学能力的培养”到“学程导进技艺研究”，从“主体性教育研究”再到“学生学力的形成及其评价研究”，等等，都着眼于充分发挥学生的主体性、积极性，通过“独立自学”、“群体议论”、“相机引导”三个基本环节和个人自学、小组学习、全班学习三结合的教学形式，凸显以学论教、教为学服务、教与学统一的教学观，让学生沿着自学—学会—会学—学力方向发展，进而形成了以生为本、以学力发展为旨归的自学·议论·引导思想体系。

在这当中，我和团队坚持三十年磨一剑，没有朝令夕改、见异思迁，不做“学究式”的概念推演和“书斋式”的坐而论道，而是以“绳锯木断，水

---

① 李如密著：《教学风格论》，人民教育出版社 2002 年版，第 28 页。

滴石穿”的韧劲，矢志不渝，瞄准一个方向——自学·议论·引导，扎实一个根基——课堂教学实践，循序渐进，一步一个脚印。在这条路上，我们遇过泥泞，遭过误解，但我们始终坚信“为学而教”的方向是对的，效果自然不会令人失望。

2. 开放而有序的教学活动

有学者认为，在所有的职业当中，教育是最伟大的。教师的最高职责是面对事实、现在和恐惧。不只是要带来学术上的优秀，更为重要的是带来学生和他自己心灵上的自由。从某种意义上说，教育即解放，解放教师，解放学生。解放学生，就是要打破简单重复和机械训练的枷锁，呼吸自由的空气，在自由开放的情境中“让学”、“让发展”，才是教育的本真和归宿，特别是在班级授课制的情形下。从投入教育改革的那一天起，我就按照邓小平关于教育“三个面向”的要求，从教学目标的制定、课堂教学内容的整合呈现、教学活动的组织、学习方法的选择、学习效果的评判等方面都以民主、开放的姿态去探索，着力培养学生的逻辑思维、辩证思维、批判思维、创新思维能力。

(1) 在教学目标的制定上，由一元走向多元。自学·议论·引导教学在确定课堂学习目标时，决不单纯以习得知识为唯一目标，而是把一章一节内容放在整个教学系统中去考察，通盘考虑学生已有了怎样的基础，通过本章节学习，学生的知识能力、情感、态度应能获得怎样的发展。如在教学“绝对值”时，我就确定了以下教学目标：第一，在丰富的生活情境中感受绝对值的意义，并抽象出绝对值概念，体会研究绝对值的意义；第二，理解绝对值概念、有理数大小的比较法则；第三，领悟“数形结合”和“分类”的思想方法。我之所以确定这三个目标，且依这样的顺序表达，是基于概念结构原型理论。该理论的代表人物罗施（E. H. Rosch）认为，概念主要以原型，即它的最佳实例表达出来。一个数的绝对值实质上是该数在数轴上所对应的点到原点的距离的数值，因此教学时应该选择学生在日常生活情境中熟知的实例，使学生在真实情境中获得数学体验，从中抽象出新的数学模式——绝对值。这样学生不仅增强了对概念的感性认识，而且对其几何意义和本质特征会有切身的体验。

（2）在对教材的处理上，由“学厚”到“学薄”。教师工作的稳定性和重复性容易造成教师的“匠气”和“审美疲劳”。照本宣科、重复教材，做教材的搬运工是这种现象的主要表现。教材内容不只是指向知识和技能，还涵盖着知识的发生、发展、应用过程，研究问题的思想、方法等丰富的内容，以及伴随而生的丰富的学习情感，然而教材又往往是简洁的、静态的、演绎性的。因此，在自学·议论·引导教学中，教师总是先引导学生把教材“学厚”，而后再把教材“学薄”，在这一过程中感受思想、方法、价值，学会拓展、调控、总结，最终生成规律，指导实践，形成解决问题的能力。

例如教学“垂直于弦的直径”。垂径定理及其推论反映了圆的重要性质，是证明线段、弧、角相等及垂直关系的重要依据，同时也为进行一些圆的计算和作图提供了方法和依据，所以掌握垂径定理及其推论是教材的重点。另外，定理及推论的题设和结论比较复杂，容易混淆，所以也是难点。

教材通过圆形纸片任意对折实验，揭示了圆的轴对称性质后，再运用圆的轴对称性以及线段垂直平分线的性质，通过实验发现相等的线段和弧，再利用叠合法推证出垂径定理。接着告诉学生：“进一步，我们还可以得到结论：平分弦（不是直径）的直径垂直于弦，并且平分弦所对的两条弧。”

其实垂径定理的题设和结论中共有五个事项，它的逆命题均成立，都是它的推论，我们可以引导学生把这部分教材“学厚”——制作五个逆命题，根据“两点确定一直线”和一条直线的过定点的“垂线唯一存在”证明这五个逆命题均成立，成为定理的推论，最后概括，将教材“学薄”——垂径定理及其推论概括为：

如图 2-10，在$\odot O$中，有不是直径的弦AB，弦AB的中点H，优弧$\overset{\frown}{ACB}$的中点C，劣弧$\overset{\frown}{ADB}$的中点D。

若直线CD过圆心、优弧中点、劣弧中点、弦中点、垂直于弦的直径的垂足这五个点中的两个点，则必过其他三个点。

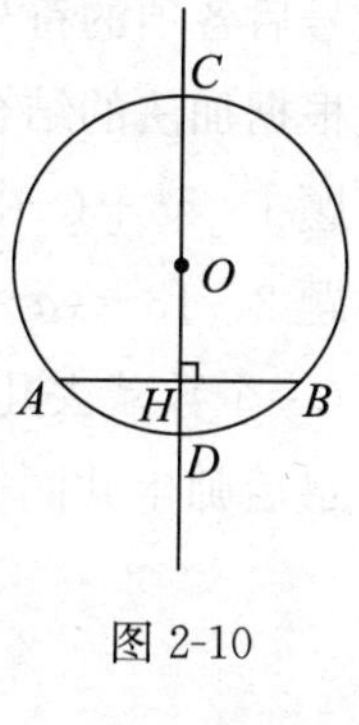

图 2-10

这样学生不仅完整地理解和掌握了垂径定理及其推论，而且学会了如何拓展，如何归纳，感受了数学知识的“和谐统一”美。

接着，教材安排了一个求赵州桥主拱半径的问题，教师同样引导学生将该例题“读厚”又“读薄”。即制作例题的逆命题，进行论证，最后概括为基本图形（图 2-11），将这一基本图形的数量关系概括为半弦$\left(\frac{a}{2}\right)$、半径（r）和半径与拱高的差（$r-h$）组成的直角三角形，用勾股定理揭示其关系，使学生掌握了解这一类问题的基本思路和方法。

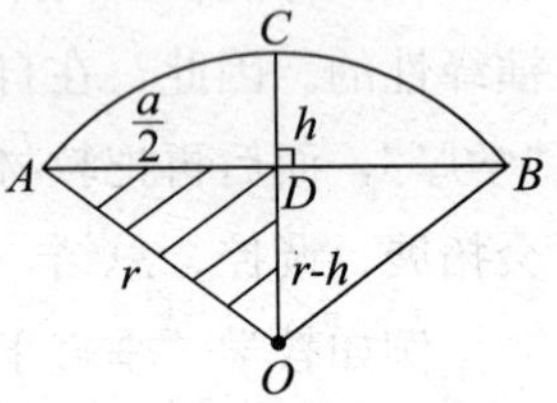

图 2-11

（3）在教学内容的安排上，不断调整“预设”。教学是有预设的，即根据课标（大纲）、教材、学生基础以及教师原有的教学经验，设计教学内容、呈现方式、教学方法等——教案。但教师对学生的了解往往是片面的或者是不全面的，同时，学习情境无时无刻不在影响着学生的学习热情、思维活动的指向、对问题的认识程度等。因此，教师的预设不适合学生学习现状的情况常常发生，自学·议论·引导教学的教师不仅在备课时常常有几种教学方案，更注重课堂中的反馈，及时调整教学“预设”，以适应学生的学，帮助和指引学生的学，以实现“为学而教”，而不是“学为教服务”。

例如，对于“整式的加减”教学，我备课时准备根据学生已有的学习经验，引导学生回顾根据相反数的意义和表示方法去括号，根据有理数的乘法法则和乘法分配律去括号的过程，从而概括出：括号外的因数是正数，去括号后各项的符号与原括号内相应各项的符号相同；括号外面的因数是负数，去括号后各项的符号与原括号内相应各项的符号相反。在此基础上教师引导学生根据加法的结合律和减法的运算性质概括去括号法则：

题 1　$5b+(-3b-2a)=5b-3b-2a$ ……加法结合律

题 2　$13-(a-5)=13-a+5$ ……减法运算性质

（一个数减去几个数的和，等于从这个数连续减去各个数）

最后师生共同概括去括号法则：

$$a+(b-c)=a+b-c$$
$$a-(b-c)=a-b+c$$

教学的下一阶段的“预设”就是运用法则计算练习，但是此时有学生提出：“能去括号，也要能添括号呀！”“对呀！在合并同类项时，系数相加时，我们不是添括号的吗？不过括号前都是放的‘＋’号，能否放‘－’号呢?”不少学生接着提出了这个问题，这时教师就调整了“预设”，引导学生重温等式的性质：“若 $a=b$，则 $b=a$”，于是学生很快自己回答了自己的提问，不仅生成了添括号法则，而且通过师生的进一步讨论还建立了知识间的逻辑结构：

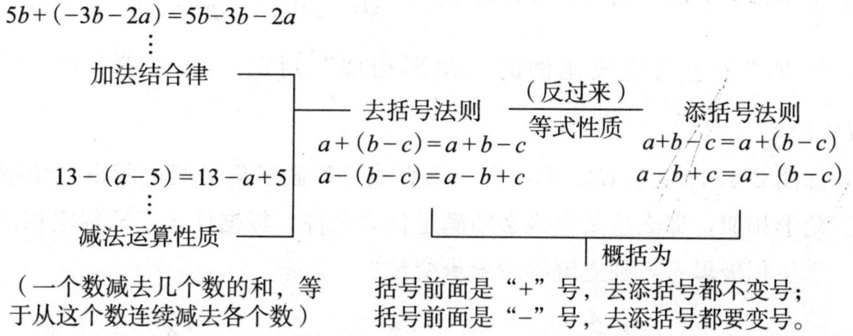

经过这一调整，使教学更契合学生的学习基础，而且充分发挥学生自主学习的积极主动性和学习潜能，使学生在知识的生成过程中，体会知识间的联系及事物自身的对立与统一，体验自身的学习能力，从而充满自主学习的信心和获得成功的喜悦。

(4) 在教学活动的过程中，师生共同创造。传统教学往往只重视教师的教，而忽视学生的学，教研教研，只研究怎么教，很少研究学生怎么学。教学改革以来，教师的理念有所变革，重视学生的学，涌现了不少教学模式，但又忽视了怎样才能确保学的主体地位和主体作用的发挥，即充分发挥教师的主体创造性。自学·议论·引导教学三十多年始终不放弃教师的作用，不漠视学生的地位，即充分发挥教师教的主体创造性，确保学生学的主体地位，发挥学的积极主动性，在课堂中师生共同创造。每个教师在课堂学习新课题前常常要复习与新知有联系的知识。

例如，上“相似三角形的判定”的习题课时，一般教师都会提问“相似三角形有哪些判定定理”，有的教师重视数学课程的核心概念之一，“符号意识”和“几何直观”，要求学生将这些判定定理对照图形用符号语言表述。自学·议论·引导教学，不仅重视数学课程的核心概念，更重视学生的“动态生成”，提出问题。

如图 2-12，$\triangle ABC$ 中，D、E、F 分别为 AB、BC、AC 的中点，运用哪一条判定定理判定$\triangle DEF \backsim \triangle CBA$ 最简捷？

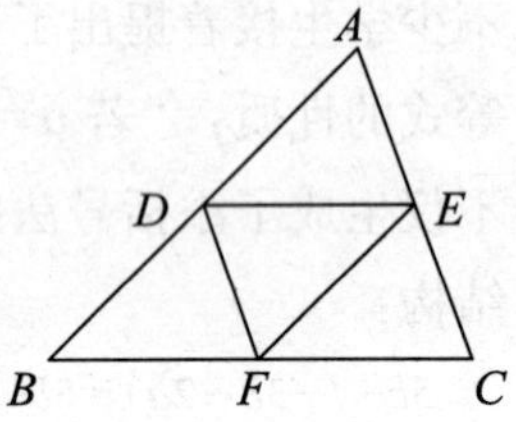

图 2-12

学生选择了由中位线定理推出$\frac{DE}{BC}=\frac{EF}{AB}=\frac{DF}{AC}=\frac{1}{2}$，根据“三边对应成比例的三角形相似”判定$\triangle DEF \backsim \triangle CBA$。

如图 2-13，在$\triangle ABC$ 中，作一条直线 DE 截三角形两边所得三角形与原三角形相似，那么这条直线必须满足什么条件，根据什么定理判定相似？

学生积极思考，独立解答后全班交流：

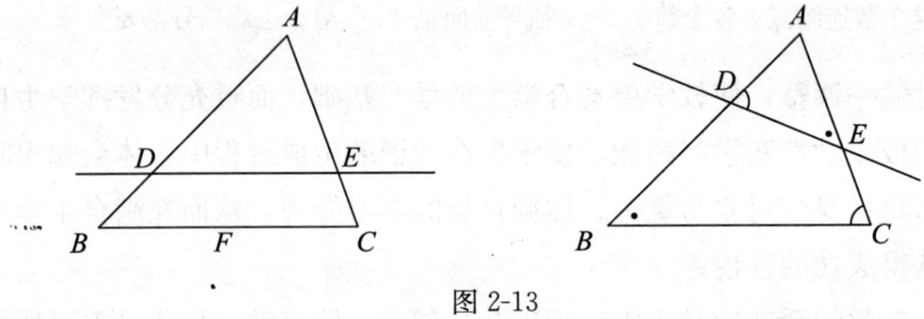

图 2-13

作直线 $DE /\!/ BC$ 交 AB 于 D，交 AC 于 E。

$DE /\!/ BC \Rightarrow \triangle ADE \backsim \triangle ABC$

“平行于三角形一边的直线截其他两边所得三角形与原三角形相似。”

在 AB 上任取一点 D，过点 D 作$\angle ADE=\angle C$，交 AC 于 E。

$\left.\begin{array}{l}\angle ADE=\angle C \\ (\text{或作}\angle AED=\angle B) \\ \angle A=\angle A\end{array}\right\}$

$\Rightarrow \triangle ADE \backsim \triangle ACB$

“两个角对应相等的三角形相似。”

或作出的直线 DE 满足$\frac{AD}{AC}=\frac{AE}{AB}$。

$\left.\begin{array}{l}\frac{AD}{AC}=\frac{AE}{AB} \\ \angle A=\angle A\end{array}\right\}$

$\Rightarrow \triangle ADE \backsim \triangle ACB$

“两边对应成比例且夹角相等的三角形相似。”

由于教师的教学理念“以学为本”，重在学力发展，发挥了教的创造性，设计的问题不仅考查了学生对相似三角形判定定理的理解，更在理解的基础上转化为实践能力，并且引发了学生思维的进一步开放和拓展。他们会萌生“由一般到特殊”的思考，想到过$\triangle ABC$的一个顶点作满足相似三角形判定定理的直线，如图 2-14，过点C作直线CD交AB于点D，满足$\angle ADC=\angle ACB$（或$\angle ACD=\angle B$），由于$\angle A$为公共角，所以$\triangle ADC\backsim\triangle ACB$或作直线$CD$满足$\dfrac{AD}{AC}=\dfrac{AC}{AB}$，由于$\angle A=\angle A$，所以$\triangle ADC\backsim\triangle ACB$。

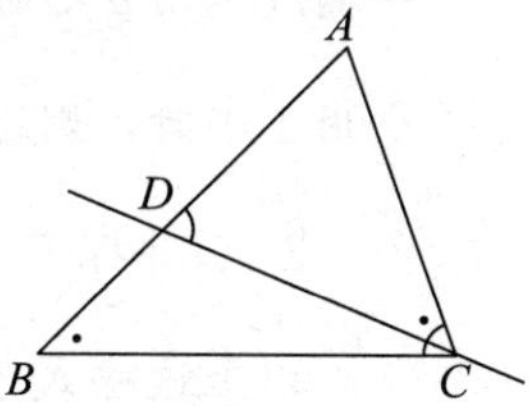

图 2-14

此时有学生发现AC是AD和AB的比例中项，于是又有了猜想：有公共边的两个三角形相似，则公共边在比例线段中肯定是比例中项。

自学·议论·引导教学实验初期就强调充分发挥教师的主体作用，不可忽视教师的教，问题是要研究教师什么时候教？教什么？怎么教？教的效果怎样？解决了这些问题才能确保学生学习的主体地位，激发学生的主体创造性，使学生获得充分发展。三十多年来，我一直这样想，这样做，所以，“师生共同创造”成为自学·议论·引导教学的显著特点。

（5）在学习方法的运用上，重发现、探究、合作并举。自学·议论·引导教学，无论是课题的揭示，还是新的概念、定理、法则、公式等的生成，解题思路、方法的获得等，都是在教师的引领下，师生合作，亲自实践（思维或操作），共同发现、探究的结果。

例如，课题“从分数到分式”的揭示。

教师以贴近学生学习和生活实际的问题为背景，呈现具体的“数”和“式”的形式，引导学生比较、抽象概括，“从分数到分式”。

1. 自主练习

（1）长方形的面积为 10 cm^2，长为 7 cm，宽应为______ cm；长方形的面积为S，长为a，宽应为______。$\left(\dfrac{10}{7}，\dfrac{S}{a}\right)$

（2）我校图书馆准备用 3 000 元到新华书店买数学竞赛辅导书，该书原价每本12元，团体购买每本便宜b元，则可购______本。$\left(\frac{3\,000}{12-b}\right)$

(3) 一辆汽车用3小时匀速行驶280千米，则速度为____千米/时；一辆汽车用b小时匀速行驶a千米，一列火车匀速行驶同样路程比汽车少用1小时，则这列火车的速度为______千米/时。$\left(\frac{280}{3},\ \frac{a}{b-1}\right)$

2. 引导探究

以上这些式子$\frac{10}{7}$，$\frac{S}{a}$，$\frac{3\,000}{12-b}$，$\frac{280}{3}$，$\frac{a}{b-1}$都是反映了在这些具体问题中的数量关系，这些式子有哪些共同点和不同点？（在个人思考、小组讨论的基础上，全班交流）

共同点：形式相同，都是两数相除的形式。

不同点：$\frac{10}{7}$，$\frac{280}{3}$的被除数和除数都是具体的数，这两个式子是小学里学的分数；而另一类式子$\frac{S}{a}$，$\frac{3\,000}{12-b}$，$\frac{a}{b-1}$的被除数有的是具体的数，有的是用含字母的整式表示的数，但除数都是用含字母的整式表示的数。因此，前者是具体的分数，后者表示的数随式中字母的取值变化而变化。由前者到后者，是从特殊到一般的过程，是“从分数到分式”。因此，我们可用与分数类比的方法学习新的课题“从分数到分式”。

又如数学“函数”概念的建立。

1. 通过实例揭示常量与变量的概念

世界是运动变化的。在事物的变化过程中，有些量是按照某种规律变化的，有些量的数值是始终不变的。例如（用多媒体动画演示）：

(1) 将长30 cm的绳子打一个小结（打结的长度忽略不计）后，绷成不同形状的长方形。在这个变化过程中，绳圈的周长始终不变，而绷成的长方形的长、宽和面积都按照一种规律在变化。

(2) 打开自来水的水龙头向水池注水的过程中，水池的容积、水流的速度始终不变，而注水的时间、水池中水的高度和注入池中的水量都在发生变化。

2. 建构“变量”和“常量”概念

在一个变化过程中，我们称数值发生变化的量为变量，数值始终不变的量为常量。

3. 提供实例，引导学生分析变化过程中的数量关系和变化规律，渗透函数概念的实质，为概括函数定义奠定基础

例 1　汽车在公路上行驶的过程中，有路程——s，速度——v，时间——t 三个相关的量。

(1) 汽车匀速行驶（例如 $v=80$ km/h）时，常量是什么？变量是什么？两个变量之间有怎样的关系？用什么样的式子表示？

解：在这个变化过程中，v（80 km/h）是常量，s、t 是变量。

$s=80t$	或　$t=\frac{s}{80}$
当 $t=1$ 时，$s=80$；	当 $s=40$ 时，$t=\frac{1}{2}$；
$t=1.5$ 时，$s=120$；	$s=80$ 时，$t=1$；
……	……
对于变量 t 的每一个确定的值，另一个变量 s 都有唯一确定的值与 t 对应。	对于变量 s 的每一个确定的值，另一个变量 t 都有唯一确定的值与 s 对应。

这就是说，在同一个变化过程中，变量 s 和 t 之间不是孤立的，而是互相联系的，一个变量 t（或 s）的变化会引起另一个变量 s（或 t）的相应变化，这些变化之间存在对应关系。

(2) 在汽车由南通开往南京的过程中，$s=240$ km，其中常量、变量分别是什么量？两个变量是按怎样的规律变化的？

s（240 km）是常量，v 和 t 是变量。

$v=\frac{240}{t}$	或　$t=\frac{240}{v}$
当 $t=2$ 时，$v=120$；	当 $v=100$ 时，$t=2.4$；
$t=2.5$ 时，$v=96$；	$v=120$ 时，$t=2$；
……	……

在第一个变化过程中，s 是变量，而在第二个变化过程中，s 却是常量；v 在第一个变化过程中是常量，而在第二个变化过程中却是变量。所以，常量和变量分别是指同一个变化过程中，数值始终不变的量和数值发生变化的量。在同一变化中，变量的值之间存在对应关系。

例 2　我国体育健儿近 6 届奥运会奖牌数统计表

届数（届）	23	24	25	26	27	28	29
奖牌数（枚）	32	28	54	50	59	63.	100

从列出的表中，届数、奖牌数是这个变化过程中的两个变量，对于表中每一个确定的届数，都对应着一个确定的奖牌数。

例如，第 25 届奥运会上，中国体育健儿获得 54 枚奖牌；第 28 届奥运会上，获得 63 枚奖牌。

例 3　某城市某天 6—18 点的气温随时间变化的示意图：

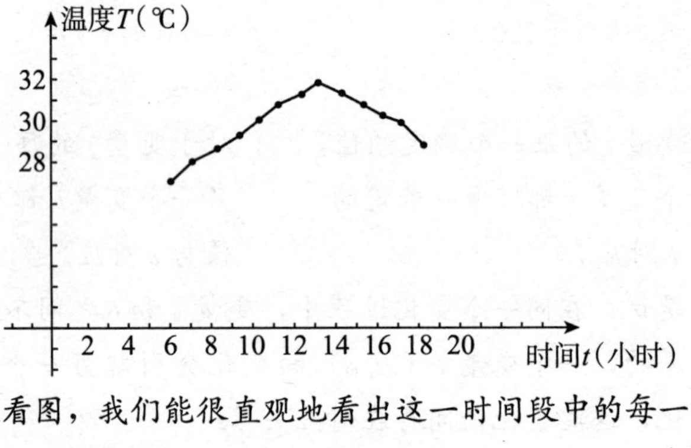

通过看图，我们能很直观地看出这一时间段中的每一时刻的温度。

例如：7 点 20 ℃，12 点 32 ℃。

在这个温度随着时间变化的过程中，涉及时间 t 和温度 T 两个变量，通过坐标系中曲线上点的坐标反映了变量之间的对应关系，只要变量 t（时间）的值确定，变量 T（温度）的值也就随之而确定（从图中可以看出非整点时刻的大约气温，也可以看出变化规律）。

4. 引导学生概括函数定义

以上三个问题的实际背景是不同的，但它们却有一些共同点，让学生分析研究（小组议论）。

全班交流研究结果，上述三个问题的共同点：

(1) 在一个变化过程中，有两个相关的变量（即一个变量变化时，另一个变量随之发生变化）；

(2) 对于一个变量（自变量）的每一个确定的值，另一个变量都有唯一确定的值与其对应——单值对应。

教师点明函数定义实质：

这时另一个变量就是自变量的函数。我们今天研究的课题是“变量与函数”，请同学们概括函数的定义。

学生将获得的感性认识上升到理性，试用数学语言表述，经过教师的点拨、生生间的相互补充或修正形成了函数定义：

在一个变化过程中，如果有两个变量 x 与 y，并且对于 x 的每个确定的值，y 都有唯一确定的值与其对应，那么我们就叫 x 是自变量，y 是 x 的函数。

再如，例题研究中的师生合作探究。

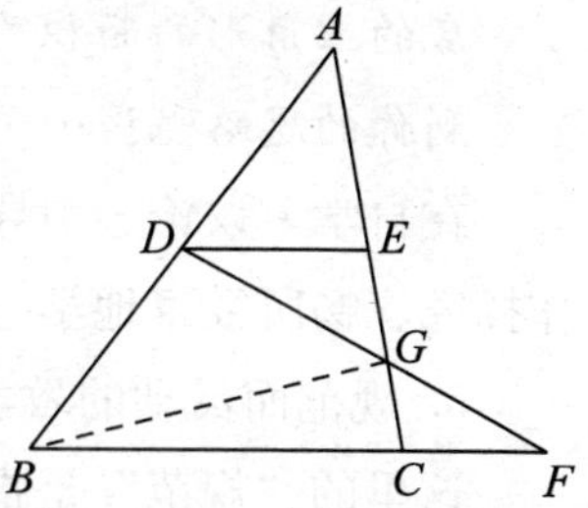

例题：如图，在△ABC 中，D、E 分别是 AB、AC 的中点，F 是 BC 延长线上的一点，DF 平分 CE 于点 G，$CF=1$，则 $BC=$______，△ADE 与△ABC 的周长之比为______，△CFG 与△BFD 的面积之比为______。

对于求 BC 的长和△ADE 与△ABC 的周长之比，学生基本能独立运用相似三角形的判定和性质顺利解答，而对于求 $\frac{S_{\triangle CFG}}{S_{\triangle BFD}}$，研究得热烈。因为已知 $CF=1$，求得 $BC=2$，加上思维的定势，学生普遍先考虑证△CFG 与△BFD 相似。在这两个三角形中，已有公共角∠F，于是围绕着思路一讨论，再证一个角对应相等。经过分析，∠GCF 不可能等于∠B，否则 $AC /\!/ AB$；又证不到∠GCF=∠BDF，故放弃思路一。大家提出思路二，即证夹∠F 的两边对应成比例，但无法证明。陷于无奈时，有学生提出，此路根本不通，若能证到相似，岂不对应角相等，因而$AC /\!/ AB$了吗？此时，有学生思路拓展了，考虑从面积角度解决问题。因为解决前两问时，可知$DG=GF$，即G是$\triangle DBF$的边DF的中点，所以连接BG。说到这里时，其他学生异口同声："等底同高等积"，$S_{\triangle DBG}=S_{\triangle BGF}$！我说，我们要求的是$\frac{S_{\triangle GCF}}{S_{\triangle BFD}}$呀！学生很快回答：$\triangle GCF$与$\triangle BGF$是"同高不等底的三角形"，并求得答案$\frac{S_{\triangle GCF}}{S_{\triangle BFD}}=\frac{1}{6}$。在这样的情境中，有学生受启发后有了新的"创造"，发言说：不需添辅助线BG，可直接求！"怎么求？"（不少学生发出疑问）此时，我请该同学到讲台上来讲解自己的思路，他说，由已知条件可知$EG:EA=1:2$，因此$S_{\triangle DEG}:S_{\triangle ADE}=1:2$，又$S_{\triangle ADE}:S_{\text{四边形}DBCE}=1:3$，所以$S_{\triangle DEG}:S_{\text{四边形}DBCG}=1:5$，所以$S_{\triangle GCF}:S_{\triangle BFD}=1:6$。"对，对，对！"听者齐点头赞扬。我说：真好！我虽想到运用"同高等底或不等底的三角形的面积关系"来解这道题，但是添加辅助线BG的，还未想到你的思路呢！……

在自学·议论·引导的教学中，师生间、生生间就是这样平等互助、合作探究、畅所欲言地学习的！

3. 规范而灵动的教学技艺

这里的"规范"是指自学·议论·引导教学有可遵循的教学规则（原则），但没有固定不变的统一模式。"灵动"即指教学方式方法的灵活，也包含在课堂教学中凸显思维训练，培养思维能力的巧妙，但不乏教学内容的扎实，教学过程的充实，教学内容和形式的协调一致。既坚持一定的"规范"，即以生为本，教为学服务，把学习主动权还给学生，发挥其主体作用，而又不拘泥于形式，强调实践创新。

自学·议论·引导教学的三个基本环节"自学"、"议论"、"引导"的含义不是学生自己看书（或解题）就是自学，学生讨论就称之为议论，教师讲解就称之为引导。三者不是割裂的，而是在个人学习、小组学习、全班学习的形式中融为一体，贯穿教学全过程的。同时，在一堂课中个人学习、小组学习、全班学习的形式安排几次，每次多长时间，都没有统一规定，即使教者有预设，但到了课堂教学实践中也有调整。在课堂教学进程中，什么场合采用个人学习，什么时候采用小组学习，什么情况下进行全班学习，这是必须根据教学目的要求、教材内容、学生的学习能力、学习情绪以及教学进程中的具体情况而灵活地、交替地运用的。

每节数学课的研究课题由若干个小问题组成——每个小问题的学习过程都贯彻自学、议论、引导三个环节，但不一定都经历个人学习、小组学习、全班学习三种形式。每节课的自学活动都是这种活动形式的螺旋式上升的若干个循环，是生动的、活泼的，是动态变化的。近年来，网络技术的普及，使学生课外摄取知识的途径更广，他们对只“教教材”的课堂不感兴趣，渴望课上出现具有“挑战性”的问题。因此，我的课堂突出了“自我获取、自我构建、自我发展、自我超越”。具体做法是首先关注课堂上学生的学习情感，激发学生学习的主动性、能动性，努力改变教师提出问题的情境，巧用评价机制激励学生自己提出问题，自己研究问题，并引导学生自我改进。课堂讲台（包括电子白板）已由过去的教师专用变为师生共用，形成了生生互教、师生互学的课堂新景象。同时，引导学生“出声地想”（顾泠沅语），“数学的议论”（郑毓信语）更是自学·议论·引导的教学风格和课堂特征。

4. 本真而洒脱的教学气派

“本真”是数学的本质特征之一。自学·议论·引导教学追求本真的课堂教学。

数学源于生活，服务于生活。但自学·议论·引导教学决不搞形式主义，也决不搞花架子。一切从学生实际出发，切切实实为学服务。例如，平行四边形是学生在小学数学学习中已认识的图形，在日常生活中也常见到具有平行四边形形象的物体，而且不少学生还知道平行四边形的对边平行且相等。在这样的背景下，教学“平行四边形”时，若照书本教，制作伸缩门、篱笆墙、防护栏等多媒体课件或图片呈现给学生，揭示课题，恐不能引发学生的新鲜感和学习平行四边形的热情，因此我们教学时，“单刀直入”，画出图形并提问学生：这是什么图形？对这个图形你们已知道了哪些知识？在学生回答的基础上追问：如何给平行四边形定义呢？为什么平行四边形的对边相等？平行四边形还有哪些性质？我们今天从平行四边形的本质特征——两组对边分别平行出发，来解答以上的问题。这样使学生方向明确，满怀自信地进行自主探究、习得知识的学习活动。

科学发明，有的是源自实践，有的是源自逻辑推理。数学本身具有逻辑、抽象的特征。在数学教学中，自学·议论·引导教学既重视与数学密切联系的生活实际，引导学生从实践中抽象、概括，更重视创设数学情境，引导学生逻辑推理，生成新知识。既有效培养学生的抽象、概括、逻辑推理能力，又提高课堂学习效率。

教学是一门科学，其“本真”理应是来自于实践，并需要严谨、细致、周密的态度和行动，因而也是精到的细节管理而生成的教学智慧。

我在课堂上努力做到明察秋毫，对学生的一举一动、一颦一笑都给以积极、亲切的回应；对学生学习过程中的喜怒哀乐了如指掌，及时给予鼓励、赞美和掌控，从而催生出他们更大的信心与动力。

我不仅关注学生学习过程中的细节，更关注学生思维过程中的细枝末节。这类细节往往表现为学生知识和能力形成过程中的龃龉或“卡壳”现象。我感到，教师备课中的“备生”准备得越充分，对教材的把握越精透，对学生的思维水平了解得越透彻，就越能如庖丁解牛那样“进乎技矣”，达到得心应手、游刃有余的境界，进而表现出教师独有的教学智慧。

说到底，教学上的“洒脱”，究其里还是来源于对教学内容的熟烂于心，对学情的了如指掌和对教学艺术的娴熟、对美的创造的酣畅。

熟能生巧，工巧才有智慧闪现。艺术需要创造，教学也一样。这些年来，我上课从来不照本宣科，生搬硬套，而是认真钻研教材，弄通知识点要求，在充分把握“学情”的基础上对教材内容进行整合、加工，我认为这是形成个人教学风格的前提，也是产生教育智慧和有效质量的根本。同时我在教改中的每一次前进，每一项突破，既不是一种功利心的驱使，也不是一种停不下来的自然惯性，而是一种创造的欲望在驱动、点燃着我的热情。我的每一个阶段，每一项成果结题的时候，就是我教改新探索的开始。

教育艺术之美表现在你的课堂是美的，你的教学语言是美的，你的教学结构、节奏是美的，你的教学仪表是美的，你的教学态度是美的，你的教学作风是美的，等等。一个好的教师在课堂上会时时注意自己的一言一行、一举一动，和学生讨论、分享；讲究课堂讲授、讨论、练习的时段分配，疏密结合；推敲导入的艺术、启发的火候；会让学生在有质量的思维中品到知识，习得美好心情。我们常常会有这样的感受，当经过教师点拨学生终于解出一道难题的时候，当未经预演就能上好一堂精彩公开课的时候，那种心情，是无比快乐的，而且这种快乐会相当持久，我认为这种美的心情才叫“洒脱”，这也是形成你“这一个”教学风格的重要组成部分。

5. 融洽而互敬的师生关系

自学·议论·引导教学十分强调教师的人格感染、情感陶冶。课堂上师生关系民主而融洽，教师对学生严而有爱，学生对教师既敬又亲。

从教五十多年以来，“做最好的教师”一直是我的追求。我时时提醒自己，我是一名教师，我的舞台在讲台，我的生命在学生。生活在学生中，就是我一生的最大幸福，就是“最好”！为此，我一直小心翼翼地触及学生的心灵，用心与心的碰撞，去唤醒、促进、激励。在我五十多年教学生涯中，我始终未把自己当师长看待，而是与学生一起学习、成长的伙伴。师生之间没有代沟，讲台也不是教师独霸的地方，而是师生交流互动的平台。在我的课堂上，既允许学生毫无顾忌，畅所欲言，自由驰骋，也可以激情忘我，手舞足蹈，情不自禁；师生之间没有师道尊严，学生可以批评教师、纠正教师。师生之间的零距离，使学习成为一种快乐的心灵旅行，一种生长知识和智慧的生命历程，于是才留下了那么多值得我一生珍藏的精神财富，才收获了那么多只有教师才能享受到的幸福。

二、教学流派：一个蔚为壮观的教师共同体

教学流派是指一些教学思想相近、教学风格相似的教师在教学艺术实践中自觉或不自觉、正式或非正式地结合在一起，并在一定范围内产生持续影响的教学共同体。它具有团队性、实践性、区域性等特征。

只有一批教师认同某种教学思想，形成某种相似的教学风格，才有可能汇聚成某种教学流派。因此，教改实践的持续、教学思想的成熟、教学风格的形成，必然促成教学流派的诞生。教学流派的涌现，是教学改革不断深化的表现，也是教学艺术繁荣的重要标志。作为一名普通教师的我，正好赶上

了这个好时代，天时地利人和，是以我为领头人的教学流派形成和发展的重要因素。

（一）自学·议论·引导教学流派及其意义

从教学流派的内涵来看，教学流派具有鲜明的教学思想、独特的教学风格、适切的教学策略、出色的领军人物等显著特点。从特质来考察，教学流派又具有趋同性、团队性、实践性、持续性、区域性等特征。

依据以上规定性，我以为自学·议论·引导教学流派就是以我为领跑者，以自学·议论·引导核心理念、教学原理与课堂实践为纽带，由志同道合的一批教师在教学实践中自发或自觉地结成的共同体。这一流派的内外表征就是坚持“以生为本，促进学生学力发展”的宗旨，认同自学·议论·引导教学思想，并在实验推广中不断完善、不断创新，追求自我实现和社会价值的最大化。

自学·议论·引导教学流派的意义决不是为了标榜个人，突出个人价值，而是为了彰显教学个性，促进教学艺术的丰富和发展，有利于流派内部和不同流派之间的交流协作、互动提高，有利于在发展教学艺术的风格个性的同时，发展流派的风格共性，在实施素质教育和推进新课程改革中形成群体共生效应。

（二）自学·议论·引导教学流派的形成发展

1. 在传播中聚合“人气”

教学流派的主张、思想、风格及其实践等不是“深闺”的藏品，也不是深藏地窖的佳酿，它应如春日和风、秋天细雨，需要通过创立者的实验、推广，研究者、实践者的验证与宣传，也需要行政媒体的造势与鼓动，通过一系列卓有成效的“营销”策略，扩张向度，增加力度，聚合“人气”，吸引更多的实践者、研究者、推广者，这是形成和发展教学流派不可缺少的“流程”。自学·议论·引导教学流派也概莫能外。

(1) 由个我走向他我。

“个我”就是领军人物或核心人物。“他我”就是他中有我，我中有他。教学流派需要领军人物或核心人物的龙头、表率作用。缺少了领军人物或核心人物，流派就难以聚集和形成，更谈不上继承和推广。领军人物或核心人物不仅要成为学术代表，也要做师表楷模，也要成为学术典型，是教学风格与人格的和谐统一。56年教师生涯，35年教改实践，我实现了由“为生存而教育”的职业观到奉献教改“为教育而生存”的事业观，再到当下在教育创造中享受人生的幸福观三次飞跃。国家总督学、教育部原副部长王湛在2011年召开的“李庾南自学·议论·引导教学流派发展报告会”上这样评价：“李庾南老师半个多世纪教师生涯展示的情怀有三点感人至深：一是敬业爱生的职业操守，二是鞠躬尽瘁的精神境界，三是追求卓越的品格风范。正是因为具有了这样的精神和情怀，李庾南老师才成为一位深受学生爱戴并受到社会各界尊敬的人民教师，成为一位成就卓越的教育家。”其实，这三个方面也是形成自学·议论·引导教学风格和流派的关键因子。在一个教学流派中，参与者追随领军人物就有一个从“个我”走向“他我”的过程，领军人物引导追随者亦然。但这不是金字塔式的团体，而是椭圆形的合作共进的团体。

(2) 由独享到共享。

有人说，成长是一种群居的孤独，但教学改革实践决不是孤独者的“游戏”，改革成果也决不是少数人的“孤芳自赏”，它既需要个人的激情、睿智与创新的独奏，也需要团队的共生、共奋与共享的交响。群众参与、团体实践，改革才有生命力，成果才有生长点，流派才有生命活力，“教育即生长”才有实践意义。也可以这样说，课题研究和推广是从另一个维度来唤起社会组织的“合作文化”与“和谐精神”。自学·议论·引导教学从初始就走坚持实验和推广结合，走团队化、专业化之路。现在更在构建学习型、研究型共同体上走创新之路，终于由“星星之火”，扩大成“燎原”之势，成长为一种教学风格和流派。既提高了教学质量，也锻炼了一大批有志于教改的教师。这些教师后来大都成为教科研骨干或学校领导，有的走上了全国、省市劳模和先进工作者及市政府“园丁奖”的领奖台。又经过他们的宣传、促进，该教学在更大范围内“发酵”，在较大的“面”上生长。我还利用出席学术会议、应邀到各地上示范课、作学术讲座的机会收了一些弟子，书信往来，现场示范，自学·议论·引导教学在全国各地生根、开花、结果，研究推广队伍也就进一步壮大。

2. 在研修中接“地气”

教师研修是流派传播教学思想、展示教学风格，吸引更多教师加入的重要平台。这一研修要吸引人、有实效，就必须贴近教师的“最近发展区”，贴近教学实际。与过去相比，这一阶段实施培训的组织形式已由“散点式”走向“散点”、“固点”并用，培训内容已由随意式走向有计划、系统化，真正做到了理论与实践相结合，多样化、接“地气”，取得了显著效果。

(1) 由“散点”走向“固散结合”。

以往我们在自学·议论·引导教学思想和范式的推广实践中主要依靠各县（市、区）教育行政推动，培训地点和人员比较分散，团队成员处于被动状态。到了2007年，以我名字命名的“李庾南数学教学研究所”成立，改变了这一现状。研究所属于事业单位编制，接受南通市教育局的直接领导，利用节假日对全市的初中数学教师进行系统培训，也承接外地教师前来培训。李庾南教学流派从此有了固定的活动交流的场所。我和团队既可以在研究所培训教师，也可以到全国各地建“点”培训，从而实现了“固散结合，全面开花”的效果。

(2) 由随意式走向有计划、系统化。

过去对培训内容的安排往往根据具体情况随意产生，比较单一，理论性较强，实践性不够。现在我们首先对教师需要什么样的培训作了调研，然后倾力在理论与实践相结合、突出实践性上下功夫。在内容安排上，尽量压缩领导报告、专家专题讲座，把重点放在流派成员的说课、研讨课、集体备课、教学沙龙、作业展示上，再辅之以专家的示范课、点评课。专家和成员经常互动、碰撞，在零距离交流中领悟自学·议论·引导教学思想和操作要点，在实训中进一步深化对新课程改革的认识和理解。

在培训内容的设计上采取由浅入深、步步推进的办法。先后围绕如何备课、如何上课、如何评课、怎样整合教材、怎样进行案例分析、怎样出卷、怎样写论文、怎样做课题研究进行培训。每次成员上研究课，课前都要陈述备课过程，上课后都要请专家点评。针对具体教学行为及问题进行理性剖析，引导他们反思，促进他们体验和领悟。尽管我已年逾古稀，但每次集中培训我都坚持上一节示范课。或同课异构，或看我的教学录像，并与成员们一起讨论“研究课”，伴随他们备课、授课、评课的全过程，促使他们主动地用自学·议论·引导教学思想观照和反思自己的教学策略，获得较快的专业成长。

3. 严过程，重考核

为提高培训质量，避免“走过场”现象，我们对培训过程进行严格考核。不仅考核出勤情况，而且考核备课、上研究课、参与交流、作业完成等情况。特别是每期培训班结束前布置的“三个一”作业——写一份教案分析、完成一篇教学论文、出一份中考试卷，成为检查成员培训效果的重要内容。过程考核激发了流派成员的积极性，提高了培训的质量。

4. “走出去”、网络化

这一阶段，在“固点”培训的同时，我们还主动“走出去”。一是积极参与南通市教育工会组织的“城乡教师168牵手工程”，发挥教学研究所的资源优势，“送培下乡”，深入到偏僻的乡镇中学，听“牵手”教师的随堂课，指导青年教师快速走上专业成长之路。二是先后受邀到北京、上海、浙江、广东、广西、新疆、西藏、内蒙古等20多个省、市、自治区讲学，借当地学生上示范课近200节，介绍流派教学思想，推介自学·议论·引导的最新研究成果，吸引各地听课教师加入自学·议论·引导教学流派的研究和实践，共同推进流派的发展。三是利用新兴网络培训技术，拓展流派影响。我们充分利用中国电视师范学院、中国教育电视台、人教视频网、江苏教育时空等网络传媒的优势，作自学·议论·引导的理论讲座，拍摄课堂教学实录等，推介自学·议论·引导教学流派，让更多的教师知晓这一教学思想，自觉融入到这一流派中来。四是通过李庚南数学教学研究所先后在新疆克拉玛依、广东佛山、河南新乡等地举办教师培训班，推广自学·议论·引导教学思想与实践操作十多次。提高教师的教育理念和专业素养，不少教师自发地加入了自学·议论·引导教学流派行列。

理论与实践结合、内外互动、传统平台与网络技术的有机整合使教学流派的影响力不断扩大。从2007年至2012年7月，我和流派成员先后已到全国26个省、市、自治区交流、介绍，为南通市培训初中数学骨干教师达1 500人，各地在听巡回报告、观摩示范课和看网络传媒中获益的教师难以计数。有的教师通过培训已成为学科带头人、特级教师或特级教师后备人选，有的教师荣获了全国数学优秀课评比一等奖，有的教师在权威杂志上发表了论文，从此走上了教学科研之路。

推广实践，积累经验，取长补短，完善创新，进一步使流派产生了“滚雪球”效应，以我为领跑者、以省内外中青年骨干教师和教科研人员为中坚、以一大批年轻教师为后备力量的教学流派已具一定规模，成为江苏教学流派的重要一员。

国家总督学、教育部原副部长王湛撰文认为：“李庾南老师和她扎根的南通市启秀中学的一支优秀团队，历时三十余年，坚持实验探索，建立并不断完善自学·议论·引导教学法，逐步形成了独树一帜的教学流派，强化并丰富了江苏教学流派。”① 这段话也从一个侧面道出了自学·议论·引导教学流派发展之路的不平凡。

56 年从教，35 年教改科研探索之路，从关注学生自学数学能力到研究学生学力发展，从几个人孜孜奋战到形成蔚然壮观的教学流派，我们的耕耘得到了丰厚的回报，我被授予全国中小学教学改革“金钥匙”奖和“苏步青数学教育奖”，科研成果荣获“全国首届教育科学优秀成果二等奖”、“江苏省哲学社会科学优秀成果二等奖”等多个奖项，“自学·议论·引导教学法”于 2010 年荣获全国基础教育课程改革优秀成果一等奖。2011 年，自学·议论·引导教学关于“初中学生学力发展研究”获得江苏省第三届教育科学优秀成果一等奖。2013 年，“自学·议论·引导教学法”获江苏省基础教育改革优秀成果特等奖。自学·议论·引导教学流派团队荣膺“南通市优秀教师集体”和“江苏省优秀教师集体”等称号。“苟日新，日日新”，生命不息，奋进不止。在教育科研这条路上，我们还在拼搏，还在奔跑，因为前方还有更美好的愿景。

---

① 王湛：《李庾南教学改革实践的成就与意义》，载《基础教育课程》2011 年第 6 期。

第三章
自学·议论·引导教学的核心理念

第一节　核心理念：以学生为主体，在师生合作中学会学习，学会自主发展

教师走进教室展开他的教学时，总是怀揣着自己的教育哲学，用教育哲学表达自己对教育、对课程、对教学的认识，不断用教育哲学来驱动和引领自己去追求教育的理想。这种教育哲学实际上就是教育的核心理念。而理念是事物的本源，它是永恒的完美存在。因此，理念尤其是核心理念，是教学的灵魂，成为教学的主张和永远的追求。

回顾自学·议论·引导教学的研究，我最为深切的感受是，自己在实践和学习中不断思索、概括、提炼数学教学的核心理念，从模糊走向清晰，从自发走向自觉，从表层走向深刻，进而从数学教学的思考走向对整个教学的思考，走向对整个教育的思考。通过核心理念的不断聚焦、提升、结构化、深刻化，我隐约觉得，这一核心理念逐步有了哲学的深义，成为我内心的“指南针”，不妨把这一核心理念当作自己的教育哲学。当然，我知道自己永远在求索的路上。

自学·议论·引导教学的核心理念究竟是什么呢？我曾反复思考过，可以有不同角度的概括，比如，从教育伦理的角度，从教育社会学的角度，从课程论的角度，还可从质量观、人才观的角度。不过，我认为自学·议论·引导发端于课堂教学，正是在教学过程中逐步提炼而成的，它永远指向教学，而且它可能会直抵教学的本质和核心。因此，离开教学来总结、归纳自学·议论·引导教学的核心理念有可能有点“拔”也有点“飘”。核心理念是要提升的，但决不是“拔高”的；核心理念应该是要落地的，实实在在的，决不能虚无飘缈。基于这样的想法，我以理性的态度，从教学的角度来

审视并归纳、提升自己的核心理念。

自学·议论·引导原初形态是一种教学方法，然后形成一种教学法，再逐步提升为含有教学原理的教学模式，进而形成自己的主张，被誉为一种教学流派。不管如何演进，它在研究教师如何教，学生如何学，研究教与学的统一，研究学生怎么会学数学、学好数学方面，永远在教学的大地上行走。近十多年，随着课改的深入推进，我认为自学·议论·引导教学的核心理念是：以学生为主体，在师生合作中学会学习，获得自主发展。其内涵为：其一，学生是学习的主人，教学的核心是学生学会学习，自主发展；其二，学会学习的最为合适的、有效的方式是议论式的合作学习；其三，教师的使命在于引导、提升。开始，我总觉得这样的概括低了，过于空了，但是经过反复思考、研究，我以为这不低。

首先，这一核心理念直抵教学的核心。联合国教科文组织在《学会生存——教育世界的今天和明天》中非常明确地指出："我们应该使学习者成为教育活动的中心"，"现代教学……应该使它本身适应于学习者"，"学习过程现在正趋向于代替教学过程"。① 显然，教学生学会学习，自主能动地发展，是直抵教学核心的，而且标示着国际教育发展的趋势。这是一个具有实质意义的重大问题、重大课题。同时，这一重大课题当然不仅不空，而且有高度，具有引领改革走向的价值和意义。

其次，它倡导有效的合作学习。自学·议论·引导教学，不仅强调学生自己独立的学习，强调自学，而且强调议论。自学永远是基础，永远是各种学习方式的前提，任何时候都不能轻视，更不能忽略。但是各种实验证明，合作学习是推动学习、学好学习的适宜的、有效的学习方式，而议论是合作学习的基本形式。在议论中，互相倾听、互相讨论、互相交流、互相吸引，这是学习的共同体、发展的共同体。学会议论，在某种程度上也就学会了合作，今天学会了合作，明天就会在更大的领域和更复杂的情境中学会合作，

① 联合国教科文组织国际教育发展委员会编著，华东师范大学比较教育研究所译：《学会生存——教育世界的今天和明天》，教育科学出版社 1996 年版，第 261、262、166 页。

而学会合作，就会产生发展力和竞争力。以议论方式推动合作学习，实践证明是富有创新意义的。

再次，它揭示了教学的完整性。教学是一个完整的概念，是一个完整的过程。倡导学生自学和合作，并不否定、更不排斥教师的引导，没有教师的引导不是真正意义上的教学，也不会有学生真正的、高质量的自学和合作。教师的引导不只是一个环节，而是渗透在自学、议论的过程中，贯穿于教学的始终，教师坚守着并改进着自己的引导作用，在更深的层面上发挥着自己的引导作用。其实，在某种意义上，教师和学生一样，同时成为教学的主体，在保证教学概念完整的同时，提高了教学质量和学习水平。在当下，不忽视教师的引导作用特别重要，因为强调以学生学习为核心时，有的教师常常放弃了自己的引导。我从来都认为教师的教要改革，但一定要坚守教师必要的、科学的引导。

自学·议论·引导是一个整体，其三个方面的内涵也是一个整体。在这个整体结构中始终以学生为主体，以学会学习为核心，以议论合作学习为方式，以教师引领为关键。这一过程，真正促进学生学会自主发展。这一核心理念，在哲学层面上，显现着人的主体性，也显现着获得发展的可能性，成为一种自己的教育哲学。当然，这一教育还可以从多方面，往深处作剖析。

第二节　以生为本：自学·议论·引导教学核心理念的教育观分析

教育观即对教育的认识，对教育本质的理解，对"教育是什么"这一根本问题的回答。人们有着对教育教学诸多因素、事件、问题的认识、理解或回答，它们都从属于教育观，都在教育观的统摄之下，是所有观念的"总开关"。如果没有科学正确的教育观，那么，关乎一时、指向一域、涉及一事等的认识、理解或回答都有可能是片面的、有偏差的。在自学·议论·引导核心理念的深处正是我的"以生为本"的教育观。

一、“以生为本”是“以人为本”思想在学校教育中的具体体现

社会发展要以人为本，要摈弃以物为本、见物不见人，以事为本、视事不视人，以“能”（能力）为本、重“能”不重人等各种倾向及思想。学校面对着的是活生生的人，而不是物；学校是培养人的地方，促进人的发展是教育的旨归；学校管理表现为“人—人—人”的模式，因此，教育更要做到以人为本。以生为本，就是要回归以育人为本的轨道。这有三个方面的含义：第一，以育人为本的轨道才是教育正道；第二，我们的教育已经在一定乃至很大程度上背离了这一正道，只以“成绩”（常常仅指考试分数）评优劣、只以升学论成败的普遍事实就是背离行为的显著表征与显性“注脚”；第三，教育回归正道，返璞归真，每一个教师都有义务，每一门课程都有责任。

教育要以人为本，“人”至少包括教师与学生两个方面。那么，到底是以师为本，还是以生为本，抑或以师生为本呢？“本”即根本，从广义的角度理解，它兼指师与生，相应的，“以人为本”，意谓以师生及其成长或发展为本。从学生方面看，这应该是没有疑义的；而从教师方面看，或许会有争议，但只要把教师理解为具有独立生命价值的对象，把教学理解为教与学的统一，把“教好学生，发展自我”作为教师应该秉持的双重职业追求，那么，以生为本的同时亦以师为本，便没有什么问题。

当然教育是为了学生的发展，学生发展是教育的旨归之所在，学生又是教师职业存在的先决性条件，学生的学是教师的教的目的所在，因此，教育更应以学生发展为本。结合自身三十余年自学·议论·引导教学的探索历程，我对这项教改实验的认识与理解更为准确，更为深刻：“以生为本”是“以人为本”思想在学校教育实践中的具体体现；只有“以生为本”，自学·议论·引导教学才有生命之本，才有力量之源。

二、“以生为本”才能落实学生主体地位

“主体”是一个非常重要的哲学概念。我给以简约的解释是：就是要在教育工作中让学生参与，在参与中发挥学生的主动性和创造性，使学生成为学习的主人，成为生活的主人。当然，我的“学生主体观”也经历了一个内

隐的、渐变的过程。我的这一观念曾经局限于关系论的层面，在主体与客体的相对关系中理解，即把主体与客体当作一组对立关系的概念，把一方视为主体后，则把另一方视为客体。如今，我对此有了新的体认，把主体相对论转化为本体论，把作为关系范畴的主体概念转化为作为实践范畴的主体概念：主体是学生，当学生真正参与到教学过程中来，真正成为活动的发出者、参与者、创造者时，他才会真正地成为主体，成为真正的主体，成为有自主精神人格的人。同样，在实践范畴中，教师也应成为主体。

当前，学生是教学活动特别是学习活动的主体，让学生成为学习的主人，这些似乎已经成了一种不争的理念，却未必成为一种普遍不争的事实。正如杜威所说的，常有一些教育理念，为人们在理论上完全认同，而在实践中却彻底违背。遍观我们的课堂教学事实就会发现，违背“学生主体观”的情形比比皆是。譬如教师讲风太盛，一讲到底；譬如多媒体呈现过多，喧宾夺主，使学生眼花缭乱，难以消化，更无暇迁移；再譬如公开课上教师淋漓尽致地“秀一秀”个人的“优异”素质，使听课教师的注意力过多地集中到教师身上……教师并没有从“主体”的平台上有所后退或撤离，甚而至于自觉不自觉地成为课堂的“霸主”，使课堂成了他的一言堂。

《基础教育课程改革纲要（试行）》早已指出：“改变课程实施过程过于强调接受学习、死记硬背、机械训练的现象，倡导学生主动参与、乐于探究、勤于动手，培养学生搜集和处理信息的能力、获取新知识的能力、分析和解决问题的能力，以及交流与合作的能力。”上述诸种行为及能力只能为作为主体或者获得了主体地位的学生所拥有。正如朱小蔓教授在为我的《数学自学·议论·引导教学法》一书作序时所说，以学生为主体，就是教育必须尊重学生的人格和学习、发展的权利。每一位教师都要清醒地意识到，教学要放权、赋权和还权于学生，如果做不到这些，那么，所有的课堂或教学的改革，都只能是技术性的小打小敲、花样翻新，都只能是治标而非治本的肤浅行为。一线教师完全没有必要在“主体”这一哲学概念的周围“兜圈子”，我们应该做和能够做的是，时时意识到学生才是教学中的主人，处处调动学生这一学习的主力，唯有如此，“以生为本”才不至于成为一种浮泛的理念，才能化作一种切实的践履，化为一种踏实的行为。自学·议论·引导教学为此而不断努力探索。

三、“以生为本”是自学·议论·引导教学的立根之基

“以生为本”在教学中应落实在“以学为本”上，只有教师的教不断适应学生的学，学生的学不断接受教师的教时，教程与学程方可达到一致，学生的学习才是真正的学习。学是内因，是学生变化与发展的根据；教是外因，是学生变化与发展的条件。只有内因“动”起来了，外因才能起到相应的作用。从这个意义上说，不管什么背景、怎样情形之下的学，最终总要归结到学生的自我习得、理解与迁移上，都应有一定的“自学”色彩。

当然，一般意义上的自学与我们所理解与倡导的“自学”还是有区别的，我们所追求的“自学”是一种触及根性的“自学”——自主学习、自我生成的学习。这样的学习既要仰仗教师，更要依赖学生，对于学生而言，属于“自己的事情自己做”的范畴。自学其实就是“以生为本”原则之上的学习行为，只有“以生为本”的学习，才是真正意义上的自学；也只有“以生为本”的教学，才能引发、产生和助推这一意义上的自学。在自学·议论·引导教学中，“自学是基础，议论是枢纽，引导是关键”，可见，“以生为本”是自学·议论·引导教学的基础之基础，是我们所进行的这一教学实验的立根之基。

“以生为本”既是一种原则，也是一条贯穿始终的红线，是一种弥散于整个教学空间的精神。自学是如此，议论也是这样，教师引导的目的还是引发学生学力的变化与发展，失此，他的引导就失去了一切的依据、价值和意义，所以教学归根到底还应“以生为本”。

四、“以生为本”不等于“唯生是瞻”，放弃教师的作用

我们完全赞成《学会生存——教育世界的今天和明天》一书的以下观点：“未来的学校必须把教育的对象变成自己教育自己的主体，受教育的人必然成为教育他自己的人。别人的教育必须成为这个人自己的教育。”① 学生的“主人”角色、主体地位不容置疑，但凡事都不能走极端，如果因为学生是教学或学习活动的主体，而置其他一切因素于可有可无的次要地位，那也是非常危险的。我始终认为教师是学生自主发展的服务者。较早时候，我也提出“教师要真正成为引路人、辅助者，成为学生学习的服务员”但决不是“仆人”这一形象定位。另一方面，正如赞科夫所说，教学要走在学生发展的前面，我们也毋宁说，教师要走在学生发展的前面。既然如此，把教师比作“仆人”我认为是不恰当的。但问题显然还不在于这里的比喻是否恰当熨帖，而在于它有可能给教师带来某种误导，带来某种消极的心理暗示。现在，有一些地方或学校，或者硬性规定课堂教学活动的师生时间占比，似乎教师讲得越少越好，极言学生在学习方面的“自由度”与“解放性”，竭力反对教师给予学生应有的要求、规范、纪律，因而确有部分教师不敢讲，怕说话，认为自己只有退到“后台”才能体现新的课改精神，等等。其实，不管时代怎样发展，社会如何进步，学生都改变不了“受教育者”这一根本属性。我个人赞成日本著名教育家佐藤学先生在《静悄悄的革命——创造活动的、合作的、反思的综合学习课程》一书中提出的一个概念，这就是“作为‘被动的能动性’的主体性”②。所谓“被动的能动性”，我的理解是，学生在教学或受教育的过程中，必须得到教师的教诲，必须受到规范的制约，这看起来是被动的；而同时，他们的内心世界又是活泼灵动的，他们可以或能够较为自由自在地进行“思维创作”，能够在规则之下享有充分的建构知识的自由。只有这样，他们的学习才可能是真正自主的，又有较高效益；否则，他们也会因为缺乏成功感而渐渐丧失后续学习的兴趣及动力。自学·议论·引导教学，三个要素之间水乳交融，相辅相成，既重视自学对后两者的基础作用，也绝不忽视后两者（尤其是教师引导）对自学的“牵引”、促进

① 联合国教科文组织国际教育发展委员会编著，华东师范大学比较教育研究所译：《学会生存——教育世界的今天和明天》，教育科学出版社 1996 年版，第 200 页。

② ［日］佐藤学著，李季湄译：《静悄悄的革命——创造活动的、合作的、反思的综合学习课程》，长春出版社 2003 年版，第 26 页。

和助推作用。学生与教师之间一定存在着差异与差距，这是教师及其教学行为存在的依据和理由，教师是学生学习的服务者、合作者、对话者，也是其引路者、提携者、纠正者，我把这样的教学称为“帮助性的引导式教学”。

《中庸》有言：“极高明而道中庸。”意谓致力于达到高大光明的境界，把不偏不倚和恒久不变的本性作为修养的途径。我自然还难以达到这样的境地，但如顾泠沅先生所说，“走中间路线”——“教师主导取向的接受学习与学生自主取向的探究学习的取中、平衡”①，如此等等是我一直以来认同的理念与采取的行为：只有当把各种教育因素、理念、行动效果等综合起来考虑，在以生为本、以学为本的前提下，不断走向与实现动态平衡，我们所创造的教学才能走得既久且远，才能可持续发展。

第三节　旨在学力：自学·议论·引导教学核心理念的价值观分析

价值观是指一个人对周围的客观事物（包括人、事、物）的意义、重要性的总评价和总看法。一方面表现为价值取向、价值追求，凝结为一定的价值目标；另一方面表现为价值尺度和准则，成为人们判断事物有无价值及价值大小的评价标准。

自学·议论·引导教学也有其价值观，我曾把它概括为：“帮助学生真正学会学习，自主学习，创造性学习，享受学习，发展学力。”学力是我们所追求的价值，我们把能否或是否发展了学力视为教学有无价值或价值大小的一个至关重要的标准；我们始终瞄准学力，逐渐形成、确定、强化“旨在学力”的价值观。这其实也经过了一个漫长的嬗变期，大致经历了以下几个阶段。第一阶段是1978—1990年。当时我们的注意力已经投向学生的自学能力，而又把重点放在通过教法改革推动学法的确立上。第二阶段是

① 顾泠沅著：《教学改革的行动与诠释》，人民教育出版社2003年版，第352页。

1990—1998年，主要研究自学能力和学法方向的确立。第三阶段是1998—2009年，主要探究了三个课题："主体性教育研究"、"初中学生学力的形成及其发展研究"、"初中学生学力发展与评价研究"，这三个课题有一个共同的主题，即"学习主体与学生学力"。这个阶段也是自学·议论·引导教学研究的高潮期。每一个阶段我都有所反思、省悟，有所抽象、概括，最终归结为四个字：旨在学力。

一、我们的"学力"是一个超越"双基"、策应"四基"的概念

什么是学力？我国教育理论界有人认为，"学力"是从日本翻译过来的教育学概念。其实，它在我国早已有之。以古代诗文为例，如宋代范成大《送刘唐卿户曹擢第西归》诗："学力根深方蒂固，功名水到自渠成。"清代袁枚《随园诗知补遗》卷四："惜年未三十，两耳不聪，想亦学力苦思之故耶。"诸如此类的诗文中的"学力"含义不尽相同，有的指做学问所下的功夫，或者指学习的精力，有的指修治学业所达到的境界和程度……由这些可以看到，注重学业的实际长进，求得真才实学，是我国古人治学的优良传统。然而，在过去漫长的历史年代，我国没有形成和建立起具有自己特色的教育学，没有把"学力"作为教育概念，进行深入的研究和系统的阐述，致使"学力"的概念旁落国外。我们应重新捡拾起"学力"，理解之、阐释之、开发之。

《辞源》对"学力"的解释是："谓学问之所至也。"我认同这一解释，并根据自己的研究与理解，把"学力"进一步解释为："是学习力，但它不等同于智力，也不完全是学生用以学习、进行心智活动等所付出或表现出来的能力、能量"，它是以知识为基础，以语言符号和数学逻辑为支撑，以表达为关键，以思维为核心的知识、情感、态度、价值观等的总和。

我个人提出与运用"学力"概念，至今已有近二十年时间。这一段历史恰逢我国教育教学理论与思想最为活跃的时期，特别是国家第八次课程改革以来，各种较为先进的教育教学思潮蜂拥而至。原来作为教学实施之依据的"教学大纲"退出历史舞台，我们拥有了"数学课程标准"，而"课标"也经历了从2001版（实验稿）到2011版的迁移与变化。在2011版"课标"中，

原本作为中国数学教育之重要传统的“双基”（即基础知识和基本技能），扩展为如今的“四基”（除原有的“双基”之外，还增加了“基本思想”和“基本活动经验”）。作为一名一线实践者，我个人非常赞成由“双基”到“四基”的变化与发展，同时也欣喜地看到，我的“学力观”，或者说对“学力”这一概念及其理解是与“四基”相策应的。在平时的思考与探索过程中，我们其实已经许多次涉及诸如“基本思想”、“基本活动经验”等语词和理念，并且比较清醒地意识到它们的重要性，只不过还未自觉地对它们加以高度地抽象、有机地整合。完全可以说，数学课程标准一定汲取了许多一线优秀教师的实践智慧。

在2004年由人民教育出版社出版的拙著《数学自学·议论·引导教学法》一书中，结合“等腰三角形的性质”一课课例，我作了如下分析：“……这样的学程，学生经历了‘亲手操作’、‘亲自体会’、‘积极参与’、‘与人合作’、‘自己提出问题，自己研究并解决问题’、‘深刻体会’的过程，因而他们获得的不只是基础的数学知识，基本的数学技能，还有研究和解决问题的一些策略、方式方法，而且生动地体验了数学活动所充满的探索和创造的活力，获得了成功的喜悦，激励了自主探究、交流、合作学习的积极主动性，发展了学力。”可见我们所追求的“学力”是基于又超越“双基”的，是重视“基本思想”，重视“基本活动经验”的。如此的教学活动，必定使学生在知识与技能，在态度、情感、价值观等方面都获得一般的或全面的发展。

我以为，学力是一个具有综合性内在结构的复合体，是一个由“四基”融合而成的有机体，缺失了“四基”中的任何一“基”或任何一“极”，都无以构成完整的、真正的、具有内生性的学力。“学力”的表现既是基于经验的，又是知性的，还是理性的，初中学生正处于人生发展的一个关键时期，无论是在感性、知性抑或理性上，都有必要也有可能加以丰富，得到发展。“四基”课程指导思想的确立，为学力及其发展理论提供了有力的政策依据和理论支撑。

二、培养与发展学力的教学才是真正有价值的教学

同人类其他认知或智力活动一样，教与学也有一个有无价值、价值大小及价值正负等问题。我们的价值观是“旨在学力”。易言之，我以为，不追求和发展学力，未能实现学力进步与提升的教育教学是无价值甚或负价值的；只有培养与发展学力的教学，才是真正有价值的教学。

时至今日，各科教学依然存在着唯知主义倾向，学生“掌握”了（有时仅仅是短时间内记住或“懂了”，却又“懂而不会”）学科知识，在阶段或终端考查、考试中取得较高分数，人们就认为教学是有效的、高效的，他们还常常把这些知识的多与少作为衡量效率的最高乃至唯一标准。而实际上，知识并非多多益善，有些知识用著名教育哲学家怀特海的话说，是“死知识”，是“无活力的概念”；不仅如此，这样的知识还可能滋生或加剧学习者本身的依赖性和惰性，冲荡他们曾经多多少少存在的学习兴味、情趣或动力，潜在或显在地起到一些负面作用。对于有着如此“知识背景”的学生，比较明智的教师需要完成的首要任务是，让他们所学到的“知识”“归零”，让知识“活”起来，让知识真正成为学力。

上述的“知识”或“技能”其实也不是过去“教学大纲”及今天“课程标准”所说的“双基”，能使学生当前受益并且有利于他们未来可持续发展的“双基”必定是有一定活性和活力的，必定是有一定迁移性或可再生性的。只有这样的“双基”，才支撑了中国过往的数学教学，使中国在世界科学技术的整体格局中总体处于不够先进或较为落后的位置，而同时却成为一个颇有话语权的数学大国。在这个意义上，“双基”本身的活力和可再生性，也自然与另外“两基”即“基本思想”、“基本活动经验”有所关联，相辅相成。

只有活知识、活技能才能“生长”出活思想、活经验，也只有这些有着内在活性与活力的“四基”，才能使学生从“学会”走向“会学”，进而愿学、好学、乐学。我们所倡导与追求的“学力”正是这样，有着丰富的“活性因子”。它不仅是知识与技能，也是策略与方法——达尔文说，世界上最有价值的知识是关于方法的知识，其中不仅有智力因素，还有非智力因素。在学生起始学习以及以后相当长时期内，这样的“学力”或许表现得不够

高，不够强，却一定有着不可小觑的“自生性”，它是能“生产知识”的知识，是“用知识”的知识。这样的知识当然是教学的鹄的所在，它多多益善。

我们常说，当今世界处于“知识爆炸”时期，“知识爆炸”就是知识的“裂变”，是知识不以算术级数而是以几何级数的增长。算术级数的增长是累加式的，几何级数的增长就像中国古代哲人老子所说的，“一生二，二生三，三生万物”。虽说几何级数增长基本上属于一种教学或学习的“愿景”，但并非都可望而不可及，特别是在数学学科上，倘能明确发现、坚定立足与巧妙借助于“一”，就能化解许许多多教学的困难，走向教与学的成功。“一”，是知识的基础，是知识的核心，是能生长丰富知识的“元知识”，这好比是一个“基地”。自学·议论·引导教学让学生从一个“基地”出发，开辟出一片广阔的思维领域。如学生在教师的引领下，由一个命题延展开去，最后获得一个“命题群”，其中部分命题甚至在教师的意想之外。这就是优异学力生成性的典型表现，它也可以给人们许多关于“学力”问题的思考与启示：学力是由多种因素构成的一个有机体、复合体，而不管是其中的哪一个（种）因素，都是“活的”和能“自生”的因素，教师理应努力使所有因素都朝这样的方向迈进，如此，学力才能实现，数学教学也才能不断“升值”。

三、尊重学生的主体地位，教学就必然凸显学力并促其发展

在国内基础教育实践及理论界，专门或潜心研究学力的并不多见。在此方面，我起步比较早，当然也难免有点孤独感。我当然绝非先知先觉者。我之于“学力”，确实可以印证一句老话：“机遇常常垂青于有准备的头脑。”所谓机遇，是指我在文献阅读中邂逅日本学力问题研究专家的相关论述，这些论述洞开了我冥思苦想却不得其解、曾一度幽闭的思维大门，使我有豁然开朗之感；所谓有准备，是因为很长时期以来，我几乎从未间断过与学力有关的若干问题的探索与钻研，或者说，这一阶段我就是在学力的周边进行思维的瞻望与游弋。

而我所准备的是些什么内容呢？概括起来讲，至少有两个极为重要的元素，一是“主体”，一是“自学”。先谈主体。“主体是学生”，“学生是主体”，我既十分重视学生在教学双边或多边活动中“主体”、“核心”或不可替代的地位与作用，更重视他们的人格，我把尊重其人格，更朴素一点说，将其当“人”看，并将其作为教育工作的一个（甚至是唯一）的逻辑起点。“人是有感情的动物”，而数学学习在很大程度上就是一种符号学习，符号学习难免有抽象性，也一定要驱动学习者的“冷思维”。有人说，数学有“冷峻之美”，但它的美肯定有别于艺术之美，包括旋律、线条及色彩等诸种美，因而数学学习中往往会出现感性与理性的冲突，“情”与“智”的背离。或许正因为如此，许多数学课堂显得冷冰冰，没有任何一点热情、热烈的情绪或情感色彩。这些恰恰是我所力避和反对的。我明确提出，要“关注学生的课堂状态”。所谓状态，固然指学生的认知状态、思维状态，但也指学生的精神状态、情绪状态，并且，前者又往往以后者的形式显现出来。很难想象，一个目光游离、表情僵滞的学生会有有效的认知、活跃的思维，反之亦然。我还提出，学生良好的数学学力的首要特征是积极的数学学习态度。说这些，其实就是为了凸显一点，在数学教育教学的场域中，学生不是也绝不应该是认知的工具、做题的机器，他应该是思维与意志、认知与情感合辙共振、和谐发展的生命体。这一点很重要，因为学力结构中就有着意志、情感等人格因素：没有作为主体精神的人格，就没有真正的学力。

再谈自学。当学生真正成为主体时，自学活动才能得以发生。自学是指学生自己学，自己做，而自主学习一定是学生作为主体并且他的主体作用得到较为充分的发挥时才得以发生的行为。它更彰显学生学习的自主性、能动性和创造性。主体人格与自学行为，彼此之间可以构成可逆的“充要条件”，即只有当学生是主体时，他才能进行自学；学生真正进行自学，学生才可能是主体。自学只能是主体或者作为主体的人的行为，自学绝不只是学生的认知活动，也是他的意志与情感活动，是学生作为一个“整全的生命体”的情智运动。从这个意义上说，它是“主体在场”的一种生命运动方式。

有主体的存在，就必然有自学行为的发生；有主体的自学，就必然有学力的生成与生长。还是回到前面所界定“学力”的定义，它是“以知识为基础，以语言符号和数学逻辑为支撑，以表达为关键，以思维为核心的知识、能力、情感、态度、价值观等的总和”。现在看来，我们的这一界定还是比较科学、合理的。

第四节　和谐发展：自学·议论·引导教学核心理念的质量观分析

质量是教育教学的生命线。我们常说，“向课堂45分钟要质量”，等等，可见质量的重要性。质量的高下和优劣怎样才能加以判定？这要依靠各种各样的评价工具、手段和方法。有怎样的质量观，就将有怎样的评价观。目前，用以评价教育教学质量的工具、手段和方法极为繁多，也频频见到，但它们未必能促进质量的提升与优化。正如一位学者所说：“当人的每一步都诉诸评价的时候，就举步维艰了。”① 我认为，在质量与评价及其相互关系的问题上，有几点尤其应该引起人们的重视：质量不等于分数，甚至不等于所谓的“成绩”；质量也不等于人们常常所说的“效率”，有时，看似高效的行为背后隐藏着的却是“劣质”；看质量要把眼光放远一点，“着眼未来，着手当下”，要谨防种种以近害远的短期行为。

一、全面发展的真谛是各方面的和谐发展

“为了学的教”，说到底是“为了学生发展的教”。这本来是天经地义的。试想，如果不是为了学生的成长与发展，人类还有什么必要从事或进行教学活动？但是实际上，有的教学不追求学生发展，不以学生发展为旨归（这样的情形并不鲜见），而是为了学生会做题，为了学生能考试，为了学生得高分……如此的教学，根本无法使学生在其他认知情境或学习场域中较好地适应和胜任，更遑论发展。

我们所说的“发展”，实质上已然包含着“和谐”的因素；也可以说，不和谐的发展不是我们所理解、期待和追求的“发展”。苏霍姆林斯基的定

---

① 郭思乐著：《教育走向生本》，人民教育出版社2001年版，第261页。

义指出了“全面发展”的实质。他的命题其实是一个可逆命题，即“和谐发展的真谛是全面发展”。“全面发展”是指人（学生）心智或身心结构中的各种因素都得以协调发展。林崇德教授认为，教学的着重点在于发展学生的心理能力，在数学教学问题上，全面或和谐发展当然也主要是指心理能力的发展，亦即学生经由数学教学，特别是经由他自身的学习，在认知结构、思维水平乃至品德习惯、作风意志等方面都有所提高，有所进步。正如赫尔巴特所说，没有无教育的教学。数学教学同样担负着“教育”的任务，同样应该是一种“道德的事业”，所以，也要在发展与优化学生诸如数理逻辑等方面心理能力的同时，发展与优化他们的意志品质等非智力因素。我认为要通过有组织的数学认知活动来促进学生素质的全面发展。具体要求是：掌握数学基本知识和基本技能，培养数学能力，发展智力，提高思想品质，培养数学态度，讲究心理卫生。这里只就“心理卫生”而言，良好的或优异的数学教学，常常能使学生体会到学习乃至生活、人生的充实和乐趣，一个对数学学习自觉投入足够情意力量的学生，他一般不会有生存的焦虑或者生活和人生的无聊、无助等等。这恰恰是这个时代中学生和谐身心发展非常重要的组成部分，也是这种发展的一种显著标志。

一位古代西方哲人说，美即和谐。和谐发展是一种走向美的境界的发展。数学教学应该是美的，应该也是一种广泛意义上的美育。这不仅因为，作为一门学科，数学本身别具符号美、形式美和逻辑美，也是因为，数学教师完全可以基于学科之美，给予学生诸如谨严的理性之美、简洁的抽象之美和新异的想象之美（数学学习也是需要想象的）等方面的历练与熏染。只有当师生能共享数学之美、数学教学之美的时候，才有可能实现真正的和谐发展，或者说，数学教育教学中的和谐发展才得以深度达成。

二、和谐发展既指个体的协调发展，也指群体之间互赢互惠

单一对象或元素的存在是很难与和谐联系起来的，和谐必然指向于某种或某一些关系，是对象或元素之间相互适合、适应，相互融合、融洽而呈现出来的气象和产生出来的结果。和谐发展是在上述的适合、适应以及融合、融洽的基础上所生成或达成的一种发展状态，它所涉及的对象或元素很多，

所涉及的关系或联系也很丰富多样，至少表现于个体自身内在心智结构，以及个体与个体共同构成的群体内部这两大方面。

指向个体的和谐实则是个体自身诸多因素的互相适应和协调。从学生学习的角度来说，我认为，有意义的学习，不应仅仅着眼于认知这一点，而要把获得基本知识和技能，掌握科学的学习方法以及形成健康的情感和正确的价值观等作为导向，并且有机地统一在学习进程中，使之成为学习者全面认识自身的心理潜能并且进行自我开发的过程，以造就体现时代要求的一代新人。我所谓的“新人”，也可以称为“完善的人”。《学会生存——教育世界的今天和明天》一书强调，现代教育要“把一个人在体育、智力、情绪、伦理各方面的因素结合起来，使他成为一个完善的人”。而用人本主义心理学家罗杰斯的话说，则是躯体、心智、情感、精神、心力融汇一体的人，也就是既用情感的方式也用认知的方式行事的、情知合一的人。人们比较普遍地认为，人文学科在造就上述所谓“新人”、“完善的人”方面，能起或所起的作用更大。而实际上，数学学科往往也“功不可没”，“数学是思维的体操”，“思维是学力的核心”，“旨在学力”的价值观在数学教育中更为重要，数学思维对于新人有着积极而强大的“锻造”功能。郑毓信教授说：“如果仅仅从数学学习本身……来理解数学教育中所说的‘情感、态度与价值观’，那实在是过于狭窄了；毋宁说，数学的文化价值已经在很大程度上超出了数学自身的范围，并直接涉及世界观、方法论与价值观等一般性的问题。”① 可见，数学教育、数学学习、数学思维等对“完人”人格的影响是多么大，多么不可低估。总之，没有内在关系的和谐，就谈不上和谐发展，也谈不上和谐发展的人。

“和谐”亦指向于教学或学习场域中人与人之间的关系。我把这种关系的理想状态概括为“互赢互惠”，也可以进一步概括为“互慧”。人的生存肯定有它的“自为性”，但积极的、良性的“自为”往往能派生出一定的“他为”或“为他”的“附加值”，正所谓“主观为自己，客观为他人”。另一方

---

① 郑毓信著：《数学教育哲学的理论与实践》，广西教育出版社 2008 年版，第 37 页。

面，师生的教与学，生生的共同学习，理应都是智慧的分享或共享，在这一过程中，应能使智慧升值，或者获得更大的智慧。在上述思想的指导下，我们的数学教学已然在很大程度上超越了“人类特殊的认识活动”，而成为一种走向交往实践的主体性教育。交往是一种“关系性活动”，没有或不能维持正常与和谐关系的活动不是我们应有的教学交往。教学交往主要不是肢体的动作，甚至也主要不是彼此的言来语往，而是思维的交流、智慧的碰撞和心灵的晤对。言来语往仅仅是一个手段，是一种媒介，是一座桥梁，说到底，“心灵交往”才是课堂或教学交往实践的本质所在。而“和谐”所指向的恰恰是心灵与心灵的关系，是心与心的沟通，是灵与灵的默契，有了这样的沟通与默契，群体之间往往就能实现互赢互惠，就能达成共同发展。

自学·议论·引导教学中的三个元素都指向于“和谐发展”，“自学”更多地指向于学生个体内在关系的适应与协调。这里只就“议论”而言。通过教师对议论氛围的精心培育，对后进生的热情鼓励，学生逐渐习惯了议论，多数人会主动参与议论，因而原来由少数优生所构成的“中心”逐渐变得不明显。在议论中，不可能只有某个学生的认识最完整，随着议论的深入展开，优秀学生越来越能虚心听取别人的见解，尊重别人的意见，改善同学关系；部分学生先前曾有的自负或自卑心理状态也会得以改变，从而使全班形成一个互相合作、共同探索与创造的和谐学习氛围。长期处于这种学习氛围中的学生，将来在工作上、在事业中往往也勇于发表自己的见解，善于听取不同意见，吸取别人的长处，搞好人际关系。可见，“议论”能促进引发的个体之间的和谐关系，还对学生将来的可持续发展产生着积极的原动力作用。和谐是一种关系，是一种氛围，也是一种“教学生产力”。

三、“和而不同”的质态是我们的一种创造性贡献

和谐发展应该表现为合辙共振，表现为生机盎然的共生。但和谐不等于同一、平均或静态平衡，和谐也意味着彼此之间的不同、差异，表征为个体自身的个性与特征。中国古语说：“和实生物，同则不济。”（“和”能够使世间万物滋养、生长，而物与物之间倘若只有同一性，就难以存在和发展。）著名哲学家、数学家罗素也说：“参差多变乃幸福之源。”是的，世界之所以

是美好的，是因为世间万物多姿多彩，而非千人一面，千篇一律。数学教学同样不应也无法让所有学生“齐步走”、“一刀切”，数学教学也应该允许乃至倡导、鼓励学生在学习风格、水平以及兴趣指向的领域等方面有所差异，达至艺术境界。

在追求与践行教学和课堂公平的前提下，我较早明确提出“可能发展的普遍性和实际发展的差异性”问题。每个班级都有几十名学生，在每一个学生学习效率与质量方面，教师应该秉持“下有底线，上不封顶”的原则，学生能触到底线，就说明教学或学习基本达标，在此基础上，也要千方百计鼓励学有余力的学生取得更大的进步与发展，成为数学学习的佼佼者，成为独禀异赋的人。正如教育均衡不宜削峰填谷一样，课堂公平也不应压抑、阻止在数学学习的情智方面有个性、有特长的学生尽情发挥，尽力发展，让每一个个体都得到他自己尽可能大的进步，这是一种更深层次的教学公平或课堂公平；相反，却可能因为给予优秀生、特长生不应有的发展限制而造成对他们乃至对整个班级集体的实质性不公平。

数学课堂总表现为一定的生态，数学课堂应努力成为生态性课堂。生态课堂是动态平衡的课堂，是千姿百态的课堂，是个性纷呈的课堂。因此，数学课堂理应在致力于展现严密的学科逻辑、构建严格的教学秩序、开启严谨的数学思维的同时，适度追求、营造自由开放的氛围或生态。同一是相对的，不同是绝对的，“和而不同”是数学课程应有的质态。为此，我作了积极的探索。当然，在当前数学课堂总体显得沉闷、活力不足的背景下，在构建如此质态的行动中，我们还有很多工作要做。

第五节　资源共生：自学·议论·引导教学核心理念的课程观分析

国家第八次课程改革以来，有不少专家学者和一线教师在观摩我的课堂之后由衷地说，自学·议论·引导教学在课改方面走得很早。这是大家对我的鼓励。确实，我们很久以来所开展的实践和探索与新课改的精神就是相通的，譬如尊重学生的主体地位，倡导师生开展平等对话，鼓励“不同的人在数学上得到不同的发展”，等等。我们是这样认为的：新课改有对一线优秀教师丰富的课程实施经验和智慧的萃取、提炼与发展。同时，实事求是地说，与本书“核心理念”中的其他诸观念相比，课程观建构较晚，也不够成熟，不过它是对我们长久探索历程及无数实践智慧进行沉淀、澄清、梳理和抽象的结果，是我们切切实实践履、实施、推行与不断发展的观念。

一、基于两种根本不同的课程观，我们以“资源共生”来概括我们的课程观

历史和现实的教育生活中，存在着无数种课程观，如果从视课程为“静态的东西”还是“动态的过程”这一角度来区分，相当多的课程观则大致可以归到“两种根本不同的课程观”之中，也就是所谓“课程作为名词使用所代表的课程观”和“课程作为动词使用所代表的课程观”。很显然，“名词课程观”是我国中小学教师“有意无意”中比较认可、坚持的一种课程观。(所谓“有意”，就是主观上意识到这一点；所谓“无意”，就是还未有这方面的清晰意识，还处于“可意会不可言传”的状态，但日常行动却与这种意识相互默契，有所“暗合”。)虽说许多人口口声声讲“用教材教，而不教教材”；虽说许多人认可，既要有预设，也要有生成，并且（似乎）生成更重要……但遍观现状我们还是感到，对静态知识恪守、执行、阐释和传授过多，而对动态生成的知识及资源开掘、追求、把握和运用偏少，“一本教材打天下”仍然是比比皆是的情形。有学者批评我国“传统课程观”的若干误区，主要有：“把课程等同于学生将要学习的教材知识内容”，“把课程看作先于教学过程预先已经编制好的、现成的知识体系”，等等。其实，何止是“传统课程观”，普遍的现实也是这样；也可以说，传统的力量积重难返，历史业已走向现实，并且继续演绎为眼前的事实。

当然，在整体上传统色彩偏重偏浓的情况下，也有从一个极端走向另一个极端的情形，特别是在有些公开课上，一些教师对教材规定内容轻描淡写，轻弃“阵地”，四面出击，进而引发两头不着实的结果。公开课上的如此情形，实则潜藏着一些问题：许多人意识到，死守传统没有出路，但又在

日常教学中习惯使然，不愿自拔；许多人的“教学人格”为“传统”与“创新”所撕裂，在理论上认可创新，而在实践中又固守传统；许多人还没有能在静态课程观和动态课程观之中找到平衡点，因此前行的步伐还显得摇摆……

自学·议论·引导教学总是努力做到守正出新——汲取传统精华，激活创新因子；不走极端，而又力显新意。我们认为，“名词课程观”自有可取之处，因为学生求学，在很大程度上就是传承前人积累下来的经验与智慧，他们必须认真地学习、充分地记取、尽力地“弄懂”大量有效的间接经验；必须首先把教材或者规定内容学实、学活、学好，“基础不牢，地动山摇”；学科教学必须秉承和光大中国传统教育重基础、重“内功”的特色与特长。另一方面，“动词课程观”也大有学习、借鉴与转化（为行为）的必要，正如中国古语所说，“授人以鱼，不如授人以渔”（我们还要加上一句，“授人以渔，不如导人自渔”），“积财万千，不如薄技在身”，学生最终总要自探新路，自获新知，学校教育必须给予他们有关这些方面的方法与能力的启蒙、引导，并帮助他们逐步建构与生成；我们也相信学生具有化“静”为“动”、自我修为的实力和潜质。

一位比较教育专家说，“中美教育，朝着对方走”。中国基础教育仍然较为盛行的“名词课程观”也应朝着西方（包括美国）基础教育“动词课程观”走，并从那里“拿来”一些有用、有效、有益的东西。正是基于上述思考，我们提出“资源共生”的课程观。自学·议论·引导教学在一定意义上就是“资源共生”的教学：“自学”是资源获取的主要路径，“议论”是资源放大、产生“整体大于部分之和”效应的重要“推手”，“引导”则是资源实现优化和“升级”的外在驱力，三者水乳交融，使学科或课堂教学成为一脉智慧的活源，成为一座智慧的富矿。

二、课程有四要素，要素之间则具有资源共生性

著名课程专家施瓦布说课程有四要素：教师、学生、教材和环境。这对我启发很大。在自学·议论·引导教学中，课程四要素其实也是课程实施、建构与发展的四个重要资源。

教师和学生是最能动也最重要的资源，是教与学赖以存在、得以开展的“人力资源”。教师作为资源，不仅指他的学科知识与能力，还指他的情感态度、人格修养等等，也就是包括智力因素和非智力因素两个方面。就像学生学习，有时非智力因素起到的作用更大一样，教师非智力因素在教学中对学生往往也能发挥更大效益。我们非常重视教师的资源性作用。学生作为资源，这不仅指他对具体的数学知识的学习有前理解、前经验，有了这些“资源”，他才能实现对新知识的同化或顺应，对新知识的吸纳或建构，而且指彼此之间的“差异性资源”。我们常常推行“小先生制”，倡导“兵教兵”、“兵练兵”，以议论为主要形式、主要渠道，尽可能使学生个体的资源为学生群体所共享；当然也指学生自身潜在的丰富的认知力、情感力，自学·议论·引导教学强调情智共生，强调学力中的情意成分，实际上就是认识到情感力作为一种资源的巨大价值，所以才在以逻辑或理性见长的学科教学中，追求情理相谐的教学生态。

教材作为资源，当然不仅指教科书，还指其他的教学材料。教科书无疑是教材资源的核心，它是在课程标准之下集方家之智而形成的，理应经得起时间和历史的检验。关于教材（以教科书为主）资源的“教”与“用”问题，我们主张亦教亦用，辩证对待，反对片面理解“用教材教，而不教教材”，因为这样容易导致对教材的“抛荒”和浪费。其实好的“教”本身就是一种好的“用”，不“教”则难“用”。这当然要讲究“教”的方法与艺术，尤其要追求“教”的以一当十，以简驭繁。至于环境性资源，因为数学学科本身有“无中生有”（陈省身语）的抽象性特征，因此和其他各科相比，离实际生活的具体事件、具体情境似乎要远一些，外在环境的资源作用似乎也要小一些；而实际上，“数学的外延等于生活的外延”，只要我们注意发现和发掘，这方面的资源也是极其丰富的；更何况，我们不宜把环境仅仅理解为外在的、客观的或物化的环境，人际关系等也是环境，是隐性资源，也可构成隐性课程。

课程的四要素作为资源，都是有生成性的。作为人，作为一切因素中最能动的因素，教师与学生自不必说。而作为物，教材也是这样，当然它的生成性要借助教师来实现。如我们常常打破按课时分配的小段教学，灵活组织教学单元，朱小蔓教授对此深表赞同，在为拙著《数学自学·议论·引导教学法》一书所作的序言中她指出我“变照本宣科为从学生和大纲实际出发重组教学内容”。教材重组，使貌似十分有限的教材资源得以激活、放大、丰富。环境作为隐性课程资源亦有生成性，这主要是指，只要我们做有心人，周边环境因素都可以作为资源引入课堂中来。譬如台风将至，我们给出有关本次台风的相关信息（如中心位置、半径大小等），让学生用三角形边角关系的知识来探究台风对本市有无影响。课堂中教学的还是数学知识，却加上环境这一元素，使原本抽象的教材内容资源“活”起来了。这就是环境作为一种资源所具有的生成性。

“活的教学”赋予所有课程资源以“再生性”，同时还能“盘活”资源因素之间的关系，使之产生共生效应。如“议论”能起到“共享智慧，放大智慧”的作用，这是生生资源之间的“同利共生”；而“引导”，最得益的是学生，他们原有的资源由于教师的点拨、“点燃”和“引爆”被唤醒、被激活、被提升，而教师也在此过程中“派生”和收获了更多的教学智慧，这有利于他个人后续的专业发展。我们较早强调“教程与学程的统一”，强调“教程服从、服务于学程”。在教师资源和学生资源的共生中，学生资源的生成才是我们的目的所在。

三、把“长效的核心知识”作为“资源共生”的立足点、出发点或生根点

在《朱子全书·论学》中，朱熹频频提及“课程”，如：“宽着期限，紧着课程”，“小立课程，大作功夫”，等等。所谓“小立课程”，指的是教给学生的基础知识要尽可能地精简，而腾出时间和精力让学生大量地进行活动，也就是“大作功夫”。

教要少一点，那么到底要教什么？自学·议论·引导教学认为，它就在于数学的主干知识，这是能够生成知识、有自生性的知识，顾泠沅教授称之为“长效的核心知识”①。他认为，对于学生的终身学习而言，必须将它作

① 顾泠沅著：《教学改革的行动与诠释》，人民教育出版社 2003 年版，第 359 页。

为真正的主干。从一定意义上说，数学学科本身就是人类整个知识体系的“主干”。一位哲人讲，一切学科，只有当它最终可以用数学来表达的时候，它才是一门真正的科学。因此，甄别、遴选和确立“主干”，对于数学教学乃至对于更多学科、更多课程的教学与建设，都有着十分重要的意义。

主干知识是数学课程中最宝贵的资源，也是教学生成或“资源共生”的立足点、出发点或生根点。它的“长效”奥秘就在于，有着内在的生成或生长机制。在自学·议论·引导教学中，我们不是抽象地讲解、教授这些主干知识，而是把它“附着”在某个或某些精选的例子中，让例子来说话。这样的例子很重要，我们围绕它投放相当多的教学精力。波利亚指出：“对于一个特例所以要进行这样周密的描述，其目的就是为了从中提出一般的方法或模式，这种模式，在以后类似的情况下，对于学习者求解问题，可以起指引作用。”① 也就是说，它们具有普遍的意义，能够反映一类问题的共性，解决了这个例子、这个问题，实际上就解决了很多问题或一类问题。这些可以认为是例子所蕴含的主干知识的资源生成性。在我们的实验班，学生往往是到了下课时，思维还欲罢不能，有的学生在解决了一个问题后又联想到新的问题，再研究，再解决，再联想，再猜想，甚至有学生自行研究新的内容或后续内容。如此生动活泼的学习生态的形成，在很大程度上要归功于对学科课程主干知识的触及和聚焦，而这又恰恰是学生思维的“燃点”所在。

数学教学就是这样。我喜欢用“引爆”这个词。是的，当我们把准和艺术化（高超的教学技艺本身就是一种艺术）地处理了课程的主干知识时，我们实际上已经在学生个体或群体头脑所潜在的“智慧库”中埋下了一颗火种，它们被“引爆”只是迟早的事。

四、唯有“资源共生”的课程才是有活力的、可持续发展的、生态的课程

再负责任、再有能力的教师，他所教给学生的知识，他所赋予学生的资源总是有限的。时代发展到今天，我们理应更新教学观，教师的职责不仅在

---

① 转引自郑毓信著：《数学教育哲学的理论与实践》，广西教育出版社 2008 年版，第 8 页。

于“传道、授业、解惑”——因为，无论是“道”、“业”还是“惑”，也无论是“传”、“授”还是“解”，都显然有其有限性、封闭性和单向性——还在于引导、激励和助成学生自学其道，自修其业，自释其疑，要不然，学生所拥有的知识就是“死知识”或“惰性的知识”，学生的发展就是被动的、缺乏后劲的或短效的。

要使学生的知识和生命真正地活起来，要使学生的发展可持续，我们就必须在课程建设上打破静态的、僵化的或保守的格局，要不断地引入社会的、生活的和人生的源头活水，尤其要重视教学场域中“人”（广大师生）的资源性价值，想方设法激活这些资源，使之不断地自生和共生。这样的课堂才是活的课堂，这样的课程才是生态的课程。叶澜教授呼吁让课堂焕发生命的活力，自学·议论·引导教学及其不断建构与发育的课程已经为此作了一定的努力，未来还有很大的发展空间。

第六节　自主能动：自学·议论·引导教学核心理念的生长观分析

阐述自学·议论·引导教学系列核心理念时，是从它的教育观开始的，因为教育观是整体观、全局观，是总观，是其他所有理念的“总开关”。然后我们还分别阐述了其价值观、质量观和课程观。现在则到了阐述其“生长观”的时候了。所谓“生长”，当然是指学生的生长——成长与发展，这是学校教育和我们全部的教学工作的指向，具有终极意义，从一定意义上说，其他各“观”最后都要九九归一，汇聚到这里。

卢梭提出“教育即生长”，杜威也作了进一步阐发，他说：“未成熟状态就是指一种积极的势力或能力——向前生长的力量”①，“学校教育的价值，它的标准，就看它创造继续生长的愿望到什么程度，看它为实现这种愿望提

① ［美］杜威著，王承绪译：《民主主义与教育》，人民教育出版社2001年版，第50页。

供方法到什么程度”①，等等。叶圣陶先生也曾有过一个比喻：教育是农业，而不是工业。以此比喻教育应促进学生的成长，实际上强调教育的生命性。

自学·议论·引导教学的实质就是要把教学、把教育指向生长，为了生长，促进生长。“自学”是对儿童学习能力的信任和引出；“议论”是对儿童“互惠”学习意愿的肯定、欣赏、帮助、促成，兼有对情智生长与发展的追求；“引导”则是对儿童世界的有益干预和扶持，给予儿童生长的力量。一句话，就是让儿童生长起来，让儿童生长得更好。当然这三者之间不是“各司其职”，而是相辅相成、相得益彰的，它们“圆融统整”，共同服从、服务于对儿童生长的助推和助成。

一、“教是为了不需要教”，学校教育应当实现由教学向自学的过渡

学生成长过程中，总有教与不教（或他教与自教）的情形。叶圣陶先生提出和秉持“教是为了达到不需要教”的教学哲学观，的确很有深意。他说：“教任何功课，最终目的都在于达到不需要教。假如学生进入这一境界，能够自己去探索，自己去辨析，自己去历练，从而获得正确的知识和熟练的能力，岂不是就不需要教了吗？而学生所以要学要练，就为要进入这样的境界。”② 这是至理名言。自学·议论·引导教学秉持和坚守的正是这一信条。

学生不需要教的一个必要前提是，教师教学得法，而得法与否，一个非常重要的标志是，教师是否循循善诱，启发、引导学生从他的教中学会自己去学。教得再好，准确地说，教师提供的内容再好，呈现的形式再美，倘若不能或很少能转化为学生自能学习的意愿和能力，都是不成功的，甚至有可能产生相反的负面作用，即造成学生对教师教的依赖、迷信、盲从和被动接受。自学·议论·引导教学则不然，常常根据学生即时的学习情态而调整教学方法与策略，或自学，或议论，或引导，不拘一格，“随物赋形”，但不管以怎样的形态或情态呈现，自学才是其核心所在。我还有这样的看法：议论

---

① ［美］杜威著，王承绪译：《民主主义与教育》，人民教育出版社 2001 年版，第 62 页。

② 《叶圣陶集》第 11 卷，江苏教育出版社 2004 年版，第 263 页。

与引导是自学在课堂情境中的两种“变式”，万变不离其宗，“宗”还是让学生真正自主学习。

所以我认为，不仅要学生理解学习内容（这是理解外在的内容），还要注重让学生掌握学习方法（这是理解内在的过程），引导学生自己去掌握学习过程的方式。学生经历了焦虑、喜悦和激动的情感变化，才获得科学结论，这往往不仅是作为知识来掌握，而且可能成为自己的一种信念。学生面对新问题，会分析，能迁移（能联想已掌握的知识、技能、方法并用来分析和解决新问题），又能独立地探寻和选择解决新问题的途径及依据，问题解决后，又能整合思维和操作的成果，内化为学习的潜能，并作新的迁移。在这一过程中既获得了学习的乐趣，品尝了成功的喜悦，更增强了自主学习的机会，进一步提高了自学能力。这就是会学了。事实上，从他教到自教的过程，也就是从学会到会学的过程。

实验之初，我们也遇到来自方方面面的怀疑和质疑，它们主要集中于，年幼的儿童（学生）有没有自学的能力。事实证明，这种怀疑和质疑是无甚道理的。学校教育本来就应该成为“这个人自己的教育”，人类社会的进步也是基于自身有获得知识、提升智慧的禀性与天赋。人的学力如逆水行舟，不进则退，或者说，用进废退。儿童如成人那样，是在自学中学会自学的，高明的教师就像是雪球的推手，会使学生学力的“雪球”越滚越大；而不敢相信、不敢放手的教师则像是一个炙人的火团，他用自己护犊般的“仁意慈心”，却使“雪球”越来越小，最终消融于无形。所以，我以为，“教是为了不需要教”，也可以表述为，教是为了学生自教，为了学生自能学习。

二、唯有真正达到“不需要教”的境地，生长才得以发生和发展

“生长”确是一个既恰当熨帖而又形象生动、能让人倍感温暖以及浓郁的生命气息的词语。学生的生长一定是主要依靠了自己内在的力量，是“自主”发生与完成的，“生长素”才是内因，是依据；外在的各种因素（主要指成人对他的教育与帮助）是外因，是条件。一言以蔽之，所有的生长都首先和主要是“自己的事”，“自己的事情自己做”，这是“生长”的一条铁律。“自学”是“生长”的必由之径，不顾儿童实际能力及意愿的强塞硬予，这当然不是自学，在此情形之下，儿童“知识”的增加，“能力”的增强，也绝不是一种真正意义上的和我们理解中的“生长”。“被生长”是一厢情愿的事，它不可能切实地和长效地实现，最终导致的结果只能是主体性的萎缩，这无异于揠苗助长。

一味依赖于“教”的“生长”也许是快的、立竿见影的，但往往会因为缺少内在体悟的过程、试错的经历等而难以适应或应对客观环境的变化，难以生成必要的耐挫品质，最终欲速而不达；相形之下，“自学”中的习得、体验、获知常常显得较为缓慢，但教育本来就是一种“慢的艺术”，在这一慢进的过程中，儿童的心智、情感、人格却得以逐渐地唤醒、夯实、强化和发展，有了这些作为基础和起点，儿童未来的“生长”理应是稳健的、久远的。自学·议论·引导教学之下的学生就是这样，起初是慢慢“生长”，继而以符合他们生命节律的加速度“生长”，它的奥秘只在于，学生已经建立和拥有了自主“生长”的内在机制，拥有了真正属于自己的动力之源。

三、自学·议论·引导教学为学生的生长肩负着教育解放的责任

往深处讨论，促进学生生长，关键是要解放学生。没有学生的解放，没有解放了的学生，教育将永远窒息学生的生机、活力和创造性。陶行知先生于20世纪40年代曾经大声疾呼：“创造的儿童教育，不是说教育可以创造儿童，儿童的创造力是千千万万祖先，至少经过五十万年与环境适应斗争所获得而传下来之才能之精华。发挥或阻碍，加强或削弱，培养或摧残这种创造力的是环境。教育是要在儿童自身的基础上，过滤并运用环境的影响，以培养加强发挥这创造力，使他长得更有力量，以贡献于民族与人类。教育不能创造什么，但他能启发解放儿童创造力以从事于创造之工作。”① 诚哉斯言，也许我们当前的教育最需要做的就是“减法”，努力减去各种“阻碍、削弱、摧残”儿童创造力的做法，然后才能做好“加法”，使儿童先天禀赋中的创造性得以发挥，得以光大。

---

① 《创造的儿童教育》，载江苏省陶行知研究会等编：《陶行知文集》，江苏教育出版社2001年版，第917页。

自学·议论·引导教学三十余年来的实践、探索，在很大程度上就是不断解放学生。学生的天赋中本来就具有学习、生长和创造的潜能，自学·议论·引导正是对这些天赋能力的相信、尊重和“引爆”，就是建基于教育者自我解放之上的他对儿童的解放。在《学会生存——教育世界的今天和明天》一书中，单通道、权威式的传递知识的方式被称为“训化教育”，多通道、交互式的启发诱导方式被称为“解放教育”。该书还引用巴西著名教育家保罗·弗莱雷的一段寓意深刻的话：“在训化教育的实践中，教育工作者总是受教育者的教育者，在解放教育的实践中，教育工作者作为受教育者的教育者必须‘死去’，以便作为受教育者的受教育者重新‘诞生’。同时，他还必须向受教育者建议，他应作为教育者的受教育者而‘死去’，以便作为教育者的教育者而‘重生’。”① 这一段话有点拗口，意思其实是明白的，那就是，儿童不只是“受教育者”，他还可以成为自己乃至教师的教育者。是的，一旦我们充分相信和释放了儿童天赋的学习力、生长力和发展力，那么，他们必然能“教”好自己，“教”好与他在同一片蓝天之下的同学，乃至“教”好我们教师。“自学”使儿童成为学习的主人，“议论”使儿童互赢互惠、互慧共进，而“引导”也绝不（只）是“单通道”的即师对生的引导，它还可以并且随着学习的深入越来越表现为生生之间的引导，以及学生对教师的引导。我曾多次说过，是学生成就了我，这不是一种“姿态”，而是一种事实；并且，学生对我的“引导”不仅在于教学智慧的启迪，也在于学科学习本身，在于对我作为教师的学习智慧的激发：“教学相长”业已不再是一种愿景，而是每时每刻都在发生着的一种事实。

儿童是有生长力的，他的生长力来自他作为主体的自学力，也源自教师对他的自学力的解放，源自真正意义上的“教育解放”或“解放教育”。自学·议论·引导为此已经作过一些尝试和探索，但做得还不够，我们任重而道远。

---

① 联合国教科文组织国际教育发展委员会编著，华东师范大学比较教育研究所译：《学会生存——教育世界的今天和明天》，教育科学出版社 1996 年版，第 176 页。

第四章
自学·议论·引导教学的基本原理

常有人问我是怎样成长为一名特级教师的。我回答：主要是教改实践的磨炼。我总以为，任何教育研究，实践是第一位的。这也是我一直没有离开讲台的根本原因。我深深知道，我的教改研究之所以能历经三十多年而一直生机勃勃，就是因为有了实践的沃土，才能根深叶茂的。但是，如果仅仅停留在实践，而没有深入的思考和理论上的提升，认识就难以有新的发现，实践就难以有突破和创新。教育教学是科学，也是艺术，有其自身的发展规律，只有认真地研究它，准确地把握和很好地运用它，才能事半功倍，取得最佳的教育效果。因此，我在教改实践的基础上，对自学·议论·引导教学进行了理论研究，把教学经验上升为理性思考，凝练出“以学论教”、“自主建构”、“情智相生”、“合作共进”和“最近发展区”五个基本原理，并且努力运用这些基本原理引领和指导教学实践，使自学·议论·引导教学实验步步深入、不断完善，逐步形成了自己的风格和特色。

第一节 “自主建构”原理

一、“自主建构”原理的内涵要义

长期以来，在旧的教学观影响下，传统的课堂教学大都强调知识授受的核心地位，强调教师的中心作用，教学往往被理解为就是教师传授知识，学生被动地接受知识，成了储存知识的容器和书橱。随着知识经济时代的到来和教育科学的不断发展，一场新的“学习革命”在全球范围内悄然兴起。通过这些年的教改实验和研究，自学·议论·引导教学认为，对于学生的生成发展，学习知识、获得信息固然重要，但更重要的还不在于这些知识、信息的本身，而在于要“学会学习”，懂得如何掌握与运用知识和信息，在学会中达到会学，在想问题中达到懂想，在自觉学习中达到自主学习，做到自我获取、自我建构、自我发展、自我超越，一句话：要学会“自主建构”，具有未来社会公民所必需的、最基本的自我发展和自我完善的本领。

所谓“自主建构”，是指学习者在自己原有知识、经验等的基础上，借助与他人、与社会的交往互动，通过自己的主动探索，对当前所学知识及其意义，在深刻领会的基础上，内化为自己的经验，形成自己的知识、能力结构，或者纳入自己已有的知识、能力结构，融入自己的知识、能力的整体。这种“自主建构”原理有如下三个基本要义。

（一）充分发挥学习主体的能动作用

“自主建构”不是被动地接受，不是机械地记忆，也不仅表现为形式上的自己独立学习，而是主要体现在学习主体的自主能动、创造性的学习上。这种学习，是学习主体主动地投入教学过程，自觉能动地随着教师的组织和引导，及时作出学习决策，实行必要的自我调整和控制，积极进行探索。用唯物辩证的观点看，这是一个心理矛盾运动的过程。通过这种学习活动，唤醒学生成长发展的内在动机，让他们获得自尊自信，进行独立判断和自我调控，达到自觉自理，凸显学生是学习行为的主人，从而激发创造热情，焕发创造才能，充分发挥学习者的智慧潜能，获得自主发展、能动发展。这种学习主体能动性是“自主建构”的题中之义，是它的显著特征之一。

“自主建构”大体有四个层次，即自己独立地学习、积极能动地学习、自我建构和自主创新，呈现出螺旋上升的发展状态。它同学力发展的纵向结构，即基础性学力—发展性学力—创新性学力，大体相对应，体现了从“自为”状态到“自由”境界的发展过程。从这种发展的层次和过程可以看出，学习主体的自主能动作用既是“自主建构”的重要内容和特点，也是这种学习持续提升发展的基础和前提。可以这么说，没有学习主体的自主能动作用，就体现不出真正的学习主体性，就没有学习主体的精神解放，也就不可能有真正的“自主建构”。

（二）高度注重学习质态的整体建构

瑞士心理学家、哲学家皮亚杰说过，学习是一种能动的建构过程。在他看来，学习并不是学习个体积累越来越多的外部信息，而是要学到越来越多的有关这些被认识的事物的程序，建构新的认知结构。这种新的认知结构，不仅是原有认知结构的丰富和延续，而且可以是原有认知结构的改造和重组。在这过程中，已有的认知结构和主体对建构过程的参与，是十分重要的。美国教育心理学家布鲁纳也认为，学生不是知识的被动接受者，而是主动的信息加工者。为了促进学生的生成发展，提供和获取信息是必要的。但是，掌握这些信息的本身，并不是学习的目的，学习不能限于掌握现在的正确答案，而是应该超越所给的信息，掌握学科的结构。因此，对学生的学习过程，即学生的思考过程，或者认知结构的建构或重组过程，应该给予充分的关注。不仅如此，学习者在掌握和建构基本结构的同时，还应学习掌握该学科的基本方法，其中最为重要的是探究与发现的方法和态度。

联系这些年的教改实践进行学习和思考，自学·议论·引导教学认为，有成效的学习，是学习主体利用头脑中已有的认知结构，与新知识进行相互作用，通过自主的思维活动，领悟和理解新知识，将其同化到已有知识结构中，丰富充实原有知识结构，或者改变已有的认知结构，顺应新的知识，形成新知识结构的智力劳动过程。教师要善于随时把握住学生思维发展的阶段性及其相应的思维水平，顺应学生现有的学习能力，并以此为依据，选择适当的教学策略，制订相适的教学程序，以激发学生认知上的不平衡，促进新旧知识的相互作用，通过同化或顺应，达到新的认知平衡，推进思维的发展。总之，学习不仅不能是被动的和机械的，而且吸纳的知识、信息不能是割裂和碎片化的，各种知识与信息总是有联系和有一定的内在结构的。“自主建构”就是要通过主体对客体的认识和内化，在心理上形成客体的结构，从而更好地认识它、理解它和运用它。这种学习过程中的建构性，是践行“自主建构”原理，实现学习主体高效学习、科学发展的另一个重要特征。

（三）努力追求学习的综合效应

“自主建构”是学生在一定的时空中进行的学习活动。首先要与教育环境中诸种被认识的因素发生联系，同时要与这些活动中的教师、学生等因素及其变化发生联系，还要与学习者自身相关的各种已有经验以及与认知结构有关的知识发生联系。这些联系，既有外在的操作活动，如读写、实验、操作等，也有内隐的心智活动，还有内部和外部的交互活动。通过这些活动，不仅使学习主体的认知结构得到丰富或重建，学习能力得到锻炼，学习方法得到检验，同时也使学习主体的潜能得到开发，个性得到张扬，情感意志、精神状态、心理人格等得到彰显或塑造。因此“自主建构”不仅是一个知识问题，是方法和能力的问题，更是一种精神状态、一种心理品质，是科学精神和人文精神的统一展示，体现了整体、综合的特点。践行“自主建构”原理，要从培养“完善的人”的高度，努力追求学生知、情、意、行等学力诸种要素的和谐、综合发展。

二、“自主建构”原理在教学实践中的运用

（一）不断重构认知结构

所谓重构认知结构，就是学生在教师启发、指导下，通过新的学习内容与原有认知结构的相互作用，不断完善和新建认知结构。这种重构，实质就是学生在自我获取、自我建构基础上，实现自我超越和自我发展的过程；每一次重构，都将意味着学习者在认知、能力、情感、意志等方面，经过一次历练，获得一次提高。不断重构，就是不断地自主学习，加深对知识间相互联系的认识，逐步形成知识之间相互联系的结构网络，从而把握知识体系，不断地激发热情，发展能力，达到学力整体发展新的更高水平，体现了学生学习和成长发展的规律。

重构认知结构有两种基本方式。一种是“同化”，将新的学习内容纳入原有认知结构，起到充实、延伸和拓展的作用；另一种是“顺应”，即原有的认知结构不能有效地适应新的学习内容，必须加以调整、加工、改造，甚至重新构建新的认知结构。实践“自主建构”原理，教师要把握这两种不同重构方式的基本特点，善于根据不同的教学内容，因势利导，培养和发展学生的重构能力。

例如，“三角形中位线定理的应用”的教学过程，就是引导学生不断重构认知结构的过程。

1. 回顾三角形的中线概念及性质

（1）∵ 点 D、E、F 分别是 $\triangle ABC$ 的三边 BC、AC、AB 的中点，

∴ 线段 AD、BE、CF 是 $\triangle ABC$ 的中线。

(2) 三角形的三条中线交于一点 G。

(3) 三角形的一条中线等分三角形的面积。

2. 建构三角形的中位线概念，探讨三角形中位线的性质

(1) 画图 4-2。

如图，D、E、F 分别为$\triangle ABC$ 三边的中点，连接 DE、EF、DF。

(2) 比较图 4-1、图 4-2。

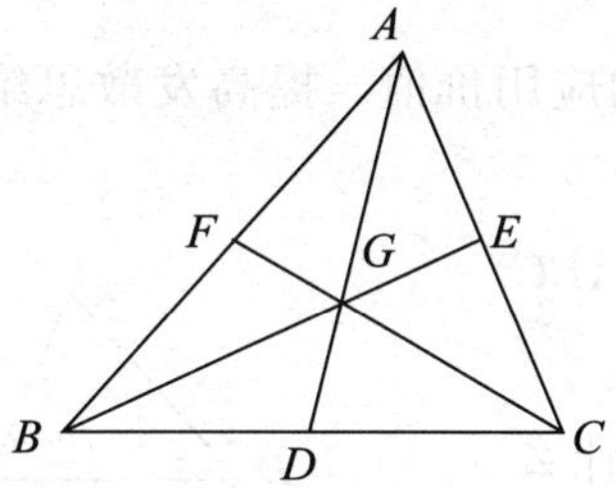

图 4-1

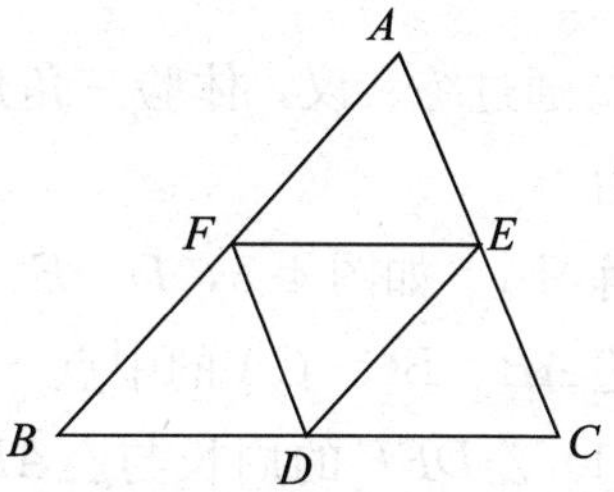

图 4-2

比较线段 DE、EF、DF 与中线 AD、BE、CF。

相同点：都是线段；

不同点：DE、EF、DF 的端点都是三角形的边的中点，而 AD、BE、CF 一端点是三角形的顶点，另一端点是三角形边的中点。

(3) 建立概念。

三角形的中位线：连接三角形两边中点的线段叫做三角形的中位线。

D、E 是 AB、AC 的中点$\Leftrightarrow DE$ 是$\triangle ABC$ 的中位线（见图 4-3）。

(4) 研究性质。

① 把$\triangle ADE$ 绕点 E 旋转 180°，得到$\triangle CFE$。（演示）

② 请学生自己研究得到的图形的性质。

全班交流研究结果。

③ 概括三角形中位线的性质：三角形的中位线平行于第三边，并且等于第三边的一半。

如图 4-4，∵ DE 是$\triangle ABC$ 的中位线，

∴ $DE /\!/ BC$，$DE=\dfrac{1}{2}BC$。

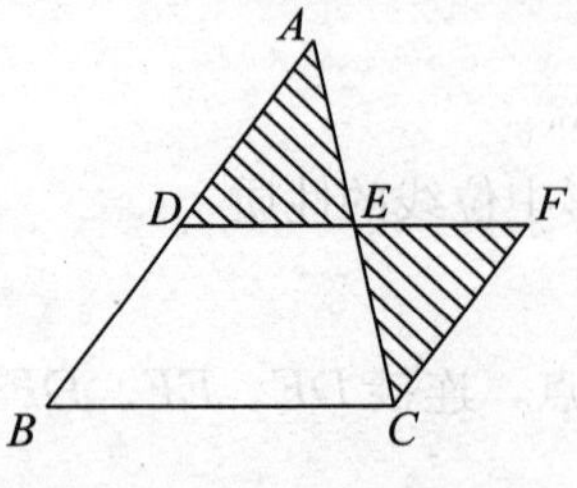

图 4-3

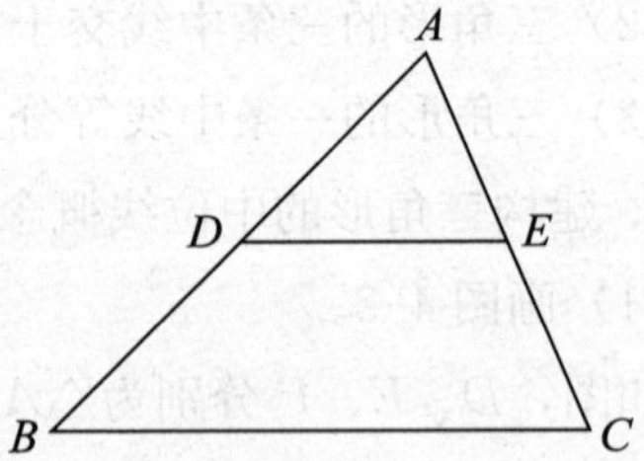

图 4-4

3. 通过练、议，体验三角形的中位线的应用价值，提高发散思维水平和能力

练习 1　如图 4-5，D、E、F 分别是$\triangle ABC$的三边 AB、BC、CA 的中点。

(1) $\triangle DEF$ 的周长与$\triangle ABC$ 的周长有什么关系?

(2) $\triangle DEF$ 的面积与$\triangle ABC$ 的面积有什么关系?

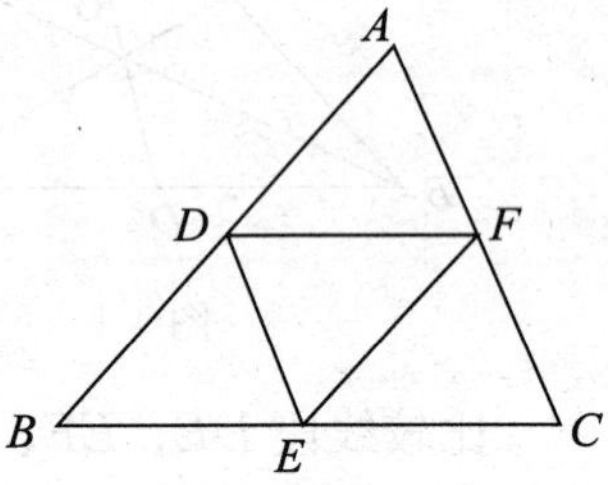

图 4-5

全班讨论：

(1) 由三角形中位线定理得 $DF=\frac{1}{2}BC$，$EF=\frac{1}{2}AB$，$DE=\frac{1}{2}AC$，

∴ $\triangle DEF$ 的周长$=\frac{1}{2}\triangle ABC$ 的周长。

(2) 由三角形中位线定理得▱$ADEF$、▱$DBEF$、▱$DECF$，由平行四边形的性质可得$\triangle ADF$、$\triangle DBE$、$\triangle FEC$、$\triangle EFD$ 全等、等积（或由三角形中位线定理直接证得四个三角形全等、等积），

∴ $S_{\triangle DEF}=\frac{1}{4}S_{\triangle ABC}$。

练习 2

(1) 如图 4-6，A、B 两地被池塘阻隔，怎样运用三角形中位线定理来测量 A、B 两地间的距离?

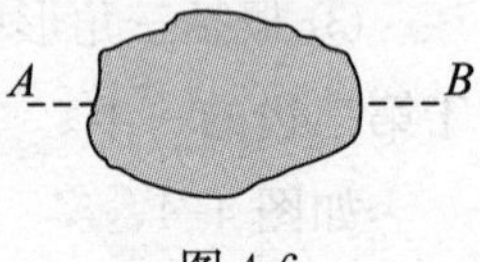

图 4-6

（小组研究后全班交流）

如图 4-7，在地面上选取一点 P，连接 PA、PB，

分别取 PA、PB 的中点 D、E，连接 DE，量得 DE 的长。由三角形中位线定理可知 $AB=2DE$，因而可测量 A、B 两地的距离。

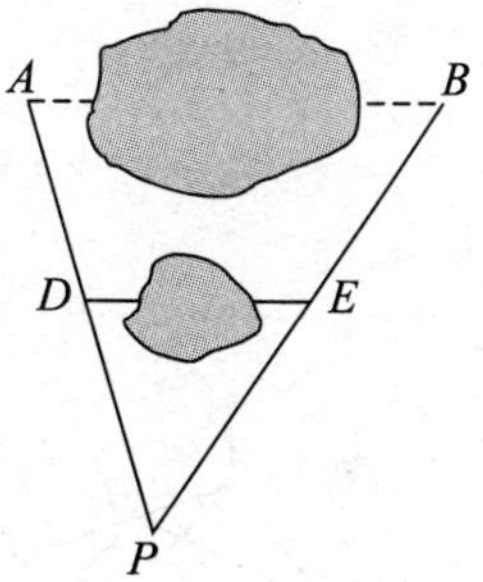

图 4-7

（2）若 D、E 两点间还有阻隔，如何求 A、B 两地间的距离呢？

练习 3

（1）如图 4-8，在四边形 $ABCD$ 中，E、F、G、H 分别是 AB、BC、CD、DA 的中点，求证：四边形 $EFGH$ 是平行四边形。

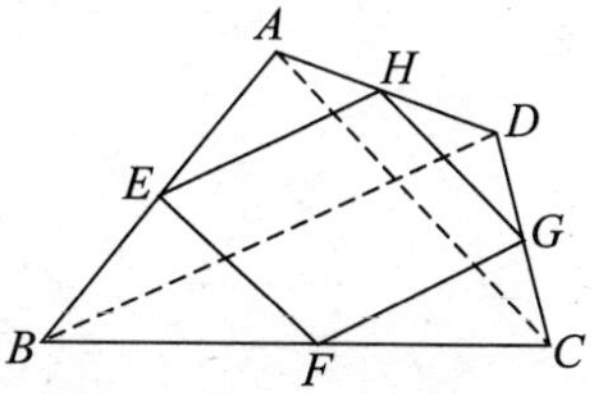

图 4-8

（将三角形中位线定理的图形置于四边形之中，加深对定理的理解。）

（学生独立思考后，交流思维过程，由三角形中位线性质建构四边形的性质：顺次连接四边形各边中点所得四边形为平行四边形。）

（2）由“一般到特殊”展开联想，扩大已建立的认知结构，并体验“一般性寓于特殊性之中”。

（3）观察图 4-9 中所得的▱$EFGH$ 猜想其中有特殊的平行四边形，并加以证明，调整扩大的认知结构：

① 顺次连接矩形各边中点所得的四边形是菱形；

② 顺次连接等腰梯形各边中点所得的四边形是菱形；

③ 顺次连接菱形各边中点所得的四边形是矩形；

④ 顺次连接正方形各边中点所得的四边形是正方形。

共同概括：

原四边形 $ABCD$ 为		所得四边形 $EFGH$ 为
矩形	⟶	菱形
等腰梯形	⟶	菱形
菱形	⟶	矩形
正方形	⟶	正方形

（4）引导学生进行逆向思维：“是不是只有顺次连接矩形、等腰梯形、

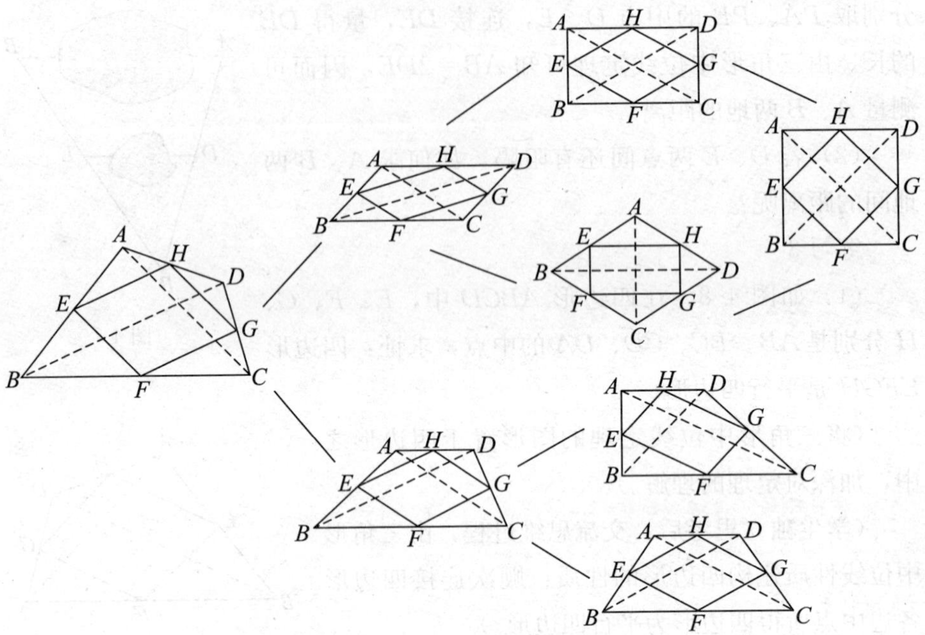

图 4-9

菱形、正方形各边的中点才能得到菱形、矩形和正方形呢?”

师生共同分析，再次调整、改造，重建新认知结构：

原四边形的对角线　　　　顺次连接四边形各边中点所得四边形为

相等 ⟶ 菱形

互相垂直 ⟶ 矩形

相等且互相垂直 ⟶ 正方形

(二)“手脑并用”，学会自主建构

现代科学研究表明，人脑拥有巨大的潜力，但一般人穷其一生，顶多只用了自己大脑潜能的百分之十。尤其是人的大脑，有一些特殊的、最积极、最富创造性的区域，依靠双手的精巧动作跟抽象思维相结合，就能使这些区域积极起来，得到很好开发。所以苏联教育家苏霍姆林斯基说：“儿童的智慧在他的手指头上。”① 我国人民教育家陶行知先生也提倡解放孩子的口、眼、手、脑，让他们在亲自的感知、观察、操作和思考过程中，习得知识，求得发展。

例如，教学“二元一次方程组”时，我为每个学生提供了一根长为30 cm的红头绳，让学生自己动手将绳子的两头打一个小结（打结的长度忽略不计）后，将其绷成各种形状的长方形，并且相互比较长方形的形状。学生在操作过程中，经过观察思考，发现长方形的形状虽各不相同，但长与宽的和始终没有变，等于 15。学生们在具体情境中从一元一次方程的已有知识背景出发，用符号 x、y 表示长和宽，进入了二元一次方程的新知建构，发现长与宽（二元）之间存在一定的数量制约关系，即 $x+y=15$。因此，$x=1$ 时，$y=14$；$x=4.5$ 时，$y=10.5$；……接着，教师再给予“二元”的另一种数量制约关系（如长度又比宽度长 2 cm)，学生在建构了二元一次方程的定义，感悟了二元一次方程解的相关性和不定性后，“生成”一个二元一次方程组：$\begin{cases}x+y=15\\x-y=2\end{cases}$，并且自主运用等式的性质，求出长和宽，即方程组的解，为学生“消元”奠定了基础。

又如，教学“等腰三角形的性质”，通过“手脑并用”，发挥学生的主动性，让他们学会自主建构。

教师设计如下问题链。

问题 1：“请同学们一剪刀将一张长方形的纸剪出一个等腰三角形，并说明这样操作的依据。”引导学生动脑动手，实验操作。

问题 2：“剪出的等腰三角形沿折痕对折时，能够完全重合，即被折痕分成的两个三角形全等，由此我们得到等腰三角形的边、角、主要线段有什么特殊性质?”学生用数学语言表述实验得到的事实——等腰三角形的性质以后，教师再提出——

问题 3：“如何证明这个命题？折痕能否给证题思路以启迪?”学生仔细

---

① ［苏］苏霍姆林斯基著，杜殿坤编译：《给教师的建议》，教育科学出版社 1984 年版，第 77 页。

研究实验对折时的“折痕”的作用——构成两个全等三角形（能够完全重合的两个三角形），因而将折痕抽象为几何图形时，它既是顶角平分线，也是底边上的中线、底边上的高。进而找到三种辅助线所构成的两个三角形全等的依据，由全等三角形的性质推出等腰三角形的性质定理及其推论。

问题 4：“将等腰三角形对折（使两腰重合）后，再折，你们还能发现等腰三角形具有哪些性质?”学生在教师引导下，通过亲自对折，观察思考，交流讨论，总结概括出等腰三角形两腰上的对应线段相等等性质。这样在教师设计的“问题链”步步引导下，调动了学生手脑并用，即实验操作和思维制作相结合的主动性，在步步深入的思考中，由具体到抽象，在头脑中自然地形成了关于等腰三角形的知识结构以及认知过程的思路结构。这样在做中学、在学中做，留给他们的印象和认识，无疑要比空洞讲述深刻难忘。

（三）教师辅助，搭建学习平台

与其他学科相比，数学具有很强的抽象性、概括性和逻辑性，数学思想具有更高程度的深刻性、缜密性和批判性，因此造成了数学的难懂、难教和难学，更需要学生经过自我感受、体验和思考的过程，才能真正地理解数学、懂得数学和学好数学。实践“自主建构”原理，教师不仅在于教会学生数学知识，而是要努力为他们在学习活动中学会“自主建构”、实现自我发展搭建平台。要努力为学生的自我感受、体验和思考提供途径，让他们置身于一定的学习情境和学习活动之中，借助已有的知识和经验，具体地感知与触及尚未理解和认识的学习内容，结合新旧知识的联系和区别，产生疑问和困惑，促进他们在主动探究中将知识内化为智慧，将学习转化和升华为“自主建构”的能力。

例如，教学“图形的旋转”时，教师首先利用多媒体课件展示日常生活中所见到的旋转的物体，如钟面上转动的时针、分针，直升机上的螺旋桨，自行车行驶时转动的车轮，游乐园里旋转的摩天轮，等等，引导学生看这些动画的画面，这就为学生搭建了自主建构物体旋转的特点的平台，他们通过观察、比较，概括出物体旋转运动的共同特点：一是绕某一定点转动；二是按顺时针方向或逆时针方向转动；三是转动过程中物体只改变位置，而形状大小不改变。

接着教师指出具有以上三个特点的运动着的物体，称为物体的旋转。如果我们把这些物体抽象为几何图形，那么这种图形位置的变换叫做图形的旋转。

这种点拨，使得学生自主地完成从物体到几何图形的抽象，建构了图形的旋转概念：把一个平面图形绕着所在平面内某一点 O 转动一个角度的图形变换叫做旋转，点 O 叫做旋转中心，转动的角叫做旋转角。

建立了旋转的有关概念后，教师又为学生指引自我实践、自我体验、自我思考、提炼概括的途径：

将自己身边的一块三角形板放在练习本上，画出三角板中空的三角形，而后以三角板任一顶点作为旋转中心，将三角板绕这个顶点顺时针或逆时针转动一个角度后，再画出三角板中空的三角形，画好后分别连接旋转中心和画出的三角形的各个顶点。学生通过亲自实践，获得初步感受和体验，奠定了研究图形中的相等线段、相等角、全等图形的基础。经过提炼概括，建构了旋转的性质。

（四）反思、评价，完善“自主建构”

数学学习过程是知识的不断同化和顺应的过程，而反思是同化和顺应的重要步骤。通过反思，可以挖掘知识间的内在联系，加深对知识的理解，引导学生在已有认识的基础上进行再认识、再发现、再创造，促进他们认知结构的完善，形成合理的认知结构体系。

例如，教学分式方程时，学生运用已有知识经验，独立探索了方程 $\frac{1}{3x-2}=\frac{5}{x}$ 的解法。

解法一：利用比例性质，得 $x=5(3x-2)$，

解这个一元一次方程，得 $x=\frac{5}{7}$。

解法二：由解一元一次方程化分数系数为整数系数的经验，将方程两边同乘以 $x(3x-2)$，得 $x=5(3x-2)$，

解之，得 $x=\frac{5}{7}$。

解法三：运用分式值为 0 的条件求解。

移项，通分得$\frac{x-5(3x-2)}{x(3x-2)}=0$，

由$\begin{cases}x(3x-2)\neq 0,\\ x-5(3x-2)=0,\end{cases}$

解之，得 $x=\frac{5}{7}$。

由此总结了解分式方程的基本思想是去分母化为整式方程，解整式方程解，进而得原分式方程的解。

接着教师提供新分式方程：$\frac{1}{x-1}=\frac{2}{(x-1)(x+1)}$。

学生满怀信心地运用以上各种方法求解时产生了矛盾：由通分，运用分式值等于 0 求解时，得$\frac{1}{x+1}=0$，方程无解；而由方程两边同乘以 $(x-1)(x+1)$，去分母后得一元一次方程 $x+1=2$，有解，$x=1$。由此，反思去分母过程，发现 $x=1$ 时，方程两边同乘以 $(x-1)(x+1)$ 时，变成方程两边同乘以零，使原方程变成恒等式了，即扩大了未知数取值范围……从而自主建构了新的认知结构：解分式方程去分母时，转化为一元一次方程，一元一次方程的解不一定是原分式方程的根，即原分式方程有可能产生增根，所以解分式方程必须验根。

学生的自我评价和同学间的互评，能够促进学生对自己学习行为以及已有认识和已形成的认知结构，进行反思和检验，是及时发现与反馈学生的学习活动和“自主建构”中存在的问题，教师调控教学要素，促进学生自我发展的必要手段。践行“自主建构”原理，教师不仅要注意学生自我评价的诊断、甄别功能，更要注重发挥其激励、引导和促进发展的作用，让学生通过自我评价和同学互评，不断增强“自我建构”和再发现、再创造的能力，提高超越自我、发展自我的自觉性。

第二节　“以学论教”原理

一、“以学论教”原理的内涵要义

教与学的关系是贯穿教学活动的基本问题，是教学改革和教学论的永恒话题。在中外教育史上，不少著名教育家都曾强调学生在教学过程中的重要地位和作用，发表过不少经典性意见。如我国人民教育家陶行知先生主张“解放”学生的头脑、双手、眼睛和嘴巴，把学习的基本自由还给学生。美国现代教育家杜威更曾提出“儿童中心”说，主张一切教育活动要以儿童为起点、为中心、为目的。但是，更多的是强调教师中心，主张树立教师的不容争议的威信。于是，长期以来，教师讲学生听，教师讲什么，学生就学什么，教师怎么教，学生就怎么学，成了天经地义的教学理念和普遍采用的教学形式。

这些年来，我国许多中小学教育工作者通过认真反思，对这种陈旧的教学观和教学形式，提出了质疑，围绕教与学的关系问题，进行了许多大胆的探索和实验，出现了如以“先学后教”为基本特征的各种教学模式，强调尊重学生的主体地位，发挥学生的能动作用，让学生自主学习。这对长期以来漠视学生的地位作用，教师讲学生听、满堂灌的教学，无疑是有力的挑战和重要的突破。但是，自学·议论·引导教学认为，教与学是一件事情相互联系的两个方面，摆正两者的关系，不能简单地理解为仅仅是课堂教学时序上先与后的调整，将教与学理解为一定是先学而后教，将两者完全割裂和分离开来，把生动活泼的课堂教学艺术异化为“学→教”的僵化程式。这不符合教育教学规律，也不利于学生的更好发展。教与学的关系问题，关键不在于一定要谁先谁后，而在于应该谁适应谁、谁依据谁、谁为了谁。我们主张“以学论教”，就是主张要把“学”放在首位，把学习的主动权交给学生，教为了学、基于学、适应学，根据学来研究、确定怎样教，引导和推进学。具体地说，主要有如下几点。

（一）教要从学生的实际即学情出发

所谓学情，指学生的生活经验、原有基础、潜在能力以及学习意向等，它既有相对的稳定性，又有一定的变化性。辩证唯物主义认识论认为，认识是人脑对客观世界的反映。没有客观存在的世界，人的认识就失去了反映的对象而不复存在；反之，没有具有一定思维机能的人脑，客观存在的事物则无法得到反映，也就不会产生人的认识。由此可见，处于一定历史条件和社会关系中的人，是认识的主体；作为主体实践和反映指向的对象，是认识的客体。两者各有特定的含义，而又彼此相依、互相作用。但是，人脑对客观世界的这种反映和认识，并不是如镜子那样是消极、被动、直观的反映，也不同于其他动物，仅有受动性，人对客观世界的认识和反映是积极主动的，具有其他动物所没有的能动性，在认识的广度、深度和速度等方面，都是其他动物所不可比拟的。人对客观世界不仅能认识它，而且能根据它的发展规律，运用和改造它。人们认识事物的程度和速度等常常有所不同，这除了与人的大脑思维机能的差异（如智力健全的人和弱智者的差异）有关以外，还与一个人的生活经验、原有基础、潜在能力以及学习意向等紧密相连。学生作为学习认识的主体，在学习过程中，也具有这种认识的能动性和差异性。在教学中，教师确定教学要求、组织教学内容乃至选择教学方式，除了要研究“课标”、教材以外，还一定要深入了解学情，充分考虑到学生的实际，并且以此为出发点，确定教什么、怎么教。这样才能达到教与学，亦即主观与客观的统一，收到预期的教学效果。坚持以学论教，其实质是从实际出发，在教学实践中体现实事求是的认识论思想。

（二）教要遵循学生的学习规律，教程基于学程

著名教育家卢梭在他的小说体教育巨著《爱弥儿》中写道：“儿童时期有儿童时期的观察、思考和感觉的方法，企望以成人的方法来代替儿童的方法那是最愚昧的事情。”他强调，“要尊重儿童”，“要把儿童当作儿童”。学习作为青少年学生的一种重要的智力活动，与他们年龄特征相对应的观察、思考、感觉的方法的特点，毋庸置疑地要在这里反映出来，表现在他们的学习过程之中。教要符合学的规律，就一定要深入研究与正确处理好教师组织教学过程即“教程”和学生的学习过程即“学程”的关系。

教学是师与生、教与学的双边活动。所谓学程是一个以学生为主体，与教程相对应的概念，是指学生在一定的学习情境中，按照一定的教育教学目

的、内容进行学习探索，并且获得预期的最佳效果，达到身心发展、素质提高的科学化、规律化的过程。从广义上理解，它是人吸取知识、经验，通过一定的训练，使认知、技能、情感、观念等得到变化和提升的活动，是传承文明、创新发展的重要形式。从狭义上说，是学生在各级各类学校有目的、有计划、有系统地进行，求得成长、成熟和不断发展的活动，是在一定的教育条件下实现的自我获取、自我构建、自我超越、自我完善的自觉自主行为。这种学程是教师组织教学过程即教程的出发点和归宿，教程要基于学程。教程和学程的关系应该协调，在本质上两者应该是一致的。教师以学论教、实施教程的真谛，就在于要深入研究、积极参与学生的学程，在参与中因势利导、因学施教，使学生对各种学习资源做到主动地消化领会、内化发展。这如陶行知先生说的，“先生的责任不在教，而在教学，而在教学生学”，“教的法子必须根据学的法子”，“怎么学就怎么教”。贯彻以学论教原则，遵循学生学习的规律，不仅教程要依据学程，还要善于发挥教育主体的作用，开发利用教育资源，运用学生学习规律，导进主体性学程，做到以“学”（即按学生的学习规律）导学，教与学统一，实现以学论教的更高境界。所谓教研，就是要从教的角度研究学。而这种研究要能彻底有效，就必然要做到从学的角度来研究教，其实质就是学法的研究，就是对学程的研究。

（三）教要利于学生的最佳发展

人在母体怀胎十月中，完成了从单细胞到人的生理进化，出生时就初步具有了人的生理性机能和潜在智能。但是他还要经过“长身体”、“长知识”和陶冶情操、形成理念、铸造人格的悠悠人生，才逐渐成为一个“完善的人”。所以现代科学研究认为，人生下来就是“早熟的”，人永远是一个“半成品”，永远不会变成一个“成人”，他的生存是一个无止境的完善过程和学习的过程，具有“未完成性”。在这过程中，教育负有特殊的使命。以学论教就是要从学生的发展需要出发，努力创造适合和有利于他们发展的教育，而不能从教育者的主观愿望出发，甚至受急功近利思想影响，以违背学生的成长发展规律来促进人的“发展”，其结果是事与愿违、欲速而不达，让学生在一定程度上牺牲了自己的兴趣、爱好、健康和自信心，使教育走向了反面。以学论教要把“为促进学生的发展而教”作为教学的基点和归宿，把顺应他们的学习规律，努力创造适合每个学生生动活泼、积极主动发展的教育，作为追求的目标。这样的教学，才是好的、成功的教学，也是自学·议论·引导教学所要追求的。

（四）教要为学服务、引导学

践行“以学论教”原理，对教师来说，要树立以生为本、教为学服务的教学观。早在中世纪和17、18世纪，欧洲主张人本主义的启蒙主义者就呼唤人的尊严，追求个性解放，主张人与人平等，表现了对人的生命、智慧、价值和力量的敬畏。在教育上，他们认为人本来就具有一样的接受教育的能力，教育的作用就在于“使人发现自己的尊严，就是奴隶也能够很快地感觉到他不是生而为奴隶的”①。在我国，鲁迅也曾喊出了“解放孩子”的呼声，提倡要“理解孩子”，“知道孩子的世界”，“以孩子为本位”，“交给自主的能力”，做父亲的要“肩住了黑暗的闸门，给他们到宽阔光明的地方去；此后幸福的度日，合理的做人”，成为“独立的人”。人民教育家陶行知先生也尖锐地批判那种“看不起小孩子”的旧观念，反复强调：其实“大人能教小孩，小孩也能教大人”，“有时候倒从学生那里学得好多的教训”。因此他主张“自化化人”，师生共学共进，“学生先生合作而创造出值得彼此崇拜之活人”。可以这么说，提倡尊重学生，平等地对待学生，教为学服务，在中外教育史上是源远流长的。近年来，我国贯彻以“以人为本”为核心的科学发展观，在教育上提出了“主体教育”这个教育跨世纪发展的重要课题，呼吁以生为本、以学论教、教为学服务，把学习的主动权交给学生，这是继承弘扬教育的优良传统，体现了教育贯彻现代民主思想的要求。

唯物辩证的宇宙观告诉我们，事物发展的根本原因不在事物的外部，而在事物的内部，在于事物内部的矛盾性。这种内部的矛盾性，引起和推动了事物的运动、变化和发展。“外因是变化的条件，内因是变化的依据，外因

① 法国狄德罗语，载曹孚编：《外国教育史》，人民教育出版社1979年版，第139页。

通过内因而起作用。”① 学生的学习，是一个自主内化、积累发展的过程，它固然离不开一定环境的影响作用，但首要的是“学贵自得”、自主内化，是他内在的情感、兴趣、意向以及原有基础和潜能等因素的作用。即使是不可或缺的教师指点、引导，也是要“通过内因而起作用”的。可以这么说，教师的引导作用对学来说是十分重要的，有没有这种引导，对学来说，常常有快慢之分、深浅之分，所以俗话说“名师出高徒”。但是，教对学生的发展，只能是一种服务，一种外在的条件，决不能代替学生的学习，代替学生的发展。引导也是一种服务，教师要善于在服务中引导。

总之，无论是教要从学情出发、教程要基于学程，还是教要利于学生的最佳发展，服务和引导学，都一定要调整好师生的角色定位。教师要树立正确的教学服务观，真正成为学生学习的参与者、引导者、服务者和辅助者。可以这么说，这既是“以学论教”的内涵之一，同时也是践行“以学论教”原理的重要前提，一定要在教学理念和教学实践上，认真解决好。这样，才能真正实现教为了学、基于学、引导学，教与学和谐统一。

二、“以学论教”原理在教学实践中的运用

（一）根据“课标”要求和学生实际，制订适切的课堂教学目标

教学是有目的、有计划的自觉的育人活动，它以一定的目标要求为指导，并且以此作为组织教学和评价教学的重要依据，是教学的出发点和归宿。因此，制订适当的课堂教学目标，明确课堂教学的目的要求，是教师备课的必经步骤和重要内容，是上好一堂课必须认真思考和解决的问题。

制订课堂教学目标，要认真学习和深入领会课程标准或课程目标，简称“课标”。“课标”是国家教育行政部门吸收了国内外课程建设的成功经验和研究成果，根据我国教育方针和课程特点，对课程教育质量在特定阶段提出的指标要求；是国家对学生接受一定阶段教育之后的应有结果所作的具体描述，是制订课堂教学目标的上位依据，具有重要的指导意义和统领作用，要

---

① 毛泽东：《矛盾论》，载《毛泽东选集》第一卷，人民出版社1991年版，第302页。

认真贯彻执行。

但是“课标”主要是对课程的总体而言的，并不具体规定通过怎样的教学过程和教学活动达到这个要求。制订某一章、一节或者一堂课的教学目标，不能简单地照抄“课标”条文和要求，而是要结合不同的教学内容，从学生的实际出发，将“课标”的要求分解、细化，做到明确具体、切合实际，便于操作实施和评价检查，并且要将提出的目的要求渗透贯穿于教学过程和各个教学环节之中，促进学生的提高和发展。

例如确定“相反数”的教学目标。考虑到数形结合的思想是重要的数学思想，数形结合思想在学生头脑中的形成是一个渐进的过程，必须结合教材内容不失时机地让学生反复感受这一思想的真谛，体验“数形结合”在问题研究和解决中的作用。

相反数的概念，是建立在数的形式上的特征（两个数只有符号不同）和两个数在数轴上的对应点的位置关系的特征（两个数的对应点关于原点对称）的基础上的“数形结合”的一个数学模型，因此，教学中应充分借助数轴建构概念，使相反数的概念在“数”和“形”两方面达到和谐统一。

概念的形成应该是学生自主探索的结果。在本节课的教学中，教师提供数学材料，创设情境，引导学生自己动手操作，认真观察思考，及时交流讨论，不断抽象概括，拓展延伸。既善于从特殊到一般，由具体到抽象，又能再由一般到特殊，将抽象的概念具体化，使学生在自主建构的过程中，既学会发现又学会总结，既掌握知识又发展情感。

据此制订了如下的教学目标：

(1) 通过对数轴上特殊数对相对于原点的特殊位置的研究，自主抽象概括相反数的概念，感受数与形的内在统一性；

(2) 通过求一个数的相反数，化多重符号的数为单一符号的数（简化符号）等的练、议，深化概念，渗透去括号原理，体悟互为相反数的一些性质。

又如确定“勾股定理”的教学目标。考虑到在初二下学期学生已具备了独立自学的积极态度，掌握了自学的基本方法和要求，有一定的研究能力，因此本节课采用了先布置自学任务，让学生亲自搜集资料研究勾股定理发展的史料及其证明方法。在学生经历了搜集、整合、实验制作和小型合作交流的过程，初步形成自己对勾股定理及相关内容的理解和有效的学习策略，直接感受了中华民族的文化成就的基础上，再上交流讨论课，深化和拓展自学成果，故确定了这样的教学目标：

(1) 通过学生对勾股定理的自主探索研究，培养学生独立获取、整理数学信息的能力，体会我国古代数学家证明勾股定理的聪明才智，激发学生的民族自豪感；

(2) 通过学生个人自学成果的全班交流，进一步体验勾股定理的探索过程，发展学生归纳、概括和有条理地表达及合情推理能力，体会数形结合思想，体验自主学习获得成就的快乐。

（二）根据学情和教材整合教学内容，选择呈现方式

教材是教学内容的重要文本载体，但是，它不是教学内容的全部，更不能替代实际教学活动，照本宣科“教教材”。任何一部教材，不管其理念如何先进，编写如何精细，都难以完全适应每一位教师、每一个班级和每一名学生。相反，教材和学生的实际不相协调、不相适应，却是常有的事。这种不协调、不适应，主要表现为三种不同情况。一种是对学生的实际和潜能估计不足，教材内容和要求偏低，落后于学生的实际发展水平和潜在发展能力。另一种是急于求成、要求过高，脱离了学生的实际水平，出现教材和学生实际脱节。还有一种是对教材内容和学生思维特点研究不够、把握不准，教材的结构安排不切合学生的认知规律，教材思路和学生的实际不协调，不利于教与学。漆新贵教授说过，教育者的全部智慧与艺术，最终要落实和体现在对教育活动的设计和创造性的开展上，落实和体现在使每个学生积极投入，使活动充满生命力，以充分发挥促进学生发展的综合功能上。我在实践中深深体会到，要做到这一点，首先要在一定教学目标要求指导下，从学生的实际出发，在认真钻研的基础上，通过适当的增、删、补、调，对教材进行必要的加工、整合和再创造，解决好教材与学情相脱节、不协调、不适应的问题，把教材用活、用好，按照适当的思维形式呈现给学生，使他们便于学、乐于学。

如“三角形全等的条件”的教学。教材首先由全等三角形定义提出，如果$\triangle ABC$与$\triangle A'B'C'$满足三条边对应相等，三个角对应相等这六个条件，就能保证$\triangle ABC\cong\triangle A'B'C'$，进而提出，若满足上述六个条件中的一部分，是否也能保证$\triangle ABC$与$\triangle A'B'C'$全等呢？课本安排了三节内容。

学生在前面的数学学习中，已涉及运用分类的思想研究问题，并懂得分类必须标准明确，做到不重不漏。根据学生的这一基础，我对本段教材进行了补充和拓展，引导学生对两个三角形中已知的边角相等条件进行分类。

按已知条件的个数进行分类（并从最少个数研究起）：

已知条件：1 个，2 个，3 个……

接着引导学生按已知相等的元素（边或角）的类别进行第二次和第三次分类：

已知条件：

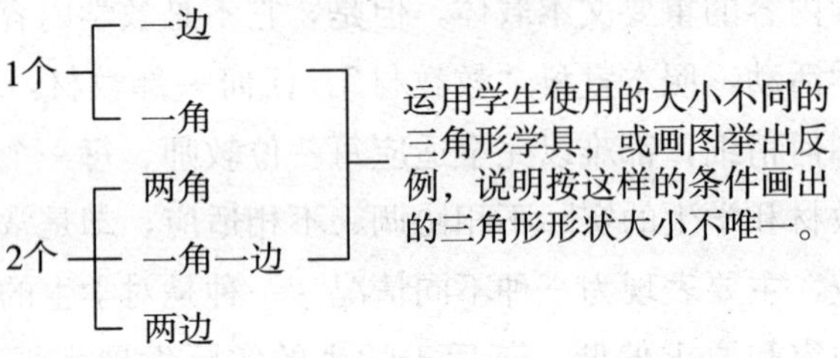

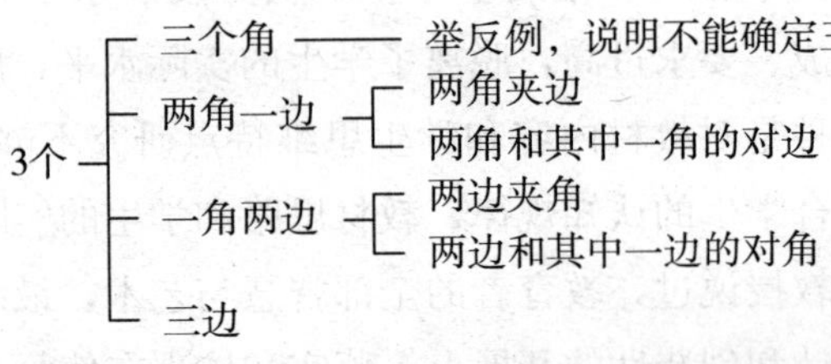

通过这样的分类研究，不仅焕发出学生潜在的学习能力，而且产生了验证已知 SAS，ASA，AAS，SSS 对应相等能否判定三角形全等的迫切的学习需要。此时教师向学生指明研究方向：

如果按已知的相等条件中涉及的元素画出的三角形的形状和大小是唯一的，即能确定一个三角形，那么由这样的元素对应相等，可以保证这两个三角形能够完全重合，即全等。

学生动手操作第一个命题：已知三角形的三边，画三角形。

学生亲手画出了三角形，并且画出的三角形唯一确定，成就感促使学生会更有信心地去验证其他的命题，一举成功，获得三角形全等的三个判定方法和一个推论，这显然比教材的安排——分三节教学，一节一个“探究”，提示一种判定方法，安排一个例题和一个练习——更契合学生的学情。因为这样不仅使学生知道了三角形全等的判定方法是什么，更懂得了是怎样获得这些方法的，原理又是什么，给予了学生释放潜能、自主学习的平台。

掌握了判定三角形全等的方法后，再研究它们的应用。此时学生要根据已知条件判断选用哪种方法，这不仅对学生的思维能力要求高，而且学生对判定方法的认识必然更深刻。思维的深刻和综合必然会激发他们自主学习的兴趣、热情和信心。

（三）观照个体不同，采取“有差异的教学”

俗话说：“一母生九子，九子各不同。”由于家庭条件、天资禀赋、学习基础、学习习惯以及个人努力程度等的不同，学生在学习上出现差异，这是常见和难免的。例如，有的学生对教材感知、理解和识记很快，记忆保持得长久、牢固，而另一些学生对教材的感知、理解却较慢，记忆难以牢固、持久，甚至学了后面的却忘记了前面的。教学新知识时，有的学生在第一节课上就能完全独立地理解、掌握相关的概念、法则和定理，熟练地运用这些概念、法则和定理解决相关的数学问题，而另外一些学生可能在这节课上，只能学到几个名词概念，需要在较长时间和一定的帮助下，才能逐步理解、掌握与运用这些概念、法则和定理。所以苏霍姆林斯基说，对一个学生来说，“五分”是成就的标志，而对另一个学生来说，“三分”就是了不起的成就。践行“以学论教”原理，教师要善于确定每一个学生在此时能够做到什么程度，如何才能使他的智力得到进一步的发展。要充分认识学生发展存在的这种差异性，在教学中尊重学生的差异，灵活运用各种教学方法和手段，精心设计教学，尽可能照顾到各个不同学生的心理特点和学习实际，发挥他们的潜能，焕发教学活力，使每个学生都得到应有的发展，保证课堂教学的高效性。

例如，教学中针对学生学习上出现的差异，灵活、交替地运用个人学习、小组学习、全班学习三结合的教学形式。

课堂中，教师适时地给予学生个人学习的机会，使得各种学习水平和层次的学生能根据自己的需要和实际水平，自主地开展学习活动。此时，对于达不到教学基本要求的学生，教师可给予提示、指导、辅导，使其不掉队；优秀的学生可以充分发挥自己的智慧潜能，获得学习、情感等的最大发展。

教师要适时地安排小组学习，使得学习速度慢或学习遇到困难，或取得学习结果需要得到评价，或学习情感态度尚不够热烈积极的学生，能在交流、合作中情感得到激励，问题得到解决，认知更加完善，学习目标得以实现。学习优秀的学生在学习小组里介绍自己的学习成果，或帮助同学解决疑难时，不仅自己的思维能力、表达能力得到锻炼，而且对问题的认识更加深刻。况且，每个人总有一定的过人之处，交流中各种层次的学生相互都有启发、借鉴、吸收和激励，实现了共同发展。

在全班学习时，教师既注意引导全体学生达到教学目标，又关注学生的充分发展。

例如，学习“勾股定理”时，全体学生掌握了“勾股定理”的有关知识，但有些学生进行联想，又产生新问题：锐角三角形、钝角三角形中最大边的平方与其他两边的平方和是否相等呢？这时教师引导全班学生猜想结论：锐角三角形中，最大边的平方小于另两边的平方和，并且最大边仍小于另两边之和；钝角三角形中最大边的平方大于另两边的平方和，但最大边小于另两边之和。而后再启发学生以“勾股定理”为依据证明结论。虽然这一拓展延伸（即研究了勾股定理的推广）只有一部分优秀生知道了是什么、为什么，比较多的学生只知道了是什么，还有一部分学生可能对是什么还只是一个模糊印象，但这一研究过程，对他有启发或诱惑——原来还可以这样联想研究！我怎么没有想到？……

在自学·议论·引导教学中，针对学生的差异，学习内容和要求一般有两个层次。一是教材内容，要求全班学生都能掌握。这叫做“保底”。二是对那些学有余力的学生，可以根据需要和可能拓展研究，使得学习水平高的学生扩大知识结构，充分发展学力，中等水平的学生能知其然，水平较低的学生也能扩大见识，受到启发和激励。这叫做“不封顶”。

(四) 关注学生的学习心理，及时调控教学策略

学生的学习过程也是学生的心理活动过程。学习心理，就其本质而言，是学习者获取知识和技能时，认知、情感、意志等心理活动的过程。良好的学习心理是有效乃至高效学习的前提、动力和保障，在影响学习的各种因素中，占有十分重要的地位。践行“以学论教”原理，教师要随时关注学生的学习心理，善于通过内隐和外显两种渠道，及时调控教学策略，调动和发挥学生的学习主体能动作用。

所谓外显渠道，就是让学生动手动脑，积极表达，发展智慧。所谓内隐渠道，就是要启发和引导学生正确地认识自我，自尊、自信，满怀热情地对待和投入学习，自主能动地进行探索。这样才能取得良好的学习效果。

有一年，班上有位口吃的学生。我就教育学生要正确对待这位口吃的同学，不要讽刺和歧视。这位学生虽然得到了“保护”，但并未能唤起自信心，课上从不发言，学习总是处于“听”、“看”、“旁观者”的状态，不能主动参与，学习成绩上不去。这引起了我的思考，我领悟到，只有让他正确地认识自己，内心充满勇气和力量，坚信自己能与其他同学一样，顺利地与他人交流，才能战胜心理障碍，取得成功。因此，在一次对全国的公开课上，我出他所料地喊他发言。他越是紧张，讲话便越是结巴，答不上来。我耐心诚恳、满腔热情地启发、引导他。在我的真诚期待中，他一步一步地走过来，终于将问题回答得十分圆满。可是同学们给予他的回答却是异口同声的叹息：“唉!”这时，我又给予他勇气和自信，对全班学生说：“××同学成功了，我们祝贺他！学习他锲而不舍的精神!”同学们短暂的掌声，使他沉睡多年的悲观的心灵得到了莫大的抚慰和激励！从此以后，他主动举手发言了。因为充满自信和把握，所以主动发言时不但沉着、不口吃了，而且表达准确。这说明教学注重学生的心理状态，唤起他们的自尊和自信，才是教学的成功。

初中阶段是学生生理成熟和心理发展很重要的转变期，易受刺激性和反应性明显提高，有了一定的独立处理问题的能力。但不善于用理智控制情感，心理容易产生波动，可能会因解决了一道难题而洋洋得意、忘乎所以，也可能因一道难题百思不得其解而垂头丧气、心灰意懒。他们求异意识较强，但知识经验不足，缺乏辩证的思想方法，看问题容易走极端，产生偏

见，等等。对初中生的这些心理特点，教师要随时留心，在教学时及时进行引导。

第三节 “情智相生”原理

一、“情智相生”原理的内涵要义

旧的教学观常常将课堂教学视为只是一种特殊的、被简化了的认知活动，师生直接指向认知本身，光注重智力的发展。结果丰富的情感因素常常被忽视，教师的教和学生的学都成了一种纯智力的活动，课堂上丧失了激情的展现和培养，学生的被动应付和呆滞的眼神，也往往仅被理解为是认知的困惑，而看不到生命激情的游离。在这种教学环境中，学生的情感没有发挥的机会，不仅造成了教学效率低下，而且对形成学生的健全人格和鲜明个性，也是极其不利的。在当下强调践行“情智相生”原理，促进学生的情感和认知的协调发展，不仅十分重要，而且也尤为迫切。

“情智相生”原理的内涵要义，主要如下。

（一）情与智是学生学习重要的自身条件和内因

学生的学习，是在一定的教育环境中进行的认识活动，既受学校诸种条件乃至社会大环境等外部因素的影响，同时也受学习主体的自身条件的制约。这种自身条件，包括了智力因素和非智力因素。智力因素主要指观察力、记忆力、思维力、想象力、语言能力以及操作技能等多种心理成分构成的综合的认识能力，其中思维是核心。所谓智力和能力，两者有一定区别，一般地说，前者偏于认识，着重解决知不知的问题；后者偏于活动，着重解决会不会的问题。但两者都同属于个性的范畴，是相互联系、相互交叉、相互制约而又统一的。所以，人们常常将它们放在一起，称之为“智能”。

除了智力因素以外，影响学生学习的还有非智力因素，又称为非认知因素，包括情感、兴趣、信念、意志以及气质、性格等，其中情感是核心。情感是人对客观事物是否符合自己需要所产生的主观体验，符合需要的事物引起肯定的主观体验，产生满意、愉快、爱慕等情感；反之则引起否定的主观体验，产生讨厌、反感等情感。情感是与高级的社会需要相联系的，是人类所特有的稳定、持久的体验，对人的思想性格、智力发展、身心健康等，都具有深刻而广泛的影响。所以，情感是非智力因素的核心。“情智相生”原理即是指学生在学习过程中，情感与智能，也可以理解为是非智力因素和智力因素的相得益彰的关系。教育的根本任务就在于借助一定的外部条件，通过调动和发挥学习者内在的以思维为核心的智力因素和以情感为核心的非智力因素的能动作用，不断提高教育教学质量，促进学生智力因素与非智力因素和谐健康的发展，提高全民族的素质。

（二）情与智是互相联系、互相影响和互相促进的

人是一个有机、统一的生命体，其各种机能和心理活动是相互联系的，情与智亦是如此。认知是情感产生的理性基础，认知越深刻，情感越浓厚；认知肤浅，情感则淡薄，认知不正确，就会产生错误的情感。在教学中，教师如果能给学生足够的动脑、动手的机会，让他们投身教学活动，充分进行发散性、创造性思维活动，学生积极参与的情感、求新求异的意识以及获取、运用知识的兴趣和态度等，就会受到激发，得到调动，获到发展，收到以智激情的效果。而情感能引发智能发展的内驱力，产生动力作用，甚至能弥补智力与能力在某些方面的缺陷和不足，产生情感“给力”、笨鸟先飞、以情补拙的效果。课堂教学是一种师生、生生之间共同进行的双边、多边活动。它一方面是以知识的传递为主要表现的信息交流活动，另一方面又是以师生、生生间心理上的微妙碰撞为特征的情感交流。情感的交流在知识的传递中发生、发展，而又在很大程度上优化教学氛围，影响和推进了信息的流通，使之成为师生、生生之间心灵的交流和沟通，对提高教学质量产生良好效果。这正如苏联教育家赞科夫所说，情感对于思维犹如燃料之于发动机，教师积极的情感能使学生感知敏锐、记忆牢固、想象丰富，教学方法一旦触及学生的情绪和意志领域，触及学生的精神需要，就能发挥高度有效的作用。教学实践反复验证，教师渗透于教学过程中的情感，往往通过表情传达给学生；教师鼓励的目光和对学生取得成功给予的会意的微笑，都能给学生以巨大的情感影响，使他们增强自信心和求知欲，收到以情激情、以情育智的教育之效，有时能使学生终生难忘。反之，情感淡薄、冷漠的教学，难以

在学生的心头激起智慧的浪花，点起智慧的火把。情生智、智激情、情智相生，是教学的本质体现，是一条十分重要的教育教学规律。

（三）在当前教学中要特别强调情感的重要地位和作用，协调好智力因素与非智力因素的相互作用和共同发展

19世纪德国著名教育家第斯多惠主张“全人教育”，强调要培养人的“自动性”，以获取真、善、美的思想内容为目标，使人主观上知、情、意的发展，与客观上的真、善、美相结合。20世纪70年代，联合国教科文组织国际教育发展委员会的报告《学会生存——教育世界的今天和明天》指出：“把一个人在体力、智力、情绪、伦理各方面的因素综合起来，使他成为一个完善的人，这就是对教育基本目的的一个广义的界说。”“教育的一个特定目的就是要培养感情方面的品质，特别是在人和人的关系中的感情品质。”① 在我国，人民教育家陶行知先生早就说过，千万不可忘记培养合理人生是我们真正的宗旨。我国当前正在进行的“新课改”，则把情感态度与价值观列为“三维度”课程目标之一。反思这些年来由于旧教学观和急功近利思想的影响，对以情感为核心的非智力因素这种学生学力的重要构成要素，对与他们的学习关系极其密切的这种自身条件和内因，长期没有引起应有的重视。即使在课堂上看到学生生成的一些情感因素，充其量也只是把它看作借以激发学习动机、更好地达到认知目标的工具和手段，反映了对人的内涵、对教育宗旨以及对学生学习本质规律的认识，十分肤浅甚至片面。自学·议论·引导教学实验使我们深深体会到，以情感为核心的非智力因素，不仅是教与学的动力和保障，也是教育教学的重要内容和目标，是一个人不可或缺的重要素质。可以这么说，缺乏良好的以情感为核心的非智力因素的人，将很难成为一个高品位、有智慧、精神世界丰富的完善的人；漠视情感等非智力因素的教学，常常是缺少生气的不完全的教学，因而也很难甚至不可能成为好的、成功的教学。高效的课堂教学，一定要充分调动学生的情感等非智力因素，发展他们的智慧，更要重视和善于在启智增慧过程中激趣育情，使学生

① 联合国教科文组织国际教育发展委员会编著，华东师范大学比较教育研究所译：《学会生存——教育世界的今天和明天》，教育科学出版社1996年版，第195、194页。

情智齐飞，学识和人格双赢，成为一个有情有义、大智大勇的人，一个真正的大写的“人”。

二、“情智相生”原理在教学实践中的运用

（一）营造宽松、开放的心理环境，促进学生智力潜能的发挥和发展

有人说过，一个人的创造力只有在他感觉到心理安全和心理自由的条件下，才能获得最优表现和最佳发展。贯彻“情智相生”原理，教师在教学过程中，要尊重学生、善待学生，身体力行，积极提倡和努力形成民主、开放的教风和学风。特别是在学生对某个问题的理解和认识有错误或者不全面的时候，要以包容、真诚的态度，善于在共同讨论中启发、引导他们，营造民主、和谐，可以畅所欲言、各抒己见的学习环境和良好氛围，消除学生心理上的紧张和顾虑，敢于提出问题、发表意见、开展讨论、追求真知。

例如，学习“用函数观点看一元二次方程”，研究利用函数图象求方程的实数根时，教师进行了如下的学习探讨过程。

师：用函数观点看，解一元二次方程，即求二次函数值为 0 时，对应的自变量的值；反之，求二次函数值为 0 时对应的自变量的值，即求对应的一元二次方程的解。请同学们研究如何利用函数图象求一元二次方程 $1-x-2x^2=0$ 的解。

学生独立思考，研究方法。

全班交流讨论：

生：有学生首先发言，求方程 $1-x-2x^2=0$ 的解，就是求二次函数 $y=1-x-2x^2$ 的函数值为 0 时，自变量 x 的值。因此在直角坐标系中画出抛物线 $y=1-x-2x^2$，与 x 轴交点的坐标就是方程的解。

生们：（齐说）不对！不是交点的坐标！

生：（发言学生忙自我纠正）是交点的横坐标！因为交点纵坐标为 0，所以交点横坐标是 $1-x-2x^2=0$ 的解。

师：对！x 轴就是直线 $y=0$，因此点（x，0）实质是抛物线 $y=1-x-2x^2$ 与直线 $y=0$ 的交点。

生们：（学生小议起来）如果把直线 $y=0$ 向上或向下平移呢？还

能利用抛物线与直线的交点解一元二次方程 $1-x-2x^2=0$ 吗？

师：问得好！是可以的，想一想，利用哪条抛物线与哪一条直线的交点？

生：（有学生抢着发言）把 x 轴向上或向下平移 1 个单位长度，即为直线 $y=1$ 或 $y=-1$。

生们：（学生齐问）那作哪条抛物线呢？

师：你们善于思考，善于联想、猜想，这是会学数学的表现！想一想，若将原方程变形为 $1=2x^2+x$ 能否解决你们提出的问题？

生：我知道了，在平面直角坐标系中画出直线 $y=1$ 和抛物线 $y=2x^2+x$，它们的交点的横坐标就是方程 $y=1-x-2x^2$ 的解。

生们：为什么？

师：画出图形（图 1）！

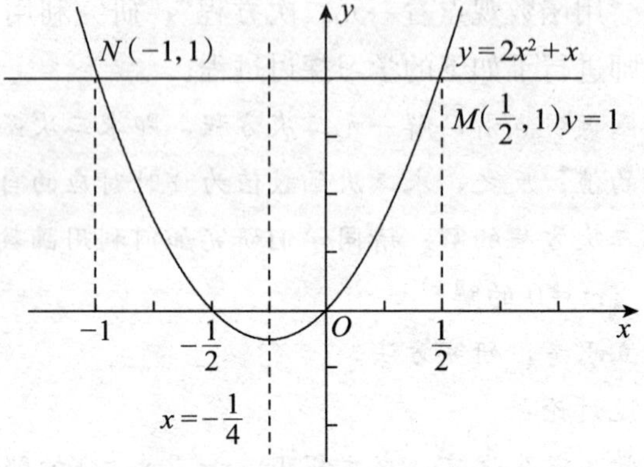

图 1

生们：明白了！当 $x=\frac{1}{2}$ 或 $x=-1$ 时，即 $2x^2+x=1$，即 $1-x-2x^2=0$。

$\therefore\ x_1=-1,\ x_2=\frac{1}{2}$ 是一元二次方程 $1-x-2x^2=0$ 的解。

生：（此时学生情绪高涨，思维更积极、更拓展）我也可以将原方程变形为 $-2x^2=x-1$，作抛物线 $y=-2x^2$ 比作抛物线 $y=-2x^2-x$ 更方便，作直线 $y=x-1$ 与抛物线 $y=-2x^2$ 的交点，横坐标就是方程

$1-x-2x^2=0$ 的解。

生：（另一学生抢着发言）方法可多啦！也可作抛物线 $y=2x^2$ 和直线 $y=-x+1$ 的交点，也可以作抛物线 $y=2x^2-1$ 和直线 $y=-x$ 的交点。

生：（有学生受启发并评价）这更容易了，抛物线和直线更容易作了。

师：同学们研究得很好，相互启发，相互补充，越研究越深刻。同学们有没有发现，将原方程变形的过程中，函数图象的形状、位置也相应地发生变化：由抛物线 $y=1-x-2x^2 \rightarrow y=2x^2+x$ 或 $y=-2x^2-x \rightarrow$ 抛物线 $y=-2x^2$ 或 $y=2x^2 \rightarrow y=2x^2-1$，相应地直线由 x 轴（$y=0$）$\rightarrow y=1$（或 $y=-1$）（平行于 x 轴）$\rightarrow y=x-1$（或 $y=-x+1$）（与 x 轴相交）$\rightarrow y=-x$（与 x 轴相交），但是抛物线与直线的交点的横坐标都相同，都是一元二次方程的解。

师：在下列图 2 和图 3 中，抛物线与直线的交点 A、B 的横坐标是一元二次方程 $1-x-2x^2=0$ 的解，观察图形，根据抛物线与直线的位置关系，你们还有什么发现？

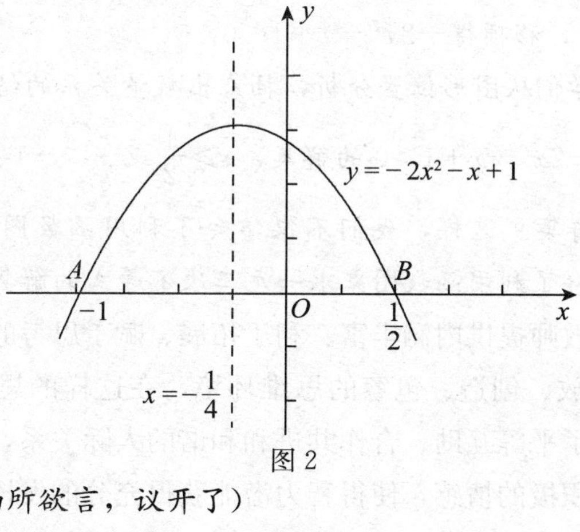

图 2

（学生畅所欲言，议开了）

有学生提出，由图 2 可知，当 $-1<x<\frac{1}{2}$ 时，抛物线在 x 轴上方，对应的 y 值大于 0，即 $-2x^2-x+1>0$；当 $x<-1$ 或 $x>\frac{1}{2}$ 时，抛物

线在 x 轴下方，对应的 y 值小于 0，即 $-2x^2-x+1<0$。

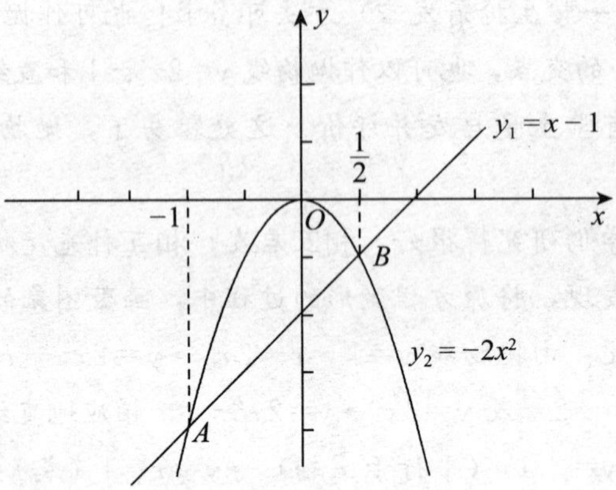

图 3

有学生说，在图 3 中，当 $-1<x<\frac{1}{2}$ 时，抛物线 $y_2=-2x^2$ 在直线 $y_1=x-1$ 上方，说明对应的 $y_2>y_1$，即 $-2x^2>x-1$，移项得 $-2x^2-x+1>0$；而当 $x<-1$ 或 $x>\frac{1}{2}$ 时，直线在抛物线上方，$y_1>y_2$，即 $x-1>-2x^2$，移项得 $-2x^2-x+1<0$。

师：同学们从图形位置分析，抽象出数量关系的结论，即 $-1<x<\frac{1}{2}$ 是不等式 $-2x^2-x+1>0$ 的解集，$x>\frac{1}{2}$ 或 $x<-1$ 是不等式 $-2x^2-x+1<0$ 的解集。这样，我们不仅学会了利用函数图象求方程的实数根，而且懂得了利用函数图象求一元二次不等式的解集了。

由此可见，教师提供内涵丰富、利于拓展、赋予思考的探究内容，利于师生共同创设开放、创造、包容的思维环境，在这样的思维环境里，师生间、生生间形成了平等互助、合作共进和和谐的人际关系，自由、宽松的心理环境，调动了积极的情感，使得智力潜能获得充分的发挥和发展。

（二）加强师生的情感对话，点燃学生的心灵之火

教学是心灵的艺术，直抵心灵的教学才是成功的教学。正如斯普朗格说的，教育并非单纯的文化传递，教育之为教育，正因为是一种人格心灵的唤醒，这是教育的核心。第斯多惠也说，教学的艺术，不在于传递的本领，而

在于激励、唤醒、鼓舞。实践“情智相生”原理，教师要善于了解学生心理，懂得他们的需求，通过自己得体的教学举动、饱满的教学情感、生动的教学语言，架起与学生沟通情感的心理“热线”、交流思想的无形桥梁，使他们在教学的进行过程中，随时体验到教师对他们的信任和期待，对他们每一次成功的肯定和欣赏，从而不断增强他们的自信、自强、自立的意识，唤醒他们的学习热情。

古人说，“亲其师而信其道”。教师对所任课程感情投入，教艺精湛，教学有方，具有吸引力，能使教学成为师生心理对话和情感交流的过程，对学生起到潜移默化的作用，迸发出智慧的火花。

记得，在我患严重的咽喉炎，声带一点声音都发不出来时，医生要我声休，可我没有休息，靠嘴形、手势和适当板书照常上课，学生很受感动，不但没有影响课堂学习质量，相反，学生学习更加积极主动，师生心理相通，情感交融，取得了意想不到的效果。例如，数学应用问题的一节习题课：

我首先板书了例题 1：某地上年度电价为 0.8 元/度，年用电量为 1 亿度，本年度计划将电价调至 0.55～0.75 元/度，经测算，若电价调至 x 元/度，则本年度新增用电量 y（亿度）与（$x-0.4$）（元/度）成反比例，又当 $x=0.65$ 时，$y=0.8$。

（1）求 y 与 x 之间的函数关系式；

（2）若每度电的成本价为 0.3 元，则电价调至多少元时，本年度电力部门的收益将比上年度增加 20%？［收益＝用电量×(实际电价－成本价)］

我用手势示意学生，个人阅读理解题意。数分钟后，我在黑板上写了要求：“全班交流分析研究的过程和研究结果。”于是学生纷纷发言，我根据学生的发言，随时板书、调整、概括为：

（1）本题的主要数量关系是：

① 收益＝(实际电价－成本价)×用电量；

② 新增用电量 y（亿度）与（$x-0.4$）（元/度）成反比例，且当 $x=0.65$ 时，$y=0.8$；

③ 本年度的收益比上年度收益增加 20%。

接着我画了表格，让学生自己填写。

(2) 将数量关系译成数学语言（包括文字、符号语言）。

	上年度	本年度
电价（元/度）	0.8	$x(0.55<x<0.75)$
用电量（亿度）	1	$1+y$
收益	$(0.8-0.3)\times10^8$	$(x-0.3)(1+y)\times10^8$

学生填好表格后，我让学生小组议论如何解答问 1 和问 2，学生通过独立思考，相互启迪和补充，自主地将数量关系抽象为具体的数学模型——“建模”，并求得解——“解模”。

我在学生大组交流的基础上用板书形式作了如下总结：

问（1）是纯数学函数问题，由题中的数量关系②“新增用电量 y（亿度）与 $(x-0.4)$（元/度）成反比例，且当 $x=0.65$ 时，$y=0.8$”，用待定系数法可求得问（1）的解：$y=\dfrac{0.2}{x-0.4}$，即 y 与 x 之间的函数关系式为 $y=\dfrac{1}{5x-2}$。

问（2），由关系③“本年度的收益将比上年度收益增加 20%”，得

$(0.8-0.3)\times10^8(1+20\%)=(x-0.3)(1+y)\times10^8$，

整理得：$(x-0.3)(1+y)=0.6$。

由此可构建数学模型——方程组：$\begin{cases} y=\dfrac{1}{5x-2}, \\ (x-0.3)(1+y)=0.6, \end{cases}$

消去 y，化简得 $x^2-1.1x+0.3=0$，解之，得 $x_1=0.5$，$x_2=0.6$。

经检验 x_1、x_2 适合方程组，但由于 $0.55<x<0.75$，

∴ 取 $x=0.6$。

故求得问题的解：电价调至 0.6 元/度时，本年度电力部门的收益将比上年度增加 20%。

学生认真地阅读我的板书并自我评价，调整或补充自己的解答内容。教室里既静悄悄，又情绪高涨，思维活跃。

（三）在丰富多彩的智力活动中，激发学生的创造热情

认知是产生情感的理性基础。实践“情智相生”原理，在教学过程中，教师要克服单纯传授知识的旧教学观，在智力活动中，引发学生积极的情感体验，开发学生潜能。具体来说，我们注重知识的生成活动过程、知识的延伸和拓展过程、思维的发散与收敛、智力活动的成效。

例如，在学习几何“三角形的内角和定理”及其推论后，教师引导学生练、议。

给出问题1：求直角三角形中两锐角平分线相交所成的角的度数。

有学生分析题意，画出图形，写出了“已知”和“求证”。已知：如图4-10，在Rt△ABC中，$\angle C=90^\circ$，$\angle A$、$\angle B$的平分线AD、BE交于点O，求：$\angle AOB$的度数。

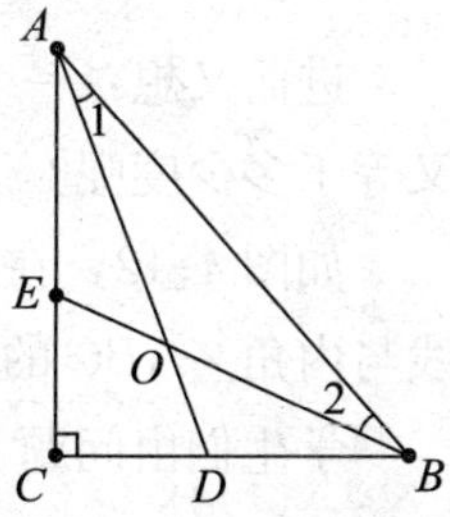

图4-10

根据三角形内角和定理的推论1“直角三角形中两个锐角互余”，以及角平分线的定义，推出$\angle 1+\angle 2=45^\circ$，再根据三角形内角和定理，推出$\angle AOB=135^\circ$，求得问题的解：直角三角形中两锐角平分线相交所成的角等于135°。

“不对！”有学生说，$\angle A$和$\angle B$的平分线相交所成的角有钝角$\angle AOB$和锐角$\angle AOE$，并且$\angle AOB$和$\angle AOE$互补，所以答案应有两个，即135°或45°。如果题目是求$\angle A$和$\angle B$的平分线相交所成的钝角的度数，那就是求$\angle AOB$，$\angle AOB=135^\circ$。

数学的分类思想激发了学生的学习兴趣和探究热情，他们不满足问题的解决，引发了诸多联想、猜想：直角三角形中两锐角的外角平分线相交所成的角等于多少度呢？可见，学生们的思维方向已由直角三角形的“内角”拓展到了直角三角形的“外角”，提出了问题2：

已知：如图4-11，在Rt△ABC中，$\angle C=90^\circ$，外角$\angle MAB$、$\angle ABN$的平分线交于点E，求：$\angle AEB$和$\angle BEF$的度数。

大家根据三角形内角和定理和角平分线定义，求得$\angle AEB=45^\circ$，$\angle BEF=135^\circ$。

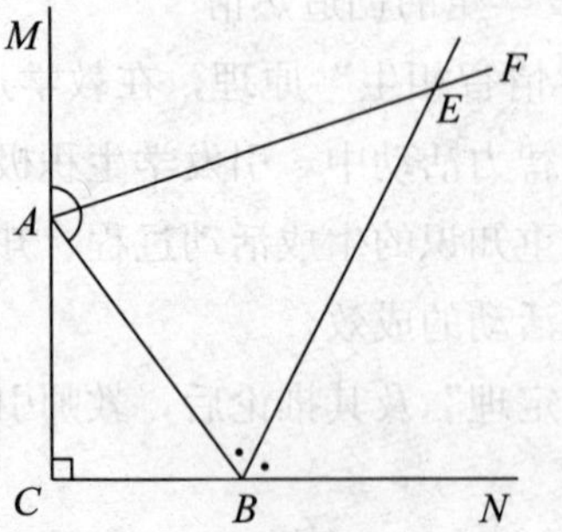

图 4-11

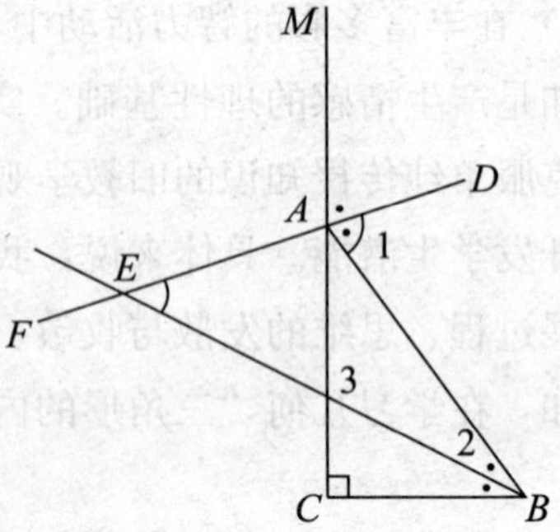

图 4-12

进而又想：一个锐角的平分线与另一个锐角的外角的平分线相交成的角又等于多少度呢？于是又提出了问题 3：

如图 4-12，在 Rt$\triangle ABC$ 中，$\angle C=90°$，外角$\angle MAB$ 的平分线所在直线与内角$\angle ABC$ 的平分线交于点 E，求：$\angle BEF$ 的度数。

学生们由问题 1 和 2 的积极情感体验和解题经验，很快找到了解题途径和依据：由三角形内角和定理的推论 2"三角形的一个外角等于和它不相邻的两个内角的和"及角平分线的定义推得$\angle 1=\frac{1}{2}(\angle C+\angle ABC)=\angle 2+\frac{1}{2}\angle C$，$\angle 1=\angle 2+\angle AEB$，进而求得$\angle AEB=\frac{1}{2}\angle C=45°$，$\angle BEF=135°$。

议论到这里时，有学生突然发现问题 1 中的$\angle AOB=135°=90°+45°$，而 45°刚好是$\angle C$ 的$\frac{1}{2}$，于是$\angle AOB=90°+\frac{1}{2}\angle C$，问题 2 中的$\angle AEB=45°=90°-45°$，同样 $45°=\frac{1}{2}\angle C$，因此$\angle AEB=90°-\frac{1}{2}\angle C$，问题 3 中的$\angle AEB=\frac{1}{2}\angle C$。于是又进一步尝试概括：直角三角形中两锐角平分线相交所成的钝角等于 $90°+\frac{1}{2}\angle C$，两锐角外角平分线相交所成的锐角等于 $90°-\frac{1}{2}\angle C$，一锐角和另一锐角外角平分线所成锐角等于$\frac{1}{2}\angle C$（$\angle C$ 为 90°），学生们的思维更加活跃了。他们又突破了直角三角形的范围，拓展到一般三角形来研究以上各命题。

有学生又提出：一般三角形中，两内角平分线相交所成的钝角是否也等于90°和第三个内角一半的和呢（见图4-13）？三角形的两个外角的平分线相交所成的锐角等于90°与第三个内角一半的差吗（见图4-14）？三角形的一个内角的平分线与一个外角的平分线相交所成的锐角等于第三个内角的一半吗（见图4-15）？

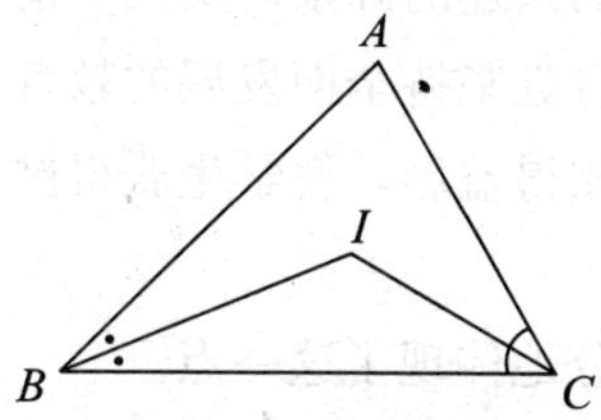

$\left.\begin{matrix} BI\text{ 平分}\angle ABC \\ CI\text{ 平分}\angle ACB \end{matrix}\right\}$

$\Rightarrow \angle BIC = 90° + \frac{1}{2}\angle A$

图 4-13

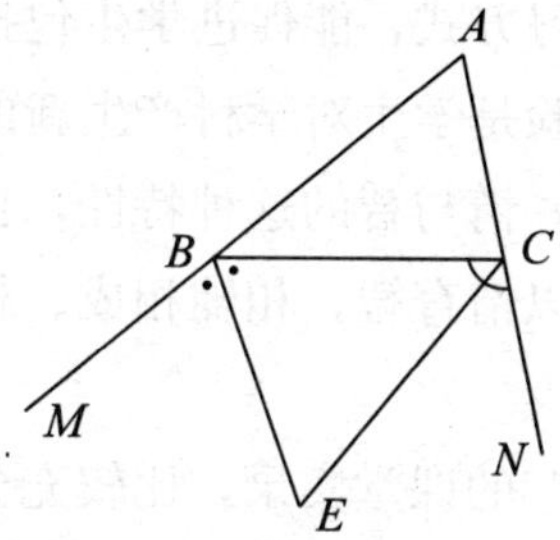

$\left.\begin{matrix} BE\text{ 平分}\angle MBC \\ CE\text{ 平分}\angle BCN \end{matrix}\right\}$

$\Rightarrow \angle E = 90° - \frac{1}{2}\angle A$

图 4-14

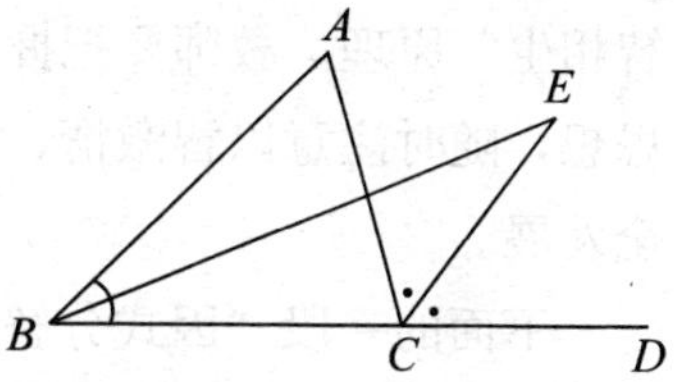

$\left.\begin{matrix} BE\text{ 平分}\angle ABC \\ CE\text{ 平分}\angle ACD \end{matrix}\right\}$

$\Rightarrow \angle E = \frac{1}{2}\angle A$

图 4-15

学生由知识间的内在联系与发展而产生自己的联想、猜想，进而推理论证和概括自己的联想、猜想；思维水平不断提升，创新意识不断增强，思维能力也不断发展和提高，创造热情更加高涨。

由图4-14，又有学生提出：三角形三条外角平分线所在直线相交而成的三角形一定是锐角三角形。

如图4-16，MN、MP、NP 分别为 $\triangle ABC$ 外角平分线所在的直线，则 $\triangle MNP$ 为锐角三角形。

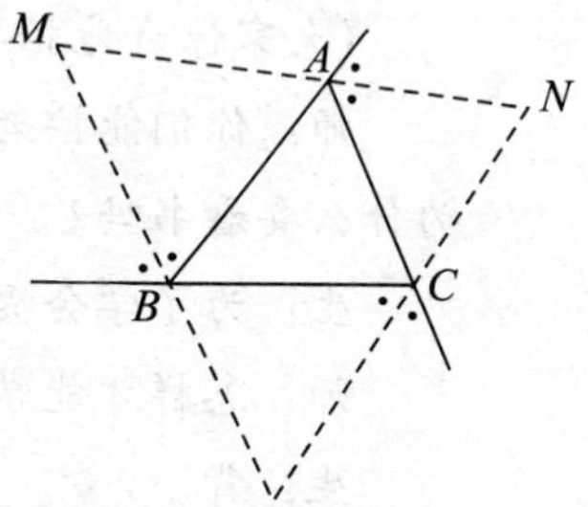

图 4-16

以上的议论过程，充分展示了学生的思考内容由特殊到一般、由一般到特殊，由具体到抽象，逐步拓展、步步深入的智力创造活动过程；在这样的活动过程中，由于每个学生都是从自己对问题的理解出发发表意见的，因而一个意见往往引起一连串的反应，课堂呈现出多向、多边、多层次的交流、讨论甚至争论的热烈气氛，学习不再是一种“苦差使”，而成了一种生动活泼的、充满创造热情的、愉快而有益的情感活动。

（四）在情智相融中，促进情智共同发展

情和智是人的学力的重要内容，也是一个人进行有效学习，不可缺一而又相辅相成的重要因素。这正如美国教育家布卢姆说的，以积极的情感和深层次的认知参与为核心的学习方式，能促进学生包括高层次思维在内的全面素质的提高，高效的学习体验是学生对学科产生新的兴趣的源泉。实践“情智相生”原理，教师要把握好情与智的这种特性，自觉坚持全面发展的教育思想，随时注意以智激情、以情育智，相辅相成、相得益彰，使学生获得健全发展。

下面的一段“因式分解”的课堂实录，比较充分地体现了这一点。

师：经过上一节课的研究，我们知道了因式分解的定义和它有四种分解的方法。现在学习提公因式法。请打开书，翻到第 97 页至第 101 页，阅读十分钟。

（教室里一片寂静，三分钟过后，稀落出现轻微的读书声，这声音越聚越大，逐渐汇成一股有节奏的声波……阅读约五分钟后，教师破坏了这个环境。）

师：请同学们暂时停下来。

（大家惊奇地抬起头，凝视着执教老师。）

师：你们能按老师的要求聚精会神地看书，这很好，但是你们知道为什么要看书吗？

生：为了学会提公因式法。

师：怎样才能学会？

生：背。

师：不背不行吗？

生：不背答不上来老师的问题。

（轻微的笑声）

师：问题就在这里。你们看书不仅是为了回答老师提出的问题，重要的是锻炼自己独立获取新知识的本领。现在试试看，你们怎样阅读才能真正学会。

（又过了一分钟）

师：请问（指一位同学）你是怎样阅读的？

生：我想着几个问题。

师：什么问题？

生：1. 什么是提公因式法？2. 怎样运用这个方法？

师：有没有补充的？

生：还应弄懂什么是公因式。

师：现在，就按这三个问题阅读。阅读可以动笔做一做。

（教室里开始活跃了，那种呆板地背诵的景象逐渐消逝了。学生们有的自己练习，有的在书上画重点，有的小声交流……又过了几分钟。）

师：这一段课文谁没有看完？

（没有举手的）

师：都看完了。现在以分解 $a^2b+5ab-b$ 为例，讲解提公因式法。

（一个突如其来的问题，使大家有些茫然，沉思片刻，一个个又举起了手。）

……

（在学生自学因式分解概念后，学生能对答如流地回答问题，教师并不认定这是自学的成功，引导学生深入理解概念。）

师：请大家分辨下面四个变形哪个是因式分解：

1. $am+bm+c=(a+b)m+c$；

2. $16x^2y=(2x)\cdot(8xy)$；

3. $x^2-1=(x+1)\cdot(x-1)$；

4. $(2x+1)^2=4x^2+4x+1$。

师：回答这个问题前，你脑子里先想什么？

生：因式分解的定义。

师：按定义回答，哪个是因式分解？

生甲：第二题是。

生乙：第三题也是。

师：用“也”字，说明你还同意第二题是？

生乙：是。

生丙：我认为第二题不是。

（教室里出现了轻微的争论，大多数学生欲议不敢，欲争不能，教师认定时机成熟。）

师：可以议论。

（哗——像决堤的江水，一并齐发，就这样，议论在积极、热烈的气氛中开始了。几分钟后，当议论声渐渐消失时）

师：请自己举例说明什么是因式分解？

（又是一个学生预料之外的问题：“奇怪，让我们议论的问题都不让我们回答……”学生逐渐懂得了不能就题论题的道理了。）

教师给学生的议题，既在教材内容之中，又在学生预料之外，这样做是为了减少议论的盲目性和单一性，克服学生的侥幸心理，防止少数学生模拟或背诵答案。把议论作为备答的形式。教师在运用议论教学方式时，丝毫没有强加的成分，而是从教学的发展、引申中，使学生对某一感兴趣的问题到非议不可时，议论便在他们的欲望中开始。显然，它能起“触媒”、“催化”、“助燃”的作用，使智力活动深入发展。

师：请同学们将下列多项式分解因式：

1. $a^2b+5ab-b$；

2. $18b(c+b)-12(b+c)$；

3. $18b(b-c)-12(b-c)$；

4. $18b(b-c)^2-12(b-c)^3$。

（学生独立练习，教师巡回了解学生的解答。）

师：请发生错误的学生把自己的解题过程板演一下。

第2题，错解1：$18b(c+b)-12(b+c)=6[3b(c+b)-2(b+c)]$；

错解2：$18b(c+b)-12(b+c)=(b+c)(18b-12)$；

错解3：$18b(c+b)-12(b+c)=2(b+c)(9b-6)$。

第3题，错解1：$18b(b-c)-12(b-c)=(b-c)(18b-12)$；

错解2：$18b(b-c)-12(b-c)=6(b-c)(3b+2)$；

错解 3：$18b(b-c)-12(b-c)=6b(b-c)\left(3-\frac{2}{b}\right)$。

第 4 题，错解 1：$18b(b-c)^2-12(b-c)^3=(b-c)^2(18b-12)$；

错解 2：$18b(b-c)^2-12(b-c)^3=6(b-c)[3b(b-c)-2(b-c)^2]$；

错解 3：$18b(b-c)^2-12(b-c)^3=6(b-c)^3\left(\frac{3}{b-c}-2\right)$。

师：请同学们议论板演同学的解题过程和结果，若有错，查出原因，并在错中悟理。

（学生自我纠错，查出错因，增强了自主学习的信心，激发了学习兴趣，思维更加活跃，更加严谨。）

师：通过大家自我纠错，你认为用提公因式法进行因式分解应注意些什么？

生甲：把多项式中所有的公因式（数）都提出来。

师：就是最高公因式。

（教师在关键处的补充，使学生的认识活动扩展，思维水平升华。）

生乙：提出公因式后，剩余的各项要合并。

师：另一因式要整理成最简式。

生丙：注意分解前后的符号。

生丁：提出公因式后，不能出现分式。

师：注意因式分解的定义中是“化成几个整式的乘积”。

师：请同学们分析，比较上面四道题的特点、联系、区别，总结提公因式的一般步骤。

……

（在教师的引导下，学生们积极主动地分析、对比、归纳、小结，完全进入了学习的情境，渲染在自己索取知识的气氛中。此时，教师继续为学生开辟发展创造性思维的各种渠道。）

师：现在，对上面的第 4 道题变换一下，再用提公因式法分解因式，怎样变换？

生：把 $(b-c)^3$ 换为 $(c-b)^3$。

师：很好！这样一换，题目的难度增加了。谁能猜到这位同学为什么这样变换？

生甲：这样变换表面上看没有公因式，起迷惑作用。

师：谁被迷惑了？

（笑声）

（有的学生试探性地举起手，接二连三地又有几只手举起来了。）

师：真有不少同学被迷惑了。现在可以讨论一下了。

（经过一番热烈的讨论，教师提问“被迷惑”的学生发言。）

生乙：把 $(b-c)^3$ 换为 $(c-b)^3$ 的目的是经过变化后才有公因式。

生丙：对这道题分解的关键是 $b-c=-(c-b)$。

师：如果对第 4 题保持分解的结果不变，应该怎样变换原题？

生甲：把 $(b-c)^2$ 换为 $(c-b)^2$。

师：谁能猜测他是怎样想的？

生乙：因为，$(b-c)^2=(c-b)^2$，所以只有这样才能保持分解的结果不变。

师：都明白吗？

生丙：我不明白。为什么 $(b-c)^2=(c-b)^2$？

师：谁能告诉他验证的方法？

生丁：只要把 b 和 c 换成两个数，算一算就行了。

师：请你换两个数字算一下。

（生丙把 b 换成 5，把 c 换成 2，结果都等于 9。）

生丙：我明白了。

师：明白了什么？只换两个数能说明对所有的数都成立吗？

生丙：不能。

师：你能用代数式证明吗？

生丙：把 $(b-c)^2$ 展开，再把 $(c-b)^2$ 展开。

[生丙在黑板上展开 $(b-c)^2$ 和 $(c-b)^2$，结果各项都对应相等。]

生丙：老师，我明白了。

师：我相信，$(b-c)^2=[-(c-b)]^2=(c-b)^2$，是吗？

（显而易见，教师在帮助优秀学生提高的同时，兼顾中差生的普及，使全体学生的大脑处于不停顿的积极思索的最佳状态。）

……

第四节 “最近发展区”原理

一、“最近发展区”原理的内涵要义

在20世纪30年代，著名心理学家维果茨基首先将“最近发展区”概念引入了心理学的研究。到了50年代，世界科技迅猛发展，出现了所谓“知识爆炸”的新情况，要求学校教育在帮助学生掌握知识的过程中，努力发展他们的智慧、才能、意志和创造性等，这样才能适应与满足未来科学技术和社会生产发展的需要。在这种形势推动下，苏联教育家赞科夫通过实验，总结提出了以“高难度”、“高速度”进行教学等五条“新教学原则”。他认为，教学创造“最近发展区”，“最近发展区”则转化为现代发展水平的范围。他指出，所谓“高难度”，指的不是任意的一种难度，不是难而无度和高不可攀，难度是指可以通过努力达到的最高程度。即不是指教材越难越好，而是要选择学生经过努力可以理解和掌握的内容，教学的难度、范围和速度，要与学生“最近发展区”的实际可能性相适应。通过这些年的教改实践，自学·议论·引导教学对“最近发展区”原理有如下几点认识。

（一）“最近发展区”是青少年学力发展过程中的一个特定阶段和空间

维果茨基曾将儿童要解决的问题分为三类：一是儿童自己能独立解决的问题；二是需要帮助才能解决的问题；三是介于这两者之间，经过别人帮助可以解决的问题。也就是说，学生的学力（包括知识、能力、思维、情感等）有两个发展水平，一个是现有发展水平，是经过努力已经完成的发展程序，使学生的认知、思维、能力、情感等已达到了的发展程度，表现为学生能独立、自主、愉快地完成教师提出的学习任务；另一个是潜在的发展水平，是一种处于形成中的发展水平，表现为学生还不能独立、自主地完成，要在教师的指导和在集体合作中，通过主观的努力，可能完成的学习任务。

这两者之间则为“最近发展区”，它是学生独立解决问题的实际水平与尚在形成中的潜在发展水平之间的空间“差距”，是从现有实际水平提升到潜在发展水平的过渡阶段，是连接这两个发展水平的重要桥梁和纽带。“最近发展区”原理就是指学生从现有水平向潜在发展水平提升，有一个必经的“最近发展区”阶段，以及在这个阶段生成发展的特点、规律。

（二）“最近发展区”是一个由低向高、动态发展的过程

“最近发展区”不是处于同一水平上的静止状态，而是人的学力由现有发展水平上升到潜在发展水平必经的步步提升、由低向高的动态发展过程。因此，自学·议论·引导教学认为，贯彻“最近发展区”原理，不能理解为仅是指将学生从现有发展水平引到或引进“最近发展区”而已，而是要根据他们的现实基础、潜在可能和发展规律，在知识、能力、思维、情感等的某一方面或者诸个方面，不失时机地引导到“最近发展区”尽可能达到的发展高度，让他们“跳一跳、能达到”。所谓“跳一跳”，就是充分发挥学生的主观能动作用，获得最大可能的发展。这样尽快地通过“最近发展区”，达到潜在发展水平，使这种潜在发展水平转化为现有发展水平，从而唤起学生的上进激情和内驱力，再向新的“最近发展区”和新的潜在发展水平努力，这样循环往复、螺旋上升。总之，由现有发展水平到“最近发展区”，再到潜在发展水平，是学生学力的诸要素持续发展、螺旋上升的提高运动的过程。我们固然不可急功近利、急于求成、拔苗助长，要求超过学生可能达到的水平，结果他们“跳了也达不到”，丧失了信心，产生负面影响，但更不要漠视他们的潜在发展能力，不能教当其时，落后于学生的发展实际，结果错失良机，阻碍和压抑了他们的发展，有悖于多出人才、快出人才、出好人才的要求。

（三）“最近发展区”也是一个因人而异、因教育环境等而异的“变量”

由于各个学生的遗传、生活环境、教育背景以及个人禀赋、气质和主观努力程度等因素的不同，他们的现有发展水平、潜在发展水平和“最近发展区”也会因人、因教育环境和因教师教学得法程度等而有所差异。就每个人而言，构成其学力的知识、能力、情感等诸种要素的发展，也常常不会都同步，而是处于起步不同、速度不等的动态变化之中。乃至同一个学生，在学

习不同课题时，或者在不同教学情境中、不同教师指导下学习同一个课题，“最近发展区”也会不完全相同。因此，践行“最近发展区”原理，切忌以静止不变的眼光和简单化、一刀切的心态看待学生，而是要用全面、发展的观点认识每个学生，做到因人施教、恰到好处，因时施教、教当其时，区别对待、各得其所。苏霍姆林斯基认为，教育，首先就是人学，教育人首先要了解人。不了解孩子，不了解他的智力发展，他的思维、兴趣、特长、禀赋、倾向，就谈不上教育。了解和研究学生是掌握教学艺术的“基本功”，“了解儿童——这是教育理论和实践的最重要的交接点”。① 可以这么说，不深入了解学生，不能正确地对待每一个学生，也就不可能真正地理解和实践好“最近发展区”原理。

二、“最近发展区”原理在教学实践中的运用

从“最近发展区”原理看，教学过程就是在教师引导下，不断地将学生的“最近发展区”转化为现有发展水平，向潜在发展水平提升的螺旋式向前发展的过程。“最近发展区”原理在教学实践中的运用，就是要结合不同的教学内容，根据学生的实际情况，选用适当的教学策略和技艺，引导和激励学生在知识、思维、能力、情感等方面，在现有基础上向尽可能高的程度提升，经过“最近发展区”向潜在发展水平努力，使之转变成为现有发展水平，这样循环往复，螺旋式提升发展。教师在这方面有创新的无限空间，可以采用以下一些做法。

（一）利用知识间的联系，激励学生以旧引新，获得最佳发展

初中学生在日常学习生活中，已经积累和储存了一定的知识和经验，即使对将要学习的内容和问题尚未形成明确的答案，但他们能够运用已有的知识和经验，即现有发展水平，通过知识迁移，对呈现在眼前的问题进行思考，形成合理的解释。教师要善于把他们的现实发展水平作为教学新知识的基础和生长点，引导他们利用知识的正向迁移或顺向迁移，以旧引新，达到

① ［苏］苏霍姆林斯基著，杜殿坤译：《给教师的建议》，教育科学出版社 1984 年版，第 140、245 页。

尽可能达到的发展水平，而不要简单地采用教师从外部传递、灌输的办法。

例如，学生学习了“角的平分线的性质”以后，了解了教材结构，掌握了知识的生成、发展及相互联系，理解了“以任一代无穷”的证题方法。因此学习“线段的垂直平分线的性质”时，教师引导学生回顾“角平分线的性质”的学习过程和知识结构后，演示下列动画（见图 4-17、图 4-18），引导学生对比分析，自己定义线段垂直平分线：

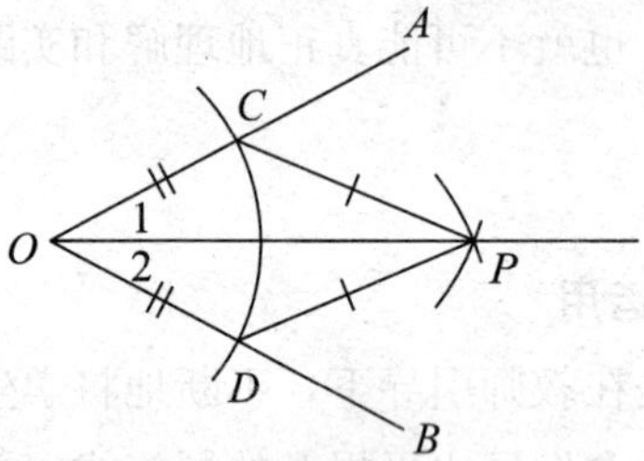

OP 平分 $\angle AOB$，$PC=PD$。

图 4-17

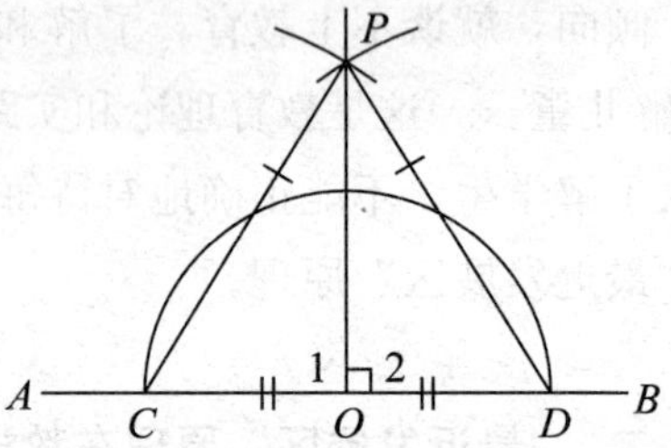

OP 平分平角 $\angle AOB$，则 $PO\perp AB$；
$OC=OD$，则 PO 平分线段 CD。
⇒直线 PO 是线段 CD 的垂直平分线。

图 4-18

揭示课题：“线段垂直平分线的性质”，并让学生自己尝试迁移和猜想，建构线段垂直平分线的性质命题和其逆命题。学生自行分析和证明性质命题：“线段垂直平分线上的点和线段端点的距离相等。”

如图 4-19，线段 AB 的垂直平分线 CD 上有无数个点，要让这无数个点都具备到线段两端点的距离相等，只需在线段垂直平分线 CD 上任取一点 P，证 P 点到 AB 两端点距离 $PA=PB$ 即可。

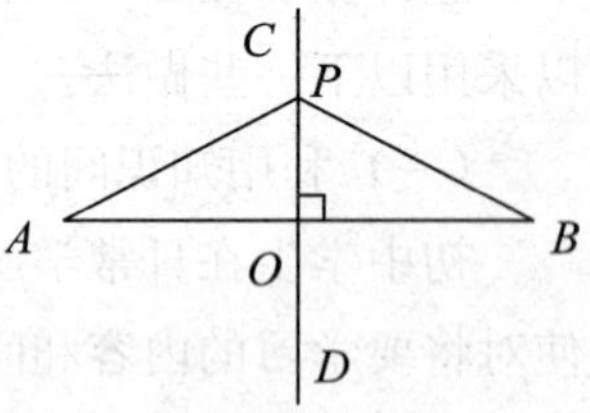

图 4-19

对如何证明逆命题“和线段两端距离相等的点在线段的垂直平分线上”（如图 4-20），学生在迁移中学会了调整，即过点 P 有且只有一条直线垂直于 AB，垂足是否为 AB 中点需证明；同样过点 P 和线段 AB 中点的直线有且只有一条，这

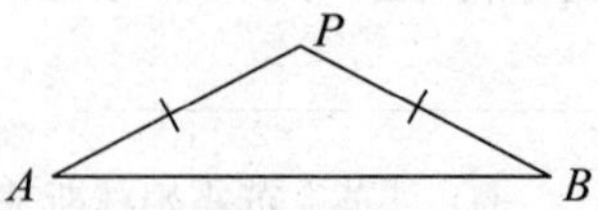

图 4-20

条直线是否垂直于 AB，也必须证明。因此获得了正确添加辅助线的方法，完成了命题的证明，生成了线段垂直平分线的性质定理和逆定理。

学习“角的平分线的性质”时，教材中的例题是，$\triangle ABC$ 的角平分线 BM、CN 相交于点 P，求证：点 P 到三边 AB、BC、CA 的距离相等。研究时，曾将该例题变式为：在$\triangle ABC$ 内，求作一点 P，使点 P 到三边的距离相等。因此，研究“线段垂直平分线的性质”的应用时，学生自然而顺利地运用已有的学习经验，迁移建构，自己提出并解决了以下问题：

（1）$\triangle ABC$ 中，边 AB、BC 的垂直平分线交于点 P。求证：点 P 到三个顶点的距离相等。

（2）在$\triangle ABC$ 内，求作一点 P，使 $PA=PB=PC$。

研究到这里时，教师觉得学生的学力还可进一步发展达到他们“最近发展区”内的最高水平，因此提出了问题：求证三角形的三条高交于一点。

学生经过独立思考，交流讨论，相互启发、补充、调整，终于学会了利用“三角形三边的垂直平分线交于一点”的结论证明“三角形的三条高交于一点”的方法，使得学生在知识、思维、能力等方面，获得了充分发展。

实践表明，知识和方法的迁移是探索、创新的重要形式之一。要培养创新人才，在课堂教学中要给学生尝试知识迁移，进行探索、创新的机会，让他们充分张扬个性，进行创新思维。

（二）通过对比、类比，促进学生获得力所能及的发展

顾名思义，就数学而言，对比、类比就是借助两个或者多个数学对象的共同属性，给新的对象引出与另有对象相似或相近的属性。学生对已知的数学对象较为熟悉，通过已知与未知的相对比、类比，可以使他们得到启发，由此及彼，进行发散思维，抵达新的认识高峰。

例如，研究平行四边形时，引导学生运用“将多边形的问题转化为三角形的问题”的研究方法，将一般四边形与平行四边形，通过分别作一条对角线和两条对角线，由原图形分成的三角形之间的关系的对比得到平行四边形的性质（见图 4-21）。

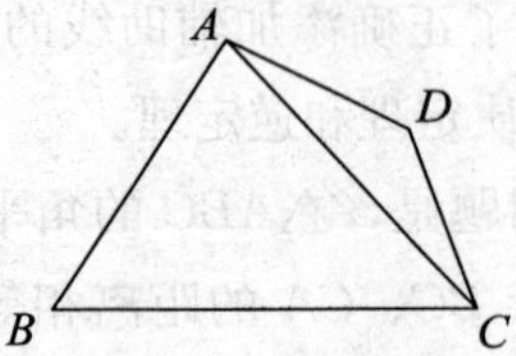

（两组对边分别平行）→

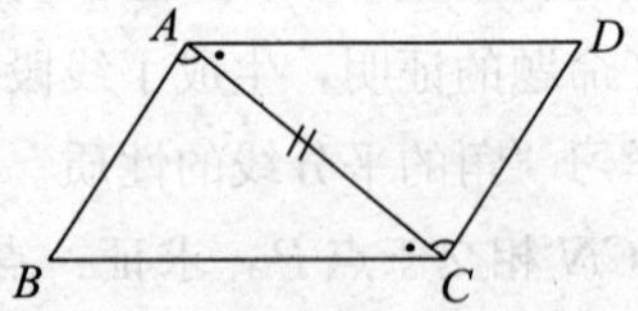

$\triangle ABC$与$\triangle ADC$不全等，不等积。

↓

一般四边形的边角之间无特殊位置和数量关系。

$\triangle ABC\cong\triangle CDA$（ASA）$\Rightarrow\begin{cases}AD=CB\\AB=CD\\\angle B=\angle D\\\angle BAD=\angle DCB\end{cases}$

$S_{\triangle ABC}=S_{\triangle CDA}$

↓

平行四边形的边、角有特殊位置和数量关系。

边：平行四边形两组对边分别平行且相等。

角：平行四边形的两组对角分别相等，有公共边的两个角互补。

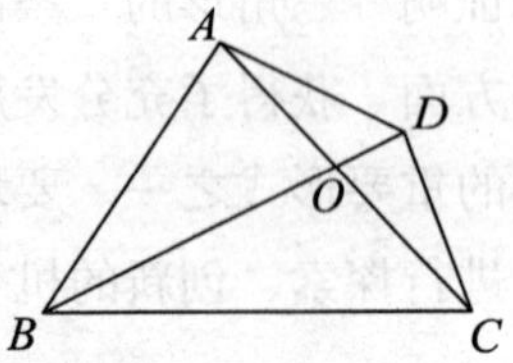

（两组对边分别平行）→

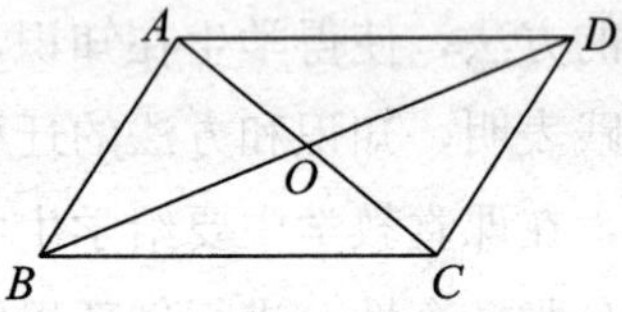

$\triangle AOD$、$\triangle BOC$、$\triangle AOB$、$\triangle COD$之间没有全等和等积关系，对角线AC、BD也没有特殊的数量和位置关系。

$\triangle ABD\cong\triangle CDB$

$\triangle ABC\cong\triangle CDA$

$S_{\triangle ABD}=S_{\triangle CDB}=S_{\triangle ABC}=S_{\triangle CDA}=\frac{1}{2}S_{\square ABCD}$

$\triangle AOD\cong\triangle COB$（$\triangle AOB\cong\triangle COD$）$\Rightarrow\begin{cases}OA=OC\\OB=OD\end{cases}\rightarrow$平行四边形的对角线互相平分

$S_{\triangle AOD}=S_{\triangle COB}=S_{\triangle AOB}=S_{\triangle COD}=\frac{1}{4}S_{\square ABCD}$

图 4-21

因此，在学习特殊的平行四边形的特殊性质时，学生就自觉地用研究平行四边形的性质的方法，将矩形、菱形、正方形与一般的平行四边形对比地研究，总结概括出矩形、菱形、正方形的特殊性质（见图 4-22）。

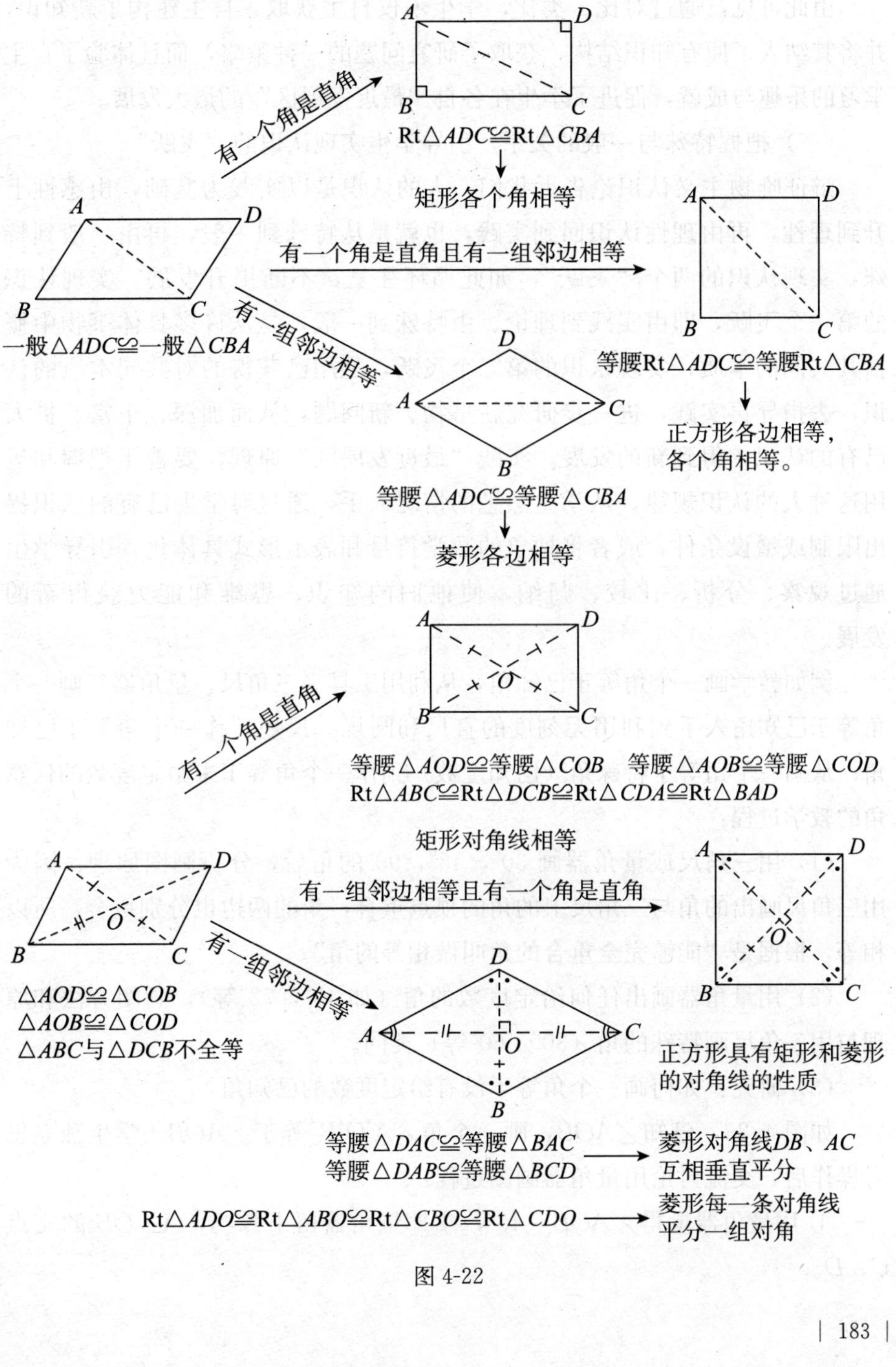
有一个角是直角
Rt△ADC≌Rt△CBA
矩形各个角相等
有一个角是直角且有一组邻边相等
一般△ADC≌一般△CBA
有一组邻边相等
等腰Rt△ADC≌等腰Rt△CBA
正方形各边相等，
各个角相等。
等腰△ADC≌等腰△CBA
菱形各边相等
有一个角是直角
等腰△AOD≌等腰△COB　等腰△AOB≌等腰△COD
Rt△ABC≌Rt△DCB≌Rt△CDA≌Rt△BAD
矩形对角线相等
有一组邻边相等且有一个角是直角
△AOD≌△COB
△AOB≌△COD
△ABC与△DCB不全等
有一组邻边相等
正方形具有矩形和菱形
的对角线的性质
等腰△DAC≌等腰△BAC
等腰△DAB≌等腰△BCD
菱形对角线DB、AC
互相垂直平分
Rt△ADO≌Rt△ABO≌Rt△CBO≌Rt△CDO
菱形每一条对角线
平分一组对角

图 4-22

由此可见，通过对比、类比，学生不仅自主获取、自主建构了新知识，并将其纳入了原有知识结构，获取了研究问题的一种策略，而且体验了自主学习的乐趣与成就，促进了学生在各自“最近发展区”的最大发展。

（三）把握特殊与一般的关系，引导学生实现认识的“飞跃”

辩证唯物主义认识论告诉我们，人的认识是以实践为基础，由感性上升到理性，再由理性认识回到实践，也就是从特殊到一般，再由一般到特殊，实现认识的两个“飞跃”，如此循环往复，不断提升发展。实现认识的第一个飞跃，即由实践到理论、由特殊到一般，是从许多具体事物中概括其共同的本质；实现认识的第二个飞跃，是用已获得的对共同本质的认识，去指导再实践，进一步研究新事物、新问题，从而加深、丰富、扩大已有的认识，得到新的发展。实践“最近发展区”原理，要善于把握和运用这种人的认识规律，从学生熟悉的情况入手，通过对学生已有的认识提出限制或增设条件，或者将抽象的数学符号和表示形式具体化，引导学生通过观察、分析、比较、归纳，使他们的知识、思维和能力获得新的发展。

例如教学画一个角等于已知角，从利用工具（三角尺、量角器）画一个角等于已知角入手到利用无刻度的直尺和圆规（尺规）作一个角等于已知角；从画一个角等于特殊角（已知度数）到作一个角等于未给定度数的任意角的教学过程：

（1）用三角尺或量角器画 30°，45°，90°的角后，分析画图原理：因为用三角尺画出的角与三角尺上的角的顶点重合，角的两边也分别重合，所以相等，根据是“能够完全重合的角叫做相等的角”。

（2）用量角器画出任何给定度数的角（如 40°，72°等），画图方法和原理与用三角尺画特殊的角（30°，60°等）类同。

（3）研究：如何画一个角等于没有给定度数的已知角：

如图 4-23，已知$\angle AOB$，画一个角$\angle A'O'B'$等于$\angle AOB$。学生独立思考操作后，交流讨论用量角器画图过程：

① 用量角器量得$\angle AOB=45°$，拿掉量角器留下弧与 OA、OB 的交点 C、D。

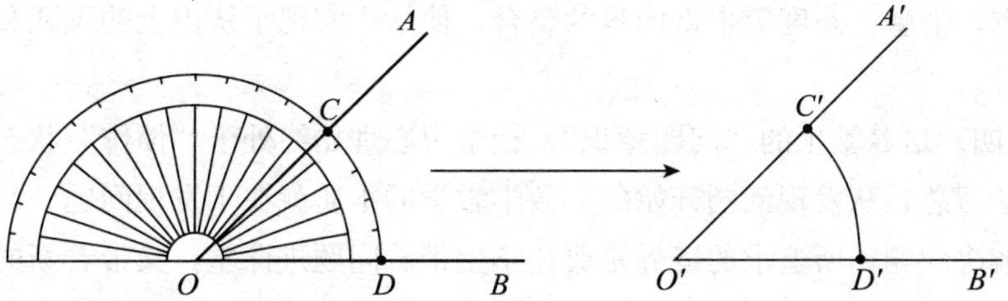

图 4-23

[引导学生将量角器和圆联系起来，量角器上的弧就是半圆弧，量∠AOB 的度数，实质是以已知角顶点 O 为圆心，量角器半圆弧的半径长为半径画弧 CD 交 OA、OB 于点 C 和 D，角的顶点与量角器圆心（中心）重合且量角器的 0°线落在 OB 上，则量角器上与点 C 重合的刻度数就表示∠AOB 的度数。]

② 画射线 O′B′，量角器的圆心与点 O′重合，0°线落在 O′B′上，点 D 落在 O′B′上的 D′处，确定了所要画的角的顶点和一边的位置，量角器上的 45°的刻度线落在点 C′上时，画出点 C′。

③ 将量角器拿掉，留下弧 C′D′，这就等于将弧 CD 移到弧 C′D′的位置，有了点 C′，则所要画的角的另一边就确定了——过点 C′作射线 O′A′，则∠A′O′B′=∠AOB 为所要画的角。

（4）进一步抽象，如果没有量角器。如何用尺规画出所示的∠A′O′B′呢？学生将量角器上的圆弧用圆规画出，即：①以点 O 为圆心，任意长为半径画弧分别交 OA、OB 于点 C、D；②作射线 O′A′，以点 O 为圆心，OC 长为半径画弧，交 O′A′于点 C′；③以 C′为圆心，CD 长为半径画弧交前弧于点 D′；④过点 D′作射线 O′B′，则 ∠A′O′B′=∠AOB，∠A′O′B′为所求作的角。

学生对自己的探究还进行了验证，相互用量角器检验所画出的∠A′O′B′是否等于已知角∠AOB。

这样的探究过程，学生经历了由一般到特殊、由具体到抽象的过程，既揭示了用三角板和量角器画一个角等于已知角的画法与用尺规作一个角等于已知角的作法实质上的一致性，又实现了含知识、技能，转化思想、对立统一观点，情感、态度等丰富内容的整合，使学生实现了认识上的飞跃和学力的提升。

（四）培养学生的“问题意识”，让学习心理始终处于“愤悱”状态

学习总是从发现问题开始的。数学教学的本质就在于发现问题、研究问题和解决问题，所追求的境界是要让学生带着问题进课堂，又带着新的问题走出课堂，处于持续的思考之中。实践“最近发展区”原理，要重视引导学生学会“在无疑处生疑”，处于不断地生疑、质疑和释疑的思考、学习过程之中。教师要在认真钻研教材和深入了解学生的基础上，善于组织教学内容，创设学习悬念，引发学生产生“认知矛盾”，把他们引入多疑、好奇的境界，激发他们积极思维，做到欲罢不能。

例如“绝对值”的教学，教师首先提供实例，设置情境，使学生产生问题，激发探求数学新概念——绝对值的内在要求。

实例 1　星期日，张老师从学校出发，开车向南行 10 千米到达狼山，步行登山后，又开车向北行 13 千米到达新华书店购书（学校、狼山、书店在同一直线上）。

（1）如果规定向南为正，用有理数表示张老师两次开车所行的路程。

（2）如果汽车每千米耗油 0.15 升，计算张老师的汽车两次行程共耗油多少升。

学生容易作答：

（1）张老师两次所行的路程方向相反，规定向南为正，则两次所行路程分别记作：＋10 千米，－13 千米。

（2）汽车的耗油量只与所行路程有关，而与行驶方向无关，故只关注所行路程的具体值，而与量的正负性无关。所以张老师的车两次共耗油：0.15×(10＋13)＝3.45（升）。

问题的解决，使学生体验到，在实际生活中有些问题只关注量的具体数值，并不关注它们所表示的意义，即与数的正负性无关。因而提出问题：向北行 13 千米，记作“－13”千米，而计算耗油量时，只考虑“13”千米，那么“13”与“－13”什么关系呢？因而必须引入新概念——“绝对值”。

……

建立了绝对值概念的代数意义和几何意义后，教师给出一组练习题，深化对新概念的理解。

练习　求下列各数的绝对值：

$-8，\frac{5}{2}，-\frac{2}{11}，100，0$。

此时，学生进一步体会到“负数的绝对值是正数”，“正数的绝对值是正数”，“0 的绝对值是 0”。产生用符号表示以上结论的想法，“若用 a 表示一个有理数，那么如何表述 a 的绝对值等于什么呢?”经过思考、讨论，一致认为需按 a 表示的数的性质分类表述：

(1) 当 $a>0$ 时，$|a|=a$；

(2) 当 $a=0$ 时，$|a|=0$；

(3) 当 $a<0$ 时，$|a|=-a$。

进一步概括为：

(1) 当 $a\geqslant 0$ 时，$|a|=a$；

(2) 当 $a<0$ 时，$|a|=-a$。

因此生成了绝对值的性质：一切有理数的绝对值都是非负数，即 a 表示有理数时，$|a|\geqslant 0$。

学生的思维不满足于这一结论，进而又有了新的问题产生：若有有理数 a 和 b，则 $|a|+|b|=|a+b|$? $|a|-|b|=|a-b|$? $|a|\cdot|b|=|a\cdot b|$? $|a|\div|b|=|a\div b|$? $|a|+|b|\geqslant 0$? 若 $|a|=|b|$，则 $a=b$ 吗? 等等。学生思维活跃，一个问题解决后，又产生新的问题，再延伸、拓展、猜想、论证，真是欲罢不能，甚至延伸到课后。

（五）设置一定梯度，把握好化解问题的适当难度

正如数学教学专家顾泠沅说的，“最近发展区”是一种“潜在的距离”，它是客观存在的，但又是以隐性的方式存在于每个学生的思维之中。教师能力、水平的高低，常常表现在对这种“潜在的距离”的感知和对学生思维反馈的敏感程度上。实践“最近发展区”原理，教师要不断增强这种敏感度，确当地设计好教学梯度，准确地把握好一定的教学难度，不断地调节“潜在的距离”，力求教学梯度和学生思维发展相协调，使学生“跳一跳、能摘

到”，产生强烈的学习兴趣和求知欲望。

例如，对于勾股定理的逆命题的讨论。

已知：如图 4-24，在△ABC 中，$AB=c$，$BC=a$，$AC=b$，且 $a^2+b^2=c^2$。

求证：△ABC 是直角三角形。

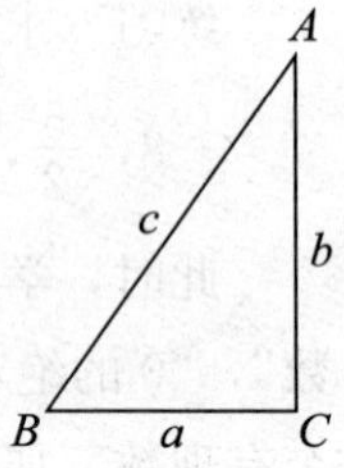

图 4-24

学生以现有发展水平证明这个命题是有困难的。一是已有的解题经验，如求得△ABC 中有两个角的和等于 90°（或直接求得一个内角等于 90°），或证明△ABC 与另一个直角三角形全等（即证明△ABC 中有一个内角等于另一个已知的直角），都无法直接用于本问题的解决之中；二是想不出如何应用已知条件“$a^2+b^2=c^2$”。但是，学生已学勾股定理，对直角三角形中的三边关系有了较深刻的认识，这是由图形的特征“直角”推出“边的关系”即“两直角边的平方和等于斜边的平方”的定理。因此，学生有潜在的发展可能，关键是通过教师的点拨、引导，建构起互逆思维的桥梁。

在学生困惑时，教师启发：同学们能否将命题中的已知条件“$a^2+b^2=c^2$”与勾股定理的结论“两直角边的平方和等于斜边的平方”联系起来，寻找解决问题的途径呢?

这一问，学生思考的方向明确了，解决问题中的“另一个直角三角形”是要自己作出来的，作出的直角三角形两条直角边必须分别等于已知△ABC 中的 a 和 b。这有效地激发了学生尝试作辅助直角三角形的兴趣，产生了积极地开展独立自主的学习实践活动。经在此基础上交流讨论，完成命题的证明：

如图 4-25，作 Rt△$A'B'C'$，使∠$C'=90°$，$B'C'=a$，$A'C'=b$，

则 $A'B'^2=a^2+b^2$（勾股定理）。

又 $a^2+b^2=c^2$，

∴ $A'B'^2=c^2$。

∵ $AB=c>0$，$A'B'>0$，

∴ $A'B'=c$。

在△ABC 和△$A'B'C'$中，

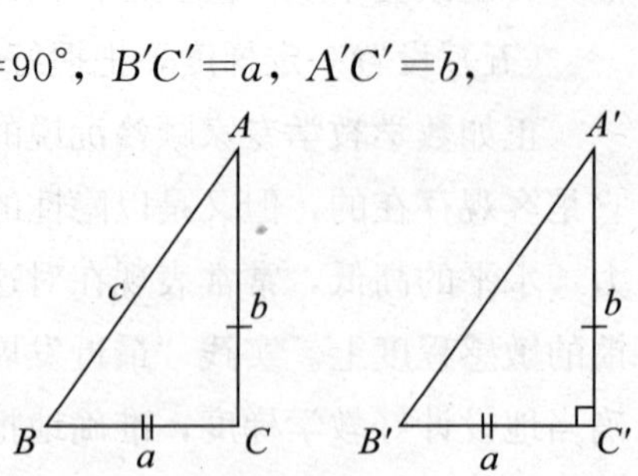

图 4-25

∵ $BC=B'C'=a$，$AC=A'C'=b$，$AB=A'B'=c$，

∴ $\triangle ABC\cong\triangle A'B'C'$（SSS）。

∴ $\angle C=\angle C'=90^\circ$。

∴ $\triangle ABC$ 为直角三角形。

这样，不仅生成了勾股定理的逆定理，而且在学生的知识经验里建构了新的认知策略和知识结构：

在$\triangle ABC$中，$AB=c$，$BC=a$，$AC=b$，

$$\underset{\text{“形”}}{\angle C=90^\circ} \rightleftharpoons \underset{\text{“数”}}{a^2+b^2=c'^2}$$

还获得了丰富的情感体验和自主探究能力的发展。

（六）激发学生的学习情感，让他们体验神往与成功的喜悦

有教育家说过，教育是人对人的主体间的灵肉交流活动。有效的教学，必定是认知和情感结合的过程，是一种有情感参与、受情感支配的认知行为和活动。而这种情感的激发，不仅仅是要利用富有情感的语言来调动学生的情绪，感染和感动他们，更重要的在于采用能使学生产生感悟的教学内容和教学方式，使课堂教学成为他们生命活动的必需，让他们留恋课堂，神往学习，自觉自由地发展。因此，实践“最近发展区”原理，要从学生的实际需要出发，随时关注他们的内心体验，给他们提供富有挑战性的学习内容，激发他们“跳一跳”的欲望，在学习过程中体验神往、成功的喜悦，进入追求自我超越的良好精神状态。

例如，“反比例函数的图象和性质”的教学片段。

首先引导学生分析反比例函数 $y=\dfrac{3}{x}$ 的解析式特征，得到自变量 x 和函数 y 的值均不可为 0 且“同号”的结论——“数”的特征，由此推断该函数图象一定不过原点且图象上的点在第一或第三象限——“形”的特征。

再引导学生列出反比例函数 $y=\dfrac{3}{x}$ 的自变量与函数的一些对应值：

x	…	−3	−2.5	−2	−1.5	−1	−0.5	0.5	1	1.5	2	2.5	3	…
$y=\dfrac{3}{x}$	…	−1	−1.2	−1.5	−2	−3	−6	6	3	2	1.5	1.2	1	…

由表中的对应值不仅验证了对解析式的分析得出的判断，并且进一步发现了反比例函数 $y=\frac{3}{x}$ 上的点的对称性质，即关于原点成中心对称。

接着，让学生亲自描点、连线，体验并评价以上的分析和判断。

在此基础上，再用列表描点法画 $y=\frac{k}{x}$，k 为其他正实数的一些函数的图象（见图 4-26）。在亲自实践的基础上，提炼概括反比例函数 $y=\frac{k}{x}$（$k>0$）的图象特征：

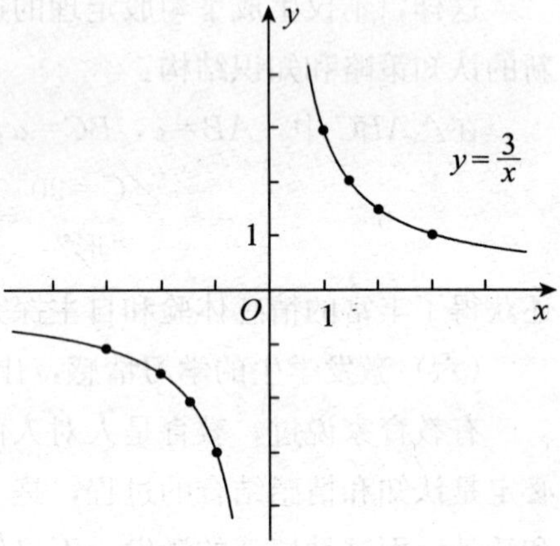

图 4-26

（1）反比例函数 $y=\frac{k}{x}$（$k>0$）的图象有两支，分别位于第一、三象限，在每个象限内，曲线自左向右逐渐下降，即在每一象限内函数 y 的值随 x 值的增大而减小；

（2）反比例函数 $y=\frac{k}{x}$（$k>0$）的图象关于原点对称。

学生体验了“数”、“式”、“形”结合，由“具体到抽象”，“分析概括”的探究方法所取得的成功，更加自觉地向新的方向“$y=\frac{k}{x}$（$k<0$）”联想、猜想、验证，自主建构反比例函数 $y=\frac{k}{x}$（$k\neq0$）的图象和性质。并且还有学生在这一探究过程中还发现反比例函数 $y=\frac{k}{x}$（$k\neq0$）不仅关于原点对称，也关于直线 $y=\pm x$ 对称，认识达到更大的发展。

总之，实践“最近发展区”原理，有利于形成学习的最佳状态，释放学生的潜能；有利于激活学生的思维，发展创新能力；有利于学生的持续发展，不断提升学力。

第五节　“互慧共进”原理

一、“互慧共进”原理的内涵要义

当今时代，人类处于各项事业迅猛发展的时期。人类社会之所以取得如此迅猛的发展，其中非常重要的原因是合作共赢。“学校小社会，社会大学校。”在学校这个“小社会”里，学生要能茁壮成长，健康发展，也离不开彼此的信赖、依存、合作和激励，“互慧共进”理应是这个时代教育教学发展的主旋律、最强音。

当然，我们也不能不看到，在当下学校这一教育场域里，在我们的课堂生活中，作为受教育者的学生，乃至作为教育者的教师，合作意识不强，共进理念淡薄，人际关系涣散，群体工作效率低下等现象或行为还较为普遍，较为严重。从学生这一头看，绝大多数是独生子女，很多人有一种自我中心、唯我独尊的优越感，不愿也不善于与他人交往与合作，在学习上表现得比较保守，不乐意把自己的学习心得、经验拿来和同学共享，唯恐他人因此超过自己；更有甚者还学会自我伪装，尽力给其他同学留下诸如自己不用功等的印象，以此“麻痹”别人，这部分学生往往嫉妒心强，容不得他人超过自己。如果说相当多的学生尚处于性格有缺陷的状态，那么，极少数学生则有了道德品质方面的残缺，如此下去，将会危及他们未来的成长和可持续发展。

联合国教科文组织在《教育——财富蕴藏其中》一书中提出“教育的四个支柱”的观点，“支柱”之一便是学会共同生活，以便与他人一道参加人的所有活动，并在这些活动中进行合作。学习是学生的主要生活方式，相应地，共同学习则是他们“共同生活”的主要方式。全体教育工作者特别是学科教师，都有责任和义务引导学生学会共同生活——共同学习，共同成长，共同进步，失此，无论我们付出怎样大的努力，取得多么好的成绩，都是不够的，甚至都是失败的。

我把上述理解或理念概括为“互慧共进”原理，这还得助于哲学家雅斯贝尔斯的启发。他在《什么是教育》中说：“教育的本质意味着，一棵树摇动另一棵树，一朵云推动另一朵云，一个灵魂唤醒另一个灵魂。”我以为，他所说的“摇动”、“推动”和“唤醒”，都是指“教育中的人”（自然也包括教师）彼此之间在知识、经验、思想和智慧等方面的相互影响，相互启迪，亦即“互慧共进”。我还以为，在今天人们普遍重视教学效率，“有效（或高效）教学”成为一种“时代话语”的情形之下，我们尤其需要强调、强化这一意识、这种理念，因为“互慧共进”恰恰是提高教学效能、优化教学生态的一个重要切入点，一条理想的“康庄大道”。

（一）发挥“议论”枢纽作用，将“对话”的益智力量渗入每个学习者的心智结构

在自学·议论·引导教学中，自学是基础，议论是枢纽，引导是关键。所谓枢纽，是指“事物相互联系的中心环节”，我们可以把它进一步理解为，师生心力、智慧等的“集结地”、“集散点”，群体的知识与经验等都在这里汇聚，也都在这里向四面八方、向每一个个体辐射。

原中央教科所教学法研究室主任刘远图教授在评价我的教学时认为，运用“议论”的方式与其说是“最为成功的”，还不如说，经由这种方式，师生、生生或生师之间的“对话”、“交往”、“合作”和“互慧”是“最为成功的”。因为在这里，每一个学生都能“出声地思维”，他的优质思维因子受到检验，得以激活，而原先潜在的思维偏误亦因而暴露，有所矫正；在这里，教学节奏适度调控，学生刚刚获得的知识有了被交流、“反刍”、体悟和内化的时空与可能，而一改师讲生听、师授生受等单向、单道的教学“常态”，一改封闭、半封闭的信息系统，使课堂拥有了更多的生机与活力，最终也使教学活动成了学生真正意义上的“自学”，成了“这个人自己的教育”；在这里，有疑则议，有难共克，“传道、授业、解惑”不只是教师一个人的事情，而成为大家“共同的工作”；在这里，学生之间没有优劣之分、尊卑之别，他们通过言语交际，彼此走进对方心灵，从而体现了民主与平等的人格精神；也是在这里，“如切如磋，如琢如磨”，教师则需蹲下身子和学生“切磋”，面对面跟学生“琢磨”，他作为学生学习的“合作者、促进者、帮助者、引导者”，作为“平等对话中的首席”等为新课程所“规定”的角色身份接受了“认证”，得到了实现……总之，在群体议论的过程中，学生在知

识上互相补充，思维方法上互相启发，学习情绪上互相激励，他们的思维活动更加活跃，认识更加深化，学习被不断地引向纵深。

值得一提的是，“议论”与“自学”、“引导”既是具有同等地位和价值的教学或学习方式，它同时还是“自学”和“引导”赖以实现的平台，得以达成的途径。这里仅就自学而言，在较早的时候，我就概括并确立了它的三种形式，其中第二种是群体议论为主的自学，第三种是个群结合、练议为主的自学。可见我对“议论”是“偏爱”有加的，并且始终不渝。从过去的朦胧，到现在的清晰，我都觉得，议论不只是个体之间的言来语往，它更是对话，是交往，是沟通，是交互的作用，而这些又都与一些经典教学理论不谋而合。如杜威将教学视为交互作用的过程，学习则是这一过程的产物；教学属于主体之间的交往行为，它不是工具性而是伦理性的行为。陶行知认为，“真教育是心心相印的活动。唯独从心里发出来的，才能打到心的深处。”①再如，教学论专家杨小微等认为，“教学交往的观点，还将教学活动视为一种对话和理解的活动，一种师生共享知识、精神、智慧和意义的过程”，“交往实践是教学活动存在的根本特征，‘没有沟通就不可能有教学’”，② 等等。从这些意义上说，自学·议论·引导教学中的“议论”，绝不只是教学组织或实施的形式，它还是一种心智的滋养方式，是一扇“敞亮心灵”的大门，是一脉抵达心灵深处的通道。

（二）融通“三环节”教学关系，激发“三结合”内蕴合力，实现“整体涌现”的最优效应

自学、议论、引导既是三种教学方式，也是课堂组织中常见的三个环节。从“环节”的角度看，我们常常是在教师引导下，先让学生充分自学；当自学力有不逮或需评价时，则进行议论；而当议论还难以解决问题时，教师则“站到台前”，加以点拨、解惑。当然；这不是固定不变的程序，它们有时可以“倒置”，而更多时候则难分彼此，浑然一体。总之，不宜硬分先后，机械执行，泥而不化，而要相机而行，灵活应变，只有这样，“三环节”

---

① 董宝良主编：《陶行知教育论著选》，人民教育出版社 2011 年版，第 268—269 页。

② 杨小微、张天宝著：《教学论》，人民教育出版社 2007 年版，第 134、255 页。

之间的关系才能融通，它们的教学价值也才能得以放大。

与“三环节”相呼应，课堂教学还有“三结合”的教学（学习）形式，即个人学习、小组学习和全班学习。它们自然也没有固定的界线、固化的程序，往往是根据课堂即时的情境、需要或现场生成的事实而变化使用的。一般情况下，在45分钟里，小组学习或全班学习占时比例较大，它们有点类似于为当下的一些课堂研究专家所乐道的“对学”和“群学”。前者“议”的成分较多，后者“引”的作用更大，当然我们也可以把这种“引”理解为更大范围内和更深层次上的“议”。

不管属于上述的哪一种情形，在教学效应方面，它们都不是“1+1=2”一类的简单累加，而表现为“整体大于部分之和”。此种效应在系统科学中被称为“整体涌现性”——若干部分按照某种方式整合成为一个系统，就会产生出整体具有而部分或部分的和所没有的东西，而一旦把系统分解为它的组成部分，这些东西便不复存在；也就是说，系统与组成部分或子系统相比有质的提升和新的飞跃，这种整体具有孤立的部分及其总和所不具有的特性，这就是“整体涌现性”。自学·议论·引导教学追求着也不断地实现了“整体涌现性”，这又在很大程度上是由“三环节”之间的融通以及“三结合”之内的统整引发的，我们也可以将它视为学生群体在知识、智力乃至智慧上的“几何级增长”。很显然，这里的增长必然大大惠及每一个个体，这里的学习就是日本著名教育专家佐藤学所说的“互惠学习”，而“互惠”恰恰是“互慧共进”最为突出也最为典型的表征。

（三）关注“互慧”特殊情形，为“人的发展”赋予丰富而崭新的时代意义

如果说“互慧”不是由我首创的一个理念或原理，那么至少可以说，自学·议论·引导教学较早地就倡导和践行了这一点；我们之所以正道直行，走得较远，原因之一也在于此。前面提及“互惠”，它与“互慧”既有联系也有区别，“互惠”更多地侧重于彼此之间在知识与能力方面给予对方以“给养”（学习科学认为，学习就是一种“知识的给养”）和支持，而“互慧”则更进一步，更高一着，它是指智慧之间的砥砺与双赢。“互惠”是“互慧”的基础，“互慧”是“互惠”的目的。

“互慧”当然主要是指生生之间的关系，但在自学·议论·引导教学中，它也有一些特殊情形，而我们尤为关注、重视以下两种情形：一是学生个体内在心智结构中的“互慧”；一是学生给予教师的“智慧回馈”，这也可以说是在教学过程中，学生对教师智慧奉献的一种“反哺”。

个体内在的心智结构其实是一个多元因素的综合体，它又可以从两个维度加以考察：第一个维度基于现代教育的基本目的，就是要把一个人的体力、智力、情绪、伦理等各方面的因素综合起来，使之和谐发展，成为一个完善的人，这在我们看来，就是学力内容的综合性；第二个维度基于多元智能，如数理逻辑智能、语言智能、人际关系智能、自我认识智能等。而无论从哪一个维度看，学生在其心灵内部都是可以“互慧共进”的。在前一个维度上，智力、情绪、伦理等因素之间是如此，如智力发展好，有利于情绪的激发和激活，反之亦然。在后一个维度上，上面涉及的几种智能之间也是这样，如好的数理逻辑智能需要好的语言智能去支撑，去呈现，发展了前者往往同时就发展了后者；再如，这两种智能在“议论”过程中齐头并进，又使得学生个体之间加强了交往，增进了感情，在无形中促进了他们人际关系智能的提高……就我个人来说，从来没有把知识习得或智力发展当作教学的唯一宗旨，也因此，在发展学生智力的同时，千方百计促成学生诸多方面的综合提高；在发展学生某一种智能的同时，也努力促成学生其他多种智能的和谐发展。这些是内隐或内在的“互慧共进”，质言之，就是人的“全面发展”。

教师是学生智慧的启蒙者、激活者、促进者，但教师也能从学生那里汲取智慧的因子。《学记》云：“教学相长”；《师说》讲：“弟子不必不如师，师不必贤于弟子”，“道之所存，师之所存”；而美国社会学家玛格丽特·米德在《文化与承诺》一书中则把人类社会划分为“前喻文化”、“并喻文化”和“后喻文化”三个时代，所谓后喻时代，指的是在某种条件下晚辈（或学生）给先辈（或教师）传授知识和培养能力的时代；等等。自学·议论·引导教学日益认识到、重视了学生对教师的促进作用，我们曾经明确地提出，数学教学在促进学生发展的同时也必将促进教师的发展。从一个角度上我们说，是学生“培养”和成就了教师，这一点在教学论的意义上是不难理喻的。因为，没有学生的存在，就没有教师存在的必要；没有一个教师的教学经验和智慧不是从教学关系中，或者更直接地说是从学生那里获取的。然而，在知识论的意义上，人们便较少认识到这一点，因而也没有给予它应有的重视，而在我的课堂里，常常有学生的认知表现或创新性思维出乎我意外的情形。教师走在学生发展之先是常态，而学生走在教师发展之前，则是我所热切期待和孜孜以求的愿景，只有这样，我们才能造就“令教师崇拜的学生”(陶行知语)，我们这个社会也才能取得较大或更大的进步。

这两种情形的“互慧”，其意义理应大大超越数学教学或数学学习本身，它实质上指向了“人的发展”，并赋予它以独特的价值。

(四) 注重“人格”全面陶冶，以“有教育的教学”提升数学课堂育人功能

与其他学科教学一样，教学生数学，就是在教学生做人。在自学·议论·引导教学的课堂中，我们秉持“互慧共进”的理念，追求“互慧共进”的效应，也可以说，我们就是在教学生学会共处，学会合作，学会与群体一道和谐发展，这其实是学生社会化进程中必修的功课，是学生人格成长过程中不可或缺的一个重要组成部分。正如陶行知先生所云：师生间共学、共事、共修养，相亲相爱，精神融洽，隔阂完全打通，才算是真正的精神交通，真正的人格教育。这也与义务教育数学课程标准的精神完全契合，2011年版课程总目标“问题解决”一栏中写明：“学会与他人合作交流”。

赫尔巴特说，没有无教育的教学，犹如没有无教学的教育。在数学课堂中，我们尽管更多地呈现的是抽象的符号，是严密的逻辑，是如罗素所说的一种“冷峻的美”，但我们也应努力地做到润物无声地进行“人格”的全面陶冶——引领学生朝着严肃认真的、严谨缜密的、聪慧睿智的个人人格迈进。除此之外，我们特别要重视陶冶或养成一种健康和谐的群体人格，也可以称之为一种“(学习) 共同体”的人格。在我们的课堂中，时有小组学习、全班学习。以“小组学习”为例，不是刻意地按照“组间同质，组内异质”等原则编成学习小组，也很少以小组的整体表现作为开展竞赛、进行评价等的依据，而更多地是以自然小组（前后四人一组）的形式呈现，更多地是以即时生成的问题（应该是课堂中“活的问题”）作为驱动因子，因而更为接近或符合作为学习科学中的一个重要概念——“学习共同体”的内在特质与

要求。把班级或课堂建成一个“学习共同体”，是我近来较为关注的一个问题。学者裴新宁说：“共同体中教师就不一定是‘专卖者’，学习者们有能力相互成为‘脚手架’。”在三十余年的探索历程中，我固然不是“专卖者”，而是学生的“脚手架”。而我作为“脚手架”的意义，又不仅体现在教师角色中，也形诸“学习者”（教师本身也应该是“学习者”）这一特定身份上。教师理应成为“共同体”中的一员，成为“互慧共进”历程中一个鲜活的因子，在这样的课堂中，教师或学科育人的功能必将得到最有力也最有效的提升。

二、“互慧共进”原理在教学实践中的运用

（一）强化“最好的学是教”的理念，鼓励“先进”携手“后进”

当代学生由于受社会畸形竞争等因素的影响，容易产生封闭和保守的心理。教师有责任引导他们走出这样的心理误区。可以适时地向他们宣讲有关“合作创造共赢”的名人故事和经典名言。如卡耐基说：“一个人的成功15％靠他的专业技术与创造，85％靠他的人际关系。”学生的心灵往往具有较强的可塑性、“尚优”（崇尚优秀）性，教师循循善诱，晓之以理，常常能使他们走出封闭和保守，走向开放与创新。

有一句话，叫“最好的学是教”。这是很有道理的。因为“教”是自我的一种重新历练，是自我的一种高效复习；“教”的人不仅要知其然，还要知其所以然，这有利于他从表象思维走向深度思维，从混沌状态走向明晰心境；“教”的人既要掌握所教内容的直接知识，还要了解与其相关的周边知识，只有当他拥有了相对较广的视野，他才能胜任“教”的职责……我不时把这样的道理讲给优秀学生听，促使他们以“教”带“学”；我还仿照陶行知先生发明的“艺友式”学习活动组织模式，“会的教人，不会的跟人学”。优秀学生起初往往要经过教师提醒、点拨才去“教”人，经过一段时间，他们便“习惯成自然”了，一旦感到周围有同学需要“教”，便主动、热情和不厌其烦地向其伸出援手；到了后来，有些优生甚至感觉到，这成了自己的一种内在需要，“教”会了别人，自我也有成就感和自豪感。这样的学生一多，班级的学习氛围越来越浓郁，人际关系越来越融洽，具备“教”的能力的同学——优秀学生越来越多，大家也越来越笃信“最好的学是教”的

道理。

例如教学“由一个二元二次方程和一个可分解为两个二元一次方程的方程组成的方程组”时，学生通过“由一个二元一次方程和一个二元二次方程组成的方程组”的学习，已掌握了解简单的二元二次方程组的基本思想和一般方法，所以学习新课时，教师首先和学生共同回顾了解简单的二元二次方程组的“转化”思想和根据方程组的特点常选用的转化方法，而后给出两个方程组：

(1) $\begin{cases} x^2+y^2=20, \\ x^2-5xy+6y^2=0; \end{cases}$　(2) $\begin{cases} x^2+2xy+y^2=9, \\ (x-y)^2-3(x-y)+2=0。\end{cases}$

让学生独立解以上两个方程组。学生运用已有的经验和方法，顺利地解完方程组，并且许多学生不满足于求出方程组的解，还主动与小组里的同学交流解题思路、步骤、根据和结果，有的还主动上黑板板演，向全班同学交流自己的思路和方法。

教师给予了积极评价后，为了让学生们熟练掌握这种特殊的二元二次方程组的解法，于是又给出一个方程组让学生求解：

(3) $\begin{cases} x^2+y^2=34, & ① \\ xy=15。 & ② \end{cases}$

在学生独立解完后，全班交流。

教师首先提问：根据这个方程组的特点，同学们运用了哪些方法将其“转化”，求得方程组的解？

有学生说：我将①$+2\times$②得到 $x+y=8$ 或 $x+y=-8$ 后，将原方程组转化为两个“由一个二元二次方程和一个二元一次方程组成的方程组”，即

$\begin{cases} x+y=8, \\ xy=15; \end{cases}$　$\begin{cases} x+y=-8, \\ xy=15。\end{cases}$

有学生说：我将①$+2\times$②得到 $x+y=\pm 8$，

①$-2\times$②得到 $x-y=\pm 2$。

这样原方程组转化为四个二元一次方程组：

$\begin{cases} x+y=8, \\ x-y=2; \end{cases}$　$\begin{cases} x+y=8, \\ x-y=-2; \end{cases}$　$\begin{cases} x+y=-8, \\ x-y=2; \end{cases}$　$\begin{cases} x+y=-8, \\ x-y=-2。\end{cases}$

教师听了以后很高兴，想进一步鼓励学生积极的学习态度和学习成果。于是问：对于这个方程组，只用了一种方法解的同学请举手！（少数学生举手）用了两种方法解的同学请举手！（多数学生举手）这时教师发现有少数几个学生未举手，故耐心地问："你们是不是还不会解？""不是！我是用了三种方法解的！"教师和其他学生都感到惊讶了！凭固有经验，就是这两种解法呀！哪有第三种解法呢？这位学生继续说：我把②式平方，得 $x^2y^2=225$③，将原方程组转化为：

$$\begin{cases}x^2+y^2=34,\\x^2y^2=225,\end{cases}$$

再把 x^2、y^2 看作方程 $m^2-34m+225=0$ 的两实根，解得

$$\begin{cases}x^2=25,\\y^2=9\end{cases}\text{或}\begin{cases}x^2=9,\\y^2=25,\end{cases}$$

解这两个方程组，得原方程组的解：

$$\begin{cases}x_1=5,\\y_1=3;\end{cases}\quad\begin{cases}x_2=5,\\y_2=-3;\end{cases}\quad\begin{cases}x_3=-5,\\y_3=3;\end{cases}\quad\begin{cases}x_4=-5,\\y_4=-3;\end{cases}$$

$$\begin{cases}x_5=3,\\y_5=5;\end{cases}\quad\begin{cases}x_6=3,\\y_6=-5;\end{cases}\quad\begin{cases}x_7=-3,\\y_7=5;\end{cases}\quad\begin{cases}x_8=-3,\\y_8=-5。\end{cases}$$

共有 8 个解。

"怎么会多出了四个解的呢？这种解法对不对？"学生在赞扬这位同学灵活运用一元二次方程根与系数的关系解二元二次方程组的同时，也一起研究为什么会多出四个解的问题。"我明白了原因！"一位学生站起来说，"解方程组的过程中，方程②两边平方了，因此求得方程组的解之后，必须代入方程②检验，所以，x、y 必须取同号的值，必须舍去异号的四个解！"这时全班学生豁然开朗，不仅掌握了解这类特殊的二元二次方程组的一种解法，而且加深了对方程同解原理的理解。

在这个学习活动过程中，学生表现出的自觉、积极和主动的精神，正是学生"互慧共进"的生动表现。

（二）调动发散思维积极性，倡导多向思路共同呈现

绝大多数初中数学题答案具有唯一性，这不等于说获得答案的途径也是

唯一的，常常是“条条大路通罗马”。教师要注意培养学生的收敛思维，在探求正确答案的过程中砥砺自我的求真精神；也要倡导和着力培养学生的发散思维，让他们围绕一点作“扇形”乃至“圆形”的“思维出击”。有时候还要倡导学生独辟蹊径，标新立异，甚至敢于“胡思乱想”。著名教育家吕型伟先生说：“胡思乱想与奇思妙想是孪生兄弟。”毫无疑问，发散思维之中必然会有一些相对劣质的“思维产品”，甚至有一些歧途和谬见，但这并不要紧。理由至少有二：其一，“吃一堑，长一智”；其二，有比较才有鉴别，在具体的“思维产品”面前，学生会逐渐养成敏锐的鉴别力，逐渐学会趋优避劣，择优汰劣。

让学生进行和呈现发散思维，交流他们的多向思路，这还有点类似于学习科学中的“拼图法”。所谓“拼图法”，就是“先发展学生在较大任务中的不同方面的专长，一旦他们掌握了这个方面的专长，就可以采用交互式教学的方式，与掌握了其他专长的小组成员共享学习到的东西”①。某一个内蕴着较为丰富的发散思维可能的问题就像这“较大任务”，而学生的某一种思路或思维图式就如为他们个体所拥有的“专长”，每一个人都带来自己的“专长”，开展交互式教学（学习），那么，他们所获得的就不是“两只苹果”，而一定是两种或者更多种智慧。

例如，在数学习题课上，教师提出了如下问题。

已知：在直角坐标系中，一次函数 $y=-\frac{\sqrt{3}}{3}x+2$ 的图象分别与 x 轴、y 轴相交于点 A、B（见图 4-27）。

（1）求 $\angle BAO$ 的正切值；

（2）若以 AB 为一边的等腰 $\triangle ABC$ 的底角为 30°，试求点 C 的坐标。

（1997 年常州市中考试卷第 36 题）

学程（教程）如下。

首先让学生独立审题、解题，而后交流研究过程及研究结果。

---

① 裴新宁著：《面向学习者的教学设计》，教育科学出版社 2005 年版，第 187 页。

问题（1）易解决，画出一次函数 $y=-\frac{\sqrt{3}}{3}x+2$ 的图象后，求得点 A 和点 B 的坐标，由点的坐标的几何意义知 $OB=2$，$OA=2\sqrt{3}$，根据正切函数定义求得 $\tan\angle BAO=\frac{OB}{OA}=\frac{2}{2\sqrt{3}}=\frac{\sqrt{3}}{3}$。由于 $\angle BAO$ 的正切值是学生熟悉的一个特殊值，所以学生解决问题（1）后，便得知 $\angle BAO=30°$。

对问题（2）的研究，各具个性，思维五彩缤纷，令教者欣慰不已！

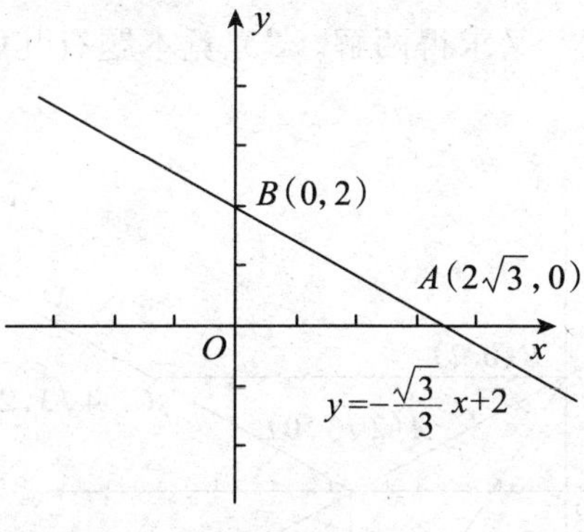

图 4-27

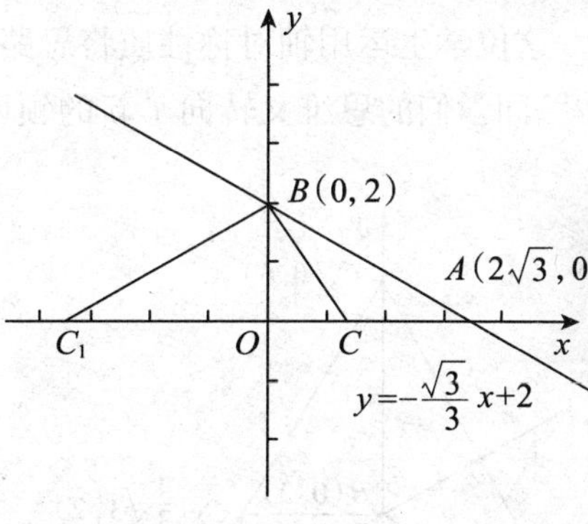

图 4-28

有学生从“AB 为等腰△ABC 的一边，底角为 30°”入手考虑，有两类情况。一是 AB 为底边，正好底角 $\angle BAC=30°$，故以 BA 为一边作 $\angle ABC=30°$，交 x 轴于点 C（见图 4-28）。

此时 $\angle BCO=60°$。由 $\cot\angle BCO=\frac{OC}{OB}$ 得 $OC=\cot 60°\cdot 2$，所以 $OC=\frac{2\sqrt{3}}{3}$，故点 C 坐标为 $\left(\frac{2\sqrt{3}}{3}，0\right)$。

二是以 AB 为一腰，由 $\angle BAC=30°$ 知，以 B 为圆心，BA 长为半径画弧交 x 轴于点 C_1（见图 4-28），易得 C_1 坐标为（$-2\sqrt{3}$，0），因此认为本题答案为两解。

显然这位学生思维过程中，初具分类思想，但思维尚缺乏完整性、严密性。

有学生立刻否定自己同学的结论，抢答道：“不对，四解！”接着讲解自己的思维过程：以 AB 为底边，得到点 C 后，点 C 关于 AB 的对称点 C_2 也符合条件（见图 4-29），以 B 为圆心，BA 长为半径画弧与 y 轴交点为 $C_3(0,6)$ 也符合条件，由 $\angle OBA=60°$，$\angle C_2BA=30°$，得 $\angle C_2BO=90°$，所以 $BC_2 /\!/ x$ 轴，作 $C_2H\perp x$ 轴于点 H，在 $\mathrm{Rt}\triangle C_2HA$ 中，$C_2H=2$，$\angle C_2AH=60°$，可求得 $AH=C_2H\cdot\cot 60°=\frac{2}{3}\sqrt{3}$。所以 $OH=OA-AH=\frac{4}{3}\sqrt{3}$，所以点 C_2 坐标为 $\left(\frac{4}{3}\sqrt{3},2\right)$。所以本题有四解！

这位学生运用轴对称性质将思路拓宽，又求得两解。“究竟本题有几解呢?”同学们的思维又转向了新的领域。

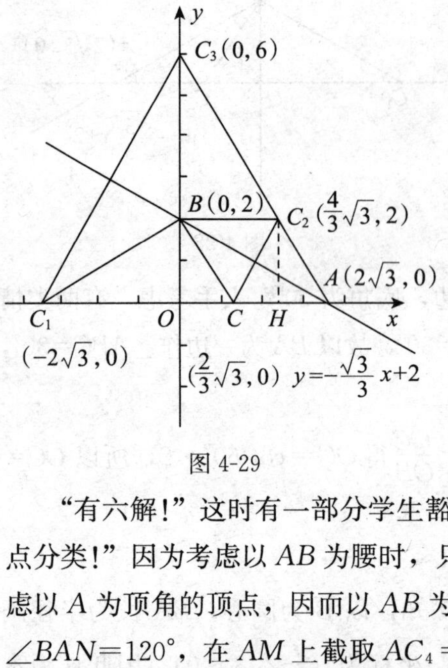

图 4-29

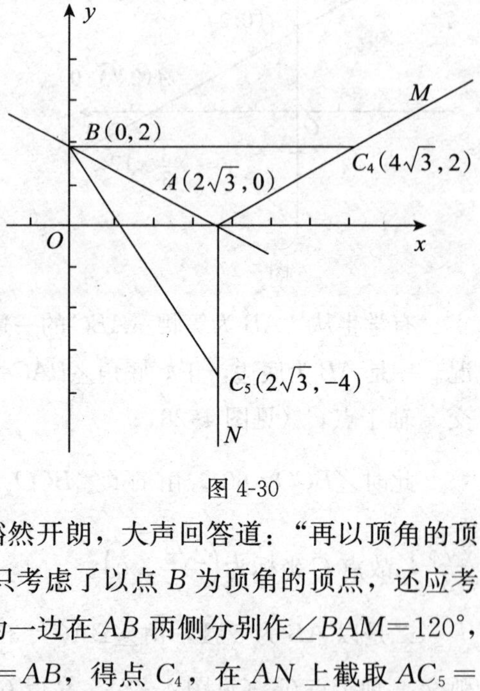

图 4-30

“有六解!”这时有一部分学生豁然开朗，大声回答道：“再以顶角的顶点分类!”因为考虑以 AB 为腰时，只考虑了以点 B 为顶角的顶点，还应考虑以 A 为顶角的顶点，因而以 AB 为一边在 AB 两侧分别作 $\angle BAM=120°$，$\angle BAN=120°$，在 AM 上截取 $AC_4=AB$，得点 C_4，在 AN 上截取 $AC_5=AB$，得点 C_5（见图 4-30），易求得 C_4 坐标为 $(4\sqrt{3},2)$，C_5 坐标为 $(2\sqrt{3},-4)$。所以本题应有六解。

学生们交流各自思维过程和思维结果的过程，不仅是培养学生的发散思维能力和完善各自思维品质，获得完整的知识的过程，也是相互不断激发学习兴趣，不断增强学生的自主性和能动性的过程。苏联教育家苏霍姆林斯基认为，所谓课上得有趣，这就是说，学生带着一种高涨的、激动的情绪从事学习和思考，对面前展示的真理感到惊奇甚至震惊；学生在学习中意识和感觉到自己的智慧力量，体验到创造的欢乐，为人的智慧和意志的伟大而感到骄傲。教师的引导作用在于导向、点拨、激励、解惑。当学生的思维在交流过程中发展到以上地步时，既沉浸在自己通过手脑的协同活动获得“发现”的成功的喜悦之中，不禁也产生了困惑：“怎样才不会漏解呢?”

这时教者引导学生反审认知，回味解题的思路，进行归纳总结：以分类的思想方法解本题，第一次分类的标准是，AB 为底或为腰，故有两种情况。对每种情况进行第二次分类，当 AB 为底时，再以顶点 C 与 AB 的位置关系来分类，有两种情况，即点 C 可在 AB 的两侧；当 AB 为腰时，再以点 A、B 分别为等腰三角形的顶角的顶点来分类，又有两种情况，此时每种情况下点 C 又有在直线 AB 两侧（即再按点 C 与直线 AB 的位置关系进行第三次分类）两种情况，故共有六种情况，使学生进一步掌握了分类的思想方法。

进而，教师进行展望性引导，提出本题实质是轨迹问题，点 C 是具有某种性质的点的轨迹的交点。若以“交轨”思想来解答本题，可避免漏解，请同学们继续研究。当教师对问题的前景进行了描述，引导学生对它发生兴趣，使学生的思维方向明确后，必然激发了学生解决问题的主体意识，教师又把达到这一前景的途径、方法、依据留给学生自己去研究解决（当然是力所能及的），这就提供了学生积极、主动、自觉地去探索创造的机会，于是学生获得了新的学习成果（如图 4-31）。

（1）AB 为底边时，顶点 C 在 AB 的垂直平分线 l 上，由于 $\angle BAO=30°$，所以 l 与 x 轴的交点为所求的点 C_1，点 C_1 关于 AB 的对称点 C_2 也为所求。

（2）AB 为腰时：

① A 为顶角顶点时，以 A 为圆心，AB 为半径作⊙A，以 AB 为一边，在 AB 两侧分别作 $\angle BAC_4=\angle BAC_5=120°$，交⊙$A$ 于点 C_4、C_5，则点 C_4、C_5 为所求。

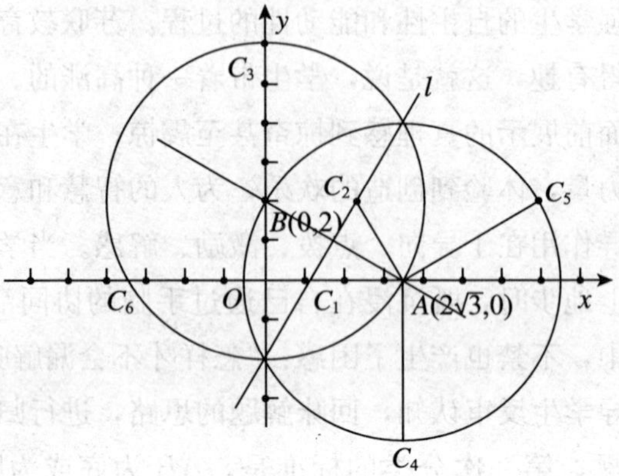

图 4-31

② B 为顶角顶点时，以 B 为圆心，BA 为半径作⊙B，分别交 x 轴、y 轴于点 C_6、C_3。因为$\angle ABC_3=120°$，所以 C_3 为所求；因为$\angle BAO=30°$，所以点 C_6 也为所求。

故本题符合条件的点 C 有六个。

显然，这种学习的结果，学生不只是获得了问题的完整解答，更重要的是获得了更多的智慧。

（三）给予“试错”机会，引领共同“历险”

很少有人喜欢“错误”，但实际上，人类在认识和探索世界的过程中，必然会遭遇许许多多、这样那样的错误。波普尔认为，人类的认识过程就是一个“试错”的过程。错误并不总是零价值或负价值的，有些错误还是重要的学习资源、课程资源，用郭思乐教授的话说，就是“高水平的错”。著名小学数学特级教师华应龙有“融错教育论”，他说：“‘错得好’是我课堂中经常有的‘口头禅’。”正如怀特思德所说：“畏惧错误等于毁灭进步。”我还以为，“珍视错误”往往便等于走向成功。就我个人而言，有时也很“喜欢”学生的“错误”，甚至在他们不会犯错误的时候或地方，适当制造一点思维“麻烦”、“陷阱”，使他们“犯错”，这就是我的“引导七法”中的一法——“诱误引导法”。我曾提出，“无错之课即‘错课’”，应该说这也是有道理的。试想，如果我们的课堂总让学生一帆风顺，轻易过关，那么又怎能给他们一定的“理智挑战”（钟启泉语）呢？

所以，我不会（刻意）回避学生的错误，回避有可能导致他们“犯错”的情境，还常常给予或创设“试错”的机会，让他们共同进行思想、智力或学习上的“历险”。错误也如学生认知路途中的一座险峰，登上或越过它，他们就会一同领略“一览众山小”的“智趣”——激发与提升智慧的乐趣。

例如，针对学生学习过程中容易发生的错误，选编一些题目，有意制造一些“陷阱”，让学生解错，然后要求学生自己总结经验教训，从而引发学生深入思考。

如学生在解无理方程时，对验根的必要性认识不足，往往错误地认为求得的未知数的值是比较简单的数，尤其是整数时，大概不会是增根；是复杂的数时，总是增根的多，因而不去验根，仅根据解是简单的数还是复杂的数来判定是否为增根。此时，教师可给出解是简单的整数然而却是增根，解虽是复杂的数值但不是增根的两种方程的情况后，再引导学生验根，从事实中吸取教训，防止今后再出现类似的错误。

例如，学生在解一元二次方程与二次函数的综合题时，往往疏忽一元二次方程根与系数的关系定理，导致解题错误，因此提供了这样的练习题：

t 是实数，若 a、b 是关于 x 的一元二次方程 $x^2-2x+t-1=0$ 的两个非负实数根，求 $(a^2-1)(b^2-1)$ 的最小值。

学生凭自己的经验，认为这道题是检查一元二次方程的定义（$a\neq0$）、根的判别式定理及二次函数的性质的应用的。

因此很快由 $\left.\begin{cases}\Delta=4-4(t-1)\geqslant0\Rightarrow t\leqslant2\\ \left.\begin{aligned}&a+b=2\\&ab=t-1\end{aligned}\right\}\Rightarrow(a^2-1)(b^2-1)=t^2-4\end{cases}\right\}\Rightarrow t=0$ 时，$(a^2-1)(b^2-1)$ 有最小值为 -4。

当老师给结果打“×”时，学生由惊奇到深思，终于发现审题时只注意了“两个”实数根，而遗漏了“非负”两字，即少了“$ab\geqslant0$”的条件，所以由题意应得 $\begin{cases}t\leqslant2\\t\geqslant1\end{cases}$，所以 $1\leqslant t\leqslant2$。二次函数 $y=t^2-4$ 当 $t>0$ 时，y 随 t 的增大而增大，因此当 $1\leqslant t\leqslant2$ 时，t 取最小值 1 时，$y_{最小}=1^2-4=-3$，即 $(a^2-1)(b^2-1)$ 的最小值为 -3。

思维发散到这里时，自然而然又有学生产生了联想，提出新的问题并求得答案，即当 $t=2$ 时，$(a^2-1)(b^2-1)$ 有最大值 0。

由此可见，学生由错→正确→拓展，不仅强化了对知识的理解和运用，而且优化了学习品质，完善了知识结构。

（四）承认差异的客观存在，力助个体成为“最好的自己”

“互慧共进”是自学·议论·引导教学的一种原理，其实也是一种策略。作为一种策略，它不仅具有教学论意义，而且也具有伦理性价值。因为它秉持着“一个都不能少”的理念，让每一个个体都不是学习或合作的“边缘人”，都取得进步，从而有效地实现、达成课堂的公平。但“互慧”不等于并驾齐驱，“共进”也不是“齐步走”、“一刀切”，如果我们要求每一个个体都达到或保持同一个较优的水平，那么无论是对于禀赋优异者，还是对于资质平平者，都是不利的，也是不公平的。佐藤学先生强调，相互学习的教室只能从相互尊重差异的教室当中产生出来。学者裴新宁也认为，要让学习者认识到尊重和珍视共同体中差异的重要性。他们所说的“差异”当然不仅仅指学习风格等方面的差异，也指个体所能达到的水平、水准。事实上，没有学生认知与发展水平之间适度的“落差”，就没有“互慧共进”的动力、可能乃至必要。

我们承认差异的客观存在，我们有一条原则，“下要保底，上不封顶”；我们有一个追求，全体“达标”基础上的大多优秀、部分优异；我们有一种愿景，让每一个个体都首先成为“较好的自己”，最终成为“最好的自己”……因此在课堂上，常常会出现这样的情形，对于某一个（些）数学问题，部分学生能自探新路，有所创新；部分学生能理解、掌握；还有部分学生虽然不能创新，也难以理解，却也置身其中，对这一知识发生过程有所阅历，有所了解，有所感知。我以为，这样的教学场面也是“互慧”的景象，是“共进”的生态。

例如，学习等腰三角形的性质，当研究到“等边对等角”的性质反映了同一三角形中由边的相等关系转化为角的相等关系时，有学生的思维转向了“反过来”，提出命题：“在同一三角形中，等角对等边”；有学生的思维由研究“相等”关系又拓展到了研究“不等”关系，提出命题：“在同一三角形中，大边对大角，大角对大边”。接着，围绕提出的命题的真假性展开小组的、全班的议论。通过相互启发和补充，不仅证明了命题，而且理清了知识间的逻辑结构，形成了同一三角形中的边、角关系：

在同一三角形中

等边对等角 $\xleftrightarrow{\text{（互逆）}}$ 等角对等边

大边对大角 $\xleftrightarrow{\text{（互逆）}}$ 大角对大边

此时又有少数学生提出，在两个三角形中，边、角之间是否也存在这样的关系呢？

显然，学生思维能力、思维水平、思维的积极性存在明显的差异，但通过交流讨论，互助合作，是能达到“互慧共进”，各自获得最大发展，成为“最好的自己”效果的。

综合上述五节内容，本章论述的五个基本原理，是围绕学习主体，提出课堂教学要处理好的五个关系：“自主建构”原理是讲学习主体与学习内容的关系，“以学论教”原理是讲教与学亦即教师与学生的关系，“情智相生”原理是讲学习主体自身学习条件两种构成因素的关系，“最近发展区”原理是讲学习主体生成发展过程中阶段之间的关系，“互慧共进”原理主要是讲学习主体之间即生生之间的关系；阐述了自学·议论·引导教学对处理好这五个关系的基本思想、原则及其运用。这既体现了上一章自学·议论·引导教学的核心理念，同时也是构建自学·议论·引导教学操作范式的原则，其基本精神贯穿于自学·议论·引导教学的各个基本环节、主要课型和各个操作要点。

第五章
自学·议论·引导教学的课堂实施

自学、议论、引导是教学的三个重要环节。独立自学是基础，群体议论是枢纽，相机引导是关键。但自学、议论、引导又不仅仅是教学的环节，它们更应是教学的基本理念。“学”与“教”、“教”与“学”不应过分强调先后关系，它们常常是“相伴”而行。教师通过引导实施教；生生间、师生间在议论中互相启发、帮助，互相评价、激励，实现互教互学，即“在教中学”、“在学中教”，难以区别学与教的先与后。同样，自学、议论、引导三者既不是孤立的，而是互为依托、相辅相成、融为一体的；也不是静止的，而是动态发展的，并且贯穿于教学全过程。

自学·议论·引导教学包括四种基本课型：自学课、交流讨论课、习题课和复习课。这四种课型既有其独特的任务，又有其内在的联系。自学课是学生集中获得信息和准备输出信息的阶段。交流讨论课是使教学系统全部开放，各种信息及时得到反馈的阶段，是使自学·议论·引导教学带有显著特色的课型。习题课和复习课是自学课、交流讨论课的继续和延伸，是全面完成单元和整体教学任务的保证。四种课型又是相互渗透、相互联系的，往往自学课中有交流讨论、练习，练习课中又有自学、交流讨论，交流讨论课中也有自学和练习。四种课型没有固定不变的程式，应视教学实际情况灵活运用。在起始阶段，为培养学生的基本阅读能力，常常先上自学课，后上交流讨论课或习题课等。当学生具备了基本阅读能力时，又常常先上带有探索性的交流讨论课，而后上自学课，或把深入研究、复习教材作为一个课外作业。这四种课型的课也不是所有的单元都要上全，有时只需将其中的一两种课型融为一体，结合进行。

自学·议论·引导教学不是为了印证某一理论而做的验证性实验，也不是简单的从理论到实践，而是依靠自己坚守教学一线，进行开创性的实验探讨，经过了从实践到理论、再从理论到实践的多次循环往复、螺旋上升的过程。从课堂教学的案例做起，坚持了三十多年，与国内的许多教改课题相比起步更早，坚持更久。实施自学·议论·引导教学要突出五个操作要点：一是重组教材内容，实施单元教学；二是完善学程规划，挖掘主体潜能；三是坚持个人学习、小组学习、全班学习的“三结合”，力求最佳匹配；四是遵循发展规律，提升自学能力；五是创设适宜情境，构建和谐关系。自学·议论·引导教学的前瞻性、包容性很强，“自学”、“议论”、“引导”这些朴素的概念却涵容了生本理念、合作思想、教师引导等诸多教与学最本质的问题，后来的自主学习、合作学习、探究学习、先学后教、活动教学等诸多教学方式也都在自学·议论·引导教学中得到了很好的印证。

第一节 自学·议论·引导教学的基本环节

自学·议论·引导教学包括以下三个基本环节。

一是独立自学。学生调动自己的各种感官，以思维训练为核心，独立地开展学习活动。自学有“阅读”、“倾听”、“演练”、“操作”、“笔记”等形式，关键是学生的积极思维和独立思考。

二是群体议论。即学生与学生、学生与教师间开展小组或全班的交流讨论，它是合作学习的基本形式，也是合作学习的主要形式。教师通过议论形式推动合作学习，革除了教学中信息单向传输的弊端，突破了师生双边活动的局限，建立了多向的合作交流。

三是相机引导。教师运用点拨、解惑、提示、释疑的方法，通过创设合适的情境，生成课题，激发研究兴趣，明确研究内容和研究方法；或是根据学生学习中出现的问题，进行启发性的描述，使学生能够仿效和借鉴；或对有关问题的前景进行生动的描述，使学生打开眼界，拓宽思路；或是列举出一些矛盾的现象，选编一些容易发生错误的习题，让学生在实践中总结经验教训；等等。引导使学生自学有内驱力、有内容、有方法，使议论有序、有激情、有见地、有深度，最终使课堂学习达到课程学习目标。

这三个环节，“独立自学”是基础，“相机引导”是前提，“群体议论”

是枢纽。三者相辅相成，融为一体，贯穿着教学全过程。

一、课堂教学中的自学

从20世纪70年代末开始，我们就把自学引进了课堂，其核心思想是还给学生学习的主动权，保证学生有自主学习的时间和空间。在长期的教学实践过程中，我们对自学的理解和认识也在不断地深入和提高。

（一）自学的基本要义和主要过程

1. 自学的含义

现代教学论中的“自主学习”的概念和“自学”可以说是同一个概念，但是“自主学习”更强调发挥学生的主体能动性和积极创造性。学生的自学是在教师引导下，积极、主动、自觉地独立思考，从信息源各种载体和交往中获取信息而内化的过程。在这一过程中，关键在于积极思维，要采用多种手段调动学生各种感官进行看、听、问、记、议。“看”，看教科书、参考书、音像资料等；“听”，听教师的讲解、同学的发言、广播等；“问”，提出问题，主动求教于他人或书报杂志等；“记”，整理纲目要点、笔记；“议”，积极主动地与同学、老师交流学习信息，用规范化的数学语言（包括书面语言）表达所获取的知识及其形成过程，表达自己的学习、思考方法以及反思回顾的内容，等等。

对“自学”，我们不能简单地理解为就是让学生自己去学，一放了之。没有学习内驱力，没有目标要求，没有方法指点，自学必然流于形式，达不到自学的目的。也不能机械、片面地理解学生的“学”，以为只有让学生先看书，或者先学教师设计的教案、先做教师布置的问题等才叫做自学或“先学”。学的动力来自自身的积极性，学的核心是思维，学的途径和方法也是多种多样的；否则，在纯演绎式的学习活动中，学生还是被动的，主体的创造积极性难以发挥和发展，因此不能实现真正意义上的自学。

我们所说的“自学”包含两个基本要义：一是把学习主动权还给学生，让他们自觉自主地学习，乐于学习，具有良好的学习精神；二是让学生学会学习，善于学习，具有较强的学习能力，包括良好的学习品质、学习习惯和学习方法，核心是要有好的思考能力和创新能力。这两个要义互为因果、互相促进。

例如，学习“用函数观点看一元二次方程”，学生在教师引导下通过独立阅读教材、思考演练以及相互交流讨论，获得了书本上的知识。这就是学生对本课题的自学。

接着，学生又不停滞于对课本的阅读而自主引申、拓展，研究了如何利用二次函数 $y=ax^2+bx+c$ 的图象和 x 轴的位置关系解一元二次不等式 $ax^2+bx+c>0$ 和 $ax^2+bx+c<0$，如何运用一元二次方程 $ax^2+bx+c=0$ 根的判别式 Δ 判断二次函数 $y=ax^2+bx+c$ 的图象与 x 轴的位置关系，等等。初步体验并建立了二次函数与二次三项式、一元二次方程以及一元二次不等式的内在联系。这就是学生在教师引导下的自主学习。

自主学习彰显了学生的个性特征，学生的智慧潜能在自主学习中方能得以充分发挥，焕发出创造的才能，激发出创造的热情。将教材内容化为问题的形式让学生先学、先做，后讨论或教师讲解，这还是一种“牵引式”或“问答式”的自学，难以达到自主学习的效果。学生也只有在自学的过程中，自觉体验、感悟、总结，形成适合自己实际的学习方法，激发出学习的内驱力，才能实现自主学习。

我们认为，学生只有在教师的引导下才能实现有意义、有质量、有效率的自学。所谓教学，应该是“启发学生学，教会学生学”。学生是在教师引导下自己学会，在学会中达到会学的，在会学中既习得知识和技能，又掌握过程和方法，更发展情感。自学·议论·引导教学既强调学生的自学和学生学习的主体作用，又始终坚持发挥教师的积极引导作用。外因对学生自主学习的内需的激发也很关键。所以在课堂学习中，教师要充分地、智慧地发挥引导作用，促进学生的自学活动向自主学习活动提升。

在自学·议论·引导教学课堂中，一般有三种水平的自学活动，第一种水平是“接受性”的自学活动，即自学演绎性材料，如教材、教辅资料等，习得知识；第二种水平是“生成性”的自学活动，即在新知识的背景中，或在凸显知识本质特点的情境中，自主建构新知识；第三种水平是“创新性”的自学活动，即由思维的拓展延伸、知识的迁移形成新知识。

2. 自学的过程

学生的自学过程，可以分解为三个阶段。

第一阶段：自学能力的释放，转化为自学要素。

自学能力的释放主要行使两个职能。一是内选。当学生产生某种学习欲望时，对学习的内容，总是凭借已有的自学能力，从他的记忆里（依靠联想）内选必需的基础知识和研究方法。二是外选。学生主动去选取有关的学习资料、可利用的时间、教师和同学的辅导等，为进行自学准备好条件。

第二阶段：自学活动的进行，吸取新的知识。

自学活动的进行主要是凭借自学要素对知识进行吸收、加工、制作而获得新知识，并将它纳入整个已掌握的知识结构中。这时掌握的知识，无论是深度还是广度都在原有的基础上得到了提高。

第三阶段：自学能力的评价，增强自学能力。

自学能力的评价，就是在自学能力经过自学活动的实践检验和锤炼后，对自学能力加以总结、提炼，使其有所增强，渐趋完善。

自学过程的不断进行，是自学能力、自学活动、自学知识三个循环的统一。可以用下面的方式来表达：

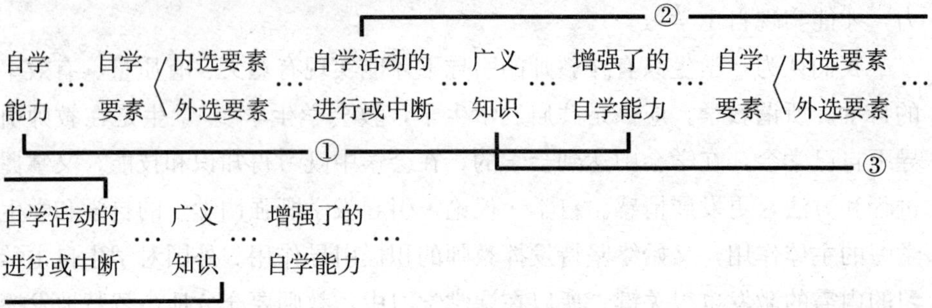

具体地说，学生的自学在三种形式中进行。

一是教学中以个体思考、阅读、钻研为主的自学。

这一阶段，学生在教师引导下，利用课堂时间，以课本为主，同时根据自己的情况，结合其他材料，采取独立思考、阅读、制作、实验观察、练习等手段进行独立自学，也允许小范围内适当的议论。

一开始，教师引导学生复习总结与新课有关的知识结构和研究方法。在此基础上，由教师提出问题，或创设情境，由学生自己发现和提出问题，从而点明新课题的实质、研究要求，并对学习方法作适当指点。这种引导虽然很简短，但在学生心理上起定势作用，激发求知欲，使学生学习要求明确，学习方法得当，能兴致勃勃地自学。

在自学过程中，教师还要帮助学生掌握自学的方法。首先要求学生对新知识有一个探求的过程，有意识地引导学生从直观基础上的感性认识，逐步上升到抽象基础上的理性概括，将概念中的本质要素从直观材料中抽取出来，从而能比较准确地把握概念的本质要素。对概念，学生还应该从各方面举例（正面的、反面的），使这种认识具体化。这样，在认识上就初步完成了“感知—理论—实践”的过程，学生获得的就不是死的结论，而是活的知识。其次对例题，要求学生运用初步理解的知识尽可能独立完成，并能指出该例的类型和特征，结合课本练习与习题，总结解题规律和注意点。最后要求学生归纳、整理出本单元的知识结构以及自己在全班交流时要交流的内容。

例如，学习“等式和它的性质”时，在学生个体阅读之前，教师引导学生回顾用在等式两边都加（或减）、都乘（或除以）同一个适当的数来解方程的方法，给出例1：解方程$\frac{x}{2}-5=11$。

解：方程两边都加5，得

$\frac{x}{2}-5+5=11+5$，

$\frac{x}{2}=16$，

方程两边都乘2，得

$\frac{x}{2}\times2=16\times2$，

$x=32$。

然后教师点明这种方法的根据是等式的性质。等式有哪些性质呢？这就是今天学习的课题。在学生产生了研究等式的性质的心理要求、自学教材之前，教师又指导阅读的方法，要求学生不仅要读懂等式的性质，而且还要分析性质中字、词、句的意义，在这个基础上，再用字母表达式表示性质，并举例讲解性质的内容（即将性质具体化）。学生在明确了阅读要求、懂得了研究方法后，就积极主动地进行个体阅读钻研了。

当学生基本会阅读后，根据不同的教材内容和教学要求，运用教材的方法也不同。有时改编教材中的引例或知识背景，或调整教材中知识展开的顺序，使新知识的学习更贴近学生的生活经验和学习基础，适合学生自学；有时不选用教材中的例题，而另选既具有书中例题的功能，又避免与课前已自学的教材产生重复的例题，并且便于学生自学和将问题拓展延伸，生成新知识；有时在学完教材中的知识后，又作适当的延伸拓展，揭示知识间的逻辑关系，充分发挥学生的学习潜能；有时也把教材中的例题、练习题、习题中相同类型的题目整合成一个命题系列，引导学生步步深入自学，总结解题经验，提高学习效率；等等。

所以教材是个“引子”，是个“参照材料”，是个仿效借鉴的“依据”。教师要精心研究教材内容，根据学生的学习基础，重新整合教材，使教学内容既源于学生，又高于学生，实现学生的最大发展。

二是教学中群体议论为主的自学。

这一阶段，学生在教师引导下围绕课题，对知识结构进行整理，对重点、难点的认识及学习方法等方面发表自己的意见，并对别人的发言和书上（包括参考书）的叙述作出评价。议论过程是进一步概括的过程。通过教师的“相机引导”和学生的热烈争辩，经过各自的独立思考，学生头脑中就能建立起一个比较完整的、系统的、准确的知识结构。

教师引导，主要是启发学生自学。因此，教师必须了解学生的心理特点，对教材和主要参考书、辅助读物以及学生的自学情况也非常熟悉。同时为了更好地帮助学生自学，还要善于捕捉每一个有利时机，灵活地进行各种点拨：当学生议论到对某一问题百思不得其解时，教师应当适当讲解，点明问题实质，交代思想方法，使学生豁然开朗；当学生的思路在某一处出现错误时，教师就引导学生举反例去认识原先的错误，进而启发大家去寻求正确的答案；当学生的思维发展到某一点上出现停滞时，教师作启发性点拨，让学生看出希望和方向，产生强烈的求知欲，兴致勃勃地去钻研它。

三是教学中个群结合、练议为主的自学。

通过前面两个环节的自学，学生对知识已有较系统的理解和掌握，在应用上已有一定的基础，就为第三个环节——个群结合、练议为主的自学创造了条件。教师可根据第二阶段教学的情况和教材内容、“课标”要求，组编一些综合性比较强、较为灵活、有一定难度，但经过努力又可以解决的习题，让学生独立完成。学生可自愿上黑板演算，其余学生则边做边互相检查正误，使学习情况得到及时反馈。如发现板演中有错误，学生可主动上去帮助，然后在教师的引导下，演算的学生讲解自己每一步的理论根据，其他学生汇报自己解题时的分析过程和经验教训。经过这一阶段的练议，学生就能更准确、更灵活、更广泛地运用知识，更熟练地掌握运算技巧，促进知识向技能的转化和自学能力的提高。同时，通过交流讨论，学生可对照检查出自己在自学方法上的缺陷，以及自学过程中情感、意志等方面的不足，为进一步提高自学能力获得动力，找到方向。

自学的三个环节之间既有区别又有联系。没有高质量的个体阅读、钻研为主的自学，就不可能有高质量的群体议论为主的自学。在群体议论过程中，学生在知识上互相补充，思维方法上互相启发，学习情绪上互相激励，促使学生在自学过程中的思维活动更加活跃，认识更加深化，将自学引向纵深。个群结合、练议为主的自学是前面两种形式自学的继续和延伸，是全面完成单元教学任务的重要一环。

（二）自学的目标定位和操作范式

1. 在自主活动中建构知识

例如，“二元一次方程组”的教学难点是二元一次方程（组）的解的意义，重点是解法，特别是解方程（组）的思路。学生初学时，确定解的过程是比较难的。学生在学习了一元一次方程的基础上，学习二元一次方程（组），必须完成“一元”向“二元”的发展和“二元”向“一元”的转化，这是教学的难点，也是重点。

这一内容的自主学习可以设计为三个层次。

第一层次是引导学生亲自动手操作，通过实践，体会二元一次方程的意义、二元一次方程的解的意义和性质，从而自主建构新知。我们可以安排以下操作活动。

活动 1

每个学生都用 30 cm 长的细绳子打结后绷成一个长方形（打结用的绳子长度不计），而后相互比较所形成的长方形的形状和大小（学生发现绷成的长方形的周长虽相同，但各个长方形的长和宽不全相同，“长”大了，“宽”就小了，但是“长”＋“宽”＝15 cm 是不变的）。

活动 2

用多媒体课件演示变化过程，进一步揭示：“长”＋“宽”＝15 cm，但“长”和“宽”的值有无数对。例如：长为 1 cm 时，宽为 14 cm；长为 2.5 cm 时，宽为 12.5 cm；……以此揭示二元一次方程解的相关性和不定性。

活动 3

建立二元一次方程及二元一次方程的解的概念。在这个问题里有两个未知数，设长为 x cm，宽为 y cm，得方程 $x+y=15$。

（1）引导学生分析新方程 $x+y=15$ 的特点，揭示二元一次方程的本质：整式方程，含有两个未知数，并且未知数的指数都是 1，像这样的方程叫做二元一次方程。（揭示课题）

（2）引导学生进行知识迁移，探索二元一次方程的解的意义和特性，能使二元一次方程左右两边的值相等的未知数的值叫做二元一次方程的解。

活动 4

——学生独立探索求二元一次方程 $x+y=15$ 的解的方法。

——全班交流求方程 $x+y=15$ 的解的思维过程：

当 $x=1$ 时，$y=15-x=14$；当 $x=2.5$ 时，$y=15-x=12.5$；……

这一过程教师引导学生亲自动手操作，相互交流，辅以多媒体课件的演示，学生自主建构知识并交流，而后教师进行本质内涵的概括。

（1）这个过程实质是把关于 x、y 的二元一次方程看作关于 y 的一元一次方程，把 x 看作已知数。先给定一个 x 的值，再求相应的 y 的值，这一对 x、y 的值就是方程的一个解。

（2）由于 x、y 的值是相互制约的，所以记作：$\begin{cases}x=1,\\y=14;\end{cases}$ $\begin{cases}x=2.5,\\y=12.5;\end{cases}$

$\begin{cases}x=9,\\y=6;\end{cases}$……省略号表示该二元一次方程有无数个解。

第二层次是在基本廓清本质特征后，教师设问激疑，引导学生进一步探究，建构二元一次方程、二元一次方程组的解的概念，渗透解二元一次方程组“消元”的思想和方法。这些过程并非靠教师讲解，而是继续安排自主活动。

活动 5

思考：

(1) 若要使绷成的长方形的长比宽多 3 cm，这时的长 x 和宽 y 又必须满足什么条件？($x-y=3$)

说说这个方程的解：$\begin{cases}x=1,\\y=-2;\end{cases}$ $\begin{cases}x=9,\\y=6;\end{cases}$ $\begin{cases}x=12,\\y=9;\end{cases}$ ……

把这两个二元一次方程合在一起，就组成了一个二元一次方程组，写成 $\begin{cases}x+y=15,\\x-y=3,\end{cases}$

能说出这个二元一次方程组中两个方程的公共解吗？$\left(\begin{cases}x=9\\y=6\end{cases}\right)$

$\begin{cases}x=9,\\y=6\end{cases}$ 叫做这个方程组的解。一般地，二元一次方程组的两个方程的公共解叫做这个二元一次方程组的解。

(2) 下列方程组中，哪些是二元一次方程组？

$\begin{cases}3x-4z=0,\\x+y=7;\end{cases}$ $\begin{cases}x^2-y=5,\\x+y=10;\end{cases}$ $\begin{cases}x=5,\\2x+y=40。\end{cases}$

(3) 师生共同小结：如果两个一次方程合起来共有两个未知数，那么它们组成一个二元一次方程组。

活动 6

探索二元一次方程组的解法。

用列举二元一次方程组的每个方程的解的方法来求方程组的解，显然比较难，能否找到简捷而可靠的方法呢？

以解方程组$\begin{cases}x+y=15, & ①\\ x-y=3 & ②\end{cases}$为例进行探究。

在学生探究的基础上，教师概括：

方法一：根据等式的性质可得①+②，消去 y，转化为 x 的一元一次方程，求得 x 的值后代入①或②，便可求得对应的 y 的值。

方法二：由①得 $y=15-x$ 代入②也可消去 y，转化为 x 的一元一次方程，进而求得方程组的解。

方法一是“加减消元法”，方法二是“代入消元法”，两种方法的解题思想是一致的，即消元，转化为一元一次方程求解。

第三层次是初步体会二元一次方程组是刻画现实世界中某些含有两个未知数的问题的数学模型，激发学生学习二元一次方程组的积极性、主动性。这一目标也是通过活动来推进的。

活动 7

独立思考：根据市场调查，某种消毒液的大瓶装（500 g）和小瓶装（250 g）两种产品的销售数量比（按瓶计算）为 2∶5，某厂每天生产这种消毒液 22.5 吨，这些消毒液应该分装大、小瓶装两种产品各多少瓶？

经独立思考分析后全班交流：设这些消毒液应分装 x 个大瓶和 y 个小瓶。

由题意，得$\begin{cases}5x=2y,\\ 500x+250y=22\ 500\ 000。\end{cases}$

活动 8

概括：这个问题的实质是一个数学问题，即求一个二元一次方程组的解的问题，二元一次方程组是刻画现实世界中某些含有两个未知数的问题的数学模型……

以上教学过程体现了“自主活动建构知识”的基本要义。一是自主活动建构式的“自学”必须准确把握教材的难点与重点。二是自主活动建构式的“自学”必须在吃透教材的基础上对教材实行调整与整合，从“忠实型”走向“创生型”。教学内容也与教材有了大幅度的调整，是“用教材”，而不是“教教材”。“用教材”，不仅继承，更有创造，必须充分发挥教者的主体创造性；“教教材”往往是继承，教师被动地教，学生也被动地学。其最重要的区别在于是教为学服务，还是学为教服务。例如，本课的教材编写意图是让学生在熟悉的生活中学习和理解数学，但此前教材中已出现多次，不能引起学生的新鲜感。换了引例，学生的体验过程更丰富，感受更深刻。

2. 在自主辨析中把握概念

数学概念是反映现实世界的空间形式和数量关系的本质属性的思维形式。数学概念是数学知识的基础，是数学教材结构的最基本的因素，是数学思想与方法的载体。正确理解概念，是掌握数学基础知识的前提。初中学生如果不能正确理解数学中的各种概念，就不能很好地掌握各种法则、公式、定理，也就不能应用所学知识去解决实际问题。因此，抓好数学概念的教学，是提高数学教学质量的关键。数学概念比较抽象，初中学生由于年龄、生活经验和智力发展等方面的限制，要接受教材中的所有概念是不容易的。在自学中让学生自己进行分析比较，自主建构概念体系，可以有效地突破这一难题。

例如，“整式”一节涉及单项式、多项式、整式等许多概念，是代数重要的基础知识。这些内容既简单又琐碎，也比较枯燥。我们充分利用学生自己熟悉的实例，引导他们自己观察思考，分析比较，抽象概括出新知识的本质属性，自主地建构单项式、多项式的定义和有关概念，再引导学生从自己对新知的理解实际出发，将新知具体化，自己举例，分析讲解，相互交流。整个教学分三个板块。

一是通过引进生活实例，观察思考，抽象概括，师生互动交流，引导学生自主构建单项式概念。

首先，以学生熟悉的、贴近生活实际的实例呈现单项式，为学生探索单项式的定义创设思维情境，自然引入新课。

（1）一盒粉笔的价格为 a 元，四盒粉笔的价格为________元。

（2）某同学每天上 m 节课，上 n 天的课时数为________。

（3）长方体的长和宽都为 a，高是长的 $\frac{1}{2}$，则体积为________。

（4）设 n 代表一个数，则它的相反数是________。

然后，依据实例让学生通过自己的观察思考，抽象概括，建立单项式的概念。

请学生观察分析以下式子：$4a$，mn，$\frac{1}{2}a^3$，$-n$的构成有没有共同点？

（如果问题太难，学生一时不知如何回答，那么教师就启发同学观察这些式子的共同点，是积的形式，从而引出单项式定义。）

学生小组讨论后，全班交流得出单项式的特征。

研究x，-2是不是单项式？

学生通过争辩得出结论，进而概括出定义：数或字母的积的式子叫做单项式。单独一个数或一个字母也是单项式。

接着，让学生在师生双边互动交流中，自主的建构单项式的有关概念，并强调注意字母的指数为1，系数为+1或−1的情形。

教师给出式子$4x^3y^2$和$-a^2bc$，引导学生研究是不是单项式？为什么？单项式是数字因数和字母因数组成的积，为了今后叙述和应用的方便，我们把数字因数叫做单项式的系数，把所有字母的指数和叫做这个单项式的次数。

例如，$4x^3y^2$的系数是4，次数是5，$4x^3y^2$是5次单项式。

$-a^2bc$的系数、次数分别是什么？是几次单项式？

说出活动1中的一次单项式和二次单项式以及它们的系数。

想一想：怎样确定单项式的系数和次数？

二是创设思维情境，自主观察分析，双边互动交流，引导学生自主建构多项式的有关概念。

首先，提供贴近生活实际且学生熟悉的实例呈现多项式，为概括多项式的定义创设思维情境。师生共同完成以下各题。

填空：

（1）温度由t ℃下降5 ℃后是________ ℃。

（2）买一个篮球需要x元，买一个排球需要y元，买一个足球需要z元，买3个篮球、5个排球、2个足球共需要________元。

然后，通过学生的主动观察、分析、对比，概括出多项式与单项式的联系和区别及多项式的定义。

研究以上填空中填写的式子 $t-5$，$3x+5y+2z$ 是不是单项式？为什么？

学生通过观察思考，发现它们虽不是单项式，但它们都是几个单项式的和。也就水到渠成地概括出多项式的定义：几个单项式的和叫做多项式。

接着，让学生在师生双边互动交流中，自主建构多项式的有关概念，进一步激发学生自主学习的积极性。

多项式是几个单项式的和。例如：多项式 $3ab^2+6ab-4a-1$ 是单项式 $3ab^2$，$+6ab$，$-4a$，-1 的和。在多项式中，每个单项式都叫做多项式的项，不含字母的项叫做常数项。

单项式的次数是单项式中所有的字母的指数和，多项式不仅有项数，也有次数。例如，$3ab^2+6ab-4a-1$ 是三次四项式，请学生思考教师是怎样确定这个多项式的次数的？

师生共同概括出多项式的次数的意义：多项式里次数最高项的次数就是这个多项式的次数。

三是师生互动，通过练议，进一步深化对新知识的理解，激励学生自主学习的热情，提高学习水平。

（1）学生在小组内例举单项式、多项式，说出单项式和多项式的有关概念。

（2）教师提供数学材料，进一步强化概念，掌握新知识。

练习一（全班讨论）

（1）说出下列单项式的系数、次数：$-\frac{xz}{4}$，$2\pi r$，$2\times10^5a^2b$。

（2）举出一个关于 x，y 的三次单项式。

练习二（全班讨论）

（1）说出下列多项式的名称：$-x+2x^2+5$，$7x^4y^3+\frac{2}{3}xy^2-\frac{1}{2}y+5$。

（2）举出一个关于 m 的四次三项式。

练习三（小组交流）

学生举一些实际生活中运用整式表达的数量关系。

因为学生只有在正确理解概念的基础上才能正确地例举，通过例举进一步让学生体验到数学概念来源于实际生活，又运用于实际生活，体会到数学在我身边，我在学数学、用数学。

教学进入尾声时，教师引导学生回顾学习过程，梳理本节课学习过程中的收获（包括知识、方法、情感等方面），小组讨论后全班交流。再留出空间让学生提出问题，并进行自我评价和调整。

这里，教者并未抽象地讲解概念，而是不断地创设思维情境，让学生采用分析、比较的方法，经历了由具体到抽象、由抽象再到具体的自主学习过程。在积极的数学活动中，不仅获得了数学知识与技能、思想和方法，同时也体验到数学学习的乐趣，增强了学好数学的信心。在自主辨析中学习数学概念，不仅接受快，而且会形成恒久的记忆。

3. 在自主拓展中多维达成

朱小蔓教授在拙作《中学数学新课程教学设计 30 例》序言中指出：倘没有学生主动地、积极地投入学习，倘没有学生学习意识和学习能力的培养与发展，要真正学好数学几乎是不可能的。那种完全来自教师的知识信息和教学指令，那种单向传输的教学模式，哪怕教师再有极为渊博的学科知识，极为负责的讲授态度，极为迫切的教学情感倾向，如果不能与学生自主的学习相结合，不能将教程转化为学程，不能激活学生的学习心理“跃动”，那么要想完成教与学的任务，只能是一厢情愿的好意和高耗低效的疲劳。

自学能力的培养，受到众多因素的制约和影响。同时，自学能力的增强，又促进了教学效率和自身综合素质的提高。在新授内容结束后，安排“拓展研究”，可以引导学生自主提出问题，自主探索解决。

例如，在教学“一元二次方程根与系数关系的讨论”时，首先引导学生回忆一元二次方程的求根公式，概括根的判别式定理及其一般应用。在小结时强调：在使用根的判别式Δ时必须先将原一元二次方程整理成一般形式。然后通过练与议开展全班性的研究。

不解方程，判别方程 $2x^2-mx-1=0$ 的根的情况。

解：$\because$ $\Delta=m^2-4\times2\times(-1)=m^2+8>0$，

∴ 原方程有两个不相等的实数根。

接着，安排两则拓展研究内容。

拓展研究之一：

(1) 如何判别方程 $2x^2-x-m=0$ 的根的情况？

解：∵ $\Delta=1+8m$（故必须对 m 的值进行分类研究），

由 $1+8m>0$ 得 $m>-\frac{1}{8}$，故当 $m>-\frac{1}{8}$时，$\Delta>0$，原方程有两个不相等的实数根；

由 $1+8m=0$ 得 $m=-\frac{1}{8}$，故当 $m=-\frac{1}{8}$时，$\Delta=0$，原方程有两个相等的实数根；

由 $1+8m<0$ 得 $m<-\frac{1}{8}$，故当 $m<-\frac{1}{8}$时，$\Delta<0$，原方程没有实数根。

(2) 不解方程，如何判别关于 x 的方程 $kx^2-6x+1=0$ 的根的情况？

分析：由题意可知，方程 $kx^2-6x+1=0$，有两种情况：

第一种原方程是一元一次方程，此时 $k=0$，一元一次方程有一个实数根，$x=\frac{1}{6}$。

第二种情况是 $k\neq0$，原方程为一元二次方程，则需讨论 $k\neq0$ 时的 Δ 的值与 0 的大小关系。

解：①当 $k=0$ 时，方程有一个解；

②当 $k\neq0$ 时，∵ $\Delta=(-6)^2-4\cdot k\cdot 1=36-4k$，

∴ 当 $k<9$ 且 $k\neq0$ 时，方程有两个不相等的实数根；

当 $k=9$ 时，方程有两个相等的实数根；

当 $k>9$ 时，方程无实数根。

(3) 已知方程 $4x^2-(k+2)x+k-1=0$ 有两个相等的实数根，求 k 的值。

分析：已知方程有两个相等的实数根，可推出 $\Delta=0$，转化为解关于 k 的方程。

解：∵ $\Delta=[-(k+2)]^2-4\times4(k-1)=0$，

∴ $k^2-12k+20=0$。

∴ $(k-2)(k-10)=0$。

∴ $k_1=2$，$k_2=10$。

∴ 当方程$4x^2-(k+2)x+k-1=0$有两个相等的实数根时，$k=2$或$k=10$。

拓展研究之二：

(1) m 为何值时，关于 x 的方程 $mx^2+mx+9=2m$ 有两个相等的实数根?

分析：由题意可知，方程是一元二次方程，由一元二次方程的定义可知，$m\neq0$。

由一元二次方程根的判别式可知，$\Delta=0$。

∴ m 必须满足两个条件，$m\neq0$，$\Delta=m^2-4m(9-2m)=0$。

解：由题意，得$\begin{cases}m\neq0,\\ \Delta=m^2-4m(9-2m)=0,\end{cases}$

∴ $\begin{cases}m\neq0,\\ m_1=0,\ m_2=4。\end{cases}$ ∴ $m=4$。

∴ 当 $m=4$ 时，方程 $mx^2+mx+9=2m$ 有两个相等的实数根。

(2) 若方程 $kx^2-x-1=0$ 有两个实数根，求 k 的值。

分析：由题意可知，原方程为一元二次方程，∴ $k\neq0$，方程有两个实数根，则 $\Delta\geqslant0$。

∴ k 的值必须同时满足 $k\neq0$ 和 $1+4k\geqslant0$。

解：由题意，得$\begin{cases}k\neq0,\\ \Delta=1+4k\geqslant0,\end{cases}$ ∴ $\begin{cases}k\neq0,\\ k\geqslant-\dfrac{1}{4}。\end{cases}$

∴ $k\geqslant-\dfrac{1}{4}$且 $k\neq0$ 时，方程 $kx^2-x-1=0$ 有两个实数根。

(3) k 为何值时，关于 x 的方程$kx^2-x-1=0$ 有实数根?

分析：一元一次方程 $ax+b=0$ ($a\neq0$) 有一个实数根，$x=-\dfrac{b}{a}$；一元二次方程 $ax^2+bx+c=0$ ($a\neq0$) 当 $\Delta\geqslant0$ 时，有两个实数根，所以本题应

分类研究、求解。

解：当 $k=0$ 时，原方程有一解：$x=-1$。

当$\begin{cases}k\neq 0,\\ \Delta=1+4k\geqslant 0\end{cases}$，即 $k\geqslant -\frac{1}{4}$ 且 $k\neq 0$ 时，原方程有两个实数根。

综上所述，当 $k>-\frac{1}{4}$时，原方程有实数根。

师生共同小结：

对于二次项含有变系数的方程，首先应对方程的类型进行分类。方程有两个实数根，是对一元二次方程而言的，首先必须根据一元二次方程的意义，满足条件“$a\neq 0$”，“有两个实数根”包括“两个相等的实数根”和“两个不相等的实数根”两种情况，即“$\Delta\geqslant 0$”；解题时要分清题设和结论，是“已知方程的系数，判别根的情况”，还是“已知方程根的情况，求方程的待定系数”。

以上教学内容的生成具有较强的探究性，基于学生学有余力，同时也为学生将来的进一步学习研究奠定基础，在教学设计的考量上给学生的自主选择留足了余地，在教学方式的选择上采用了多主体的探究式学习方式，意在激发学生的创造性和积极性，引领他们学会挖掘知识的生长点，自主地探究、“创造”新知识，发展学力，并在运用新知识解决新问题的过程中，体验新知识的价值。

从以上分析可以看出，“自学”环节的建构，就是在教学中，教师改变教材的呈现形式，以问题的方式，启发学生思维，引导学生参与发现，在教师的引导与学生参与的有机结合中，完成教学任务，培养学生的自主学习能力和创新精神。其实质是在教学中充分发挥学生的主体作用，使学生参与并体验知识技能由未知到已知，由不掌握到掌握的过程，并在一定过程中激发和培养学生的独立探究能力。在这个过程中，教师要精心做好导学工作，将问题适度地呈现给学生，以引起学生不断的积极思维、不断的自主学习。这里有三层含义：一是要精心选择问题，使所选问题具有一定的时代感和探究价值，又能适合学生自己的发展水平和兴趣特点；二是要创设问题情境，使学生产生认识上的困难或困惑，从而激发他们去探索创新；三是要善于表述问题、转化问题、点拨问题，通过提出具体可行的要求，提供相关资料，指点学习方法，化解问题难度，鼓励学生大胆尝试，独立探索，使学生深入地理解教材。

“自学”环节的建构，与认知学派的学习理论是较为契合的。认知学派认为，学习者是活生生的人，他们有思想、意识、倾向、动机、兴趣、能力等方面的不同，而学习者的这些心理成分在不同程度上影响着学习者的学习。心理学研究也表明，中学生有一定的思考和观察能力，他们能根据教学目标有计划、有选择地观察现象，思考问题，主动探究发现。学生独立思考的能力随着年龄的增长也会越来越强，他们喜欢探究问题的来龙去脉，有搞清事物发展前因后果的心理趋向。在中学阶段，他们喜欢自己主动解决问题，有了较强的独立性和主动性，这是学生自学的基础。教师应该注重儿童通过“主动地参与获得知识”，教学的过程不只是把教材作为探究过程显示出来，也应把学生探究材料过程显示出来。

二、课堂教学中的议论

“合作学习”是2001年新课程改革以来比较倡导的一种学习方式。自学·议论·引导教学中的“议论”，其实就是合作学习的一种形式。“合作”是“学习”的方式，“学习”是“合作”的目标和内容。通过自学让学生掌握必备知识，为进一步的交流打下基础；通过小组交流让学生取长补短，进行思维碰撞；通过大组（全班）共学让学生的思想认识得到再次整合；通过教师引导促进学生自主提升，这也是小组交流和全班互慧共享后的水到渠成。在组织实施“合作学习”的过程中，不能光看重“合作”这种形式而忽略了“学习”这个核心和内容。如果学生缺少实实在在内容的自主自觉的思维活动，合作学习就会流于形式，达不到“学会”、“会学”的目的，数学这一“思维体操”的特质也就得不到体现和落实。课堂教学过程中的“议论”环节，就是学生在教师的引导下，按照师生之间、同学之间共同的学习要求，围绕着对知识的理解和掌握，学习方法、思维方法以及学习的情感等，较为广泛、充分地辐射交流个体信息，相互激励、同化、吸收，促进学习意向，培养分析问题和解决问题的能力。

（一）议论在教学中的作用

“议论”环节在自学·议论·引导教学中，具有十分重要的地位。

1. 议论有助于学生精神品格的培养

小组议论时，在教师指定的范围或教学内容规定的范围内，学生自由地提出问题，发表意见；随时可以吸取别人的正确意见，修正补充自己的发言；也随时可以对别人的意见进行质疑，开展热烈的争辩。大组议论时，学生还可以随时对教师的讲解或者课本的阐述提出问题，甚至给予反驳和批评等。师生平等地共同探求真理，对于学生良好的精神品格的形成起到促进作用。

2. 议论促进了学生思维能力的发展

语言是思维的外壳。学生在议论中要把自己的思想讲出来，这是一个积极紧张的思维活动过程。他们要回答别人的问题，或者与别人争辩，首先要对自己占有的信息进行筛选、组织，而后进行有力的表达；在表达过程中，别人又会有新的质疑、新的辩驳，自己必须随机调整、应对。这个过程对他们的思维能力、表达能力无疑是一个极好的锻炼。

在议论中，每个学生都要维护自己的观点，力图说服别人，这就需要深入钻研。听了别的同学有见地的发言，就看到了自己的差距，更激发起研究的意向，同时他们在情绪上互相感染、互相激励，形成一种生动活泼的学习气氛，因而问题能够研究得深入。

例如，学习圆的切线长定理：从圆外一点可以引圆的两条切线，它们的切线长相等，这一点和圆心的连线平分两条切线的夹角后，要求学生探究直角三角形的内切圆的半径与三边的关系时，学生通过独立思考，小组议论，顺利地运用切线长定理推导出 $r=\frac{a+b-c}{2}$，而且有学生的思路不囿于“切线长定理”，用面积推导 r 与 a、b、c 的关系；如图 5-1，连 AO、BO、CO，将 $Rt\triangle ABC$ 分成三个三角形，由三角形面积公式和面积公理得 $S_{\triangle ABC}=\frac{1}{2}r(a+b+c)$，推导出 $r=\frac{2S_{\triangle ABC}}{a+b+c}$，交流中有学生又进一步将 $S_{\triangle ABC}$ 用 $\frac{1}{2}ab$ 代换，得 $r=\frac{ab}{a+b+c}$。议论中，相互启发，互相激励，不断深化、拓展，有学生由对直角三角形探究的方法和结果 $r=\frac{a+b-c}{2}$，$r=\frac{2S_{\triangle ABC}}{a+b+c}$，$r=\frac{ab}{a+b+c}$，猜想是否适用于一般三角形，展开了热烈讨论，首先确定 $r=\frac{2S_{\triangle ABC}}{a+b+c}$成立，进一步由切线长定理推导出以下结论：$AF=AE=\frac{b+c-a}{2}$，$BF=BD=\frac{a+c-b}{2}$，$CD=CE=\frac{a+b-c}{2}$（见图 5-2）。此时，议论又促使学生思考：四边形有没有内切圆？哪些特殊的四边形有内切圆？若有，内切圆的半径与边长有什么关系？该四边形的面积与半径、与边长有没有一个关系式？……欲罢不能学有余力的同学延伸到课后，继续思考探究。无疑，议论拓展了学生的思维境域，促进思维能力的发展。

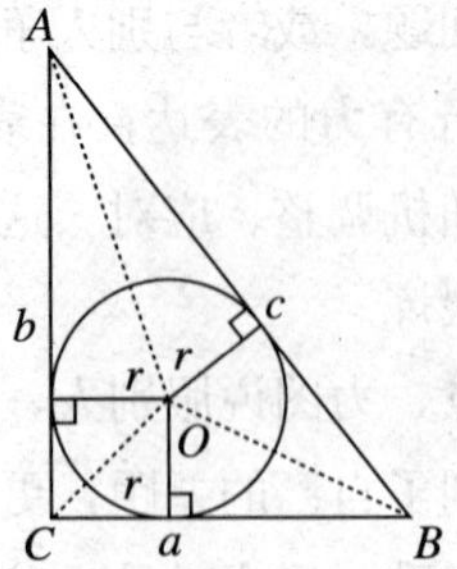

图 5-1

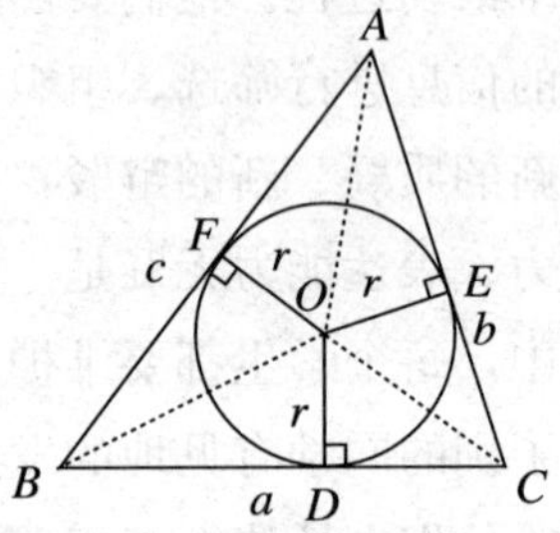

图 5-2

以上的议论过程，充分展示了学生的思考内容由特殊到一般，由一般到特殊，由具体到抽象，逐步拓展、步步深入的发展过程。学生由知识间的内在联系与发展而产生自己的联想、猜想，进而推理论证和概括自己的联想、猜想的科学方法。这样，思维水平不断提升，创新意识不断增强，思维能力不断发展。

在议论过程中，由于每个学生都是从自己对问题的理解出发发表意见的，因而一个意见往往引起一连串的反应，课堂呈现出多向、多边、多层次的交流、讨论甚至争论的热烈气氛，学习不再是一种“苦差使”，而成了一种生动活泼、愉快而有益的活动。

3. 议论开辟了反馈的畅通渠道

教学过程的调节和控制，必须依靠教学信息的反馈，而议论开辟了畅通的反馈渠道，不论是教师还是学生，都能通过议论及时获取信息，从而有效地调控教学过程。

小组议论时，学生之间不仅从知识和技能、学习内容和方法、思维过程和方式等方面，而且还从学习态度、意志等方面及时相互传递信息，因而各人能够较快地吸取别人的经验和教训，及时调整自己的学习。而教师通过巡视可以了解学生的议论情况（包括议论的内容以及议论的态度），及时给予指导和帮助，并及时调整自己事先设计好的教学方案、步骤，使自己的教适应学生的学，指引学生的学。

大组议论时，信息交流量更多，师生能各自得到更多的信息反馈，使得教师的教更加符合学生实际，学生的认识更加深刻，学习的热情更加高涨。

（二）议论在教学中的展开

议论的实施需要在教学改革的过程中进行着力的引导、培养，才能逐渐奏效。

1. 变革教学的观念，不断增强学生的主体意识和对议论的积极体验

数学是“思维的体操”。要改变学生和家长认为上课就是听教师讲、记笔记、做习题的观念。学习知识，特别是内化知识必须靠自己的积极思维，教师是不能代替的。议论正是给学生提供了理解掌握知识、切磋提高的好机会。同时，引导学生积极参与议论，自觉体验，总结经验，一方面能增强学生投入学习活动的主体意识，另一方面使学生在认知上、情感上增强对议论的积极体验。

2. 有层次地、逐步地将议论引向深入

在教学中组织议论时，要从学生的思维能力、学习水平、学习情感的实际出发，逐步使议论深入展开。议论的形成，大约经历“问答—讨论—议论”三个阶段。

第一阶段是问答式。开始时只是简单的问答，即教师根据教学重点提出明确的问题，让学生议论；学生可以直接从书本中、从自己原有的知识经验里或通过实验操作、演练计算寻找答案，做到有问能答。如什么是代数式（举正、反几例）？相似三角形有哪些性质？这些性质又是如何证明的？等

等。有了初步基础后，教师就在小组、大组议论中提出稍复杂的议题，这些议题需要学生从书本或自己头脑的“知识仓库”中选取材料，而后经过组合加工而成。如课本是怎样给出有理数加法法则的？你是怎样运用与分数类比的方法来学习分式的？对某例题，你是怎样分析研究的？怎样整理某单元的知识结构的？等等。这种议论，必须揭示自己的思维过程和思维方法。

问答式又分为三种类型：师问生议，有问必答；大组讨论，整合回答；梳理归纳，建构作答。

(1) 师问生议，有问必答。

例如，在教学“相反数”时，先让学生在数轴上找点，体会概念本质特征。

在数轴上表示下列各数：

$\frac{3}{2}$，-5，0，5，-4，$-\frac{3}{2}$，4。

观察研究以上各数在数轴上对应点的位置关系。

学生可能按正数、0、负数归纳它们的对应点在数轴上的位置，教者着重引导学生观察特殊的数对在数轴上对应点的位置关系：

$\frac{3}{2}$与$-\frac{3}{2}$，-5与5，4与-4在数轴上的对应点位于原点的两侧，而且与原点距离相等，分别为$\frac{3}{2}$，5，4个单位长度。0位于原点，与原点距离为0。

在此基础上提问：

在数轴上，与原点的距离为$5\frac{1}{4}$个单位长度的点在数轴的什么位置？表示什么数？

学生思考后回答——在原点两侧，与原点距离为$5\frac{1}{4}$个单位长度；这两点分别表示$5\frac{1}{4}$和$-5\frac{1}{4}$。

接着提问：

观察特殊数对$\frac{3}{2}$与$-\frac{3}{2}$，-5与5，4与-4，$5\frac{1}{4}$与$-5\frac{1}{4}$，各数对中的两个数在形式上的关系怎样？在数轴上的对应点的位置关系是怎样的？

学生通过观察，基本无障碍回答——这样的两个数只有正负相反，其他相同。它们的对应点分别在原点两侧，与原点距离相等；两数只有符号不同。

又如，在“二次根式加减”的教学时，教师可以先预设问题解决的现实情境，呈现二次根式的加减运算，然后引导学生自主将整式的运算法则和公式正向迁移到二次根式的运算中，体会研究二次根式的加减运算是实际的需要。

教师提出问题：

现有一个面积为32 cm^2的大正方形S_1，能否在这个大正方形上截出两个面积分别为8 cm^2和18 cm^2的小正方形？（不拼接）

教师提供三个正方形纸板的教具，让学生自主研究。

学生思考分析回答问题——

问题的实质是比较大正方形的边长与两个小正方形边长之和的大小关系。

回答交流

$\because\ \sqrt{32}=4\sqrt{2}$　　……化成最简二次根式

$\sqrt{8}+\sqrt{18}=2\sqrt{2}+3\sqrt{2}$　　……类似于整式合并同类项，化简后

$=(2+3)\sqrt{2}=5\sqrt{2}$　　完全相同的二次根式合并

又$\because\ 5\sqrt{2}-4\sqrt{2}=(5-4)\sqrt{2}$　　……用“作差方法”比较两个数的大小

$=\sqrt{2}>0$

$\therefore$ 不能在面积为32 cm^2的正方形上截出这样的两个小正方形。

教师揭示课题——二次根式的加减。

在尝试探究的基础上，师生共同研究二次根式加减运算的方法、根据和一般步骤。

教师提出问题：

$\sqrt{8}+\sqrt{18}$，$5\sqrt{2}-4\sqrt{2}$是如何求出的？

学生自己类比整式的加减运算方法，作如下回答：

① 化简后被开方数相同的二次根式是同类二次根式，类似于整式中的同类项。

② 二次根式加减运算的实质是合并同类二次根式，类似于整式加减运算的实质是合并同类项。

③ 合并同类二次根式的方法是：逆用分配律将二次根式前面的因数（系数）相加减，二次根式不变，类似于合并同类项法则。

教师提出与此相关的连锁问题，引导练、议。

例 1　下列各式中，哪些是同类二次根式？（说出判断的过程及依据）

$\sqrt{8}$，$\sqrt{48}$，$\sqrt{\frac{1}{3}}$，$\sqrt{72}$，$y\sqrt{2x}$，$16y\sqrt{\frac{x}{8}}$。

总结：判断几个二次根式是否同类二次根式，首先要将各二次根式化成最简根式，而后再看被开方数是否相同。

例 2　下列计算是否正确？如有错误，请改正。

① $\sqrt{8}-\sqrt{2}=\sqrt{6}$；② $2\sqrt{3}+5\sqrt{2}=7\sqrt{5}$；③ $3\sqrt{x}+x\sqrt{x}=3+x\sqrt{x}$。

总结：二次根式加减运算的实质是合并同类二次根式，若二次根式前面的因数是多项式，必须添加括号。

例 3　若最简二次根式$\sqrt{6a-b}$与$\sqrt[b+3]{7a+b}$是同类二次根式，求这两个二次根式的和。

（将最简二次根式、同类二次根式、二次根式加减运算综合在一起，意在提高学生的思维能力，在比较中进一步强化对概念的认识和掌握。）

解：∵　最简二次根式$\sqrt{6a-b}$与$\sqrt[b+3]{7a+b}$是同类二次根式，

$$\therefore \begin{cases} b+3=2, \\ 6a-b=7a+b。\end{cases}$$

解这个方程，得$\begin{cases} a=2, \\ b=-1。\end{cases}$

$$\therefore \sqrt{6a-b}+\sqrt[b+3]{7a+b}=\sqrt{13}+\sqrt{13}=2\sqrt{13}。$$

例 4　计算：①$2\sqrt{8}+5\sqrt{\frac{1}{50}}-\frac{1}{4}\sqrt{32}$；②$\frac{1}{2}x\sqrt{4x}+6x\sqrt{\frac{x}{9}}-2x^2\sqrt{\frac{1}{x^3}}$。

① 解：$2\sqrt{8}+5\sqrt{\frac{1}{50}}-\frac{1}{4}\sqrt{32}$

$=4\sqrt{2}+\frac{1}{2}\sqrt{2}-\sqrt{2}$ ……将各二次根式化成最简二次根式

$=\left(4+\frac{1}{2}-1\right)\sqrt{2}$ ……合并同类二次根式

$=\frac{7}{2}\sqrt{2}$ ……根式前面的因数若是带分数必须化为假分数

② 解：$\frac{1}{2}x\sqrt{4x}+6x\sqrt{\frac{x}{9}}-2x^2\sqrt{\frac{1}{x^3}}$

$=x\sqrt{x}+2x\sqrt{x}-2\sqrt{x}$ ……将各二次根式化成最简二次根式

$=(x+2x-2)\sqrt{x}$ ……合并同类二次根式

$=(3x-2)\sqrt{x}$ ……根式前面的因数若是多项式，必须添加括号

在学生独立练习，并有同学进行板演的基础上，师生共同评价解题的过程、依据、结果及注意点，并概括二次根式加减运算的一般步骤：先化简，后合并。

（2）大组讨论，整合回答。

例如，在“平行四边形的判定”教学中，通过回顾平行四边形的定义及性质定理，得出如下结论：平行四边形两组对边分别相等，平行四边形一组对边平行且相等，平行四边形两条对角线互相平分，平行四边形两组对角分别相等。

教师分析平行四边形定义的双重作用，定义既是它的一个基本性质，又是它的原始判定依据，以基本性质为依据推出了平行四边形的性质定理。能否像研究性质定理一样，以定义为依据，推导出平行四边形的其他判定方法呢？

由此揭示课题——平行四边形的判定。

接着，师生合作探究，揭示知识生成过程。首先提出问题：几何图形的性质定理和判定定理常常为互逆定理，如何制作平行四边形性质定理的逆

命题？

学生自主制作并全班交流了平行四边形的判定命题："一组对边平行且相等的四边形是平行四边形"、"两组对边分别相等的四边形是平行四边形"、"两组对角分别相等的四边形是平行四边形"、"两条对角线互相平分的四边形是平行四边形"后，小组讨论了由其中第一个命题的题设可证得四边形的两组对边分别平行，从而根据平行四边形的定义判定命题的结论成立。

在此基础上，安排大组讨论——大组讨论，整合作答。

1）命题"两组对边分别相等的四边形是平行四边形"的证明思路和依据。

已知：如图 5-3，在四边形 $ABCD$ 中，$AB=CD$，$AD=BC$。

求证：四边形 $ABCD$ 是平行四边形。

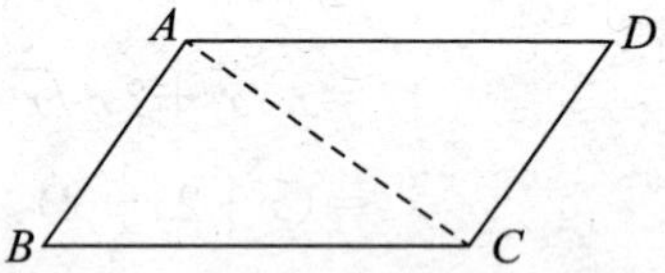

图 5-3

分析：① 判定结论成立的依据有两个：一是平行四边形的定义，二是已证得的平行四边形的判定定理 1"一组对边平行且相等的四边形是平行四边形"。

② 问题转化为要证明 $AD/\!/BC$ 或 $AB/\!/CD$。

③ 要证 $AD/\!/BC$ 或 $AB/\!/CD$，需证内错角相等。

只要连接对角线 AC 或 BD，则 $\triangle ABC \cong \triangle CDA$。(SSS)

此时问题获解。

证明：(略)

揭示平行四边形的判定定理 2：两组对边分别相等的四边形是平行四边形。

如图，在四边形 $ABCD$ 中，$AB=CD$，$AD=BC$。

∴ 四边形 $ABCD$ 是平行四边形。

2）命题"两条对角线互相平分的四边形是平行四边形"的证明思路和依据。

已知：如图 5-4，在四边形 $ABCD$ 中，$OA=OC$，$OD=OB$。

求证：四边形 $ABCD$ 是平行四边形。

分析：① 由已知条件及"对顶角相等"，根据 SAS 可得：

$\triangle BOC \cong \triangle DOA$，$\triangle COD \cong \triangle AOB$。

所以$\angle OBC = \angle ODA$，$\angle OCD = \angle OAB$。

所以 $AO /\!/ BC$，$AB /\!/ CD$。

所以，四边形 $ABCD$ 是平行四边形。

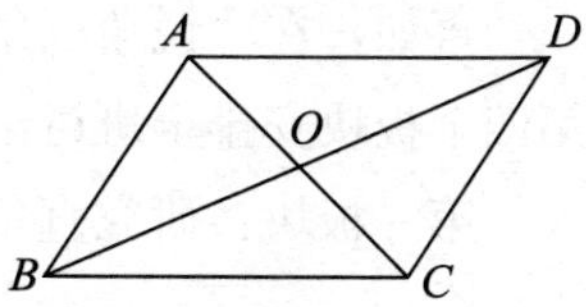

图 5-4

② 也可以已证得的平行四边形的判定定理 1 或定理 2 为依据，证得结论成立。

揭示平行四边形的判定定理 3：两条对角线互相平分的四边形是平行四边形。

如图 5-4，在四边形 $ABCD$ 中，

∵　$OA = OC$，$OB = OD$，

∴　四边形 $ABCD$ 是平行四边形。

3）易证命题“两组对角分别相等的四边形是平行四边形”是真命题。

4）师生共同讨论、整理平行四边形的知识结构：

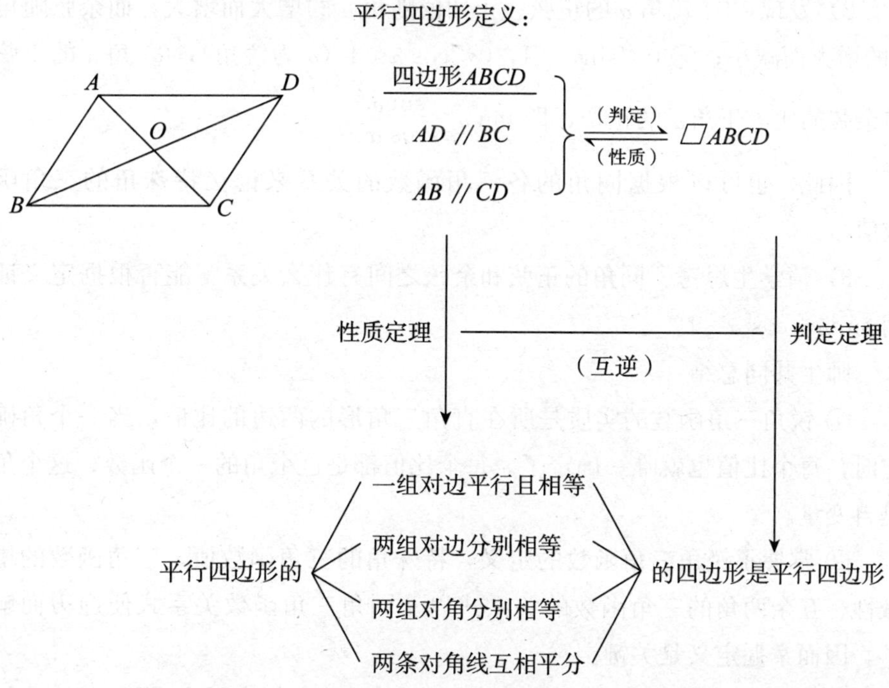

再如，在“锐角三角函数”教学中，可以把课堂教学分为五个板块，在第四个板块安排全班讨论交流。

第一板块：研究直角三角形中的边角之间的关系，建构锐角三角函数的定义。

第二板块：创设情境，观察思考，建构锐角三角函数的概念和互余两锐角的三角函数关系式。

第三板块：根据直角三角形的边和角性质以及三角函数的定义，引导学生自主探究归纳列出 30°，45°，60°的三角函数值表。

第四板块：引导学生观察 30°，45°，60°的三角函数值表，探究表中数值间的关系。

在学生独立研究、伴以小组议论的基础上，全班交流，学生整合作答。

1）根据互余两角的三角函数关系式，只需记住 30°，45°，60°的正弦、正切值，就可知它们的余弦、余切值。

2）发现：① 锐角 α 的正弦、正切值随角 α 的增大而增大，而余弦随角 α 的增大而减小；② $0<\sin\alpha<1$，$0<\cos\alpha<1$（α 为锐角）；③ 角 α 的正弦与余弦的比等于角 α 的正切，即 $\tan\alpha=\dfrac{\sin\alpha}{\cos\alpha}$。

因此，也可以根据同角的各三角函数的关系来记忆特殊角的三角函数值。

3）请学生思考：同角的正弦和余弦之间有什么关系？能否根据定义证明 $\sin^2\alpha+\cos^2\alpha=1$？

师生共同总结：

① 锐角三角函数的实质是所在直角三角形的两边的比值，当一个角确定时，每个比值也就唯一确定了。每个比值都是这个角的一个函数，这个角是自变量。

② 掌握了锐角三角函数的定义，特殊角的三角函数值、三角函数的增减性、互余两角的三角函数的关系式以及同角三角函数关系式便迎刃而解了，因而掌握定义是关键。

③ 要善于观察、思考、拓展、概括，才能不断提高学力水平。

(3) 梳理归纳，建构作答。

这是在有问必答、整合回答的基础上更为高级层面的讨论，它要求在自主思维、小组交流、大班分享的前提下，学会知识建构，用类似于结论、规律方式的语词参与讨论。

例如，在“相似三角形的判定”教学中，可以分三次建构，帮助学生梳理归纳相关的知识。

教师先用一段导语简洁引入，启发学生类比、猜想：我们研究了全等三角形的定义、判定、性质；在这个基础上，又研究了相似三角形的有关概念，明白了全等三角形是相似比为1时的相似三角形。那么，我们能用三角形全等的判定方法来判定三角形相似吗？肯定能！只是不需要这么多条件，因为相似三角形只要求形状相同，不要求大小一定相等。现在我们就研究如何把条件简化到能保证三角形相似的最少情况——“三角形相似的判定”。

第一次建构作答：

师生共同梳理回顾三角形全等的判定方法。

三角形全等的判定方法
- “边角边”
- “角边角”、“角角边”
- “边边边”
- “斜边、直角边”

接着，学生研究如何简化三角形全等的判定方法及推论中的条件“$k=1$”（即相似比为1），从而得到三角形相似的判定方法。

第二次建构作答：

在学生个人探究、小组交流讨论的基础上，全班交流研究成果——猜想的判定命题。

三角形相似的判定命题
- 两边对应成比例，夹角相等的两个三角形相似。
- 两角对应相等的两个三角形相似。
- 三边对应成比例的两个三角形相似。
- 斜边和一条直角边对应成比例的两个直角三角形相似。

接着又经过三个步骤：师生共同探究证明三角形相似的判定假设的思路、方法、依据；学生亲自动手实践，独立研究“移动三角形”的具体方法，而后全班交流概括“叠合法”的证明步骤和原理，总结相似三角形的判定定理。

第三次建构作答：

师生共同总结三角形相似的判定方法：

相似三角形定义 ——→ 判定三角形相似的预备定理 ——→

三角形相似的判定定理
- 两边对应成比例，夹角相等的两个三角形相似
- 两角对应相等的两个三角形相似
- 三边对应成比例的两个三角形相似
- 斜边和一直角边对应成比例的两个直角三角形相似

这个教学环节首先回顾相似三角形与全等三角形之间的“一般”与“特殊”的内在联系、三角形全等的判定方法，为学生运用类比方法自主制作新命题创设情境提供了可能条件，而后引导学生设法证明类比得到的命题，对学生进行严谨的科学态度的教育。学生对于“叠合法”是陌生的，但是由于启发得当，讲解到位，充分发挥了学生学习的主体意识，发扬了学生学习创造的潜能，因而学生的知识、智力、能力、方法得到了充分的发展，加之生生间、师生间的交流、互助、合作，使得学生的讨论达到了他们的“最近发展区”。这样不仅用“叠合法”证明了判定定理一，而且学生能迁移到其他判定命题的证明，从而建立了完整的“三角形相似的判定方法”的完整体系，并且掌握了一种新的证题方法“叠合法”，学生获得了成就，必将激发后续课运用判定定理去解决问题的积极主动性。这里的教学不是“教教材”而是“用教材”，革除了单向的传输、整齐划一的要求，突出了“讨论”的教学方法，实现了纯演绎推断向自主探究、自动讨论、自然生成的转变，重新整合了教学内容。

第二阶段是讨论式，即学生不仅能回答教师的问题，而且对问的内容和答的内容再联想、延伸，产生新的问题或新的答案，特别可贵的是他们自己主动提出问题，征求解答和评价。如什么地方不懂，这种想法对不对，我的

想法、解法与同学的想法和解法的区别在什么地方，等等。

讨论式又分为三种类型：据本延伸，拓宽思路；生发问题，多向思维；征求解答，催发思考。

（1）据本延伸，拓宽思路。

在“数轴”的教学中，先由生活中的实例，让学生体验直线上的点和实数之间的对应，再由师生共同概括数轴的定义，剖析数轴的三要素，建立数轴上有理点与有理数之间的对应关系，然后出示：

问题 1　画图表示一个点从数轴上原点开始，按下列条件移动两次后到达的终点，并说出它是表示什么数的点。

① 向右移动 2 个单位长度，再向左移动 3 个单位长度。

② 向左移动 2 个单位长度，再向右移动 5 个单位长度。

总结：解题时，一是要识别运动方向，二是要把握运动的距离。

问题 2　如图 5-5，在数轴上有三个点 A、B、C，请回答：

① 将 A 点向右移动 4 个单位长度后，三个点所表示的数中，哪个点表示的数最小？是多少？（点 B 表示的数最小，是-2）

② 将点 C 向左移动 6 个单位长度后，这时 B 点表示的数比 C 点表示的数大多少？（大 1）

③ 想一想　怎样移动 A、B、C 中的两个点，才能使三个点表示的数相同？有几种移动的方法？（三种方法）

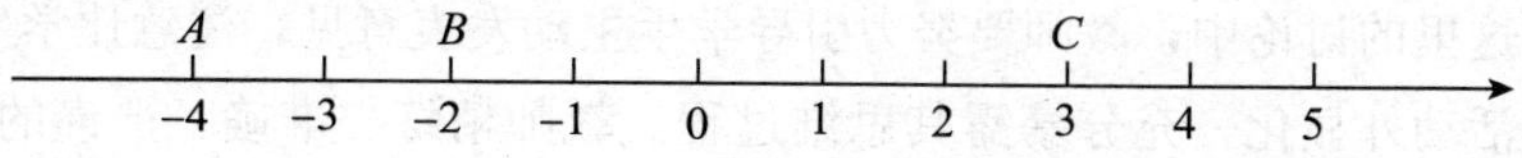

图 5-5

问题 3　在数轴上，A 点和 B 点所表示的数分别为-2 和 1，若要使 A 点表示的数是 B 点表示的数的 3 倍，应怎样移动 A 点？

（B 点表示的数是 1，它的 3 倍是 3，3 所对应的点 C 在原点右边 3 个单位长度处，A 点在原点左边 2 个单位长度处，由题意知：A 点需要向右移动 5 个单位长度。）

这个教学环节意在发掘学生身边的比较熟悉的事物，通过充分的延伸、深度的讨论、适当的点拨，使学生“悟”出“数”与“形”（点）的对应关系。让学生不仅自主获取了知识，建构了概念，加深了对新知识的认识，学到了“由具体到抽象”、把直观认识上升到理性认识的方法，感受了日常生活中的实际问题可以通过建立数学模型来解决，而且在学习过程中，师生间、同学间共同实践探索，共同发现概括，共同交流激励，共同分享成功的喜悦，使学生感受集体的力量，合作学习的意义。

（2）生发问题，多向思维。

教师必须有正确的教学指导思想，具有丰厚的教学底蕴和灵活的机智。教材不等于教学内容，教师要从学生实际出发，力求学生的知识、智力、能力、情感、态度能达到各自的“最近发展区”，创造性地用教材，重组教学内容，充分发挥教学的主体创造性。

在“平行四边形”的教学中，通过适时为学生提供一定难度的问题，引导学生依据新鲜材料，诱发新的问题，将讨论引向深入。这不仅可以激发学生持久的学习兴趣，同时也能够不断强化学生数学思维的训练。

问题：过平行四边形对角线交点的直线与一组对边或其所在直线相交的图形有哪些特点？

学生的思维多向、多角度：有研究图中的全等图形的；有研究图中的等积图形的；有研究图中的相等线段、相等角的；有发现规律高度概括的，比如，过平行四边形对角线交点的直线夹在一组对边所在直线间的线段被交点平分，平行四边形绕对角线交点旋转 180°后回到原来位置；等等。

在这里的讨论中，教师要努力引导学生主动发表意见，注意让学生内隐的思维活动外显化，充分暴露其思维过程。教师精练、准确、严谨的语言，对学生思维品质的发展有着潜移默化的影响；教师教学的民主作风，也利于创设和谐而愉悦的学习氛围，陶冶学生的情操。

（3）征求解答，催发思考。

基于学生具有非常强烈的探究欲望与表现欲，可在适当的时候抛出适当的问题，催化讨论的广度和深度。

在研究“圆周角与圆心角的位置与数量关系——圆周角定理”时，教师抛出新问题征答：

问题 1：圆周角与其所在圆的圆心的位置关系有几种？画出图形。

问题 2：如何研究圆周角与其所对的弧对的圆心角之间的关系？

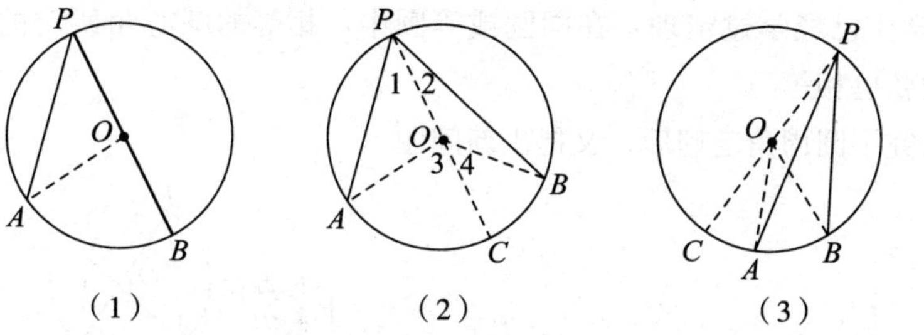

图 5-6

首先研究特殊的位置，即图（1），易证得$\angle AOB=2\angle APB$。

后提出猜想：对于图（2）、图（3）的情况，$\angle AOB=2\angle APB$ 的结论是否成立？如何证明？

遵循“化未知为已知”，“由已知推出未知”的学习经验，学生小组议论，发现可以将乙、丙化为甲的情形，利用甲的结论证明乙、丙的结论，进入深度思考。

在各小组充分讨论的基础上，全班交流：当圆心 O 在圆周角$\angle APB$ 的内部时（图（2）），作直径 PC，将$\angle APB$ 分成两个特殊位置的圆周角，即圆心在角的一边上的圆周角$\angle APC$ 和$\angle CPB$。利用图（1）的结论，证得$\angle AOB=2\angle APB$。

当圆心在圆周角$\angle APB$ 的外部时（图（3）），仍作直径 PC，此时圆周角$\angle APB$ 等于两个圆心在角的一边上的圆周角$\angle CPB$ 和$\angle CPA$ 的差，利用图（1）的结论，同样证得$\angle AOB=2\angle APB$。

由于对圆周角与圆心角位置关系的所有情况，即图（1）、（2）、（3）都逐一加以讨论，所以可以概括出一般结论。

圆周角的定理：

在同圆或等圆中，同弧或等弧所对的圆周角相等，都等于这条弧所对的圆心角的一半。

至此再引导深化研究，得到下面的推论：

推论 1：半圆（或直径）所对的圆周角是直角，90°的圆周角所对的弦是直径。

推论2：在同圆或等圆中，如果两个圆周角相等，它们所对的弧也相等。(学生已经学过定理：在同圆或等圆中，相等的圆心角所对的弧相等，所对的弦也相等。)

研究了圆周角定理后，又提出新问题：

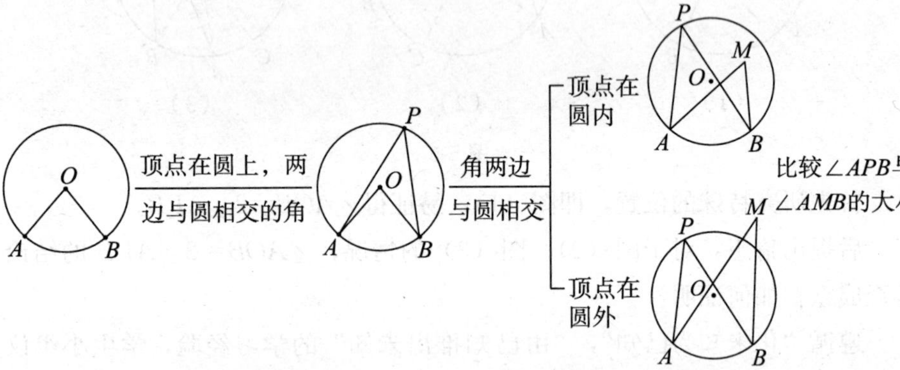

圆心角：顶点在圆心的角。

圆周角：$\angle AOB$ 的度数$=\overset{\frown}{AB}$的度数，$\angle AOB=2\angle APB$。

图 5-7

这个教学环节从学生已有的知识——圆心角的位置特征入手，通过图形的运动变化，由量变到质变，展现出与圆有关的几种具有不同位置特征的角，由学生从圆心角的命名迁移到对这些角给出名称。整个教学流程力求“还原”知识发生、发展的过程，对特定的数学现象让学生根据已知条件、已有的知识和学习经验，大胆探索，猜想可能产生的结论，最后再进行“规范证明”，得到真命题（或定理）。这种探索式的问题解决方式，有利于激发学生的学习兴趣，发展学生的逻辑思维能力。这样的学习，学生收获的不只是知识和方法，而且对普遍联系的观点、一般与特殊的关系、矛盾的对立与统一关系等也有了进一步的认知和理解。

第三阶段是议论式，即围绕一个较大的、内涵丰富的问题，让学生依自己的思路，自由地发表见解，相互启发、促进，甚至热烈争辩，引起“连锁反应”。也可以提出一个新课题，教师引导学生进行创造性的探索讨论。如研究了“平方根”之后，教师揭示新课题“立方根”，让学生以“平方根”

的知识结构和内容以及研究的方法为借鉴，进行迁移，探索讨论立方根的定义、符号、性质、求法。又如通过“二元一次方程组”的学习，学生明确了解方程组的指导思想、方法及其根据之后，围绕“如何用消元转化的思想探讨解三元一次方程组的方法”这一中心展开议论。再如学习了“角的平分线”，学生掌握了教材的结构和点的集合概念之后，在学习“线段的垂直平分线”时，让学生针对这一新课题议论：必须复习哪些有关的旧知识和技能？着重研究新课题的哪些方面的内容？这些内容大概是什么？线段的垂直平分线是具有什么性质的所有点的集合？线段的垂直平分线定理、逆定理在作图、证明、计算和实际生活中怎样应用？等等。这种议论，范围广，自由度大，各人从自己的实际出发，提出的问题、发表的见解适合各人的水平层次。这时，课堂气氛十分活跃、热烈，有时到下课时还欲罢不能，将议论延续到课外继续进行。

议论式分为四种类型：迁移式议论，拓补式议论，解疑式议论，情境式议论。

（1）迁移式议论。

在“一元一次不等式组”的教学中，教师首先组织复习二元一次方程组的意义、解和解法。

1）二元一次方程组的意义：如果两个一次方程合起来共有两个未知数，那么它们组成一个二元一次方程组。例如

$\begin{cases}x+y=22,\\2x+y=40;\end{cases}$ $\begin{cases}x=2,\\x+y=-4;\end{cases}$ $\begin{cases}x=1,\\y=2\end{cases}$ 都是二元一次方程组。

2）二元一次方程组的解：二元一次方程组的两个方程的公共解，叫做二元一次方程组的解。

3）二元一次方程组的解法：用消元法求得二元一次方程组的解。

接着复习一元一次不等式的解、解集的意义和解法，探究一元一次不等式组的有关概念和解法：

1）使不等式成立的未知数的值叫做不等式的解。

使不等式成立的未知数的取值范围，叫做不等式的解的集合，简称解集。不等式的解集可以用式子形式表示，也可以用数轴形式表示。运用不等

式的性质可求得不等式的解集。

2）请同学们解下列不等式

（ⅰ）$2x-1>x+1$；　　　　（ⅱ）$x+8<4x-1$。

解：$2x-x>1+1$　　　　解：$x-4x<-8-1$

$x>2$　　　　$-3x<-9$

$x>3$

不等式（ⅰ）的解集在数轴上的表示如下：

图 5-8

不等式（ⅱ）的解集在数轴上的表示如下：

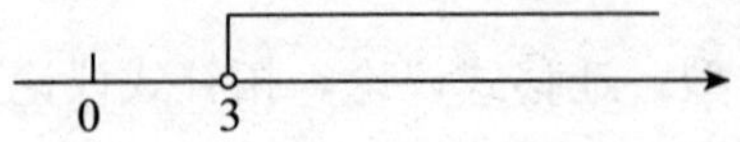

图 5-9

在此基础上，教师运用迁移理论，将两项熟悉的知识进行叠加，引导学生逐层深入展开议论：

1）把这两个不等式合起来的式子$\begin{cases}2x-1>x+1,\\x+8<4x-1\end{cases}$该怎样命名？

2）什么是不等式组的解集？如何求不等式组的解集？

3）如何解不等式组$\begin{cases}2x-1>x+1, & ①\\x+8<4x-1 & ②\end{cases}$？

解：解不等式①得 $x>2$，

解不等式②得 $x>3$；

把不等式①和②的解集在数轴上表示出来：

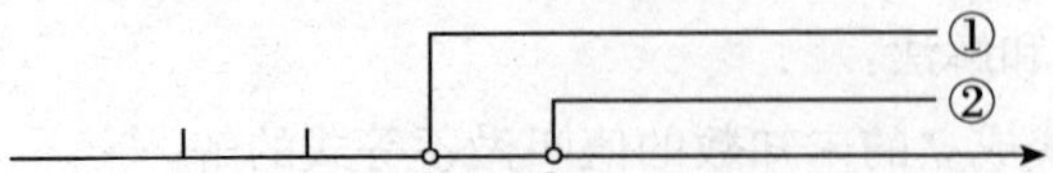

图 5-10

（利用数轴可以直观形象地认识公共部分）

∴　不等式组的解集是 $x>3$。

4）师生共同议论，总结解不等式组的方法：

① 分别解不等式组中的各个不等式；

② 借助数轴，直观地表示各个不等式的解集；

③ 确定各不等式解集的公共部分；

④ 写出不等式组的解集。（以下教学过程略）

迁移式议论对于扩展信息、概括建构新知、习得方法、促进交流合作等方面有独特的作用。由于一元一次不等式组及其解集的概念与二元一次方程组的相关概念类同，学习一元一次不等式组及其解法就有了学习心理、研究方法和基础知识正向迁移的基础。充分利用这一基础，引导学生进行迁移式议论，一元一次不等式组的解集概念和求解方法的形成就水到渠成。

（2）拓补式议论。

运用拓补式议论，就是在学生初步建立了新概念的基础上，由学生依据自身的生活经验，提出研究案例（实例），由师生共同研究讨论。拓补式议论改变了教材的呈现方式，扩大了教学内容的开放性，师生间、生生间切合实际的互动，给学生搭建了议论、碰撞、交流、分享的平台。

在“随机事件”的教学中，建立随机观念，感受研究随机事件，掌握其规律，并利用其规律解决问题的必要性既是本节课的重点也是难点。确定性事件和不确定性事件在现实世界中是普遍存在的，学生也有过亲身实践或感知。新课伊始，教师可以先讲述生活中会出现的一些现象，让学生建立“事件”的概念，即“某一试验后出现某种结果”可记作一个事件。例如，“掷一次硬币，正面朝上”是一个事件；同样，“射击一次，中了 9 环”是一个事件。

然后让学生列举生活中的若干事件进行拓补，再共同分析其发生的必然性、可能性和随机性，加深理解“随机”的含义。学生分成几个“实例组”，通过议论，拓补了大量实例。譬如：

实例（1）组

在现实生活中，能预先确定在同等条件下的每一次试验中都一定会发生的事件。例如：

① 在标准大气压下，水温达到 100 ℃时，水会沸腾；

② 一枚匀称的硬币在投掷后正面朝上或反面朝上；

③ 从一个只装有白球的布袋里摸出一个球，摸出的球是白球；

④ 在同一年出生的 367 位学生中，至少有两人的生日是同一天；

⑤ 燃烧产生热。

（师生共同分析，得出必然事件的意义，略）

实例（2）组

生活中，也有些能预先确定它在同等条件下的每一次试验中都一定不会发生的事件。例如：

① 我们班某同学身高达到 5 米；

② 电视机不接电源而能播放节目；

③ 在一个没有白球的布袋里摸出白球；

④ 同时掷两枚质地均匀的正方体骰子，每个骰子的六个面上分别刻有 1 到6 的点数，掷一次，在骰子向上面上的点数之和为 13；

⑤ 没有空气，人也能生活下去。

师生共同分析以上的事件的共同特点，它们是不需要通过试验，就能够预先确定在一定条件下，重复进行试验时，每次试验中都不会发生的事件。这样的事件称为不可能事件。

必然事件和不可能事件都是在一定条件下，在实验中是否会发生是事先能够预先确定的，它们统称为确定性事件。

实例（3）组

现实生活中，在一定条件下，有些事件可能发生，也可能不发生。即它们是无法预先确定在一次实验中会不会发生的事件。例如：

① 某人射击一次，中靶；

② 抛一枚硬币，正面朝上；

③ 某一天内，电话收到的呼叫次数为 0；

④ 一个布袋内装有大小、形状都相同的一个白球和一个黑球，从中任意拿出 1 个球为白球；

⑤ 在一批产品中，有十个正品、三个次品，从中任意地抽一个产品是次品。

师生共同分析，以上事件的共同特点是：在相同的条件下，重复同一试验（或观察）时，可能得到多种不同的结果，其中某一结果发生与否是事先不确定的。这种事件是不确定事件，又称随机事件。

所以

- 事件
  - 确定性事件
    - 必然事件
    - 不可能事件
  - 不确定性事件（随机事件）

在初步理解了必然事件、不可能事件和随机事件的概念后，学生自己分别在小组内展开议论，拓补实例，进一步认识到确定性事件与随机事件在现实世界中是普遍存在的，研究随机事件的发生规律是有实际意义的。

（以下教学过程略）

这个教学环节首先由教师向学生呈现源于学生生活经验的实例，激发学生的学习兴趣，从实例中分析、比较，指出确定性事件和不确定性事件（随机事件）的本质特点。再让学生进行拓补式议论，得出大量实例，这既能深化学生对概念本质的认识，也让学生享受到积极参与、自主学习创造的成就感，学生的学习主体性得到进一步落实。

（3）解疑式议论。

在学习了一个新知识以后，教师常常举例讲解或让学生练习，以达到巩固之效。但“内化”必须在教师的引导、指导、合作下，通过学习者自身体验、感悟、领悟才能奏效。解疑式议论就是引导学生议论、剖析实例，教师适时积极参与，不断将研究引向深入、深刻和全面。这种方式既能激发学生学习兴趣和学习积极主动性，又能培养学生观察、比较、分析、归纳、概括的能力。

在“变量与函数”的教学中，教师先提供实例，引导学生分析变化过程中的数量关系和变化规律，揭示常量与变量的概念，为概括函数的定义奠定基础；随后引导学生概括函数定义及其表示法；接着，引导学生根据对函数定义的理解，自己列举函数的实例，深化对函数本质、变化与对应的认识，体验函数是刻画现实世界中变化规律的重要数学模型，是研究运动变化的重要数学模型。

这时，教者以生活中体检为例设定问题，进入设疑解答阶段。

例 1　下图是体检时的一张心电图，其中横向 x 表示时间，纵向 y 表示心脏部位的生物电流，它们是两个变量。y 与 x 是函数关系吗？为什么？

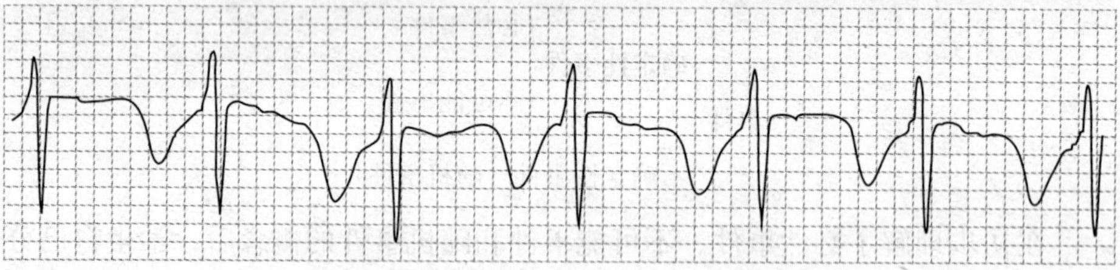

图 5-11

为了解答这一生活中的疑问，学生展开了热烈的议论，对常量与变量、函数概念实质等有了更为清晰的认识：在心电图中，对于 x 的每一个确定的值，y 都有唯一确定的对应值，所以 y 是 x 的函数。

在此基础上，又让学生讨论两道题。

例 2　下列曲线中，不能表示 y 是 x 的函数的是（　　）。

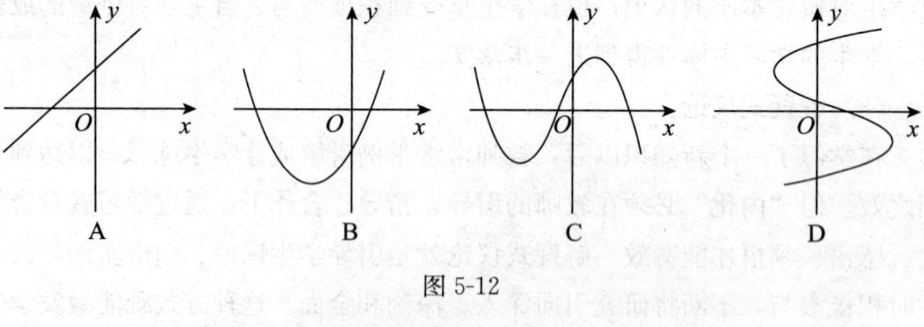

图 5-12

（图 D 中，当 $x=a$ 时，y 不是都只有唯一确定的对应值。例如，$x=0$ 时，对应的 y 的值有 3 个。从曲线中看，任一平行于 y 轴的直线若与曲线相交，都只有一个交点时，这条曲线才是函数的图象。）

例 3　研究 $|x|$ 和 x 之间是否存在函数关系。

$|x|$ 是 x 的函数吗？为什么？

x 是 $|x|$ 的函数吗?

(先安排学生小组议论，再全班交流，强化“单值对应”。)

因为 x 取一个确定值时，$|x|$ 的值唯一确定，例如 $x=1$ 时，$|x|=1$；$x=-1$ 时，$|x|=1$，所以 $|x|$ 是 x 的函数；而 $|x|$ 取一个确定值时，x 有两个值与之对应，例如 $|x|=1$ 时，$x=\pm 1$，所以 x 不是 $|x|$ 的函数。

(以下教学过程略)

在学生的学习和日常生活中，已感受过许多问题中的各种变量是相互联系的，变量之间存在对应规律，而且其中有些是单值对应关系，但还没有从变化过程中两个变量之间的单值对应的深度来认识，解疑式讨论可以引导学生通过生活实例自主建构常量和变量的概念、函数的定义，使学生自主地体会到事物是相互联系、运动变化的，从而深化对函数概念实质的认识。

(4) 情境式议论。

情境式议论就是教师主动发掘学生身边的比较熟悉的事物，将其作为议论的话题，在这种情境下，学生不仅自主地获取了知识，建构了概念，而且对新知识的认识更加深刻，理解更加透彻。

在“数轴”的教学中，教师主动创设生活情境，让学生体验直线上的点和实数之间的对应。

情境一　给同学量身高，由刻度（点）读出了它所表示的身高（数）。

情境二　制成温度计课件演示正、0、负摄氏度，温度计中的刻度分别表示：$+a$ ℃，0 ℃，$-b$ ℃，然后抽象出表示正数、0、负数的直线。

情境三　在一条东西向的马路上有一个汽车站，汽车站东 3 m 和 7.5 m 处分别有一棵柳树和一棵杨树，汽车站西 3 m 和 4.8 m 处分别有一棵槐树和一根电线杆，如何表示?

在这一具体情境中，学生展开了热烈的议论，因为考虑东西向道路上的柳树和杨树与汽车站的相对位置关系时，既要考虑距离，又要考虑方向，从而需要用正数、负数和 0 来描述，因此要用直线上的点来表示数。通过议论，让学生明确了方向，随后再画图、操作，抽象出数学模型：将尺、温度计、东西向马路抽象为直线，刻度是点，每个点表示一个数，直线上的点可以表示数，数可以用直线上的点表示。

（以下教学过程略）

掌握数轴概念，初步体会数轴的作用既是教学的重点，也是教学的目标之重。运用“情境式议论”可以引导学生在具体环境中进行立体思维，自主建模，画出数轴，初步体会数轴的三要素缺一不可。知识的学习熟悉亲切，简单易懂，印象深刻，不易遗忘。

从以上分析可以看出，“议论”的模式建构，就是学生在教师的引导下，师生之间、同学之间围绕着知识的理解和学习方法、思维方法的掌握所开展的活动的过程。“议论”吸纳了合作学习的基本思想，它是合作学习的基本形式，也是一种主要形式。关于合作学习的定义很多，我们以为，合作学习是指在教学过程中，以学习小组为教学基本组织形式，教师与学生之间、学生与学生之间，彼此通过协调的活动，共同完成学习任务，并以小组总体表现为主要奖励依据的一种教学策略。议论本质上就是学生之间、师生之间彼此交流、探索、取长补短、集思广益的过程，是一个合作的过程。但自学·议论·引导教学中的“议论”对合作学习又有所发展。在合作学习过程中，强化学生自主获取知识的“主体”地位，但不应削弱教师的“引导”作用，“引导”环节应当贯穿于教学过程的始终，合作学习仍应是教师引导学生主体的教学活动。教师在合作学习的全过程中，既要尊重学生的权利，还学生以权利，诸如自主表达的权利、自我评价和相互评价的权利、犯错以及自主改正错误的权利、发现的权利等，在小组学习讨论的基础上，让各小组到全班交流、共享，鼓励学生对别人的学习成果和教学资料的叙述作出评价，又要注意及时将学生的学习引向深入，对学习成果不断进行修正、补充、完善。在整个学习过程中，教师是学生学习的促进者和合作者，是合作学习课程的设计者和开发者，是学生潜能的发现者，同时也是学习过程的反思者、研究者和学习者。对宏观的调控、过程的组织、困难时的促进、成功时的鼓励，可以将学生很好地组织、协调和调动起来，为高效率和高质量的学习活动提供良好的基础。

（三）搞好议论的必要条件

一是师生尤其是教师要有充分的准备。教师必须精通教材，融会贯通，深刻理解数学课程标准规定的教学任务和要求；掌握学生的学习水平、学习能力、学习方法和学习情感，了解学生的课外学习情况和他们所看的课外读物等。学生要有自学的基础，有进行议论必备的知识、能力，乃至于情感、愿望、意志等因素。

二是教师要把握议论的时机。当学生的学习愿望还不够强烈，热情不够高，需要相互激励时；当学生个人的智慧难以解决问题，需要帮助或点拨时；当问题或课题范围广，内容丰富，需要群体智慧方能研究得深透时；当个人研究成果需要得到评价或交流扩大成果效益时；等等，一般通过小组或全班议论的形式，展开合作学习。

三是教师要把握住议论内容的深度和广度，保证能议得开，议得深，议得大家有兴味、能得益，能有层次地将议论引向深入。组织议论时，要从学生的思维能力的实际出发，逐步使议论深入展开。

四是要创设一个能够平等地、热烈地、严肃认真地、互助合作地进行交流思想、探求真理的和谐活跃的良好气氛。

五是教师要有灵活机敏和善于引导的机智和方法。

随着这些条件的逐步具备，“议论”也就会不断向较高的层次发展，真正的合作学习才能得以实现。

三、课堂教学中的引导

引导是教师在课堂教学中发挥主体作用的重要标志。它是在教学过程中，教师运用点拨、解惑、提示、释疑等方法，发挥引导、指导、辅导作用，尊重学生，确保学生学习的主体地位，激励意向、启发思维、点拨疑难、指点方法，让学生自己会学、学会，懂想、想懂问题，促使学生的全部心理活动积极有效地进行和健康地发展。

教学是一门科学，更是一门艺术。智力活动与非智力活动是水乳交融地进行着的，智力因素与非智力因素是相互影响、相互促进地在教学活动中发挥作用的。如果没有意向，认知活动就失去了动力，智力发展就受影响；如果没有生动的智力活动，意向就不能落实、持久和发展。所以在教学过程中，必须将智力与非智力两种活动协调为一个统一体，既要整体考虑，又要针对两种因素的不同特点，符合规律地进行，必须讲究引导的艺术。在引导时，只有极大地调动智力因素与非智力因素，统筹、协调、有效地开展智力活动和非智力活动，才能调整好教与学的关系，建立起民主平等、互相合作、共同建构、教学相长的师生关系，有效地提高教学质量。

（一）对智力因素方面的引导

在学生的智力活动中，教师的适时引导对学生的思维起“诱发”、“点拨”、“引爆”作用。引导不仅是知识层面的点拨、引领，更应着眼于“学力”的形成。在智力活动方面，引导要注意全员性，突出以下三个方面。

一是引导学生参与学习的全过程。教学过程应该是交流互动的过程，学生学习不仅要用脑去想，而且要用眼睛看、耳朵听，用嘴去说，用手操作。要放手让学生利用多种感官协调活动，积极交流探索，同时让学生学会在合作、竞争中参与活动，培养合作意识和竞争意识，激发和提高群体学习的热情和效率。

二是引导学生改进学习方法。教师要有意识地把开门的钥匙交给学生。学生有了钥匙，自己就能把门打开——积极思维，解决问题。从智育的角度说，让学生掌握学习的本领或学会怎样学习，比教给他们某些知识更重要。

三是引导学生参与学习评价。把评价的权利还给学生，让学生在评价中交流，在交流中学习，在学习中发展，对落实学生在学习中的主体地位、大力培养学生自主学习能力和创新精神具有积极作用。教师应给予学生充分的机会参与评价，让学生了解评价，学会评价。

引导的方法千变万化，常用的有下列几种。

1. 示范性引导

在学生百思不解的情况下，教师要作深入浅出的讲解。讲解要有见地、有深度，源于课本而高于课本。既针对学生的认知水平，又能引导学生在知识、能力方面向更高级阶段发展，使得学生听讲后，不仅在知识上得以释疑，更重要的是在如何观察、分析、思考问题方面受到启发，在自学中可资仿效和借鉴。

例如，学习了“相似三角形的定义”和“三角形相似的判定”后，引导学生研究下面的问题。

求证：如果一个三角形的两边和其中一边上的中线与另一个三角形的对

应部分成比例，那么这两个三角形相似。

在学生运用三角形相似的判定定理和相似三角形的性质证得命题的结论成立后，教师讲思维方法如下：

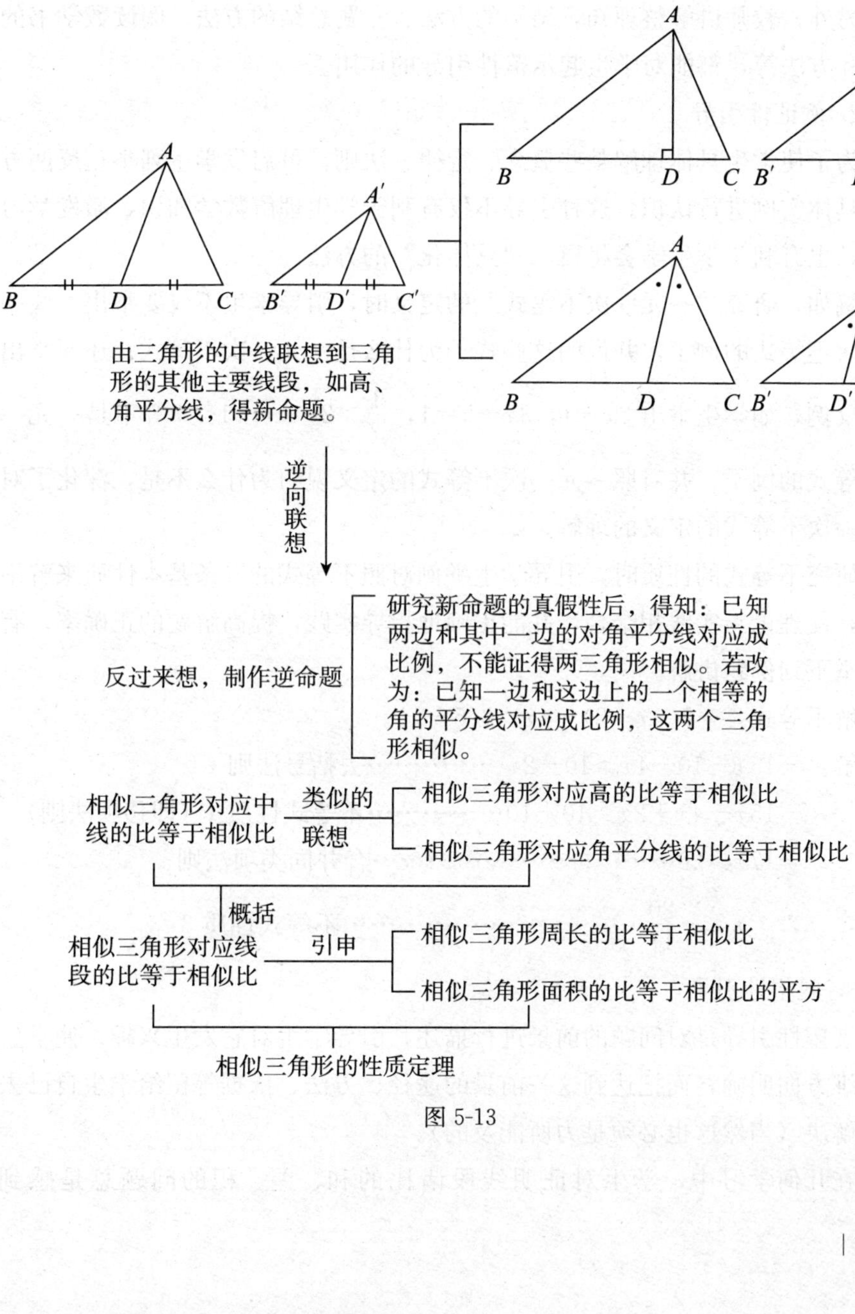

图 5-13

这种讲解，不仅使学生学习、掌握了相似三角形的性质，更重要的是使学生在如何将思维发散—集中方面有启发、仿效和借鉴作用，无疑对提高学生的学力是积极有效的。

另外，教师讲解整理知识结构的方法、专题总结的方法、阅读数学书的要求和方法等，都能对学生起示范性引导的作用。

2. 例证性引导

为了使学生具体理解某些概念、定律、法则，可启发学生列举正反两方面的具体实例进行认识。这种引导不仅有利于学生理解数学知识，激发学习兴趣，也有利于学生学会将概念“具体化”的方法。

例如，研究“一元一次不等式”的定义时，引导学生不仅要举出一些一元一次不等式的例子，并说明这些式子为什么是一元一次不等式；还要举出一些反例，如学生举出 $2x+1$，$3x-5=1$，$\frac{1}{x}>2$，$ax+1<0$ 等不是一元一次不等式的例子，并对照一元一次不等式的定义说明为什么不是，深化了对一元一次不等式的定义的理解。

研究不等式的性质时，引导学生举例对照不等式的三条基本性质来解不等式，使理论与实践相结合，并能正确地指导实践，提高解题的正确率。有学生举下列例题讲解。

解不等式：$-5(3x+2)-4x>2(5-x)$。

解：$-15x-10-4x>10-2x$……………去括号法则

$-15x-4x+2x>10+10$……………不等式性质 1（即移项法则）

$-17x>20$………………………………合并同类项法则

$\therefore\quad x<-\frac{20}{17}$………………………………不等式性质 3

3. 展望性引导

展望性引导是对问题的前景进行描述，引导学生对它发生兴趣，使学生的思维方向明确，而把达到这一前景的途径、方法、依据等留给学生自己去研究解决（当然这也必须是力所能及的）。

在几何学习中，学生对证明线段诸比的和、差、积的问题总是感到困难。

如图 5-14，OA 是 $\angle POQ$ 的平分线，交 PQ 于点 A，过 A 作 $AC/\!/OQ$，交 OP 于点 C。

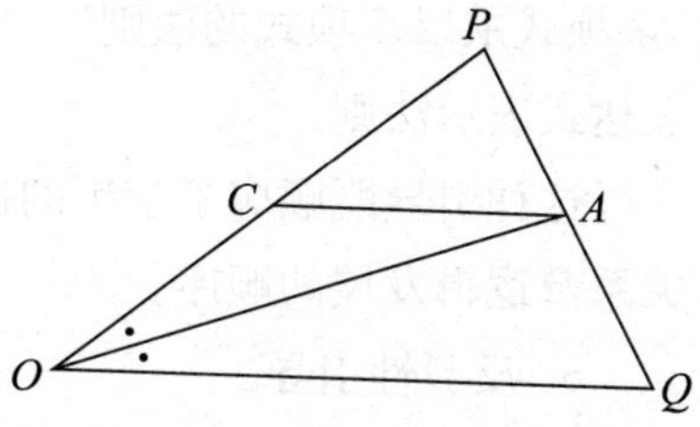

图 5-14

求证：$\dfrac{1}{OP}+\dfrac{1}{OQ}=\dfrac{1}{OC}$。

教师首先对解决问题的前景作如下分析。

(1) $\dfrac{1}{OP}+\dfrac{1}{OQ}=\dfrac{1}{OC}$，若能转化为四条线段的比例关系，则根据题设 OA 是 $\triangle OPQ$ 的 $\angle POQ$ 的平分线，$AC/\!/OQ$，运用平行线分线段成比例定理及三角形内角平分线性质等可能得证；

(2) 形如 $f\cdot g=x\cdot y+z\cdot t$ 的等式，不是四条线段的比例关系，若将 $x\cdot y$ 化为 $a\cdot b$，$z\cdot t$ 化为 $a\cdot c$，便有公因式 a 可提取，若再能找到与 $(b+c)$ 等量的线段 e 时，便转化为 f、g、a、e 四条线段的比例关系了。

这样引导后，学生的思维方向明确，运用已有的知识和方法，问题就不难解决了。

4. 逻辑性引导

数学是一门逻辑性极强的学科。学生的思维、智力活动也是按照一定的逻辑机制进行的，因此教学中应进行逻辑性引导。

进行逻辑性引导，包括对数学概念的内涵和外延作分析、下定义；对已知与未知条件进行合理判断，以及揭示因果关系（由因导果或执果索因）；还包括对各数学概念、原理作系统整理。

例如，多项式乘法法则是建立在乘法对加法的分配律和单项式乘法法则的基础上的，因此教学多项式乘法法则时，教师创设数学情境，让学生先探索计算下列各题：

(1) $3a(a^2+2b-1)$；

(2) $(3a+b)(a^2+2b-1)$。

学生能独立计算，并且也能说出运算的根据。在这个基础上，教师让学生由具体到抽象，由特殊到一般，概括出“多项式乘以单项式的法则”和“多项式乘以多项式的法则”。在用文字语言概括出法则的基础上，再用字母表达式表示法则。

这种引导既顺应了学生的逻辑思维发展的顺序，又理清了知识间的逻辑关系及逻辑发展的顺序。

5. 反驳性引导

学生在作业或议论中，常由于对数学概念、定理、公式等基础知识理解不透，或是由于考虑问题欠周密细致而出现失误。对此，可让学生通过举反例给予反驳，说明原先的概括失之过宽或失之过窄，因而是错误的，进而启发学生产生寻找正确而完善的答案的要求。

例如，学生对切线的判定定理“经过半径的外端，并且垂直于这条半径的直线是圆的切线”（见图 5-15）中的条件“经过半径的外端”的认识和重视不够，运用时，往往由直线 $l \perp OA$ 推出 l 是⊙O 的切线。此时，教师可画出图 5-16。学生见图后，立刻醒悟，从而能正确理解和运用这一定理，且不易遗忘。

6. 诱误性引导

针对学生学习过程中容易发生的错误，选编一些题目，有意制造一些“陷阱”，让学生解错，然后要求学生自己总结经验教训，从而引发学生的深入思考。这方面的例子前已涉及，此处不再赘述。

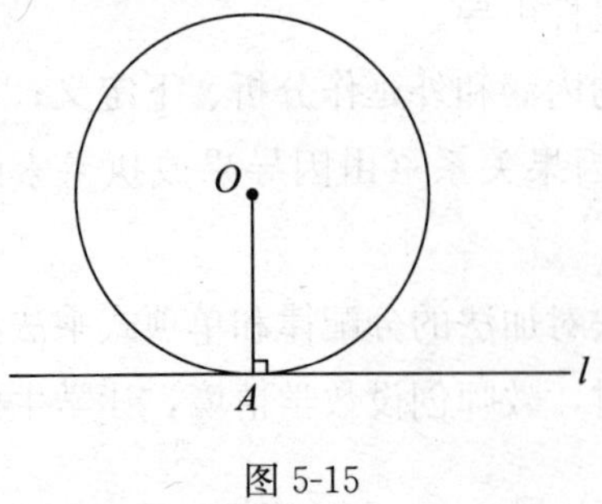

图 5-15

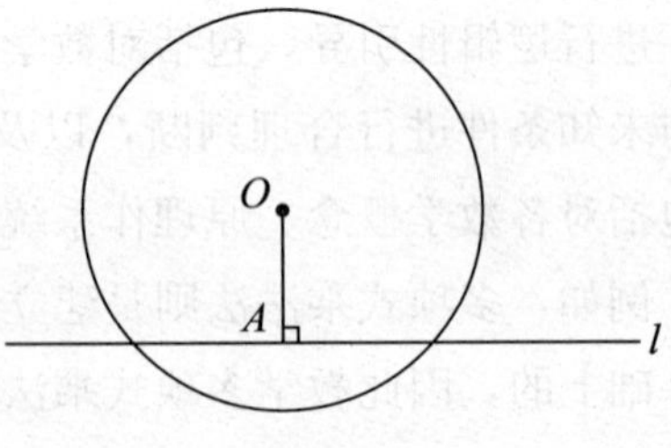

图 5-16

7. 探究性引导

当学生的思维发展到某一点上出现停滞时，可引导学生列举一些矛盾现象或可喜线索，提出一些设想，让学生产生强烈的求知欲，从而富有激情地、兴致勃勃地去钻研思考，直到有所发现。

例如，在研究了点和圆的位置关系的基础上学习直线和圆的位置关系时，首先引导学生回顾用运动变化、量变质变的观点研究点和圆的位置关系的过程及研究结果，指出用同样的方法可以研究直线和圆的位置关系，而且直线与圆的位置关系也是与一种数量关系对应的。在新的情况下，怎样运用已有的学习经验和方法来学习呢？直线与圆的位置关系有几种？如何判定？与怎样的数量关系对应呢？……学生的思维积极性被调动起来了，饶有兴趣地开展探究学习活动，不断地发展着数学思维能力。

又如，学习了“二次函数 $y=ax^2$ 的图象及其性质”后，学生的思维似乎有些满足、停滞了，这时教师提出问题：

二次函数 $y=\frac{1}{2}x^2$，$y=\frac{1}{2}x^2-1$，$y=\frac{1}{2}(x+1)^2$，$y=\frac{1}{2}(x+1)^2-1$ 的图象的形状是相同的，只不过它们在同一直角坐标系中的位置不同，而且是可以由其中一个函数的图象通过沿着 x 轴、y 轴适当地平行移动而得到其他函数的图象的。同学们可以在同一直角坐标系中先画出抛物线 $y=\frac{1}{2}x^2$，然后从函数的解析式或从所列的自变量与函数值的对应表中分析它们之间的关系，从而研究抛物线平移的方法。

教师提出这个设想并适当指明了方法，而后学生自行探索研究，辅以小组议论，最后全班交流讨论，教师适时点拨或讲解，使学生研究了抛物线平移的有关知识。

引导的方法是多种多样的，以上仅是谈了常用的几种方法，同时各种引导往往不是孤立地进行的，只有灵活地、巧妙地将各种引导交叉或综合在一起进行，才能收到“引导”的预期效果。

（二）对非智力因素方面的引导

课堂上，教师只是一个组织者、引导者、合作者、指导者，学生才是学习活动的主体。教师只有积极引导学生参与到学习活动中去，才能真正发挥他们的积极性和创造力。

首先，帮助学生树立“参与无错”的思想，激发他们的参与意识。特别要关注问题学生，让他们从一些简单的问题开始，鼓励他们大胆发言，锻炼他们的胆量。在课堂上要充分相信学生，组织学生，利用学生，解放学生，使他们能够大胆说话，大胆发表自己的意见，把思维的主动权还给学生，留出足够的时间让学生自主探索，合作交流，使学生真正成为学习的主人。在课堂上还要针对不同情况对学生进行引导，启发诱导要切合学生的年龄特点，切合数学教学内容，切合当时课堂教学的氛围。

其次，要引导学生大胆展示。激励学生各抒己见，使学生切实处于主体地位，保护学生的积极性，允许学生标新立异，使课堂真正成为教师与学生共同探讨的场所。让学生在课堂中张扬个性，展示自我，收获知识，收获成功，收获自信，收获快乐，真正体现“以人为本，全面发展”的教学理念。

最后，要引导学生质疑问难。精心创设有价值的问题，引导学生积极参与，主动探究。有时也可以结合教学内容，引入一些有争议的问题，供学生进行思考，进而激发学生的学习兴趣。所有问题的设计都要能激发学生探索的热情，使他们的思维活跃起来，积极性和主动性得到应有的发挥。在学生质疑的过程中，教师善于抓住契机进行点拨，“点”在学生不懂或者似懂非懂之处，“拨”在学生容易忽视又与教材重点、难点密切相关之处。

在非智力因素方面，教师的引导要特别关注以下三个因素。

1. 情感因素

心理学的研究证明，情感是非智力因素的核心。在课堂教学中，教师必须以适当的方式方法，沟通师生间、学生间的情感，使彼此产生良好的情感体验。在培养学生学习的情感方面，应该注意以下四点。

第一是要有良好的教态表情。教师亲切和蔼的神情，期待的目光，适当的手势、动作等教态一旦化为学生的情感体验，学生就会产生相应的情感来对待教师。如果教师能根据反馈信息进一步调整自己的教态，如此循环往复，就会使学生的情感得到进一步强化，使他们产生积极的心理倾向而愉快地接受教师的教育；反之，则会引起他们情绪上的抵触和行为上的抗拒。教态的核心是教师热爱学生，与学生人格平等地、相互关心地交流思想和感情。

第二是教师要通过语感传情。教师的教学语言严谨、简洁、逻辑性强，坚定自信，快慢得当，铿锵有力或深沉浑厚，就能形成一种魅力，使学生感到入情入理，深信不疑，激起对教师的敬佩和学习之情，从而对教师所教的内容愉快地吸收和掌握。

第三是教师要以自己对数学教育的热爱来熏陶学生，以情动情。教师热爱数学，热爱数学教学工作，认真钻研业务，努力改革教学，刻苦锻炼教育才能，这是对数学教学工作热爱的外部表现。教师的这种热爱还通过饱满的教学激情，学而不厌、诲人不倦的精神，以及对学生的耐心帮助、严格要求来体现。学生接受了教师的这种热情的熏陶，也会转化为自己对数学的热爱，对数学学习的激情。

第四是通过评价激情。评价对学生的学习情感起调节作用，学生需要教师去评价。这是因为学生的年龄小，引人注意的愿望也强烈。学生会从教师的评价中感受到教师尊重他、关心他、公平地对待他。评价的方法可以用“对”、“很好”、“不好”等来进行简单评价，也可以用表情和手势来示意评价，更需要用启发或示范性的讲解来评价；必要时不仅用鼓励、表扬的方法，也可以用检查、批评甚至于责备的方法来评价。教师也要接受同学的评价，敢于承认自己的错误，勇于改正自己的错误。这样才能建立教师的威信和加深师生之间的感情，同时教师也要善于引导学生之间的相互评价。

2. 动机因素

学习动机是直接推动学生进行学习的一种内部动力。有内在需要才有动机。教师不仅要注意激发学生的偶发性动机，更要从引导同学亲自实践尝试，参与思维的制作和形成，不断克服认识领域的困难，不断品尝智力劳动的成果来维持和强化学习的心理需要，产生持久性的学习动机。可以从以下几方面引起学生学习的内部动机。

(1) 以直观为基础，引导学生自己动手，进行实验、操作，观察现象。学生通过思考归纳，粗知结论，就会激发起论证结论的内在欲望。

(2) 利用新知识与已学过的知识有密切联系或研究的方法相似的特点，在学习新知识前，先向学生提供线索，引导学生进行联想、猜想、探索，学生通过自己的智力活动获得新知识后，产生了需要评价自己的探索成果的心理要求，引起学习动机。

(3) 教师精心设疑、激疑，使学生产生好奇、悬念及要求释疑的心理，从而转化为强烈的学习要求。

(4) 讲解数学史及数学与生产生活实际的联系，使学生明确学习数学的社会责任感，强化持久的学习动机。

3. 兴趣因素

兴趣是入门的向导，是情感的体现，可以促使动机的产生。在课堂教学中，不仅要注意运用语言、实验等手段来激发学生的偶发性的兴趣，更重要的是要借助于教师的引导作用来保持学习的兴趣，使得学生产生持久而深刻的学习兴趣。这就要求在教学中，教学的方式方法必须灵活多样，生动活泼。当侧重于培养阅读能力时，采用在教师引导下，先让学生个人阅读并辅以小组帮助，再大组交流讨论学习内容的方法；当侧重于培养学生系统整理知识的能力时，采用先教师示范讲解、板演，再学生小组研究、大组发言或先由少数学生大组发言而后大家评论的方法；当侧重于培养探索新知识的能力时，要求学生先不看书，从与新知有联系的旧知出发，采用联想、猜想、实验操作等手段，大胆探索而后推理论证；当侧重于培养抽象思维能力时，可先给学生一定的数学材料而后由学生观察、思考，演绎论证，归纳出数学的结论；当侧重于培养学生口头表达能力时，让学生讲自己的思维过程、研究方法以及经验、教训等；当侧重于培养学生自我评价和相互评价能力时，可以让学生先阅读、练习，后听教师讲解或同学讲解，进行自我对照，再反思、回顾探索的过程，并在小组或大组中交流和相互评价；等等。各种各样的教学方式方法，各有不同的效果。在课堂教学中，对不同的教学内容、不同的要求采用不同的教学方法，可以使得学生的认识活动十分活跃，避免由于活动的单调而降低学习兴趣的情况。最深刻持久的学习兴趣潜在于自己参与智力活动，并不断品尝到智力劳动成果的过程之中。

在教学过程中，认知、情感、意志、行动是辩证的，相互联系、相互转化的。情感、动机、兴趣以至于意志又常常交织在一起，互补互促。只有引导学生重视智力、非智力活动的和谐发展，才能使学生的个性得到健康发展。

(三) 引导的操作范例（节选）

在“同位角、内错角、同旁内角”的教学中，教者先以“二线四角”为基础，生成“三线八角”，揭示课题“三线八角”。

图 5-17（1）中，直线 a 和 l 相交于点 O，形成∠1、∠2、∠3、∠4 四个角。

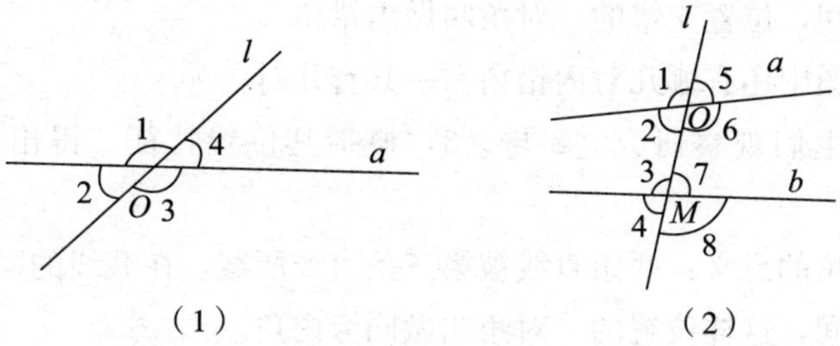

图 5-17

1. 师生共同回顾这四个角之间的关系

教师引导归纳位置关系特点：4 个角都有公共顶点 O；∠1 和∠3、∠2 和∠4 的两边互为反向延长线，它们是对顶角；∠1 和∠4、∠4 和∠3、∠3 和∠2、∠2 和∠1 都分别有一条公共边，另一边互为反向延长线，它们是邻补角。

教师引导归纳数量关系特点：对顶角相等，邻补角互补。

在图 5-17（1）中，添加一条直线 b 交 l 于点 M，如图 5-17（2），此时称直线 a、b 被直线 l 所截，直线 l 称为截线，a、b 称为被截二直线。这样，形成了两个“直线相交”的基本图形。

2. 观察图形，提出研究课题

两直线被第三条直线所截，形成 8 个角，我们简称为“三线八角”。这 8 个角之间的位置、数量关系又有怎样的特点？这是今天研究的课题。

引导学生分析研究：图（2）中的 8 个角中无公共顶点的角对于截线和被截二直线 a、b 的位置关系。

3. 建构新概念：同位角、内错角、同旁内角

（1）∠1 与∠3 在截线 l 的同旁，分别在被截二直线 a、b 的相同的一侧。

同位角的意义：当两条直线被第三条直线所截，在截线的同旁，分别在被截二直线的相同的一侧，这样位置的一对角，叫做同位角。

练习　图中还有哪几对同位角？一共有几对？

(2) ∠2 与∠7 对于截线 l 和被截二直线 a、b 有怎样的位置关系？

内错角的意义：当两条直线被第三条直线所截，在截线的两旁，且在被截二直线之间，位置交错的一对角叫做内错角。

练习　图中还有哪几对内错角？一共有几对？

(3) 学生们观察研究∠2 与∠3，概括其位置特征，得出同旁内角的概念。

同旁内角的意义：两条直线被第三条直线所截，在截线的同旁，且在被截二直线之间，这样位置的一对角叫做同旁内角。。

练习　图中还有几对同旁内角？一共有几对？

4. 引导学生共同归纳、整理所获取的新知识和研究方法

(1) 用投影仪显示这三类角的位置特征；

(2) 引导小组活动。

辨认同位角、内错角、同旁内角的一般方法：

① 同位角、内错角、同旁内角都是两条直线被第三条直线所截而得到的角；

② 识别这些角的关键是找到它们分别是由哪两条直线被第三条直线所截得的；

③ 三线八角中，有 4 对同位角，2 对内错角，2 对同旁内角。

5. 引导练议，在情境中深化感受

(1) 用多媒体投影显示，学生看图（图 5-18）填空。

① 直线 a、b 被直线 c 所截，所得

∠3 和∠7 是__________角；

∠3 和∠5 是__________角；

∠4 和∠5 是__________角。

② 直线 c、d 被直线 b 所截，

同位角有______对，它们为__________；

内错角有______对，它们为__________；

同旁内角有______对，它们是__________。

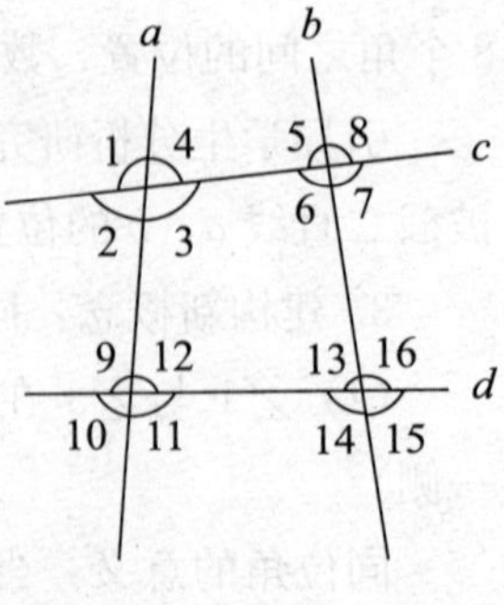

图 5-18

（通过练习，强化对“三线八角”的理解和辨认。）

（2）教师提出问题，学生独立思考后全班交流、总结解题经验。

下列图中，∠1与∠2，∠3与∠4分别是哪两条直线被哪一条直线所截而成的？它们是什么角？

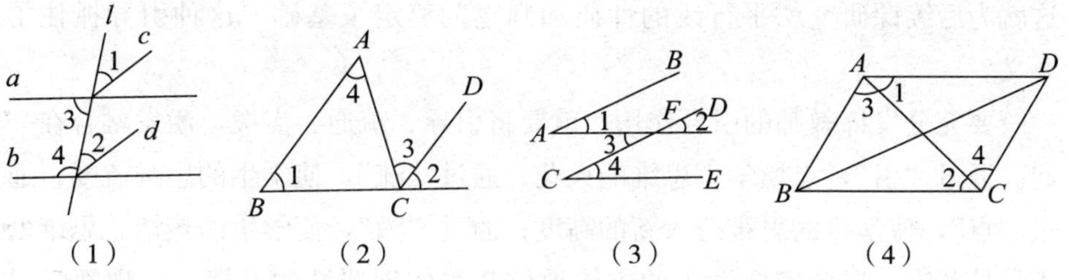

图5-19

总结经验：若两个角有一边在同一条直线 l 上，而另一边所在直线 a、b 分别与 l 相交，则直线 l 为截线，a、b 为被截二直线。

（以下教学过程略）

6.引导共同反思，小结提升

（1）三线八角中有4对同位角，2对内错角，2对同旁内角。

（2）在判定这三类角时，一定要抓住它们的位置特征，并分清哪两条直线被哪一条直线所截。

（3）正确判断这三类角的思路过程，分清是哪两条直线被哪一条直线所截而成的角。

（4）注意点：这三类角都是两条直线被第三条直线所截而成的，无公共顶点，是成对的，同位角不一定相等，内错角不一定相等，同旁内角也不一定互补。

在这个教学环节中，教师“引导”的痕迹很重，但一点儿也没有机械灌输、直接告诉的味道。因为教师抓住了重点，并采用多种形式，创设多种情境，引导学生通过亲自观察思考，操作实践，归纳概括，弄清楚这三种角的位置特点。由于同位角、内错角、同旁内角是指由两个“相交线”的基本图形构成的图形中，无公共顶点的两个角之间的位置关系，所以本节课先复习“相交线”的有关知识——对顶角、邻补角，而后拓展到两条直线都与第三条直线相交形成 8 个角，将这 8 个角按是否有公共顶点分类，新的研究课题自然就是研究其中无公共顶点的两个角之间的位置关系了。这样的引导不仅自然，符合学生的认知发展规律——由“简单”到“复杂”，也揭示了“无公共顶点”的两个角与“有公共顶点”的四个角之间也是有内在的联系的，这就为后续课研究“平行线的性质和判定”奠定了基础，这种引导抓住了要义。

要充分发挥教师的引导作用，就要将引导、疏通、点拨、激发融合在一起。通过“引”，点燃学生思维的火花；通过“疏”，使学生的思维流畅；通过“点”，使学生的思维跨入新的高度；通过“激”，使学生的热情、思维处于最佳状态，以此确保学生的主体地位和主体创造性的发挥，实现教学目标。这里的教学目标就是分清哪两条直线被哪一条直线所截，准确判断同位角、内错角、同旁内角，培养学生的观察能力、归纳能力、复杂图形的分解能力和自主探究新知识的能力，可以说是关于“引导”的一个较为形象的诠释。

在“多边形的内角和”教学中，教师首先引导回顾：三角形的内角和等于 180°，每个顶点各取一个外角的和等于 360°，是怎么得到的？有没有别的办法？

教师引导：也可以通过作平行线，平移$\angle 1$、$\angle 2$、$\angle 3$ 到三角形的一个顶点。（学生自己思考、探究、猜想，伴以小组讨论。）

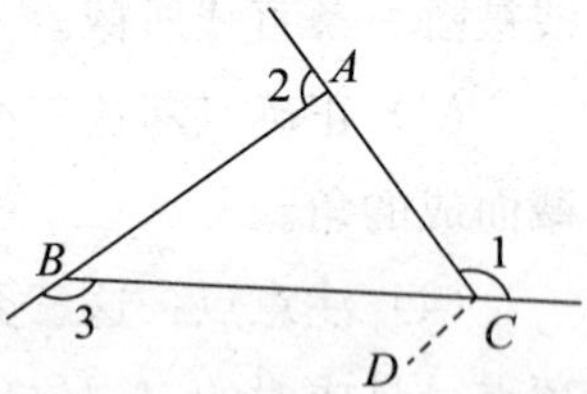

图 5-20

在同一顶点处，得到一个周角，说明$\angle 1+\angle 2+\angle 3=360°$。例如过点 C 作 $CD /\!/ AB$。

当边数增加时，多边形的内角个数，外角个数随之增加，多边形的内角和与外角和会随之发生变化吗？

教师继续引导研究方法和成果。

1. 先研究内角和，后研究外角和（以四边形为例）

怎样研究？——作辅助线，将原多边形分成若干个三角形。

方法一　过四边形 $ABCD$ 的一个顶点作对角线：

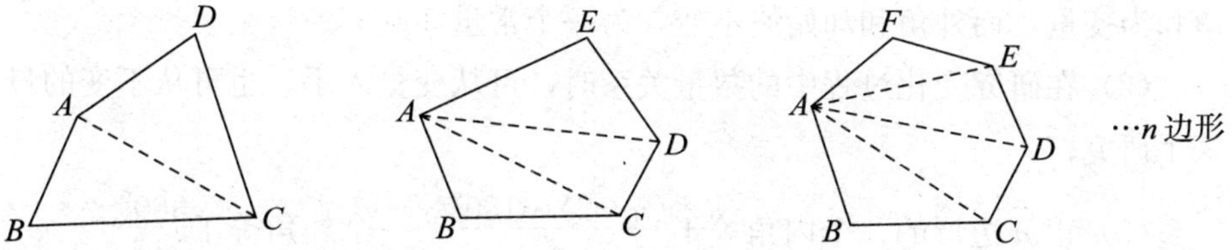

图 5-21

由四边形扩展到n边形，归纳出：

过一个顶点所作的对角线条数等于（$n-3$）。

过一个顶点作对角线将原n边形分成的三角形个数等于（$n-2$）。

∴　n边形内角和等于（$n-2$）·180°。

方法二　在多边形的边上或形内或形外任取一点O，与各顶点连接：

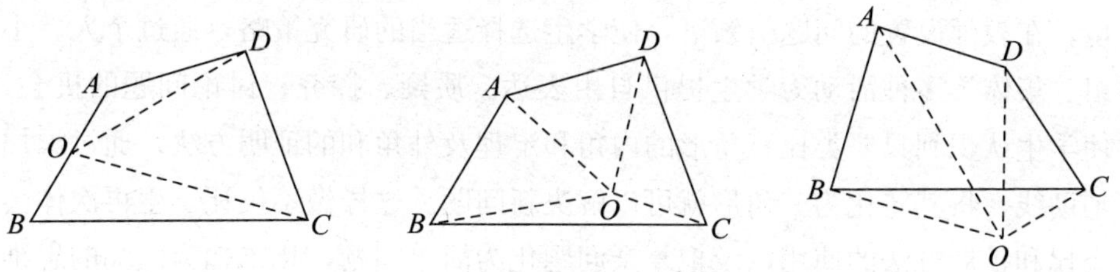

图 5-22

运用“三角形内角和等于180°”同样可得上述结论。

由多边形内角和公式和多边形外角定义，易得：多边形的外角和等于360°。

2. 先研究外角和，后研究内角和

过C作$CE/\!/DA$，$CF/\!/AB$。则

$\angle DCE=\angle 2$，$\angle ECF=\angle 3$，$\angle FCM=\angle 4$。

由周角定义可得：$\angle 1+\angle 2+\angle 3+\angle 4=360°$。

一般地，n边形的外角和等于360°。

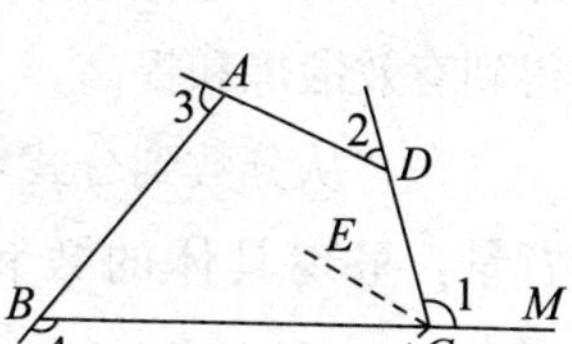

图 5-23

根据多边形外角定义及“多边形的外角和等于360°”，易得多边形的内角和公式：多边形的内角和等于（$n-2$）·180°。

教师总结：

（1）当多边形的边数变化时，多边形的内角和随之变化，即多边形的内

角和为变量，而外角和却始终不变，为一个常量 $360°$；

(2) 在研究变化过程中的数量关系时，可从变量入手，也可从不变的量入手研究；

(3) 正 n 边形的一个内角等于$\frac{(n-2)\cdot 180°}{n}$，一个外角等于$\frac{360°}{n}$。

从这个教学环节可以看出，学生自主而有效地学习是离不开教师适时的、巧妙的、灵活的、富有见地的引导的。教学过程中，教师的“导”主要体现在精心创设问题情境，留给学生想象和思维的空间，充分揭示获取知识的思维过程，使学生在过程中“学会”，在学会过程中达到“会学”。

教师首先从学生实际出发，了解学生学习新知的基础。教学时首先引导学生回顾三角形内、外角和定理及其证明方法，利用多媒体课件，创设情境。在教师设置的问题引领下，使学生选择适当的研究策略，通过个人、小组、集体等多种活动为学生提供自由表达、质疑、探究、讨论问题的机会，使学生认识到只要类比三角形的内角和定理及外角和的证明方法，通过添加辅助线，将其转化为三角形就可以解决新问题。这样做不仅让学生再次体会类比和扩展方法的使用以及把复杂问题化为简单问题，化未知为已知的思维方法，而且使学生体验到事物的“对立和统一”、“矛盾与转化”的规律。

同时，教师巧妙地把同类的问题放在一起让学生去感受、去体会、去总结，引导学生从问题个性中探求共性，寻求变异，多角度、多层次去构思、延伸、拓展，这样引导学生自主探究，有利于激活学生思维，使学生的学力得到有效锻炼和提高。

在“从分数到分式”的教学中，教师首先以贴近学生生活实际的问题为背景，呈现具体的数和式的形式，引导学生比较、概括，建构“分式”概念。

填空：

(1) 某中学校区占地面积是 12 200 平方米，本校区学生数是 3 700 人，则人均占地面积是平方米。

(2) 我校图书馆准备用 3 000 元到新华书店买数学竞赛辅导书，该书原价每本 12 元，团体购买每本便宜 b 元，则可购______本。

(3) 将在南通召开的省十六运的比赛项目为24项，其中有18项比赛在市区进行，则不在市区比赛的项目占全部项目的______。

(4) 长方形的面积为S，若长为a，则宽为______。

(5) 一辆汽车匀速行驶a千米用b小时，一列火车匀速行驶同样路程比汽车少用1小时，则这列火车的速度为______千米/小时。

教师继续引导学生探究，区别异同。

以上式子$\frac{122}{37}$，$\frac{3\,000}{12-b}$，$\frac{1}{4}$，$\frac{s}{a}$，$\frac{a}{b-1}$，都是反映这些具体问题中的数量关系，其中哪些式子是你们熟悉的、学过的？你熟悉的一类式子与另一类式子有哪些相同点和不同点？

(在个人思考小组讨论的基础上，全班交流。)

共同点：形式相同，都是两数相除的形式。

不同点：$\frac{122}{37}$，$\frac{1}{4}$是分数，分数的被除数和除数都是一些具体的整数。

另一类式子$\frac{3\,000}{12-b}$，$\frac{s}{a}$，$\frac{a}{b-1}$的被除数3 000是具体的整数，a、s等是用含字母的整式表示的数。单独的一个数也是整式，所以被除数是一个整式，用A来表示这些一般的整式。除数都是用含字母的整式表示的数，也是一个整式，用B来表示这些整式。

类似于分数，给这类式子命名为分式，今天这节课就研究分式。

接着，教师引导学生进行正反比较。

通过对“实际问题中的数量关系有时是用一个分式表示的”，反过来“一个分式表示的实际意义不止是一种”的研究，进一步感悟分式是刻画现实世界中数量关系的一类代数式，体会学习分式的价值。

教师引导：通过刚才的研究，我们知道由于实际的需要引入了分式这个概念，比如在引例（5）中火车行驶的速度用路程、时间的关系即分式$\frac{a}{b-1}$来表示，反过来分式$\frac{a}{b-1}$的实际意义是否只表示这个问题中的数量关系呢？(不一定)

例如，a 表示长方形的面积，b 表示长方形的宽。宽减少了 1，而长方形的面积不变。这时$\frac{a}{b-1}$表示宽减少了 1 个单位长度后面积仍为 a 的长方形的长。

学生反思交流：同一个分式所表示的实际意义不止一种。分式是反映实际问题中数量关系的一个重要式子，在解决实际问题中有着广泛的应用，所以大家要学好分式的有关知识。

（在问题解决中研究“分式的值”、“分式有意义的概念”，过程略。）

教师引导学生进行知识迁移：把分数的基本性质也推广到一般，为后续课“分式的基本性质”的学习奠定自学钻研的基础。

请大家思考填空：$\frac{b}{a}=\frac{(\quad)}{2a}$。

答案：$2b$。分子、分母同乘以 2，依据是分数的基本性质。

若分子、分母同乘以 m，可以吗？

答案：不可以。只有当 $m\neq0$ 时，$\frac{b}{a}=\frac{mb}{ma}$。

同学们已经把分数的基本性质用到分式中来了。

其实分式的基本性质也就是把分数的基本性质中“分子、分母同乘不等于零的同一个具体的数，分数的值不变”推广到分式中“分子、分母同乘不等于零的同一个整式，分式的值不变”。下节课再和同学们研究。

这里的“引导”具有步步深入的显著特点：

分数与分式的关系是具体与抽象、特殊与一般的关系。分数表示具体的数值，或者说每个分数表示两个特殊的整数的除法；分式则具有一般的、抽象的意义。所有分式的概念、基本性质、约分与通分、四则运算法则，都是从分数抽象出来的。因此，教学中的引导首先选用了与学生的学习生活相联系且比较熟悉或关心的实际问题为知识的现实背景，呈现出分数和分式，在这样的数学情境中，不仅使学生对实际需要新产生的一类代数式发生兴趣，激发求学的欲望，而且通过认真观察和思考，对比和类比，很快可以生成分式的定义和有关概念。

在研究整式时，学生会求整式的值，而且理解了整式的值是随整式中字母取值的变化而变化的。研究了分式后，学生自然会延伸到求分式的值，但求分式的值是在分式有意义的前提下进行的。这样，在本课题的学习中，我们在课题给出“分式有意义”的基础上补充了对“分式的值”的研究，把学生的探究引向他们的“最近发展区”，提高了学习效益。

教师“引导”的价值无可厚非。正确发挥引导作用，是提高教学质量的根本保证。教师在教学中必须“目中有人”，心中要时时刻刻装着学生，才能有效地发挥引导作用。

第二节 自学·议论·引导教学的主要课型

一、主要课型简介

自学·议论·引导教学有四种基本课型。

（一）自学课

自学课是以独立学习为主的课型。学生在教师的引导下，利用课堂时间，以课本为主，同时根据自己的情况，结合有关参考资料，采取阅读、实验制作、观察、练习等手段进行独立钻研，再伴以小组（指邻座同学）讨论，初步获取单元知识和技能。自学课往往有以下三种不同的要求。

1. 自学启示课

这种课开始，教师要引导学生复习与新课有关的知识结构和研究方法。在此基础上，或由教师提出问题，或教师创设情境，由学生自己发现和提出问题，从而点明新课题的实质、研究要求和研究方法，而后学生个体自学。这种指点虽很简短，但在学生心理上起定势作用，激发求知欲，使学生要求明确，学法得当，从而能兴致勃勃地去自学。

2. 自学小议课

在教师引导下，学生明确了课题和研究的基本方法后，以个体阅读钻研为主，又借助于教师的帮助（询问教师，和教师商榷、争辩），及时和邻近同学交流信息，互帮互学，互相检查正误，完成初步的自学任务。

3. 自学评价课

自学的目的不只是为了获取知识，更重要的是为了增强能力。因此在学生经过自学活动的实践后，可安排自学评价课，引导学生对自学的能力、自学的内容、自学的方法以及自学的情感、意志、态度等加以评价、总结。

自学课时的安排，根据知识单元的大小和学生的学习实际而定，有几分钟、半节课、一节课的，也有连续几节课的（此时每节自学课均有新的、深入的要求）。

（二）交流讨论课

学生在教师引导下，围绕课题，对知识结构，教材的重点、难点，数学思想方法、技能技巧以及学习方法等发表自己的意见，并对别人的发言和课本上（包括参考书）的叙述作出评价。议论的过程是进一步概括的过程，通过教师的相机引导和学生的热烈争辩，使学生头脑中建立起一个比较完整的、系统的、准确的认知结构，他们的思维水平、学习水平由原有的层次提高到新的层次。交流讨论课又常有以下三种不同要求。

1. 概略性讨论

有些单元的知识结构和学习的方法与已学过的某些单元的知识结构和学习的方法相类似，可借鉴、迁移。为了培养学生的探索能力，并在探索过程中不断学会“同化”和“调整”，可以由教师引导学生对新课题进行大胆的猜想、探索，经过讨论，理出一个知识与方法的大致轮廓，形成单元知识的导论。

2. 总结性讨论

总结性讨论往往是安排在自学课或概略性讨论课的后面进行。教师组织学生系统而深入地讨论知识结构、重点、难点、疑点、思维方法、学习方法，讨论中特别注意有重点、有针对性（针对学生实际），并进行典型解剖。

3. 探索性讨论

学生先不阅读教材，教师采用多种途径揭示新课题，激发学生的学习动机和积极性，然后带领同学抓住课题，按照数学知识的结构特点和自然的逻辑发展趋势，进行创造性的探索，并进行系统概括，形成科学的结构。这种讨论，更有利于学生的观察、思维等诸种能力的锻炼和提高。

交流讨论课的课时安排是由单元内容的多少决定的，有时几分钟、半节课、一节课，也有时连续几节课。

（三）习题课

为了进一步促使知识向技能转化，增强学生的自学能力，常常安排半节、一节或几节习题课。主要是教师根据教学要求和学生学习情况，有针对性地编排一些习题或题组。根据不同的需要，习题有多种类型，有侧重理解概念的灵活练习题，有侧重弥补知识缺漏的基本练习题，也有侧重训练综合能力的综合练习题。

习题课的练习形式一般有以下几种。

1. 学生独立练习

少数学生上黑板板演，讲述自己运算或解题的理论根据、思维方法以及注意点，其他同学在各自自学的基础上进行评价。

2. 教师引导下的练习

教师启发学生运用集中—发散—集中的思维方法，进行一题多变、一题多解，做到练中有议，议中有学，有效地提高思维能力。

3. 师生评价性练习

学生先独立练，而后教师示范性讲解，讲分析的方法、过程，思路的选取，知识的运用，技能技巧等。学生听后再进行自我对照，相互（学生与学生，学生与教师）评价。最后，教师应该指导学生小结本单元的解题技能技巧，锻炼学生的概括、总结能力。

（四）复习课

复习课不是原有知识的重复，而是让学生把各部分知识汇集成完整的知识结构，使知识更加条理化、系统化。它不是注重练习几个典型题目，而是让学生从知识总体上整理思维方法和学习方法，形成更高层次的自学能力。

复习课可分为单元复习和总复习两种。

1. 单元复习课的要求

（1）指导学生对规定的内容进行独立的系统复习，弄清知识的发生、发展、变化过程，整理出单元的知识体系结构。

（2）指导学生以某一知识或技能为线索，把重要的例题、习题概括分类，寻找解题规律。

（3）组织全班交流讨论，归纳复习方法，总结经验教训，进一步提高自学能力。

（4）教师选编习题，让学生边练、边议、边讲、边评价，检查复习成果。

2. 总复习课的要求

总复习课一般在整个学习阶段结束时进行。具体要求有两个。

（1）系统复习，从纵向整理知识结构。首先把相近或相似的一个个小单元的知识联成一个大的单元，然后再把几个大单元的知识联成更大的单元——整体知识。这样做有利于对知识的整体结构的掌握，也有利于对不同事物之间的内在联系和区别的理解。

（2）专题总结，从横向拓宽知识结构。有些知识和方法，用于解决同一类问题而又分布在各个单元里，甚至数学学科的各个分支里，如“非负数”、“一元二次方程根的判别式”、“换元法”、“关于几何定值问题的证明”、“添置辅助线问题”、“证比例线段”等，以这些知识或方法作为主线，进行专题总结，把有关知识、方法串起来，就能形成一个较为完整的横向知识体系。这对于培养学生消化、综合、储存、应用知识是有效的。专题总结不仅可以抓住“线”进行，也可以抓住难点进行，以达攻关之目的。

二、怎样上自学课

上好自学课的关键，在于充分发挥教师和学生两个方面的作用。

（一）多种途径，激发动机

“不愤不启，不悱不发。”当学生对新课题还未产生好奇和兴趣，还没有求学的愿望时，教师就讲授或布置自学，教学效果肯定会受到影响。因此，教师引入新课的提问及其他启发的方式均必须使学生有想学的愿望，能感受到乐趣。在自学课上，教师可首先根据教材的内容、学生的知识和学习能力的基础，采用以下几种方法来点明新课题的实质和研究方法，强化学生的求知欲望，使学生明确学习要求，方法得当、兴致勃勃地去自学。

1. 实验操作，由果索因

引导学生自己动手，进行实验、操作，观察现象，思考归纳，粗知结论，从而激发起论证结论的求知欲望。然后教师提出新课题，布置自学任务。

例如，在研究“三角形三边关系”时，先引导学生回顾“三角形的定义”（由三条线段首尾顺次连接所组成的图形叫做三角形。组成三角形的三条线段叫做三角形的边），而后将三组不同情况的三条铅丝分别交给学生，让他们在磁性黑板上演示“三角形”。当演示到有两条铅丝长度之和等于、小于第三条时，学生不约而同地得出了“三条铅丝中必须任意两条之和大于第三条时，才能组成三角形”的结论。这时再提出：观察实验，得到的命题是否正确，必须从理论上进行说明。下面接着研究“三角形三边的关系”这一课题。这样，学生看书的欲望就被充分地激发起来。

2. 提供线索，引起联想

有些新教材与已学过的教材知识有密切联系，研究的方法也是类似的。教师可以在学生自学前提供线索，引起学生积极联想，探索新教材的主要内容。学生通过自己的智力活动初步获得新知识后，急需评价自己的探索成果，这时教师提出自学任务，学生就会专心致志地去阅读教材。

例如，研究“立方根”时，首先引导同学回顾“平方根”的有关概念：“一个数的平方等于 a，这个数叫做 a 的平方根（也叫做二次方根）。”然后把学生的回答写在黑板上，并通过自己对“平方”、“平方根”加重语调的声、情表达，引起学生猜想“立方”、“立方根”，“四次方”、“四次方根”，“五次方”、“五次方根”……“n 次方”、“n 次方根”的定义。再引导学生回顾二次方根的性质、表示方法、求法、算术根的概念等内容，激发同学去联想立方根的性质、表示方法、求法等有关概念。这样，学生就会自发地产生判断自己的猜想是否正确的心理要求，此刻布置同学看书评价是最适时宜了。

3. 提出问题，引起悬念

教师设计出一些与新课题有关的问题，让学生感兴趣，产生好奇心理，但又百思不解。这时，学生的求知愿望最强烈，学习的要求最迫切。

例如，学习“一元二次方程的根的判别式”时，老师可以对同学们说：“我们已经学会了一元二次方程的四种基本解法。对于以下三个方程：(1) $x^2+x-1=0$，(2) $x^2+2x+1=0$，(3) $x^2+x+1=0$，不解方程就能知道方程（1）有两个不等的实根，方程（2）有两个相等的实根，方程（3）无实根。你们可知道这是怎样判断的?”学生思维的积极性立即被激发出来了，他们纷纷议论：用求根公式心算的，由公式中根号内的 b^2-4ac 来决定的……在这种情境下，再提出：“今天我们研究的课题是课本第××页‘一元二次方程的根的判别式’，学完这节教材后，就能正确地回答这个问题了，现在大家自学。”

又如，在学习“一元二次方程根与系数的关系”时，教师先给出方程（1）$x^2+2x-323=0$，（2）$y^2-17y+30=0$，让学生不解方程说出方程的根的情况。教师接着说：“不解方程还可以知道方程（1）的两根异号，且负根的绝对值较大，方程（2）的两根同号，且同为正号。”这就激起了学生思维的浪花：“是不是这样?”“为什么?”在学生急于要求释疑时，教师再揭示课题，提出学习的要求和方法，布置学生自学。

4. 揭示规律，类比探究

揭示规律，引导学生用类比和对比的方法展开联想，通过归纳提出猜想。学生从自己的智力活动中获得了学习的信心和乐趣，从而激发起学习的主动性。

例如，“三角形的内角和”这一节教材的知识结构和研究方法与“三角形三边的关系”相类似，因此自学课一开始就可引导学生回顾“三角形三边关系”的知识结构：

- 三角形的边
  - 三边关系定理——推论
  - 三角形按边分类
    - 不等边三角形
    - 等腰三角形
      - 底和腰不等的等腰三角形
      - 等边三角形
- ——应用

研究方法：由实验得到命题，用推理的方法证得定理，研究定理及其应用。

在这个基础上，教师提出：“三角形的另一类元素是什么?”“我们今天研究‘三角形的角’，假如‘三角形的内角和’这一节的教材结构与‘三角形三边关系’一节相类似，那么你能猜想出它的基本结构和研究方法吗?”激起同学的猜想、联想：

- 三角形的角
  - 三角形内角和定理——推论
  - 三角形按角分类——（直角三角形、锐角三角形、钝角三角形）——应用

此后引导学生用科学的方法探索，不断“同化”和“调整”，最后看书评价。

在自学课上，还应该十分重视对学生进行学习目的教育，重视兴趣的培养、动机的产生和信心的树立。这对自学的进行和成功起着极其重要的作用。

（二）提出要求，指导方法

激发学生的学习动机是上好自学课的先导。学生有了自学的积极性、主动性，还得掌握科学的学习方法，以确保自学质量。因此，在自学课上，教师要明确提出自学的要求，并通过巡视了解学生的自学情况，指导自学方法。

1. 掌握结论的探求过程

对于法则、公式、定义、定理等概念，要求学生自学时运用观察、实验、练习等手段进行独立钻研，既要掌握科学的结论，又要研究思维的过程和方法。学生可以在小范围内进行议论和相互启发帮助。教师要有意识地引导学生通过直观增强感性认识，并逐步抽象概括，上升到理性认识，掌握概念的本质属性。

如学生在自学“轴对称和轴对称图形”时，教师指导学生自己做模型演示，弄清定义中的三个要点——翻转 180°、对称轴、重合，弄清轴对称和轴对称图形的联系和区别，使学生在认识上初步完成感性—理论—实践的过程。这样，学生获得的就不是死的结论，而是活的知识，逐渐学会从实践中引入，从现象中抽象，从事实中概括，从规律中提高这些研究数学的方法。

2. 懂得例题的解法和思路

对例题，一般要求学生运用初步理解的知识尽可能独立地完成，而后再看书。不仅看懂书上的解法，还要研究书上的解题思路及探求的过程。有些例题，在这个基础上要求学生进一步对问题的条件、结论作全面的分析、判

断，联想、研究其他的解法，开拓思路。再从一题的多种解法中总结这类习题解法的共同规律，即获得解答这类习题的通法。有些典型例题，要求学生研究问题的可能变化情况，反复改变其已知条件去求解，进行一题多变，在多变中掌握不变的规律。有些例题要求学生分清类型，总结解题的基本思想和方法、依据和注意点。

在研究例题时，还应鼓励学生看有关参考书，充实课本内容，扩大知识领域。例如，“线段的垂直平分线”一节，课本上只有一个例题：求证三角形三边的垂直平分线交于一点。学生对逆定理的应用容易产生错误，因为逆定理只能判定一个点在线段的垂直平分线上，而不能由一个点确定线段的垂直平分线。学生通过阅读参考书补充了例题：在四边形 $ABCD$ 中，$AB=BC=CD=DA$，则 AC、BD 互相垂直平分（深化对逆定理及“两点决定一直线”的认识）。又如，“二元二次方程和二元二次方程组”一节中，课本介绍了二元二次方程的一般形式：$ax^2+bxy+cy^2+dx+ey+f=0$，但少了 a、b、c 不同时为零的条件，学生通过阅读参考材料进行了补充。对课本上第二类型的二元二次方程组的解法，学生补充了：

用除法降次的例题：$\begin{cases}x^2-y^2=3,\\x^2-4xy+3y^2=-1;\end{cases}$

用换元法解的例题：$\begin{cases}x^2+xy+y^2-x-y=1,\\x^2+3xy+y^2=-1;\end{cases}$ 等等。

3. 独立完成课本练习

自学完例题后，应该要求学生独立做书上的练习。做好后及时看书检验或与周围同学交流情况，检查正误，从反馈信息中进一步加深理解，掌握技能，总结经验教训，提高解题能力。

4. 整理知识结构，总结学习方法

学生自学完一个单元的教材（包括练习）后，教师要指导他们根据知识的发生、发展、变化规律，整理出本单元的知识结构和基本的研究方法，以利于知识的巩固、储存、迁移和学生自学数学能力的提高。

（三）因人而异，相机引导

学生自学的态度、方法和能力是存在差异的，而且也是经常变更的。教师必须及时了解差异，相机引导，才能使全体同学的自学都能进行，且各有所得，收到自学课的预期效果。

学生在自学时，切忌一会儿提示几句，一会儿又叮嘱几句，扰乱学生的思路。但是教师应该巡回了解学生自学的情况，对态度差、能力差的学生做到心中有数，特别关注他们的自学情况。对态度不认真、不能抓紧时间认真自学的学生，可以个别进行教育督促，使其立即改正。对自学能力差的学生，个别或小组（即几个差的同学集中到一组）进行鼓励，指导方法，有时参与这一部分学生的自学、小组议论活动。对知识上遇到困难的学生，一般不直接解答他们的疑问，仅作启发点拨，让其再看书、思考，最后还不能解决且这个疑问仅是少数人会产生，就给予释疑。若是有价值的问题，则指出思考方向，让其继续自学钻研，留待大组交流讨论时作解答。对学习能力强、基础好的学生，鼓励其在弄懂教材的基础上多读参考书籍，拓宽知识面，进一步提高学习能力。总之，教师必须及时了解学生的自学信息，及时调整，确保自学课的质量。

三、怎样上交流讨论课

交流讨论课就是课内侧重于师生共同议论的课型。

（一）课前的准备

学生必须有扎实的自学基础，没有自学基础的议论是低效的没有深度的议论。最有效的议论存在于自学与议论反复交替进行和相互渗透的过程中。

在上课之前，教师要吃透教材和学生两头，了解学生的年龄、心理特点；研究“课标”，明确教学目的和要求；熟悉学生身边的主要参考书和辅助读物，了解学生自学的情况，并估计到讨论课上可能出现的问题、发生的情况等，充分备好课。

（二）讨论的内容

交流讨论课上讨论的内容一般有以下几方面。

1. 对知识单元中的重点、难点的认识

讨论切忌面面俱到，走过场；否则，势必导致学生已经自学会了的内容还要简单重复，压抑学生思维的积极性，也会造成态度不认真的学生的依赖性，认为自学课上不自学也行，反正讨论课上还要研究，从而影响学生正确的学习态度和良好的自学习惯的形成。同时，因为整个教学课时中已有一部分用于自学课，剩下的课时再研究全部内容，必然不深不透，致使没有学深、学会的知识缺少深入研讨、提高的机会。所以，交流讨论的内容必须围绕教材的重点、难点而展开。

例如，研究“中心对称、中心对称图形”时，自学课后的讨论课的重点是围绕定义中的三要点——对称中心、旋转 180°、重合来演示教具，理解“中心对称”和“中心对称图形”这两个定义及它们的联系和区别，然后讨论中心对称的性质、判定及其在作图和证明中的应用。

再如，对“无理方程”的讨论重点就是围绕解无理方程的基本思想、转化方法、转化根据及产生增根的原因等方面让学生举例说明自己的认识，提出疑点。在这个基础上，再通过教师的点拨，引导学生深入讨论换元法的几种常见类型：

（1）分裂常数项——换元。当根号内与根号外的二次项、一次项系数成比例时，就可以使用分裂常数项的方法以达到换元的目的。如解方程 $x^2+3x-1=\sqrt{2x^2+6x+1}$。

（2）分裂二次项——换元。当根号内和根号外的一次项系数与常数项成比例的时候，常使用分裂二次项的方法达到换元的目的。如解方程 $x^2-6x-6+x\sqrt{x^2-2x-2}=0$。

（3）利用倒数关系——换元。无理项与有理项互为倒数时，常用倒数关系换元。如解方程$\frac{x^2-3x}{x-4}=\sqrt{\frac{x-4}{x^2-3x}}$。

2. 学习的方法

自学能力的形成离不开科学的学习方法，而科学的学习方法，必须通过教师的指导，同学之间的相互启发、借鉴，自己的反复实践才能逐步完善。因此，在交流讨论课上交流各人的自学方法便是必要的内容。

如研究“全等三角形”时，自学了全等三角形的有关概念后，有的学生自己剪了一对对能够完全重合的锐角、直角、钝角三角形，摆放各种位置，尤其是互相有遮盖的图形，来识别对应元素和全等三角形及对应元素的式子表达。交流了这种研究方法，对大家都很有启发。

3. 研究问题的过程

思维能力，只有在思考问题的过程中才能得到表现和训练，又必须通过教师及同学相互间的交流帮助才能得到发展和提高。因此，在交流讨论课上必须重视对研究问题的过程和方法的交流。

例如，交流讨论如何由特殊到一般，采用不完全归纳法推导出一些公式或法则，又如何由一般到特殊，正确地应用公式、法则来演算解题。对“平行线等分线段”、“三角形、梯形的中位线”等定理，就可采用这种方法进行研究：

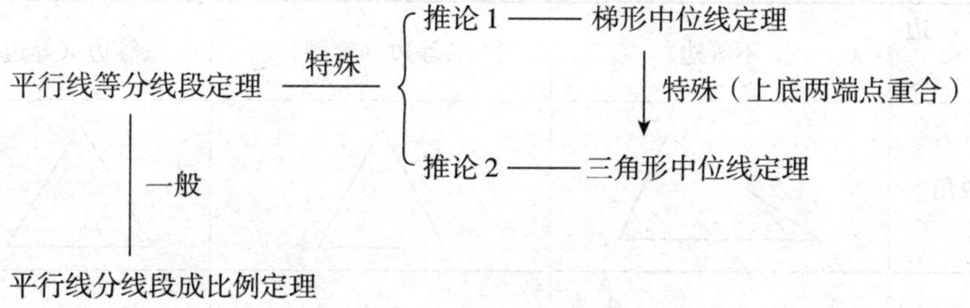

4. 整理知识结构的方法

数学知识是纵横交错、紧密联系着的。在交流讨论课上，一般要讨论如何根据知识的发生、发展、变化，将知识的展开过程清晰地表达出来，从而整理成为单元知识结构图表。

例如，“整式的除法”一单元的知识结构整理如下：

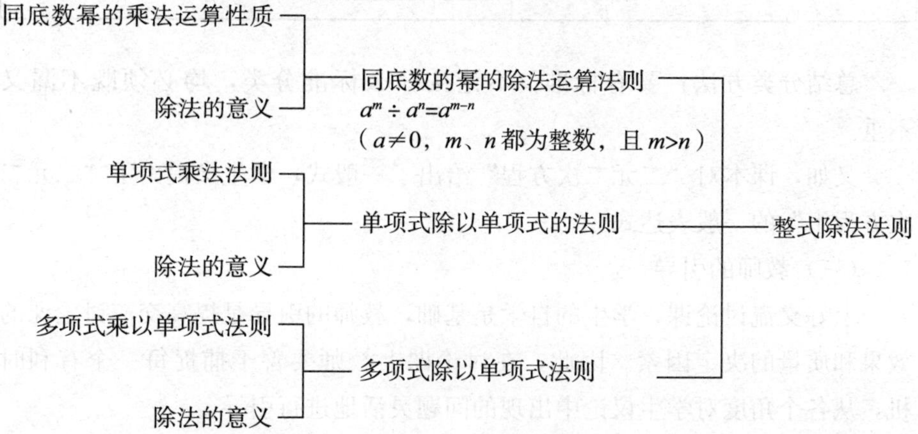

5. 交流学生的独特见解

鼓励学生勇于探求、勇于发表自己的见解，是培养开拓型人才的一个重要方面。交流讨论课上要让学生交流自己的见解、对教材的补充，使他们的学习更有收益，也可以提高他们学习的兴趣和积极性。

例如，研究“三角形三边关系”时，将三角形按边进行了分类，研究“三角形内角和定理”时，又将三角形按角进行了分类。学生从“等腰直角三角形”想到，也有既按边又按角来考虑分类的，交流讨论时，他们对课本作补充，可归纳如下：

边 角	不等边	二等边（等腰）	三等边（等边）
锐角	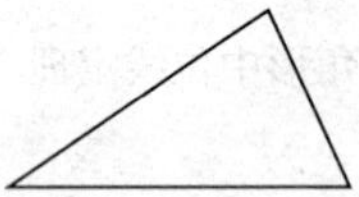	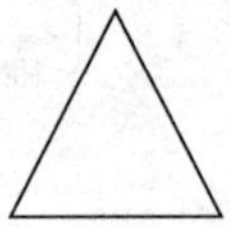	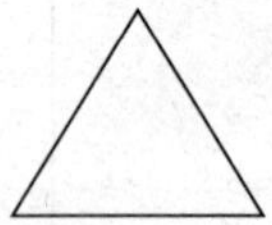
直角	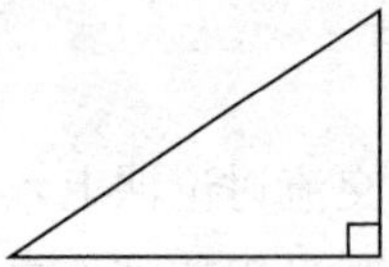	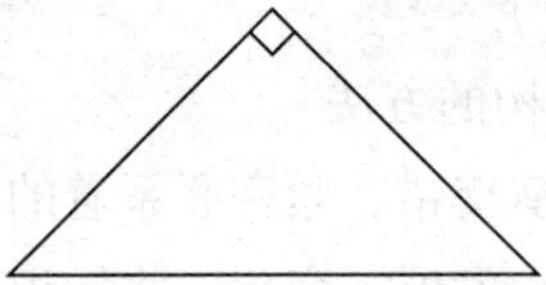	
钝角	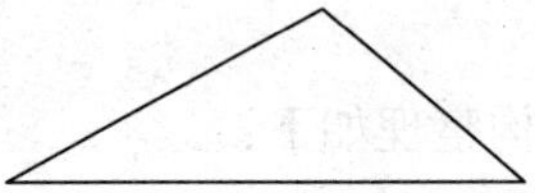	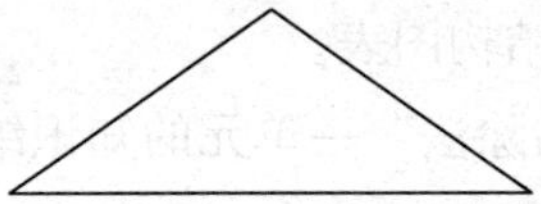	

总结分类方法；要有标准；不论按什么标准分类，均必须既不漏又不重。

又如，课本对“二元二次方程”给出了一般式，学生又提出了“二元二次方程组”的一般表达式。

（三）教师的引导

上好交流讨论课，学生的自学是基础，教师的引导是提高交流讨论课的效果和质量的决定因素。因此，在讨论课上教师要善于捕捉每一个有利时机，从各个角度对学生议论中出现的问题灵活地进行引导。

（四）关心后进生

交流讨论过程中，要特别关心后进学生。鼓励他们参与讨论，多给他们启发、帮助，并提供发表意见的机会，切忌把他们搁置一边，出现空穴。也不能因为他们的语言不流畅，回答错误而表现出厌烦、急躁、责怪。

例如，在一次课题为“一元二次方程的根的判别式”的大型公开课上，练习完习题“已知方程 $3x^2-px-1=0$ 有两不等实根，求 p”后，教师提出：“这道题若不改变题的实质，可以如何变换形式?”学生们积极思考，踊跃发言，当先发言的两个学生的语言不够精练时，有一位学习自觉性较差、经常受任课教师批评指责的学生手举得挺高，积极要求发言。这时，教师请他讲，并对他的回答“求证：方程 $3x^2-px-1=0$ 有两不等实根”给予赞扬。这时，学生的智力活动成果得到教师的肯定和表扬后，抑制不住自己的内心的喜悦，得意地向四周的听课教师点头微笑。教师亲切的言语、期待的目光、及时的鼓励，都会对学生产生强烈的影响和感染，对他们的学习愿望、信心、创造性思维的发展等起到激励作用，因而讨论课上必须创造热烈、平等、和谐的探求真理的良好气氛，使每个学生及时地从反馈信息中感受到学习的乐趣，增强自学的信心，激发学习的内部动因。

四、怎样上习题课

习题课是全面完成单元教学任务的继续和延伸。上好习题课应该具备以下两个条件。

（一）选题精当，“量”、“度”适中

上好习题课的首要条件是教师必须善于根据教材、教学要求与学生实际，从课本习题、复习题和一些参考书的大量题目中精心挑选、编排、组织习题，让学生练、议、讲，以实现习题课的教学要求。

1. 为巩固概念，选编基础题

习题课必须紧扣概念，选编一些基本题进行训练，使学生加深对数学概念的认识。只有当学生充分了解了一个概念的内涵和外延，他们才能真正搞清这一概念的实质。任何一个定理、公式，也只有当学生经过反复变形应用后，才能准确地发现条件与结论间那种必然的、有机的、巧妙的联系。

例如，关于“中心对称、中心对称图形”一单元的教学中，可编选这样一组题：

既然“关于中心对称的两个图形，对称点连线都经过对称中心 O，并且被对称中心平分”，那么已知点 A 和点 O，如何作点 A 关于点 O 的对称点？已知线段 AB，如何作它关于点 O 的对称线段？已知$\triangle ABC$，如何作它关于点 O 的对称三角形？对称中心点 O 由$\triangle ABC$ 的形外移到形上、形内时，又如何作出$\triangle ABC$ 关于点 O 的对称三角形？

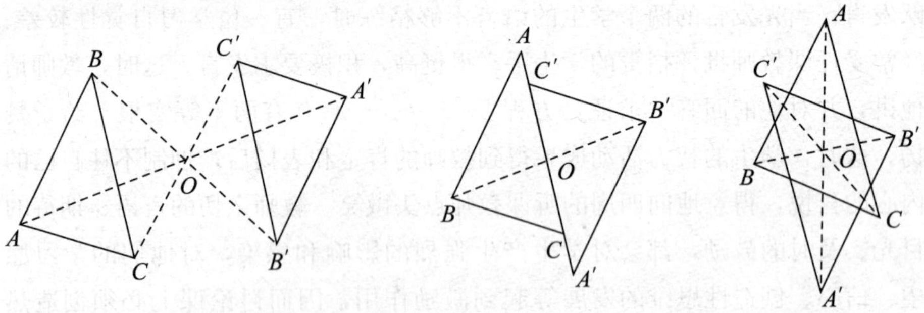

图 5-24

经过这样的练习，使学生深刻理解了“中心对称”的有关概念和作已知图形的中心对称图形的基本方法。

又如，学习“一元二次方程根的判别式”时，可选编这样一组基本题：

(1) 不解方程判定根的情况：$3x(x-2)-1=x$。学生很容易用判别式 Δ 来判断。若 Δ 为含有字母的代数式呢？这时可将原题改为 $3x^2-px-1=0$，让学生练、议。这样解答就复杂一点了。因为 $\Delta=p^2+12>0$，所以方程有两个不相等的实根。

若不能判断 Δ 的值的符号呢？可再将题改为：$3x^2-x-p=0$，这时 $\Delta=1+12p$，必须分三种情况讨论。

(2) 逆向编题，也就是已知方程的根的情况，求系数。于是题目改为已知方程 $3x^2-px-1=0$ 有两不等实根，求 p。

(3) 要求学生将上题改为证明根的性质，这个题应该怎么出？学生回答后再让学生证明。

这些基本题从各个不同角度、不同方面揭示了判别式定理的内涵和外延，使学生对定理的认识更加深化，为进一步应用判别式定理去解决复杂和综合的问题奠定基础。

2. 为纠正差错，选择辨别题

针对学生在学习过程中出现的共性问题选编一些练习题，让学生练、议，使他们纠正原先的错误。

例如，学习了“线段的垂直平分线”后，学生在证题时，往往还是通过三角形全等证得两线段相等，不习惯直接应用线段垂直平分线的性质定理，主要原因是应用全等三角形的性质和等腰三角形的判定定理证题的练习比较多，而这一节教材，课本中只安排了一个例题（略）和两个练习题（略），显然分量不够。在习题课上必须强化定理的应用。这时可选这样一组题：已知底边与一腰的和及一底角，求作等腰三角形；已知周长及一底角求作等腰三角形；已知周长及两个角，求作三角形。

又如，学习“梯形”时，选下面的习题：

已知：梯形 $ABCD$ 中，$AD \parallel BC$，$DC>AB$，$BC>AD$。求证：$\angle B>\angle C$。

学生在推理过程中容易忽视 $BC>AD$ 的条件，常写成：过 D 作 $DE\parallel AB$ 交 BC 于 E……因此，习题课上选这道题练、议，可以发现：当 $BC<AD$ 时，结论恰好相反。若题中无条件“$BC>AD$”时，则求证的内容必须改为“比较$\angle B$ 和$\angle C$ 的大小”，而解答时需分 $BC>AD$ 和 $BC<AD$ 两种情况解。这就使学生进一步认识到：解数学题，无论是计算题、证明题还是作图题，都应当做到言必有据，理由充分，不能以想象作为依据，以直观代替证明。解题中后一步的推演都必须以前一步推演成立为前提，使推演建立在牢固的逻辑基石上。

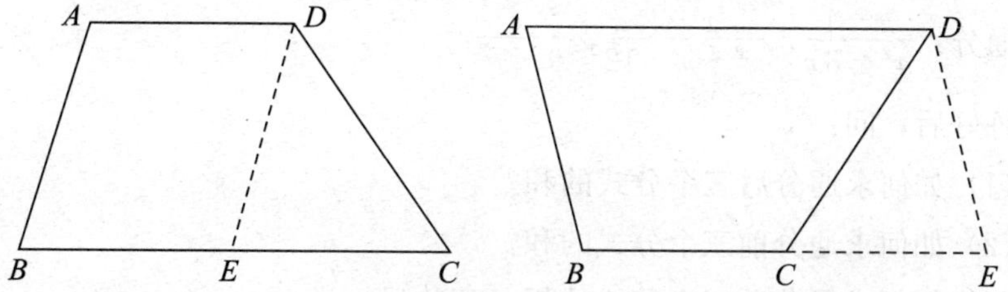

图 5-25

3. 为拓宽思路，选择多变题

（1）一题多解

一题多解可使学生思路开阔，相互启发，妙趣横生，灵活巧妙地使用知识和方法，激发学生学习数学的兴趣和积极性。因此，在习题课上还可编选一些一题多解的典型习题进行练习、讨论。

（2）一题多变

有些题，条件和结论可以进行多种变化，教师引导学生探索研究一个题的条件和结论的变化过程和结果，以及解题方法，可以把知识从纵向或横向有机地串联起来，训练和培养学生的联想能力。

例如，在研究课本的例题“求证：顺次连接四边形四条边的中点，所得的四边形是平行四边形”时，可引导学生发散联想“顺次连接各种特殊的四边形的四条边的中点，所得的四边形的属性”。

由一题串变为一组题，变的过程、解的过程，使学生的智力、能力得到极大的发挥，把知识间的内在联系、变化，揭示得淋漓尽致。在多变中掌握不变的规律，使学生看到在数学知识间那种深刻、有机的联系是多么引人入胜。

4. 为引入新课，选择衔接题

习题课一般是上一单元学习结束、新单元学习的前奏，因此在习题课的最后，有可能的话，选编一个既使习题课达到高潮又可作为新课题序幕的习题，这样可以使学生始终保持饱满的情绪，激情满怀地准备新的探索研究。

例如，在“分式的概念、分式的基本性质、约分、通分”一单元的习题课中，最后可选用这样一个练习题：

通分：$\frac{x-1}{x^2-3x}$，$\frac{x+4}{x^2+x-12}$，$\frac{x}{9-x^2}$。

练好后，问：

（1）如何求通分后三个分式的和？

（2）如何求通分前三个分式的和？

（3）如何求通分前三个分式的积（商）呢？

学生能够通过与分数的运算类比很快猜想出方法。教师再接着说："同学们的猜想是否正确呢？我们下一节课学习的课题'分式的运算'将进行验证。"

再如，在"整式的除法"的习题课上，最后可安排这样一道题：

计算$\left(\frac{1}{16}x^2-x+4\right)\div\left(\frac{1}{4}x-2\right)$。

在学生用竖式演算完毕后，发现商式为$\frac{1}{4}x-2$，这就是说被除式$=\left(\frac{1}{4}x-2\right)^2$。这时，教师再提出，如果我们掌握了把$\frac{1}{16}x^2-x+4$化成$\left(\frac{1}{4}x-2\right)^2$的方法，则这种类型的除法运算就很简便。下一章我们就研究这种方法——因式分解。

5. 为鼓励自学，选用学生提供的题

学生热爱数学，且有了一定的自学能力后，他们的课外阅读比较丰富，研究比较深刻，思路往往也比较新颖。在习题课上，如能让学生交流自己所研究的一些有价值的题，既切合学生实际，容易被大家接受，又能调动学生自学钻研的积极性，发挥学生之间相互激励的作用。

6. 为提高效率，"量"、"度"要适中

"量"是指课堂练习的数量和质量。教师对习题课的"量"要有比较准确的估计和安排。"量"过少了，学生的思维能力、解题能力得不到足够的训练；"量"过大了，课上容不下，不能保证各个题（组）的充分练、议、讲，难以收到预期的效果。因此，习题课上选编的习题的数量必须恰当。同样，练习题的质量也要适度。练习题太简单，容易使多数学生感到枯燥乏味；练习题过深，多数学生的知识和能力达不到，课堂上会出现苦恼的阴影、畏难的情绪，挫伤学生的学习积极性，影响教学的顺利进行。

"度"是指课堂教学要求的程度、教学进行的速度和训练的强度。关于"度"的要求必须切合教材和学生实际，而且在课堂教学过程中必须根据反馈信息及时调整"量"和"度"。

（二）熟悉教材，指导有方

习题课以学生练为主体，教师进行指导。习题课上必须做到以下几点。

1. 学生练、议、讲，教师启发引导

在习题课上，不是以教师分析、讲解、板书为主，而是由学生积极思维、独立思考、亲自实践、相互议论为主。给出题后，学生自己审题、分析，寻找思路，解题，订正错误，总结经验教训。因此，练习的过程是自学、议论、引导的过程，必须让学生练、议、讲，而教师则加以启发、点拨、诱导、解惑、释疑。有时候让学生在座位上练、议，教师巡回了解情况，进行个别指导；有时候学生主动上黑板板演，其他学生主动上来帮助检查正误，指出证题思路、问题所在。当学生做好后，组织他们相互交流对问题的认识，说出思考分析过程、解题思路、主要依据、注意点、体会、多解或变题等。当学生做错了，让其讲自己的思维过程，师生共同帮助找出错误所在、产生根源、改正方法，使其本人和其他同学得到启发和借鉴。

在练、议过程中，教师针对学生的实际，要把握住尺度，将正确的认识归纳、总结、串联，引向新的高度，对错误的问题，点明实质，指出改正的方法和措施，对难理解的问题进行讲解、剖析。这样就充分发挥引导作用，使得习题课的讨论由浅入深，由现象到实质，由特殊到一般，由一法到多法。

2. 练习有层次，要求分主次

习题课上的练习必须有层次，即由浅入深、由简到繁、由基本到综合，要求必须分主次。有的题侧重练基本功，如计算、推理过程、作图、书写规格等，这类题应该由学生板演，检查正误，或由教师板演，示范引导；有的题侧重练思维反应速度，可以采用心算、口答形式；有的题侧重练思维素质，应该着重讨论分析过程，解题的各种思路和方法。

3. 练中有学，学中再练

学生在解题过程中导致错误的原因，往往是对概念、公式、法则、定理缺少正确的理解。因此，当学生练习中出现典型的错误时，要引导他们再阅读课本，理论和实践对照，加深认识，纠正错误，而后再实践练习，完成认识上的两个飞跃。

例如，已知：四边形 $ABCD$ 中，$AB=BC=CD=DA$。

求证：AC、BD 互相垂直平分。

在证明时，常出现如下的错误：

∵　$AB=AD$，∴　AC垂直平分BD。

又∵　$AB=DC$，∴　DB垂直平分AC。

∴　AC、BD互相垂直平分。

此时可引导学生再学一学“线段垂直平分线”的性质定理的逆定理，对照检查错误的原因所在，从而寻找正确的解题途径。

4. 编题组，做一题带一串

根据教材和学生实际，编排好各种不同要求的题组，能使学生步步深入地理解基本概念，一环扣一环地掌握解题技巧，逐步学会思考问题。

例如，在“圆和圆的位置关系”的习题课中，可用对基本图形进行分析研究的方法设计如下的题组：

由“相交两圆的连心线垂直平分公共弦”，在下图（1）中，得O_1O_2垂直平分AB。图（2）中过AB的中点M作直线EF，分别交$\odot O_1$于E、D，交$\odot O_2$于C、F，会有什么结论？比例式$EM\cdot MD=CM\cdot MF$成立吗？若EF不过公共弦AB的中点M呢？（见图（3））EF过AB的端点A时，有几种位置？（见图（4））过B再引一条直线$GH\parallel EF$时，得到的四边形$EGHF$是什么四边形？（见图（5））EF和GH不平行，$EGHF$是什么四边形？（见图（6））EF和GH的交点在圆上，是否有$\triangle FAB\backsim\triangle FGE$？（见图（7））交点$F$在圆内，或圆外时又有怎样的结论呢？

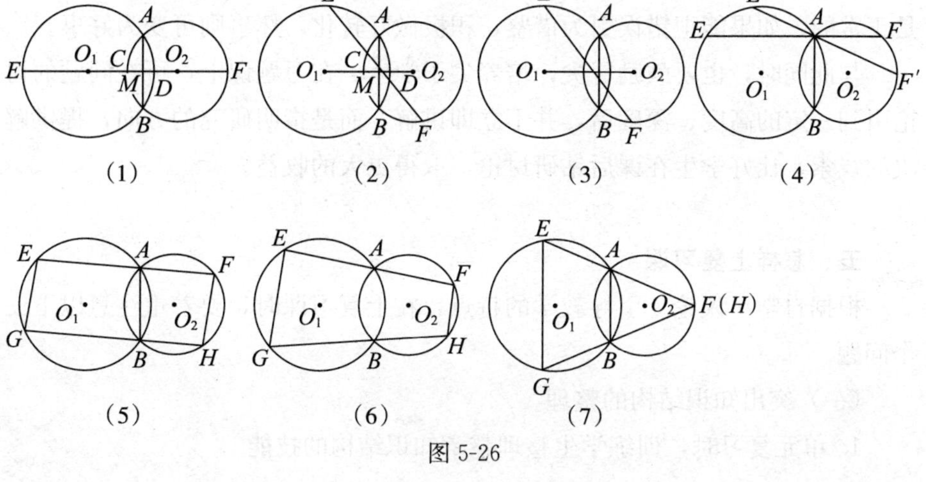

图 5-26

通过对以上基本图形的研究，学生可以弄清相交两圆中的一些角、一些线段之间的关系，并解决练习和习题中的一批题目。

5. 既总结规律，又防止思维定势

在初中数学教学中，很多数学问题是有规律可循、有共性可找的。应该帮助学生总结归纳，从个性中摸索共性，抓住共性去处理具体问题。但是，也必须防止思维定势对学生的消极影响，因此在习题课中也要安排适量的有针对性的习题，以引起学生的注意。

如在“平行线等分线段，三角形、梯形的中位线”的习题课上可安排这样一道题：

如图 5-27，在$\triangle ABC$中，$AB>AC$，AD为中线。

求证：$\angle DAC>\angle DAB$。

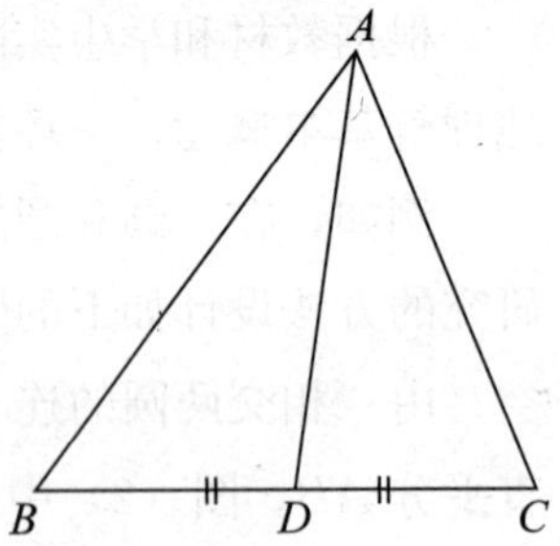

图 5-27

这题就是为了防止学生在研究了“中位线定理”后，遇到有关中点的问题就只往中位线上想的定势。在本题中应用“将中线延长一倍”的方法解题才简捷。

6. 因材施教，关心后进，鼓励冒尖

习题课上，关心差生要注意两方面。其一，选题应有两种要求，一种是要全体学生熟练掌握的，另一种是要中等以上的学生掌握而仅让较差的学生开阔眼界的。其二，鼓励差生练、议、讲。差生在学习活动中出现一些错误是正常的，如果能把错误引为借鉴，积极做好转化，坏事则可变为好事。

与此同时，也要鼓励冒尖，培养尖子学生。在习题课上，可在问题的讨论引到一定的高度、深度后，并不立即讲解，而是指明研究的方向，提供解决的线索，让好学生在课后钻研讨论，取得更大的收益。

五、怎样上复习课

根据自学·议论·引导教学的特点，在上复习课时，要着重注意以下三个问题。

（一）突出知识结构的整理

1. 单元复习时，训练学生整理整章知识结构的技能当一章或几章教材教完以后，根据教材分量的多少、学生学习的实际效果与教学大纲的要求，可安排一节或几节复习课。在单元复习课上，教师指导复习方法，要求学生对整个单元进行独立的系统复习，弄清各个概念、定理、定律、法则、公式的探求过程，熟记内容，而且根据知识间的基本关系，整理出一章或几章的知识结构。

例如“一元二次方程”，学生经过独立的系统复习，可以精心设计、整理出各种形式的知识结构图表。如：

（1）一元二次方程的形式

$ax^2+bx+c=0\,(a\neq0)$

- 完全一元二次方程
  - $ax^2+bx+c=0$
    $(a\neq0,\ b\neq0,\ c\neq0)$
    $x=\dfrac{-b\pm\sqrt{b^2-4ac}}{2a}$
    $(b^2-4ac\geqslant0)$
- 不完全一元二次方程
  - $ax^2=0$
    $(a\neq0,\ b=0,\ c=0)$
    $x_1=x_2=0$
  - $ax^2+c=0$
    $(a\neq0,\ c\neq0,\ b=0)$
    a、c 异号时，
    $x_1,\ x_2=\pm\sqrt{-\dfrac{c}{a}}$
    注意：
    ① 化成最简根式；
    ② a、c 异号时有实根，
    a、c 同号时无实根。
  - $ax^2+bx=0$
    $(a\neq0,\ b\neq0,\ c=0)$
    $x_1=0$
    $x_2=-\dfrac{b}{a}$

（2）方程的解法

- 直接开平方法　根据：平方根的意义
- 配方法　根据：等式性质、直接开平方法
- 公式法　根据：配方法
  公式：$x=\dfrac{-b\pm\sqrt{b^2-4ac}}{2a}\ (b^2-4ac\geqslant0)$
- 因式分解法　根据：如果两个因式的积等于零，那么这两个因式至少要有一个等于零；反过来，如果两个因式中有一个等于零，它们的积也就等于零。

（3）方程的讨论

- 根的判别式 $\Delta=b^2-4ac$
  - $\Delta>0 \Leftrightarrow$ 有相异二实根
  - $\Delta=0 \Leftrightarrow$ 有相等二实根
  - $\Delta<0 \Leftrightarrow$ 无实根
- 根与系数的关系
  - $ax^2+bx+c=0\,(a\neq0,\ \Delta\geqslant0)$
  - $x_1+x_2=-\dfrac{b}{a}$，$x_1\cdot x_2=\dfrac{c}{a}$
  - $x^2+px+q=0\,(p^2-4q\geqslant0)$
  - $x_1+x_2=-p$，$x_1\cdot x_2=q$

（4）根与系数关系的应用

- 判别两数是不是方程的根
- 进一步判定根的性质（符号等）
- 已知一根求另一根，及待定系数的值
- 求与方程两根相关的代数式的值
- 已知两数和与积，求这两数
- 已知方程的两根，求原方程
- 从已知方程求作新方程

（5）根的判别式的应用

- 由系数判定根的情况。

  例题：不解方程判定根的情况：

  ① $(a+b)x^2-2ax+(a-b)=0$；

  ② $x^2-2x+m=0$。
- 由根的情况确定系数。

  例题：m 是什么数时，方程 $mx^2-(2m+1)x+m=0$

  两根相等？不等？无实根？有实根？

  注意：“判别式”对二次方程而言。
- 证明根的性质。例题：

  ① 求证：$(k+1)x^2-2kx+k^2+4=0$ 无实根；

  ② 求证：$(b-x)x^2-4(a-x)(c-x)=0$ 的两根为实数。

- （6）综合应用
  - 二次三项式 $ax^2+bx+c(a\neq0)$ 的因式分解公式：
    $ax^2+bx+c=a(x-x_1)(x-x_2)$
    例题：分解因式
    ① $-x^2-x+1=0$；② $-4x^2+8xy-y^2$ 。
  - 可化为一元二次方程的方程
    - 高次方程：
      基本思想：降次
      方法：因式分解法、换元法
    - 分式方程：
      基本思想：转化为整式方程
      方法：去分母、换元法
    - 无理方程：
      基本思想：转化为有理方程
      方法：两边都乘方相同的次数、换元法
  - 列方程解应用题
    - 数字问题
    - 面积问题
    - 百分率问题
    - 行程问题
    - 工程问题
    - （以上）例题见课本例题、习题和练习题

学生经过自己的智力加工，不仅巩固了知识，而且锻炼和提高了分析、提炼、概括、整理、表达知识的能力。在这过程中，由于充分发挥了学生学习的积极性、主动性，学生品尝到了自己智力活动的成果，因而进一步调动了学习的内部动因。

2. 系统复习时，着重从纵向掌握知识结构

总复习阶段，要引导学生把相近或相似的一小块一小块知识（通常是一章）联成一大块，然后再将几大块联成更大的块。这样做有利于对知识的整体结构的掌握，有利于对不同事物之间的内在联系和区别的理解，也有利于对对立统一规律的认识。

如可以把方程按下图联成一大块：

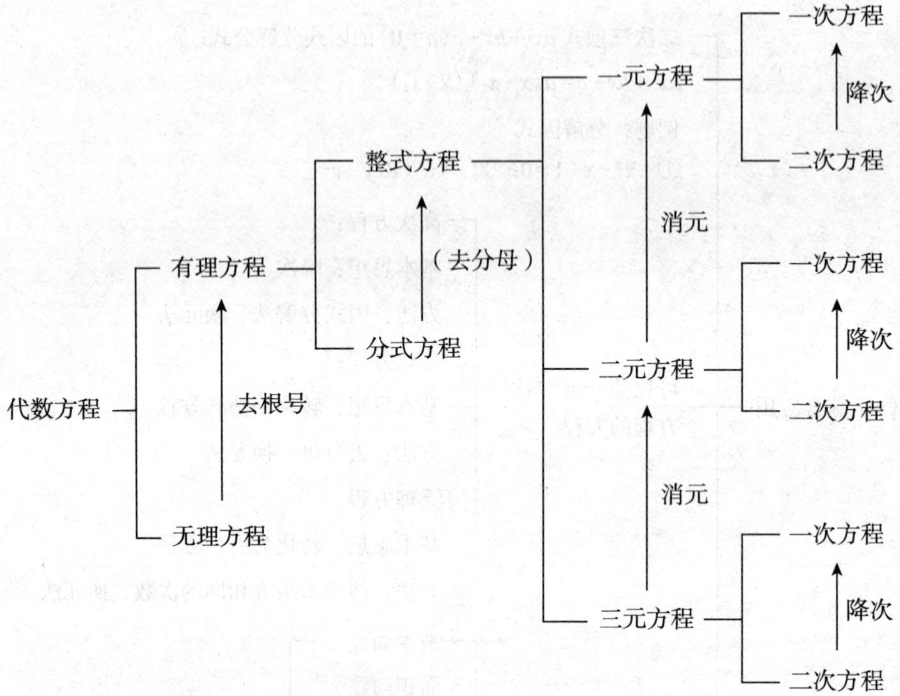

同样，可把几类不等式（即几小块）联成一大块，再把方程、不等式和函数联成更大的块。

3. 专题总结时，注意从横向拓宽知识的广度

有些知识和方法，用于解决同一类问题而又分布在各个单元甚至各个分科里。把这些知识通过专题总结的形式串起来，对于培养学生正确、熟练、灵活、创造性地应用知识的能力是有效的。

如总复习阶段，对代数中“非负数”、“一元二次方程根的判别式”、“换元法”等，几何中“关于几何定值问题的证明”、“添设辅助线问题”、“证比例线段问题”等，都可专题总结。下面对“非负数”的专题简单地总结。

第一课时，教师首先启发学生回忆在初中代数里常遇到的“一个数的平方”、“一个数的绝对值”、“一个非负数的算术平方根”，使学生的思维集中到“非负数”上来。进而指出：非负数的概念涉及面很广，掌握好这些概念，不仅能巩固已学知识，而且可以为以后的学习打下良好基础。这样启发

引导，使学生的思维有了方向，并产生了新的求知欲望。接着，教师要求学生根据教科书和身边的参考书进行“非负数”的整理。为了具体地理解概念和运用概念，要求学生整理时列举具体实例，并对所举的例题说出所应用的知识内容、解题方法、一般规律以及遗留问题和体会。然后让学生自学整理，也可结合小组（指左右前后的邻近同学）议论交流。

第二、三课时交流讨论，学生在教师引导下交流讨论的内容如下。

（1）非负数的定义：大于或等于零的数称为非负数。用式子表示：非负数 a 表示为：$a \geqslant 0$。（学生举的非负数例子十分广泛。有指数、对数等代数方面的，也有几何、三角方面的。教师择其需要的板书，然后结合非负数的实例指出，研究非负数往往会涉及绝对值、算术根和偶次幂等概念。）

（2）非负数的性质：

① 若干个非负数的和仍为非负数；

② 一个非负数的算术根仍是非负数；

③ 若干个非负数的和为零时，则每个非负数均为零；

④ 一个不是零的非负数有两个平方根，它们互为相反数；

⑤ 两个非负数绝对值大的较大，绝对值小的较小；

⑥ 任何一个非负数的正整数次幂仍是非负数；

⑦ 两个非负数的积仍为非负数；

⑧ 两个非负数的差不一定仍是非负数；

⑨ 没有最大的非负数，有最小的非负数（零），等等。

教师择其中的①、③、⑨三条常用性质顺次重编题号进行板书。

（3）非负数的运用：

1）化简与计算。

教师在学生所举例中选用下面三个例题由浅入深，由单一到综合，展开讨论。

例 1　计算 $\left|1-\sqrt{2}\right|+\sqrt{(\sqrt{2}-\sqrt{3})^2}$。

例 2　若 $|x-1|<4$，化简 $\sqrt{x^2+6x+9}-\sqrt{x^2-10x+25}$。

（教师提出：若无条件 $|x-1|<4$ 呢?）

例 3　化简$|\tan 60°-2|$。

2）求值。

除选用学生所举的例题讨论外，教师给出典型例题供深入讨论。

例 4　已知$|6-3m|+(n-5)^2=3m-6-\sqrt{(m-3)n^2}$，求$m-n$。

解题后，教师引导学生总结归纳：一个方程含几个未知数时，一种解法是把方程整理为左边是若干个非负数的和，右边是零的形式，应用非负数性质“若干个非负数的和为零时，则每个非负数均为零”解。

例 5　m是什么数时，关于x的代数式$mx^2-(m-1)x+(m-1)$恒为非负数？

（从$m>0$且$\Delta\leqslant 0$入手分析）

讨论后，教师提出新问题：

当m是什么数时，关于x的二次函数$y=mx^2-(m-1)x+(m-1)$的图象除与x轴有一个公共点外，其余各点都落在x轴的上方？（从$m>0$且$\Delta=0$入手分析）

通过讨论得出正确答案后，教师又提出：若要答案和上题一样，即“满足$m>0$且$\Delta\leqslant 0$”，此题该如何问？[应问当m是什么数时，二次函数$y=mx^2-(m-1)x+(m-1)$的图象上各点都不在x轴下方？]

教师抓住非负数这根线，经过变式引导，展开讨论，使学生弄清不等式、二次函数图象、一元二次方程根的判别式等有关概念及它们的内在联系。

例 6　求函数$y=x^2-2x+3$的极小值。

学生应用顶点坐标公式解答后，教师引导讨论：

① 公式用什么方法推导出来的？

② 在确定$\frac{4ac-b^2}{4a}$为最值时，应用了非负数的什么性质？

3）比较大小。

选用学生所举的下列题作为例题讨论。

例 7　下列判断是否正确？

若$ac^2>bc^2$，则$a>b$；

若 $a>b$，则 $ac^2>bc^2$。

学生总结解题教训：非负数不仅包括正数，还包括零，不能遗漏零。

例 8　确定下式的符号：

$\left|\frac{1}{\sqrt{2}}\right|-\cos\alpha-\sqrt{(\sin\alpha-\cos\alpha)^2}\ (0°<\alpha<45°)$。

4）例 9　$\frac{x-1}{|2x-1|-1}$。

例 10　$y=\sqrt{|x-2|-3}$。

例 11　$(x-1)^{\frac{1}{4}}$。

5）证明题。

除选用学生的例题外，教师提出以下例题进行典型性引导。

例 12　如果 a、b、c、d 都是正数，且满足 $a^4+b^4+c^4+d^4=4abcd$。

求证：以 a、b、c、d 为边的四边形是菱形。

让学生分析研究，要证什么？如何证？应用“非负数”的哪些性质？

例 13　a、b 为实数，求证：代数式 $5a^2-6ab+5b^2$ 的值一定是非负数。

为了使学生进一步加深理解“非负数”的定义，牢记非负数不仅包括正数，还包括零，教师在此基础上再作启发性引导：a、b 为实数，求代数式 $5a^2-6ab+5b^2$ 的极值。

6）解方程。

学生列举了在一个方程中含有几个未知数的特殊方程，含有绝对值符号的方程等方面的例题，进行交流讨论。

7）解不等式。

学生举例很多。教师给出一个例题：$3x-\sqrt{2x+1}\geqslant 5x-2-\sqrt{2x+1}$。

题目一给出，许多学生就同声回答：$x\leqslant 1$。教师这种“陷阱性”的题目诱发了学生出现错误，然后再引导学生深入思考，从而得到正确的答案。

最后，还可交流个人心得。有的同学是抓住三个非负数，即 x^2，$|x|$，$\sqrt{x}\ (x\geqslant 0)$ 来总结非负数的应用的；有的同学是从数学知识的分科——代数、几何、三角等方面来总结非负数的应用的；等等。教师一一加以肯定与鼓励。

专题总结不仅可以抓住“线”进行，也可以抓住难点进行，以达攻关之目的。

（二）总结知识应用的规律

在学生全面复习、系统整理知识的基础上，要求学生有重点、有系统地重温课本中的例题、练习和习题，这种方法在单元复习时应用较多。这时的研究就不只是单一的知识的运用，而是以某一知识或技能为主线，把整个单元的例题、习题沟通、串联、概括、分类。

例如“相似形”一章，在知识的应用方面，学生在教师引导下，整理出如下类型。

（1）证明题。主要是证三角形相似，证线段成比例或证线段平行。主要形式有：证线段的比或积为定值，证线段倍分关系，证等比或等积式，证线段相等，证角相等，等等。

（2）计算题。主要是求线段的长度、多边形的周长和面积。

（3）作图题。主要是作第四比例项、黄金分割线段、按已知比分线段、已知三角形的相似三角形等等。

解题的依据是：平行线截割定理、射影定理、相似三角形性质、角平分线性质定理、比例定理等。

常用辅助线：当结论中有三条线段构成不完整的平行线型相似三角形时，常过特殊分点作平行线。

解题的基本经验：当结论中的四条线段在同一直线上时，或结论中的四条线段分别在两个不相似的三角形上时，或四条线段不在两个三角形上时，常用“过渡比”。找过渡比的基本方法是寻找和两个比有关联的比。

学生通过这样的整理和总结过程，数学能力可以得到充分的提高。

在学生独立复习和整理好知识结构后，教师再根据学生的自学情况和教材要求，精心选编一些例题，进行训练和议论。例如“相似形”一章，可以选编以下的题（组）。

（1）已知：如图 5-28，$\triangle ABC$ 中，$CE\perp AB$ 于点 E，$BF\perp AC$ 于点 F。

求证：$\triangle AEF\backsim\triangle ACB$。

引申：

① 求证：$\angle AFE=\angle ABC$。

② 已知 $AE=3$，$AC=7$，求 $EF:BC$，$\triangle AEF$ 的周长 : $\triangle ABC$ 的周长，$\triangle AEF$ 的面积 : $\triangle ABC$ 的面积。

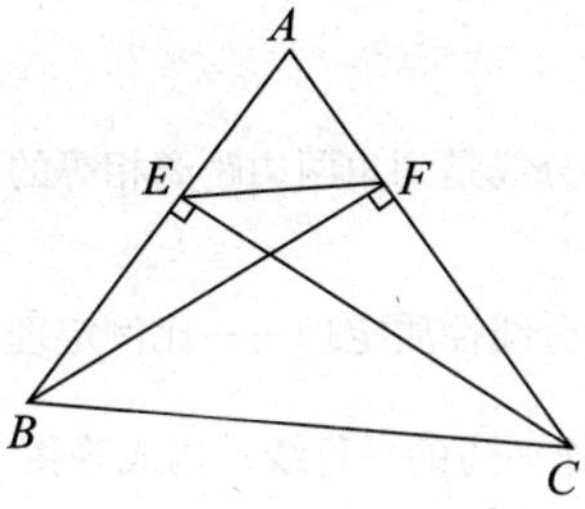

图 5-28

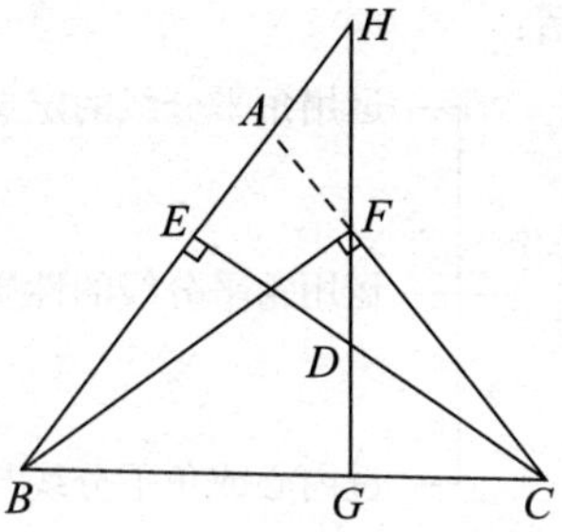

图 5-29

③ 如图 5-29，拿掉线段 EF，过 F 作 $HG\perp BC$ 于点 G，交 BA 延长线于点 H，交 EC 于点 D。求证：$CF^2=GD\cdot GH$。

④ 作 BG、GC 的比例中项或将线段 BC 黄金分割。

（2）已知：如图 5-30（1），点 O 是$\triangle ABC$ 的内心，AO 交对边于点 D。求证：$AO:DO=(AB+AC):CB$。

引申：

① 如图 5-30（2），在$\triangle ABC$ 中，$AB=15$ cm，$AC=10$ cm，AD 平分$\angle A$，$DE/\!/AB$ 交 AC 于点 E。

求：AE、CE、DE。

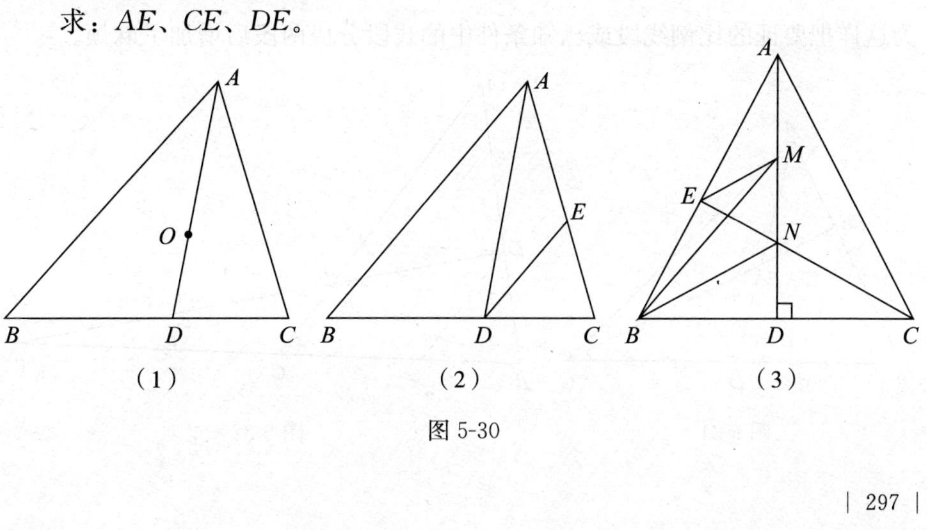

图 5-30

② 如图 5-30（3），在$\triangle ABC$中，$AB=AC$，$\angle ABC$的三等分线交底边上的高于点M、N。连CN，并延长它交AB于点E。

求证：$EM/\!/BN$。

小结：

内心，常作角平分线
- 运用角平分线的定义
- 运用角平分线的性质
  - 角平分线是到角两边距离相等的点的集合
  - 角平分线性质定理——比例定理
- 过内心或角平分线与对边的交点作一边的平行线，构成等腰三角形

（3）已知：如图 5-31，$\triangle ABC$中，$BD=DC$，E为AB上任意一点，CE交AD于F。

求证：$\dfrac{AF}{AD}=\dfrac{2AE}{BE}$。

（证线段成比例时，常作平行线，这样可产生相似三角形，或直接由平行线产生比例线段。）

（4）已知：如图 5-32，在$\triangle ABC$的两边AB、AC上分别取D、E两点，使$BD=CE$，设DE与BC的延长线相交于点F。求证：$AB:AC=EF:DF$。

研究：可过点D或点E作平行线，但不能过点C作AB的平行线，因为这样把要证的比例线段或已知条件中的线段分成两段后增加了麻烦。

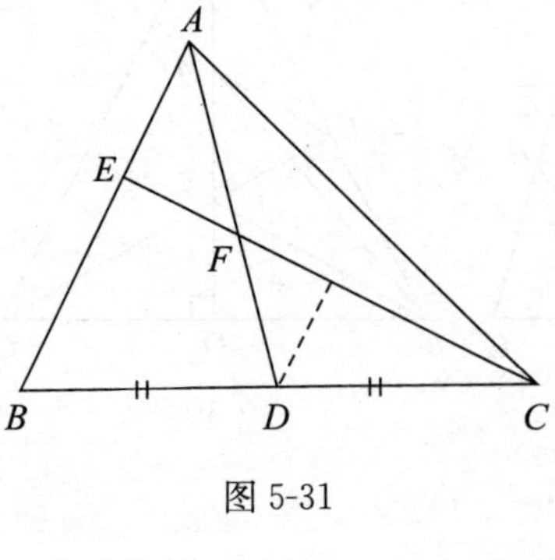

图 5-31

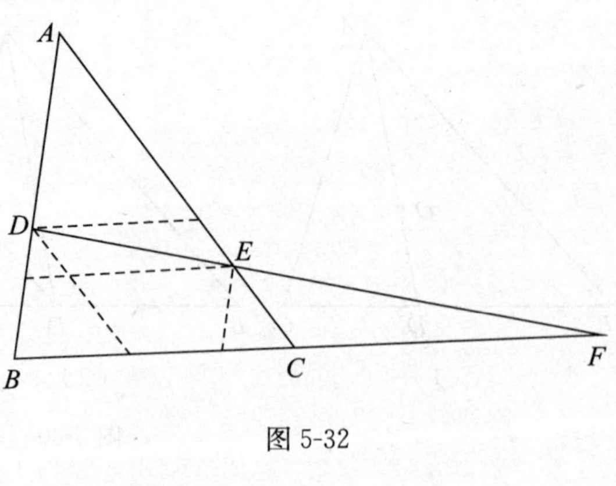

图 5-32

引申：

交换条件，研究结论及其证法：

① 若$AB>AC$，$AD=AE$（图 5-33），则结论为$BF:CF=BD:CE$。

如何证？

② 若$AD=DB$（图 5-34），则结论为$BF:CF=AE:EC$。

如何证？

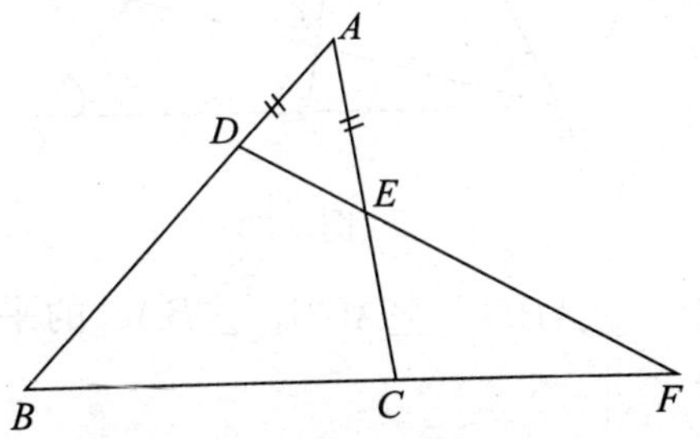

图 5-33

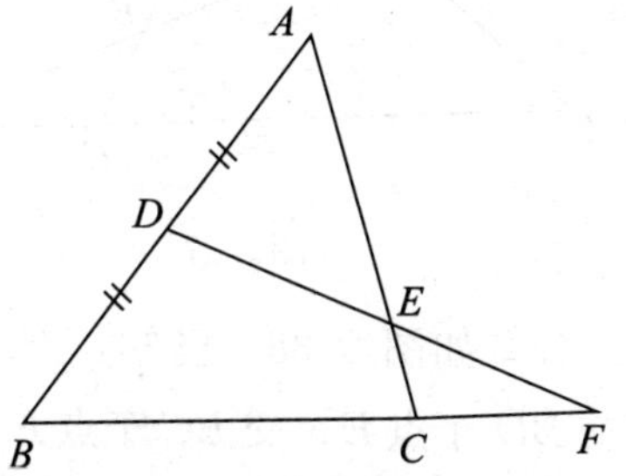

图 5-34

③ 若$AE=CE$（图 5-35），则结论是什么？（$BF:CF=BD:AD$）

④ 若$BD=CE$（图 5-36），则结论是什么？（$BF:CF=AE:AD$）

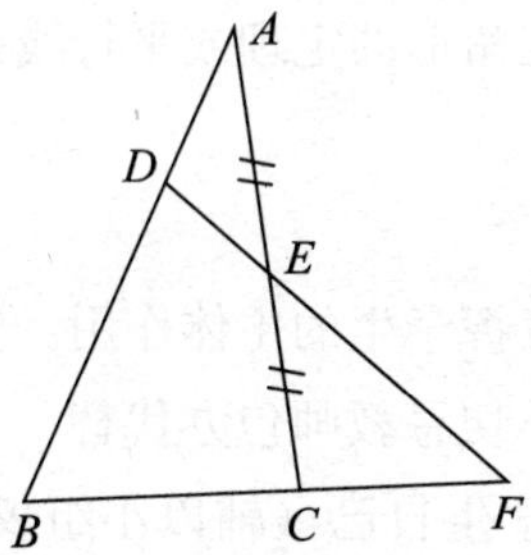

图 5-35

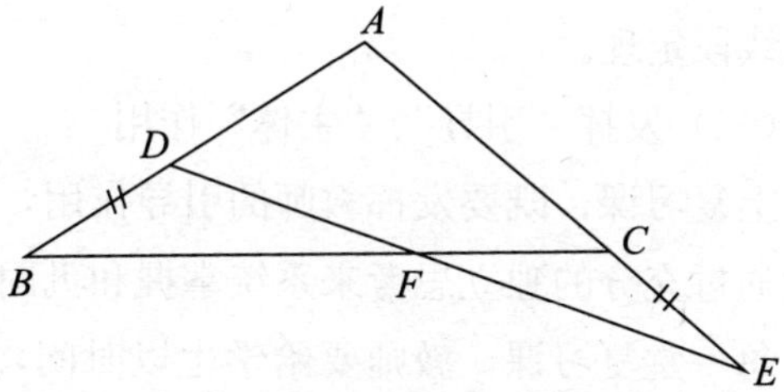

图 5-36

⑤ 若一直线与△ABC三边BC、CA、AB或其延长线相交于点F、E、D（图 5-37），则$\frac{BF}{CF}\cdot\frac{CE}{EA}\cdot\frac{AD}{DB}=1$。

如何证？

指出：这是梅氏定理，前四种情况是特殊情况，将各题的条件代入梅氏定理的结论，使得各题的结论，今后遇这种图形，即一直线截三角形两边和第三边延长线时，要证比例线段，可考虑梅氏定理的运用。学生豁然开朗，掌握了规律，激发了兴趣。

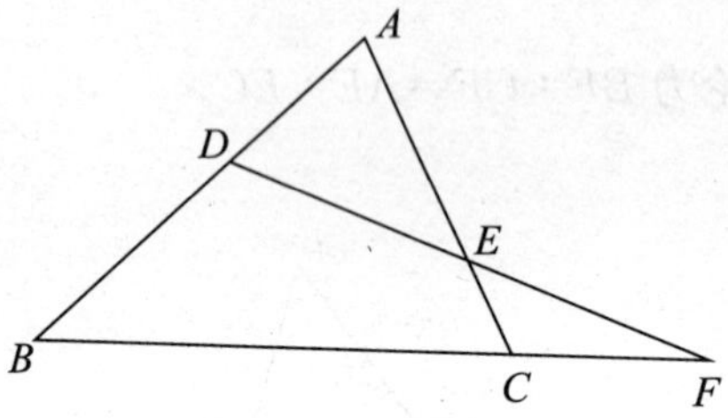

图 5-37

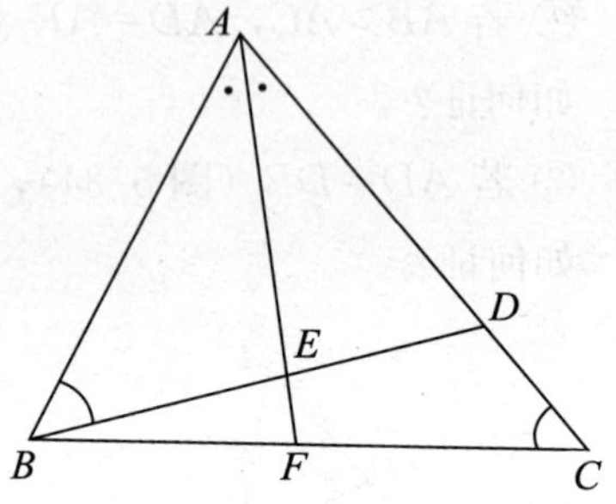

图 5-38

(5) 如图 5-38，已知：$\triangle ABC$ 中，$\angle ABD=\angle ACB$，$\angle BAC$ 的平分线交 BD 于点 E，交 BC 于点 F。

求证：$\dfrac{DE}{DB}+\dfrac{FC}{BC}=1$。

小结：证线段比之和（或差）等于定值的问题，常用的较简捷的方法就是将其中某一或每一线段比进行变换，使各比式的后项均为相同线段，然后相加或相减而获证。这一转化，主要依据是相似三角形的定理或平行线截得比例线段定理。

（三）发挥“引导”、“主体”作用

上复习课，既要发挥教师的引导作用，更要发挥学生的主体作用。应让学生通过充分的独立思考来系统掌握和巩固知识，切忌教师包办代替。

每一堂复习课，教师要给学生以时间，引导学生自己（辅以小组议论、帮助）阅读课本、参考书，自己进行分析、归纳、综合、分类等。如复习方程这一大块时，可给学生两周时间，包括课内和课外的自习时间进行复习、整理、练习，给学生以材料，要求他们以教科书为主，同时向他们介绍一些习题或复习指导书；给学生以方法，介绍如何研究例题，分析解题的思路及解题的一般规律与方法，探究问题的变化和发展的情况。在复习过程中，教师要充分了解学生的自学状况，如自学的态度和进度、对问题认识的深度、掌握材料的广度，进行个别帮助、辅导，使全体同学的自学能力都能提高，为大组交流做好准备。

复习阶段的大组交流讨论是学生个人、小组复习的继续和延伸，而教师准确的点拨、适时的引导又是上好大组交流讨论课的保证。

在揭示知识纵横联系时，教师往往需要点拨一下。如把方程、不等式、函数联成一大块时，教师必须引导学生从研究函数的图象入手，再联系方程、不等式的解集及其解法，数形结合，沟通三大块知识的内在联系。又如把全等形和相似形联成大块时，教师必须引导学生从相似比 $k=1$ 和 $k\neq1$ 来研究，弄清它们的判定、性质之间的联系和区别。

当学生困惑不解或认识不能升华时，教师必须适时点拨引导。如学生对几何定值问题深感困难，教师必须指导分析的思路和一般方法：这类问题通常采用动中求静的方法，把图形中的变动元素放在特殊位置上，推测出不变量所取的值（即定值是什么），而后证明这个值不随图形位置的变动而变动。又如证明诸比的和、差、积的问题是一个难点，也必须引导学生总结一般思路和方法。

（1）化为整式，转化为线段的比例关系。

$$fg=xy+zt$$

$$\qquad\;\downarrow\quad\;\downarrow$$

$$\qquad ab\quad ac$$

$$=a(b+c)\ (b、c\text{ 共线})$$

式中各字母均表示线段，提取公因式后成为四条线段的比例关系，关键是找公因式。

（2）化式子的一边为定值，另一边为线段之比的和、差或积的形式。

$$\frac{a}{b}+\frac{c}{d}=1$$

$$\downarrow\quad\;\downarrow$$

$$\frac{x}{e}+\frac{y}{e}=1\ (x+y=e)$$

关键是化为同分母的线段比的和、差。

实践证明，复习课中坚持自学、议论、引导的教学理念和方法，改革教学的组织形式，师生受益都比较大，不仅学生系统地掌握了知识，培养了能力，教师的教学水平也相应得到了提高。

第三节　自学·议论·引导教学的操作要点

一、重组教材内容，实施单元教学

教学内容，即学生的学习内容，不只是指新授的知识，新数学问题的求解，而且包括知识与技能，过程与方式方法，情感、态度与价值观等的整合，必须全面关注。在教学过程中，应该对教材内容进行有机组合，实行单元教学。实行单元教学后，扩展了学生学习的时间、空间，扩展了学生独立学习时的活动范围，为课堂教学方式的改革创造了条件。在划分单元时，应该从实际出发，遵循以下三个原则。

（一）单元划分要与学生自学能力相适应

如初一代数的开始，学生由学习算术过渡到学习代数，有个适应过程。又鉴于自学能力正处于有计划培养的起始阶段，所以将教材中一课时的教学内容作为一个小单元比较好。经过两三周的训练，到了学习“有理数的乘法”时，由于学生在学习“有理数的加法和减法”时，懂得了有理数的加法在解决了符号问题后，就转化为算术数加减法，他们还能总结出数集扩充后，原有数集中的运算律仍适用的经验，并掌握有理数加法与算术数加法对比学习的方法，这样就初步具备了独立学习有理数乘法法则、乘法的运算律的能力。此时，可将“有理数乘法”和“有理数乘法的运算律”两节教材作为一个教学单元。

随着学生自学能力的增强，对有些联系紧密的几节教材，就可把它们组织成一个单元，形成一个相对独立的大知识块。例如，“方程”、“同解方程”、“一元一次方程和它的解法”，这是由总体到局部、由概念（理论）到实践（解方程）紧密联系的三节教材，可以组织成一个单元。在教学时，教师激发学生学习的动机，提示研究方法，进行探索性自学。在这个基础上，用一定的教学时间，师生共同讨论，整理出知识结构：

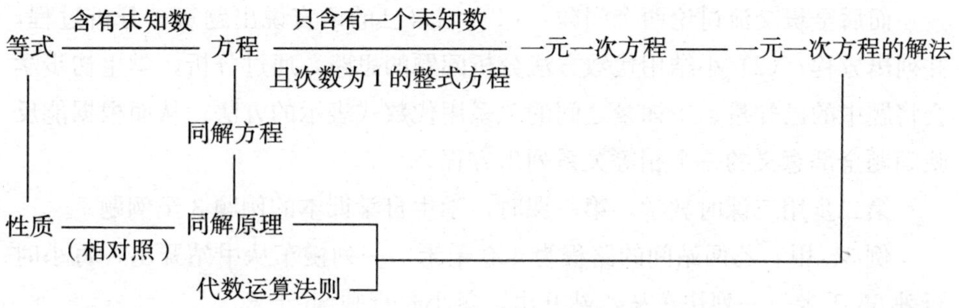

学生再对结构中的每一部分深入地自学，最后在教师引导下，正确熟练地解答一元一次方程的练习题，进行应用性自学。

单元扩大后，相应地安排的教学课时较多，学生自学时回旋余地大。在大单元进度相对统一的前提下，学生独立自学时，可以按各自的进度，各有侧重，适应个体差异的情况。

（二）单元划分要与知识体系相适应，有助于学生建立良好认知结构

如“一元一次方程的应用”，概括了实际问题转化为代数问题的几种常见类型，目的是让学生从中学会分析数量关系，列出代数式或画出线段图或图表，进而转化为方程的方法。因此，可以把它作为一个整体进行教学，使学生在个性中寻找共性，又运用共性的规律去灵活处理个性的问题。这样，在教学时就可将“一元一次方程的应用”作为一个单元，分四步进行教学。

第一步用一课时教学。学生自学课本的例 1：“某面粉仓库存放的面粉运出 15%后，还剩余 42 500 千克，这个仓库原来有多少面粉?”和例 2：“如图 5-39，已知圆柱（2）的体积是圆柱（1）的体积的 3 倍，求圆柱（1）的高（图中 Φ40 表示直径为 40 毫米）。”

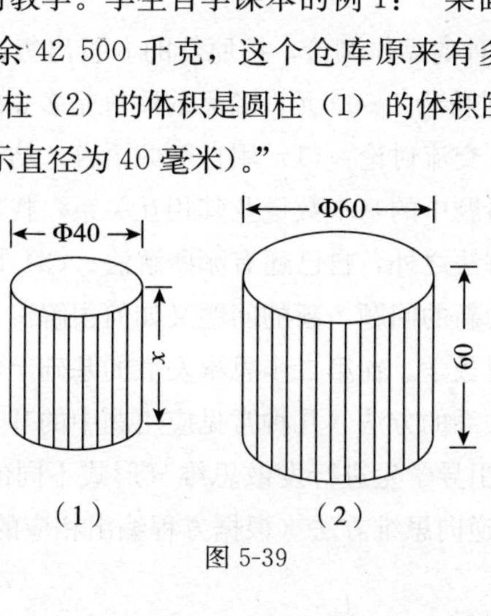

图 5-39

而后全班交流讨论两个问题：(1) 用自己的语言说出题意、分析过程，并列出方程；(2) 小结用代数方法分析问题的思路。通过分析，学生初步学会将题中的已知量、未知量之间的关系用代数式表示的方法，从而根据能反映问题全部意义的一个相等关系列出方程。

第二步用三课时教学。第一课时，学生自学课本的例题 3 至例题 7。

例 3　甲、乙两站间的路程为 450 千米，一列慢车从甲站开出，每小时行驶 65 千米；一列快车从乙站开出，每小时行驶 85 千米。

(1) 两车同时开出，相向而行，多少小时相遇？

(2) 快车先开 30 分钟，两车相向而行，慢车行驶多少小时后两车相遇？

例 4　一队学生去校外进行军事野营训练，他们以 5 千米/时的速度行进，走了 18 分钟的时候，学校要将一个紧急通知传给队长。通讯员从学校出发，骑自行车以 14 千米/时的速度按原路追上去。通讯员用多少时间可以追上学生队伍？

例 5　在甲处劳动的有 27 人，在乙处劳动的有 19 人。现在另调 20 人去支援，使在甲处的人数为在乙处的人数的 2 倍，应调往甲、乙两处各多少人？

例 6　一件工作，甲单独做 20 小时完成，乙单独做 12 小时完成，现在先由甲单独做 4 小时，剩下的部分由甲、乙合做，剩下的部分需要几小时完成？

例 7　商店对某种商品作调价，按原价的 8 折出售，此时商品的利润率是 10%，此商品的进价为 1 600 元，商品的原价是多少？

第二、三课时，交流讨论：(1) 用自己的语言，结合图形、图示、列表等，说出题意，分析题中的基本数量及其相互关系，找出等量关系，列出方程；(2) 除课本的解法之外，自己还有哪些解法；(3) 题中的条件和结论可进行哪些变化而成为新的问题，新的问题又如何去解。

第三步用两课时教学。在第二步思维发散的基础上，教师再引导学生总结出寻找基本数量关系的方法（几种常见应用题中的基本数量关系和常用的等量关系），而后再引导学生进行发散思维（形式不同的问题反映了同一个数量关系），并运用逆向思维方法（根据方程编出相应的各种类型的应用题）

深化对几种常见的应用题中的数量关系的认识，提高列方程解应用题的能力。

第四步用两至三课时教学。在个人独立思考、做了课本上安排的“练习”和“习题”的基础上，全班交流讨论思维过程和思维方法。教师引导学生将问题变化、引申，相互评价，拓宽思路，熟悉列一元一次方程解应用题的技能技巧，并解决合理选元（包括设间接未知数）的问题。

用这样的办法来组织教学，可帮助学生用整体的观点来学习各部分的知识，而在学习各部分的知识时又明确它在整体中的作用。这种做法对完善学生的认知结构是有积极作用的。

（三）单元划分要利于学生思维方法的培养、思维能力的发展和技能技巧的训练

对一些难度大或抽象程度高的教材内容，以及涉及重要的数学思维方法的章节，如“换元法”、“反证法”、“轴对称、轴对称图形”等，以一个专题作为一个教学单元比较适宜，便于学生深入研究，训练思维，熟练掌握，灵活运用。又如，学生在小学里学习了“几何初步知识”，对直线、射线、线段、角等简单的几何图形已有一些初步了解，但只侧重于计算。而初中平面几何的教学则着重研究几何图形的性质，培养逻辑推理等能力。针对这一情况，我们把“直线、射线、线段”作为一个教学单元，“角”作为一个教学单元，着重研究图形、图形的画法、表示法，图形的性质及其应用等。以后的几何教学，根据教材、学生及教学要求，可把一条定理或一个定理体系、一种几何图形或是一种基本作图作为一个教学单元。再如，《代数》的两节内容“去括号”与“添括号”是两个互逆过程，两个法则之间存在互逆关系，可将这样的两小节作为一个单元，即第一课时研究两个法则及其相互联系，第二课时着重练、议两个法则的运用。这样学习，便于学生通过比较整理出法则的内容及根据，弄清互逆关系和应用方法。

去、添括号法则的形成过程及其相互联系：

$8a+(5a-a)=8a+5a-a$
加法结合律
$8a-(5a-a)=8a-5a+a$
减法运算性质：
一个数减去几个数的和，等于这个数连续减去各个数。

→ 去括号法则 —（反过来）等式性质 → 添括号法则

$a+(b-c)=a+b-c$　　　$a+b-c=a+(b-c)$
$a-(b-c)=a-b+c$　　　$a-b+c=a-(b-c)$

概括为

括号前面是"+"号，去、添括号不变号；
括号前面是"−"号，去、添括号都要变号。

由于教学内容前后联系多，不同的安排方式可能会产生不同的教学效果，这也为教学单元的重组带来了机会。我们力求辩证地处理大块知识结构与小段的课时安排的关系，突出了基本知识结构的地位和作用，改变了单一的班级教学形式，打破了按课时分配的小段教学，使学生在学习过程中能深入思考，自行消化、分析和归纳。

例如，"同底数幂的乘法"和"幂的乘方与积的乘方"两节内容组成一个学习单元，引导学生开展课堂学习活动。

首先让学生说出下列一些式子的意义（即说出下列各式中等号及其后面的式子）：

$2^2=2\times2$；　$2^3=2\times2\times2$；　$(-5)^2=(-5)\times(-5)$；　$(-5)^4=(-5)\times(-5)\times(-5)\times(-5)$；

3^m（m 为正整数）$=\underbrace{3\times3\times\cdots\times3}_{m个3}$；　a^m（m 为正整数，a 为有理数）$=\underbrace{a\cdot a\cdot\cdots\cdot a}_{m个a}$；

$(2^2)^3=2^2\times2^2\times2^2=(2\times2)\times(2\times2)\times(2\times2)=\underbrace{2\times2\times\cdots\times2}_{6个2}=2^6$。

通过具体的数学事实复习了乘方的意义，为学生自主探索新知识，奠定知识和方法基础后，教师让学生独立计算，辅之小组议论两组题：

(1) $10^3\times10^2$，$a^3\cdot a^2$，$a^m\cdot a^n$（m，n 均为正整数）；

(2) $(10^3)^2$，$(a^3)^2$，$(a^m)^n$（m，n 均为正整数）。

学生根据乘方的意义完成了上述计算，并有同学板演了运算过程。

教师不仅给予了正误的及时评价，而且还赞扬学生："你们不仅运用乘方的意义正确地进行了计算，而且你们还根据乘方的意义导出了幂的两条运算性质。"

$a^m \cdot a^n$（m，n 均为正整数）

$$\underset{\uparrow \atop \text{乘方意义}}{=} \underbrace{(a\cdot a\cdot \cdots \cdot a)}_{n\text{个}a}\underbrace{(a\cdot a\cdot \cdots \cdot a)}_{n\text{个}a} \underset{\uparrow \atop \text{乘法运算律}}{=} \underbrace{(a\cdot a\cdot \cdots \cdot a)}_{(m+n)\text{个}a} \underset{\uparrow \atop \text{乘方意义}}{=} a^{m+n}$$（学生的板演）

$(a^m)^n$（m，n 均为正整数）

$$\underset{\uparrow \atop \text{乘方意义}}{=} \underbrace{a^m\cdot a^m\cdot \cdots \cdot a^m}_{n\text{个}a^m} \underset{\uparrow \atop \text{乘方意义}}{=} \underbrace{\underbrace{(a\cdot a\cdot \cdots \cdot a)}_{m\text{个}a}\underbrace{(a\cdot a\cdot \cdots \cdot a)}_{m\text{个}a}\cdots\underbrace{(a\cdot a\cdot \cdots \cdot a)}_{m\text{个}a}}_{nm\text{个}a}$$

$$\underset{\uparrow \atop \text{乘法运算律}}{=} \underbrace{a\cdot a\cdot \cdots \cdot a}_{mn\text{个}a} \underset{\uparrow \atop \text{乘方意义}}{=} a^{mn}$$（学生的板演）

教师在评价以上推导过程时，适当提问和补充，强化了推导过程中每一步的依据。学生听后非常兴奋，增强了自主学习的信心，也进一步激发了自主探索的热情。

"这是幂的什么运算性质呢？"此时教师突现幂的运算性质：

（1）$a^m \cdot a^n$（m，n 均为正整数）；

（2）$(a^m)^n$（m，n 均为正整数）。

指导学生观察这两类运算的类型及运算的结果有什么特征（给出运算名称——同底数幂的乘法和幂的乘方，指出运算结果仍是幂），等式两边的底数和指数之间的联系，并将观察研究的结果用数学的文字语言表述。

这个过程，使学生亲自经历了由特殊到一般、由具体到抽象概括、由符号语言到文字语言的过程，也就能很顺利地将这两条性质进行推广和应用：

（1）$a^m \cdot a^n \cdot \cdots \cdot a^p = a^{m+n+\cdots+p}$（$m$，$n$，…，$p$ 都是正整数）；

（2）应用同底数幂的乘法运算性质推导幂的乘方运算性质：

$$(a^m)^n \underset{\uparrow \atop \text{乘方意义}}{=} \underbrace{a^m\cdot a^m\cdot \cdots \cdot a^m}_{n\text{个}a^m} \underset{\uparrow \atop \text{同底数幂的乘法}}{=} a^{\overbrace{m+m+\cdots+m}^{n\text{个}m}} \underset{\uparrow \atop \text{乘法意义}}{=} a^{mn}$$（m，n 均为正整数）；

（3）$[(a^m)^n]^p = a^{mnp}$（m，n，p 都是正整数）。

教师进一步引导：我们有了上面的研究方法和经验之后，能否猜想积的乘方的运算性质呢？给出式子：$(ab)^n$（n 为正整数）。

教师话音刚落，学生齐答道："等于 a^nb^n。"显然学生的知识、方法、经验已能迁移了。这样，这节课不仅完成了幂的三条运算性质的学习任务，而且使学生掌握了知识间的内在联系和发展：

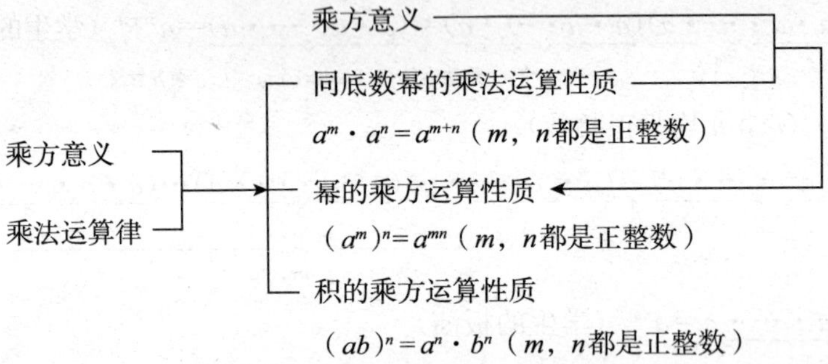

后续课再让学生自主地应用这三条性质进行计算，经历由一般到特殊的体验过程。

这个教学过程，不只是结果的教学，更是过程的教学。学生获得的知识不只是"是什么"、"为什么"、"怎样得到的"，而且懂得了"自己是怎样学会的"，即获取知识的过程的程序性和策略性知识；更为重要的是，学生获得了对自己的学习活动的一种自我意识和积极体验，以及形成的正确的价值选择。可见，过程比结果更精彩！我们既要重视知识"结论"的学习，更要重视知识形成"过程"的学习。

在组织单元教学的内容时，我们还要注意以下问题。

（1）既不能将书本上的知识分解成孤立的一个个知识点，一个个地去学、记、用，也不能只拘泥于、局限于本节、本章甚至本学科的知识。教师必须认真研究教材，弄清知识的背景、内涵及其延伸发展，掌握教材体系及编者的编写意图。

例如，圆心角、弧、弦、弦心距之间的关系定理："在同圆或等圆中，相等的圆心角所对的弧相等，所对的弦相等，所对的弦的弦心距相等"，其背景是圆的特殊性质，即圆不仅是中心对称图形，而且圆绕圆心旋转任意一个角度，都能够与原来的图形重合——圆的旋转不变性，因而圆心角的度数和它所对的弧的度数相等。由顶点在圆心的角叫做圆心角，学生容易联想到顶点离开圆心时，角与圆的位置关系有几种可能。如图 5-40。

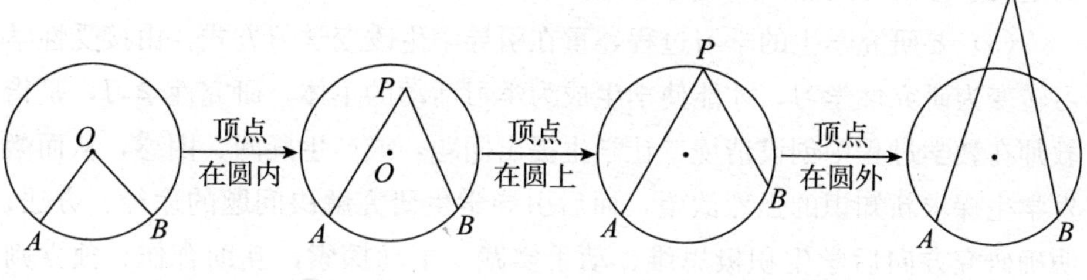

图 5-40

有了这样的基础，在学习“圆周角”时，教师就能遵循学生思维发展的逻辑顺序，不囿于教材内容，充分揭示与圆有关的角之间的内在联系以及这些角与其所对的弧，或所夹的弧之间的数量关系。通过圆内角、圆外角及其对顶角所对的弧、与所夹的弧之间的度数关系的研究，深化了对圆周角定理的理解与掌握；通过圆周角定理的证明及与圆有关的角的拓展研究，使学生不仅获得了这些知识，运用了分类的数学思想方法，更获得了探索研究的学习方法。

（2）研究学生的知识经验、认知水平、情感、态度，寻找到与新授内容的最佳结合点，教师才能做到教为学服务，通过有的放矢，有效的引导，使学生自主、自觉、快速进入自主学习的进程。

新授内容，对于学生来说，学之初，并非全从零开始。有的是在上一学段就学过，但学的深度、广度和要求不同；有的是学生在生活实际中已有初步的感性认识；有的是学生有强烈的自主学习意识，自学能力强，课前已从各种渠道获取了新授的有关知识；有的是在新授课之前的教材章节中（包括例题、练习、习题），已为后续课作了铺垫，及早设下埋伏；如此等等。教师必须认真分析研究，从学生实际出发，这样，教师所组织的新授内容才是学生“新鲜的”、“有兴趣的”、“有求学需要的”、“有能力自主学习、探索学习的”内容，学生的主体性方能得以发挥和发展。

例如，平行四边形、矩形、菱形、正方形，学生不仅在小学数学里已学过有关这些图形的初步知识和周长、面积等的计算，而且在幼儿园里学习识别图形时，就认识这些图形的外在特征了。因此在初中学习这些图形时，应着重研究其本质特征、图形的性质、判定及它们之间的联系和区别，更重要的是要掌握研究这些图形的思想方法——转化为三角形的问题来研究。

(3) 要研究学生的学习过程，重在引导学生改变学习方式，由接受性学习转变为研究性学习，才能使学生成为学习活动的主体。研究性学习，是指教师在教学过程中创设情境，让学生提出问题，或产生疑问、困惑，从而激发学生探求新知识的强烈欲望，而后引导学生研究解决问题的途径、方法，明确研究方向后学生积极思维、动手实践、主动探索，互助合作、独立判断、自我调控，使得新授内容成为学生自主学习、合作学习、探索学习的成果。

在学习点与圆的位置关系时，学生动手演示实验，观察比较，总结了数量关系的变化引起位置关系的变化；反之，位置关系的变化也引起数量关系的变化。获得结论：用 d 表示点与圆心距离，r 表示半径，则有：

$d>r\Leftrightarrow$点在圆外；

$d=r\Leftrightarrow$点在圆上；

$d<r\Leftrightarrow$点在圆内。

因此学习直线与圆的位置关系时，学生研究方向和方法明确，自觉地用运动变化的观点，亲自动手，实验操作，交流合作，抽象概括，获得了正确结论。如图 5-41。

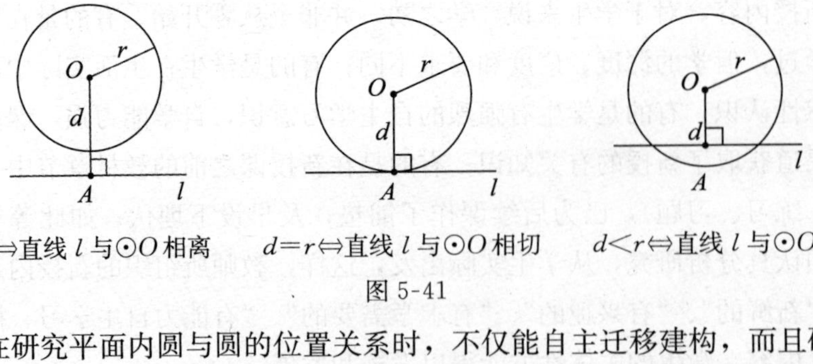

$d>r\Leftrightarrow$直线 l 与⊙O 相离　　$d=r\Leftrightarrow$直线 l 与⊙O 相切　　$d<r\Leftrightarrow$直线 l 与⊙O 相交

图 5-41

在研究平面内圆与圆的位置关系时，不仅能自主迁移建构，而且研究的视角又有了拓展，还从两圆公共点的情况来分类研究，当研究了两圆只有一个公共点和无公共点时，通过交流讨论，又能进行第二次分类，建构外切、内切、相离、内含的概念。

(4) 要充分揭示并运用课本上的知识与生活、生产实践的联系，才能使学生感悟到知识源于实践，知识就在我身边；知识用于实践，我在用知识，使教学过程成为师生、生生的真情交往、积极互动、共同发展的过程。

在数学教材中，无论是代数或是几何，许多知识都是学生在日常生活中有所感性认识的。教师要善于挖掘教材与生活、生产实践的联系，引导学生将知识与实践结合起来。

例如，三角形、四边形的稳定性与不稳定性的应用及不稳定性的克服方法，轴对称、中心对称图形的应用，统计知识的应用，方程思想的应用，等等。

(5) 教学过程是教师引导学生学习的过程。因此，学生在学习过程中的疑难、困惑、猜想，应该及时纳入教学内容，引导学生研究。这样，才能真正实现"教为学服务"，"教是为了学生的发展"。

二、完善学程规划，挖掘主体潜能

充分发挥教育主体作用，共同开发利用教育资源，是学程规划的主要任务。

(一) 学习主体性的养成和发挥

教育只能被合理地理解为受教育者在与他的交往对象（教师、同学）的共同实践中发展自身的过程。因为人只能是自身实践的产物，站在人之外来发展人是不可能的。因此，学生学习主体性的养成和发挥，离不开内隐和外显两条重要渠道。

内隐的渠道，就是让学生正确地认识自己，树立起自尊、自信。我们对学生的教育最重要的是要使学生永远充满自尊、自信，对待事物满腔热情，自主分析、探索。

外显的渠道，就是教师组编问题链，引导学生手脑并用，积极实践，在知识的形成过程中养成学习的主体性。

例如，学习"一元二次方程的根与系数的关系"时，首先复习一元二次方程的求根公式，并明确该公式是由系数表达的。进而教师提出："因而一元二次方程的两根的和及两根的积也是由系数表达的，同学们能推导出它们用系数表达的式子吗?”在教师的点拨下，学生亲自动手，计算推导，得到：如果 $ax^2+bx+c=0$（$a\neq 0$）的两个根是 x_1、x_2，那么 $x_1+x_2=-\frac{b}{a}$，$x_1\cdot x_2=\frac{c}{a}$。此时，教师对同学们的探索成果加以肯定：“你们推导出一元二次方程的两根的和、两根的积与系数的关系了，我们称之为‘一元二次方程根与系数的关系’。”学生的主体性得到教师的鼓励之后，又成为进一步发挥主体性的内驱力。于是，教师又给出一些问题，例如：已知方程一根，求另一根及待定系数的值；不解方程，求关于方程的两根的一些对称式的值；检验方程的根；已知一元二次方程的两根，求作一元二次方程；等等，让学生亲自实践，思考解答，而后概括一元二次方程根与系数的关系的应用。最后教师又提出问题：“由一元二次方程根的判别式可以判定该方程有无实数根；若有实数根，这两实数根相同或不相同。”学习了一元二次方程根与系数的关系后，当由 Δ 判断了方程有两个实数根后，还可以根据一元二次方程根与系数的关系进一步判断两根的符号情况；若为异号两根，还能进一步判断绝对值较大的根的符号。请学生们思考研究如何判断。教师提供具体的数学材料——一元二次方程，给学生研究。通过交流讨论，问题得到解决，使得学生较完整而深刻地理解了一元二次方程根与系数的关系，同时也不断地激发和增强了学习的主体性。

（二）对学习内容和学习方法的掌握

上述的例子，可以表明我们在内容的掌握上分为对知识的结论（理论）和知识的形成过程的掌握两个方面。我们不仅要注重前者，更要注重后者。因为知识形成的过程是人类思维独创性的凝聚，它蕴含于知识体系中，具有极高的智力价值，反映了知识发明、发现者解决问题的途径、手段、基础及视角。所以，我们应重视引导学生对知识形成过程的全面理解，并让学生在理解中去仔细体验这一知识得以产生的理论与实践的基础、方法和手段，以及各种知识体系间的互相联系，寓知识创新的思想于知识教学之中，展开一种综合的思考，使学生在把握了问题和探索规律的方法的基础上取得正确的科学知识结论。其目的不仅使学生掌握显在的知识本身，而且能使之领悟知识创造的技巧与再生的方法论。

我们不仅要学生理解学习内容，还要注重学生掌握学习方法。前者是理解外在的内容（学习内容），后者为理解内在的过程（学习方法）。引导学生自己去掌握学习过程的方式，就是学生经历了焦虑、喜悦和激动的情感变化才获得的科学结论，往往不仅是作为知识来掌握，而且可能成为自己的一种信念。其做法可包括以下三点。

（1）掌握学生自我心理调节的方法。如怎样培养学习兴趣和正确的学习动机、态度、习惯，增强学习毅力，调控学习情绪，克服学习困难、曲折和生理疲劳，排除心理障碍，以及掌握科学用脑的方法等。

（2）指导学生获取信息的方法。一般为知识信息的获得、巩固和应用，处理好信息输入（如何看、听、问、议、笔记、思维、想象等）、储存（如何理解、记忆、强化、系统化等）、输出（分析、概括、综合、有效地提取、解决实际问题等）三个阶段的具体方法。

（3）注重总结学习过程的方法，让学生掌握学习内部规则系统。主要有两方面：一方面学会总结对学习对象的调控方法，如何遵循学习规律，合理安排具体内容（课本、参考资料、教材内容的学习、“答案”的处理）、学习顺序和时间，总结根据自身特点、学习材料的难易以及学习条件来正确选择和使用科学方法。这是一种“智慧技能”，是运用符号办事的能力，是处理外部世界的能力。另一方面，是总结自身的学习过程，诸如意识、体验到自己的认识过程、学习能力水平，已掌握知识的程度、学习能力水平，自己的个性特点、学习风格、所具备的学习条件等，据以作出改进学习方法的决策。这是学习者对自己学习活动的一种自我意识和体验，是较高层次的一种带有策略性的方法，也就是“元认知”。这是一种“认知策略”，是处理内部世界的能力，是自我控制和调节的能力，从而学会如何学习、如何思维。这是高级的认知和学习策略，是形成创造能力的核心。

（三）在学程（教程）中要着重处理好的几个关系

1. 从教与学的动态结构看，要处理好指导获得学习结果的方法与掌握学习过程的方法的关系任何一种知识，它的内容和方法是统一于过程的两个侧面，要注意引导同时掌握。因为在信息化社会里知识经常更新，在学校中的学习不过是为今后的学习奠定基础，这就需要一些必要的事实和结论方面的知识，但是更需要的是形成独立获取知识和运用知识的能力。这就需要能迅速、准确地找到所需要的知识信息，并有能力加以探索、鉴别、分析和利用。由此可见，引导学生掌握学习的过程比掌握学习的结果更为重要，它具有相对稳定性和长效性，而且有广泛的迁移作用。

2. 从文化素质的整体要求看，要辩证地掌握好工具文化与观念文化的关系

文化素质一般包含了工具性文化素质和观念性文化素养。前者指的是读、写、算等认知方面的能力、工具操作方法的能力以及相关的科学知识系统，这些是个体为社会服务的基本能力，一般采用逻辑的方法加以培养；后者是指人的世界观、社会历史观、人文观以及相关的价值观念等，这些具有导向性，一般采用渗透情感陶冶法加以培养。在掌握工具性文化的同时，更应结合学习观念性文化，做到科学精神与人文精神的结合。

3. 从方法综合化的要求看，要处理好各种不同类型方法之间的关系

一般来说，知识本身的特点决定获取知识的方法，但各种方法之间又是密切联系、相互结合的。特别是从学生认知的角度看，学生认知器官的功能是相互制约、不可分割的，任何一种学习能力都是各种认知器官的功能综合影响所产生的。教改实验证明经验的和理论的、理性的和非理性的、逻辑的和直觉的，这些方法都是相互联系、相互补充的，其学习的综合效益，超过各种单一方法机械相加所获得的；而且各种方法不只是获得知识的手段，作为思维形式和行为方式，还蕴含着极大的智力价值，掌握它们就能提高学习能力。它可以促进“三个转化”：一是把人类社会积累的知识转化为个体的认知，二是把凝聚于知识中的能力活动方式转化为自己的认知能力，三是把蕴含在知识经验中的思想、道德观念转化为个体的观念、信念和行为准则。

4. 从教学活动的特点看，要处理好个人学习与合作学习之间的关系，灵活运用“三结合”教学形式

教学活动不仅是认知过程，也是情感交流过程。在个人学习的基础上，

组织小组学习、全班学习，学习小组内的异质为互助合作奠定了基础，小组之间的同质又为组间展开公平竞争创造了条件。通过生生间、师生间的互助合作、竞争、创造，使得学习主体性得到充分发挥和发展。

以上表明主体性学程研究的指向：我们必须注重主体性学程导进技艺，教法与学法之间的关系应是以学法指导为主要联结点的，而学法指导的作用，其实质就在于引导、启迪，在于能充分发挥学生在学习上的主体作用。由此产生出：

(1) 激发动作的力量，使无能的手变成万能的手；

(2) 有引活思想的力量，让大家的头脑做双手的司令官；

(3) 发挥新益求新的新价值的力量。

三、坚持“三结合”，力求最佳匹配

在课堂教学中，灵活运用个人学习、小组学习、全班学习的形式，使之有机结合、相互渗透，是实施自学·议论·引导教学的重要途径。我们把这种形式简称为“三结合”的教学形式。

(一) 为什么要采用“三结合”的教学形式

教学过程是一个特殊的认识过程。学生在教师的引导下，把书本理论及与书本有关的知识转化为自己的认识，进而转化为技能。在这一个认识及其转化的过程中，智力与非智力因素协同作用，也同时获得发展，因而教学过程更是一个发展的过程。认识和发展必须依靠个人的独立钻研、积极思考，因而课堂教学中必须有个体阅读领会、实验操作、演练评价、归纳总结等方式的以个人为主的学习。但是，学生的个人智慧是有限的，个性差异又是存在的，知识基础、思维品质、自学能力、学习的速度以及学习兴趣、意志、态度等均是各不相同的，因而需要相互交流、帮助和激励，才能促进认识和发展，深化和扩大个人学习的成果，所以课堂中又必须有小组（一般指邻座的四个同学）的学习活动。通过小组的议论，学生可以得到相互启发，取长补短。一个班级的学生虽然有个性差异的一面，然而有时又有共同相近的方面。如相近的年龄特征、知识基础，类似的基本学习方法，学习中存在的共性问题等。这就需要全班性的学习讨论，尤其是教师的点拨、解惑、释疑，使得认识完整、深刻，智能得到进一步锻炼，意向得到更好的激发。由此可见，采用个人学习、小组学习和全班学习三结合的教学形式，可以更有效地全面提高学生的素质，促进学生的发展。

（二）怎样运用“三结合”的教学形式

在课堂教学进程中，什么场合采用个人学习，什么时候采用小组学习，什么情况下采用全班学习，必须根据教学目的和要求、教材内容、学生的学习能力、学习情绪以及教学进程中的具体情况而灵活、交替地运用，做到因时、因事、因地制宜。下面试举几例加以说明。

如教学“正数和负数”时，由于学生刚从算术的学习转入代数的学习，为了培养学生阅读数学课本特别是代数内容的能力、习惯和兴趣，可先安排个人阅读钻研，而后小组学习，相互交流。交流的内容包括：通过阅读掌握了教材中的哪些知识要点，一些主要概念是怎样形成的，用什么方法阅读和研究的，有哪些弄不懂的地方，等等。最后全班学习，对难点如“具有相反意义的量”、“整数”、“有理数”、“集合”等概念，教师引导学生进行深入研讨，并结合讨论指导学生阅读方法，激发阅读兴趣，同时引导学生进行练习，深化对概念的理解。

又如，教学“平方表”和“立方表”时，可作如下的安排。首先在教师引导下进行全班的学习活动，研究底数的小数点的位置改变时，它的平方数或立方数的小数点的位置如何相应地变化。在突破这一难点后，让学生自己研究“平方表”、“立方表”的构造和查法，并完成课本中的查表练习。在这个基础上，再小组交流各自学习的情况，相互批改练习。通过批改评出查表中的正误，以吸取经验教训，从而掌握查表技能。最后，教师根据各小组交流的情况，针对比较集中的错误，选题进行全班练习、议论。在这个基础上教师再适量布置课本中的练习题，让每个学生再进行个人的练习、阅读，以巩固学习成果。

再如，学习“轴对称和轴对称图形”，这两个概念本身比较抽象，课本上的文字叙述也难理解，学生难以弄清两者的联系和区别，因而教学时可首先引导学生自己动手实验、操作，让他们自己画一个角、一个等腰三角形、一个等边三角形、一个圆；再剪下来，对折，观察其共同点。个人学习后，全班学习。先让学生演示教具，讲解图形的特点，然后教师概括："这些图形都具有特殊形状，即都能沿一条直线对折，折叠后直线两旁的部分能够互相重合。也就是说，图形和它本身重合，这样的图形叫做轴对称图形。这条直线就是它的对称轴。轴对称图形可以只有一条对称轴，也可能有几条，乃至无数条对称轴。"在教师引导下，学生通过个人学习和全班学习，对"轴对称图形"的定义不仅有了感性认识，而且对定义中的三要点——"对称轴、翻转 180°、图形和它本身重合"有了正确而清晰的认识。进而教师再引导学生进行个人独立学习：把等腰三角形沿着顶角平分线剪开，成了两个三角形，设为$\triangle ABD$和$\triangle A'CD'$（见图 5-42），观察研究这两个三角形的形状与位置的特殊关系。在个人学习的基础上，再进行小组研究：轴对称和轴对称图形的联系和区别，并用教具在全班演示讲解。通过以上的个人实验、研究，全班交流归纳，小组讨论、辨析，学生从具体到抽象，对两个概念的内容、实质、联系和区别搞清楚了。这里采用学生个人实验后立即全班学习的方式，使学生首先确立了较正确的认识，避免了先个人阅读时由于课本上文字叙述不易理解，掌握不住概念的本质属性而影响学习效率。在突破了难点之后，再让学生阅读教材，巩固对这两个概念的理解，并阅读理解轴对称的定理及其应用，显然易于掌握了。

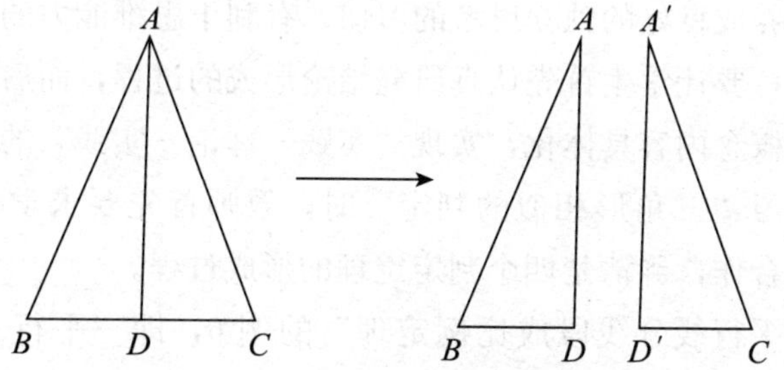

图 5-42

（三）"三结合"的教学形式与班级授课制

班级授课制按年龄、程度编班进行教学，虽然有着突出的优点，但是班级授课制容易把学生当作"标准件"，用一把尺子、一个要求，整齐划一地进行教学，这不利于学生独立学习能力的培养以及个性的充分发展。采用

“三结合”的教学形式，既可以发挥班级授课制的优势，又可弥补其缺陷。教改的实践表明，一个班级如果在总的方面没有统一要求，就没有明确的、客观的标准，而且在教学中容易产生随意性，使学生无所适从；但如果不给学生各自独立学习的主动权，就会脱离学生实际，压抑学习的积极性。

在课堂教学中，我们既增加了学生个人独立阅读、思考、实验、操作的机会，又提供了小组议论的时间，还有教师相机点拨、指引。这就便于学生从统一的教学要求出发，结合自己的实际，按照各自的步伐前进。水平高的学生可以在阅读研究完教科书的基础上，阅读有关的参考书，对问题向更深更广的方面探求；水平低的学生可以反复阅读教材，充分研究思考，有了疑问，可以及时得到教师和同学的帮助、点拨，便于他们克服障碍，取得进步。这样就可以为各个层次学生的个性得到充分的发展创造条件。

（四）加强思维训练，培养思维能力

自学能力以思维能力为核心。因此，只有引导学生按照思维过程的规律进行学习活动，功效才能提高。在个人、小组、全班的学习中，应该始终抓住思维训练这条主线。

1. 在个体自学中，侧重于培养学生独立思维的良好习惯

实际上，在个体自学时，独立思考的过程是积极思维活动的过程。因此，引导学生养成良好的独立思考的习惯，有利于思维能力的培养。

对于概念，要让学生首先认真研究结论形成的过程，而后剖析结论的含义，最后再将概念内容具体化，实现“实践—理论—实践”的两次飞跃。

例如，学习“三角形相似的判定”时，教师首先要求学生通过个体阅读，辅以交流合作，弄清楚四个判定定理的形成过程。

由课本“平行线分线段成比例定理”的例 6，即“平行于三角形的一边，并且和其他两边相交的直线，所截得的三角形的三边与原三角形三边对应成比例”，以及相似三角形的定义：“对应角相等、对应边成比例的三角形，叫做相似三角形”，可以证得三角形相似的一个基本的判定定理（常称“预备定理”）：“平行于三角形一边的直线和其他两边（或两边的延长线）相交，所构成的三角形与原三角形相似”。

这就是学生对于“三角形相似的判定”已建立的知识（即认知）结构，

也是继续学习这部分内容的基础。它可作如下表达：

三角形相似的判定方法	根据相似三角形的定义
	“预备定理”

如图 5-43，$DE\parallel BC \rightarrow \triangle ADE \backsim \triangle ABC$。

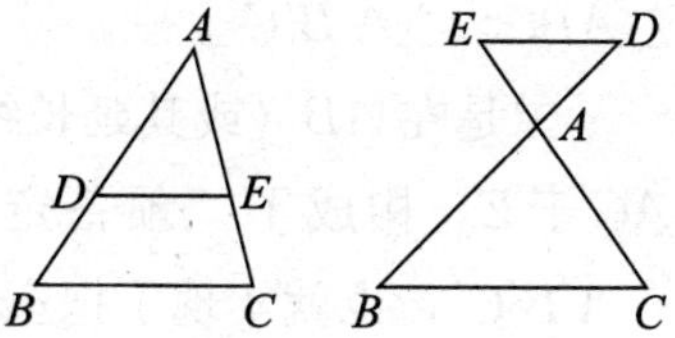

图 5-43

再由“相似三角形”与“全等三角形”的联系和区别，将三角形全等的判定方法中的题设作适当调整，得到三角形相似的判定命题：

三角形全等的判定方法　　　　三角形相似的判定命题

相似比 $k=1$ ——→ k 是为任意正实数

SAS ——→ 两边对应成比例，且夹角相等，两三角形相似。

ASA－AAS ——→ 两角对应相等，两三角形相似。

SSS ——→ 三边对应成比例，两三角形相似。

HL ——→ 斜边和直角边对应成比例，两直角三角形相似。

证明判定命题成立的依据是已有相似三角形的定义和判定三角形相似的“预备定理”。根据“预备定理”的题设和图形的特征，想办法将判定命题的图形转化为“预备定理”的图形，由判定命题题设推出“预备定理”的题设，从而由“预备定理”判定三角形相似。如判定命题 1：

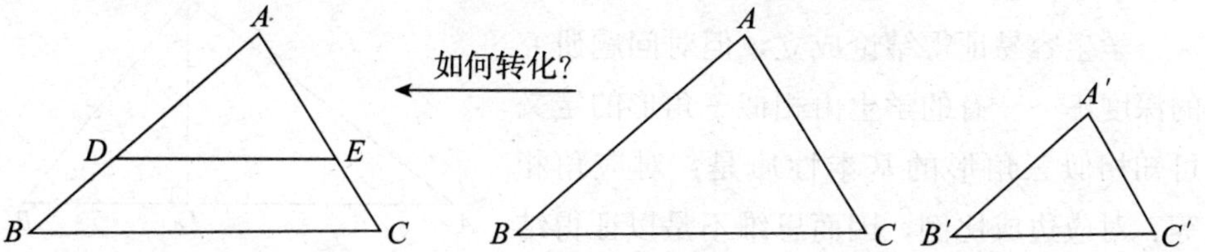

“预备定理”：

题设：$DE\parallel BC$。

图形特征：两边共线，不共线的边平行，有一个公共角。

判定命题：

题设：$\dfrac{AB}{A'B'}=\dfrac{AC}{A'C'}$，$\angle A=\angle A'$。

图形特征：有一个角相等，两边对应成比例。

图 5-44

经过思考，终于想出了转化办法：

一是将$\triangle A'B'C'$叠到$\triangle ABC$上去，即在AB、AC（或其延长线）上分别截取$AD=A'B'$，$AE=A'C'$，连接DE，而后可推出$DE /\!/ BC$，实现了转化，即由“预备定理”得$\triangle ADE \backsim \triangle ABC$，再由“相似的传递性”证得$\triangle ABC \backsim \triangle A'B'C'$。

二是在AB（或其延长线）上截取$AD=A'B'$，过点D作$DE /\!/ BC$，交AC于E，构成了“预备定理”的题设及其图形，而后可证明$\triangle ADE \cong \triangle A'B'C'$，也就实现了把$\triangle A'B'C'$叠到了$\triangle ABC$上了，再由“相似的传递性”证得$\triangle ABC \backsim \triangle A'B'C'$。

这样学习，学生不仅把知识的来龙去脉搞得一清二楚，发展了知识结构，更重要的是获得了过程知识，有效地发展了思维能力，增强了独立思考的主体意识，形成钻研的良好习惯。

对于例题，首先让学生根据题意，独立思考，寻找思路，选取方法，进行解答，而后再看书上的解答或听教师的讲解，最后相互对照，总结经验教训。

例如，“三角形相似的判定”中的例 2：直角三角形被斜边上的高分成的两个直角三角形和原三角形相似。

已知：如图 5-45，Rt$\triangle ABC$，CD是斜边上的高。

求证：$\triangle ABC \backsim \triangle CBD \backsim \triangle ACD$。

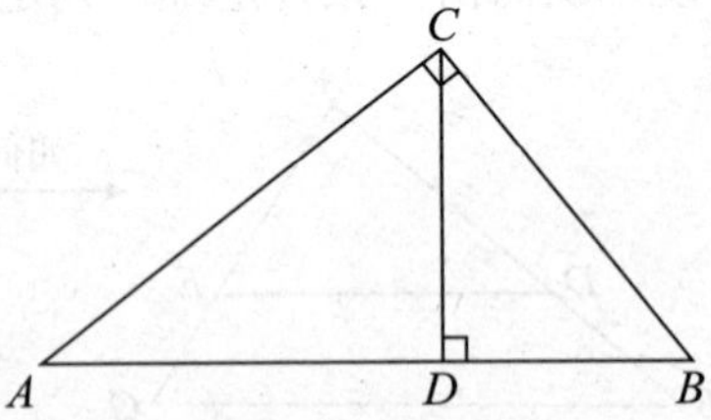

图 5-45

学生容易证得结论成立，但对问题研究的深度不一。有的学生由相似三角形的定义可知相似三角形的基本性质是：对应角相等、对应边成比例，因而思维不是以证得结论——三对相似三角形而中止，而是进一步研究这三对相似三角形中的比例线段：

$$\triangle ABC \backsim \triangle CBD \Rightarrow \frac{AB}{BC}=\frac{BC}{BD} \Rightarrow BC^2=AB \cdot BD, \quad ①$$

$$\triangle ABC \backsim \triangle ACD \Rightarrow \frac{AB}{AC}=\frac{AC}{AD} \Rightarrow AC^2=AB \cdot AD, \quad ②$$

$\triangle CBD \backsim \triangle ACD \Rightarrow \dfrac{CD}{AD}=\dfrac{BD}{CD} \Rightarrow CD^2=AD \cdot BD$。　③

于是，学生进一步理解了这个基本图形的性质，经过教师的适当点拨（介绍了“射影”这个概念）后，学生又将①、②、③三个结论用数学的文字语言进行了表述。还有学生凭思维的惯性，将①÷②和①+②，又得到新的结论：$\dfrac{BC^2}{AC^2}=\dfrac{BD}{AD}$和$AC^2+BC^2=AB^2$。

这样，学生不仅获得了例 2 的知识，并由此获得了有关的成比例的线段，而且总结了经验，以便在今后研究例题或问题时，对如何充分发挥例题或问题的价值，如何循知识的内在联系将问题延伸，都很有启发。当然，在这种研究过程中，学生学习的自信心、兴趣、态度等也得到激发、增强和优化。

对于练习，包括课本上的练习或是教师给出的练习题，先让学生独立做，而后再让学生说出思考的过程、解题中的每一步的作用和根据，发现错误后，自己分析产生错误的原因，寻找纠正的办法。

例如，在一次检测中，有这样一道填空题：

已知：$\triangle ABC$的三边分别是a、b、c，$\angle A=135°$，$\angle B=15°$，则$a:b:c=$______。

一位学生说出了自己的思考过程：

$\triangle ABC$中，由$\angle A=135°$，$\angle B=15°$，很快想到$\angle C=30°$，再由结论$a:b:c=$？想到a、b、c都可转化为用含同一个字母的代数式来表示，因而想到构造直角三角形，运用直角三角形的性质来求解。

开始时，在图 5-46 中，作$CH \perp BA$，交BA延长线于点H，得到等腰$\mathrm{Rt}\triangle HAC$，设$AH=HC=x$，则$b=\sqrt{2}x$，发现用x表示a和c不太容易，

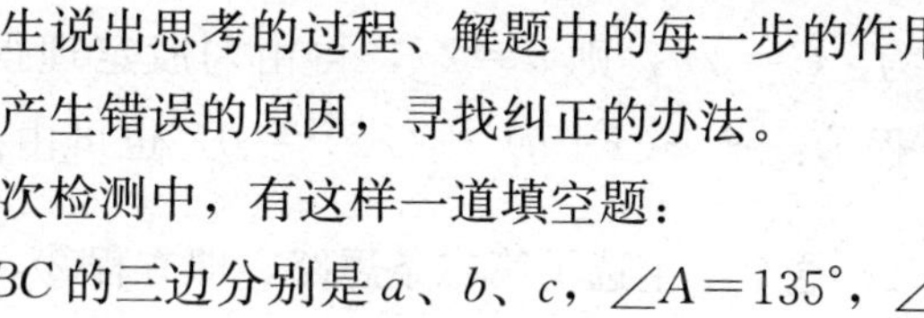

图 5-46

自己没有记住 15°角的三角函数值。也想到没有用上由已知条件推出的$\angle C=30^\circ$的条件，于是又作$AG\perp BC$于点G，得到含 30°角的$\mathrm{Rt}\triangle AGC$，但$\mathrm{Rt}\triangle AGB$中的锐角分别为 75°和 15°，同样难求解。

这时，这个学生忽然想到既要用含 45°角的直角三角形，又要用含 30°角的直角三角形，那只有作$BM\perp CA$，交CA延长线于点M（见图 5-47）。

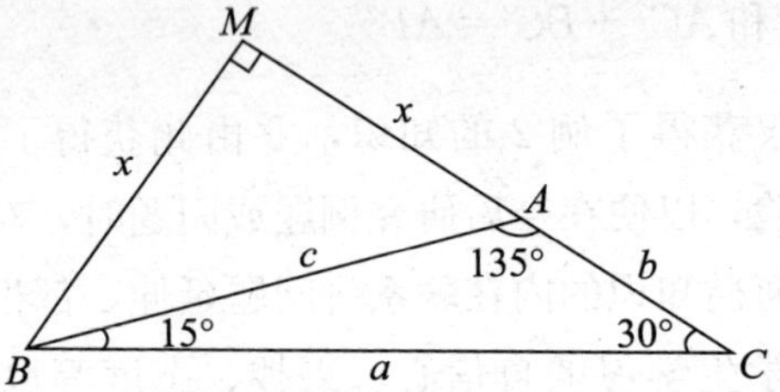

图 5-47

设$AM=x$，在$\mathrm{Rt}\triangle AMB$中，因为$\angle MAB=45^\circ$，则$c=\sqrt{2}\,x$。在$\mathrm{Rt}\triangle BCM$中，因为$\angle C=30^\circ$，则$a=2x$，再由勾股定理得$BM^2+MC^2=BC^2$，故建立了方程①：$x^2+(x+b)^2-(2x)^2=0$，也可由$\angle C$的正切建立方程②：$\frac{x}{x+b}=\frac{\sqrt{3}}{3}$，这个学生选了第二条思路，即方程②，解得：

$$b=(\sqrt{3}-1)x。$$

$$\therefore\quad a:b:c=2:(\sqrt{3}-1):\sqrt{2}。$$

交流思维过程，相互得到的启发、激励更大，因为提高思维水平、思维能力，其中重要的一点，就是要学会自我评价、自我调整。

对于作业，杜绝抄袭行为，坚持独立完成，及时订正错误。允许学生根据自己的实际水平有选择地完成书本上的作业题或教师布置的作业。鼓励学生不以求得作业题的结果为终了，在此基础上进一步研究问题的变化和发展，更提倡学有余力的同学自己选择课外习题自觉练习、提高。

对于讨论，不仅要求学生积极参与，踊跃发表见解，更要求学生坚持独立思考，认真钻研后发表意见。只有这样，在讨论时才不会轻易放弃自己的意见，也不会固执己见，不虚心听取别人的意见。通过讨论，不仅强化了自己的正确认识，而且丰富了自己的认识领域，提高了思维水平。

在培养学生独立思考的习惯时，特别要自觉应用思维发展过程中的“情动律”，激发学生思维的意向，也就是要充分调动思维活动的动机、情感、意志等因素的积极作用，用非智力因素促进智力因素。

学生形成独立思考的习惯，这是能想、会想、多想、善想的基础。有了这个基础，我们再有意识地指导运用思维过程的规律。

(1) 逐步学会应用“思维的问题律”。

思维的问题律，是指思维过程从问题开始，在实践中有解决问题的需要，并能促进思维过程的深化，问题的解决又使思维转入下一过程。这样的过程循环往复，是一个客观存在的必然规律。根据这一规律，教师应该常从新知与旧知的矛盾，知识间的矛盾，客观事物间的联系、发展、变化等诸方面引发学生的思维活动。有时还要布疑设障，让他们在思考中揭露矛盾，再分析解决矛盾，不断激发学生思维的积极性。

例如，乘法公式是总结某些具有特殊形式的多项式乘法的结果所呈现的规律，写成公式便于运用。学生熟记之后，在遇到相同形式的多项式相乘时，就可以直接运用公式写出结果，使运算简便、迅速。因此在进行乘法公式教学时，可以根据“思维的问题律”，引导学生主动实践，积极地开展思维活动，分析概括活动的成果，再将概括的结论具体化，即应用结论。

教师首先给出下列两组多项式乘法的运算题，让学生计算、思考。

题组一	题组二
计算：	计算：
$(x+y)(x-y)$；	$(3a+b)^2$；
$(2a+3b)(2a-3b)$；	$(3m-n)^2$；
$(3x-2y)(3x+2y)$。	$(5x+2y)^2$；
	$\left(\frac{1}{2}x-\frac{1}{3}y\right)^2$。

学生熟练地运用多项式乘法法则完成了计算后，不禁产生了疑问：“为什么老师要给出这样两组简单的计算题呢?”于是，认真地观察研究算式左边的特点以及运算结果的特点，主动寻求算式左右两边的联系。终于发现了

题组一的三个计算式都是两个数的和乘以这两个数的差，而计算的结果，在合并同类项后，都是两个数的差，且这两个数分别是原计算式中的两个数的平方数。

在学生已初步体验到这类多项式的乘法运算的规律的基础上，教师提出问题："同学们从这三道题的计算中获得的'发现'，即'结论'，是否具有普遍性（即一般性）呢？"

学生在教师提出的问题的指引下，思维又上升到一个新的水平，即用 a 和 b 分别来表示两个数，运用多项式乘法法则计算 $(a+b)(a-b)$，计算结果为 a^2-b^2，证明了学生们的"发现"确实是一条规律，得到了公式 $(a+b)(a-b)=a^2-b^2$，并且根据公式的特点给公式命名为"平方差公式"。就是说，"两个数的和与这两个数的差的积等于这两个数的平方差"。

研究到这里时，学生不仅已领悟到为什么老师给出题组二，而且通过题组二的计算，运用研究题组一的方法和经验，独立地分析概括出"完全平方公式"：$(a+b)^2=a^2+2ab+b^2$，$(a-b)^2=a^2-2ab+b^2$，这就是说，"两数和（或差）的平方，等于它们的平方和，加上（或者减去）它们的积的 2 倍"。

当学生沉浸在自己思维活动的成就之中时，教师又提出问题："总结了这两个乘法公式有什么用处呢？能举例说明吗？"

于是，学生又深入思考：今后遇到具有公式左边的特点的多项式相乘时，就可以运用公式直接写出计算的结果了。同学之间根据公式的特点相互出题、解题、批改。通过自主的练习、议论，不仅理解和熟记了乘法公式，而且真正体会到总结出乘法公式的必要性。

(2) 逐步学会应用"思维的情境律"。

任何思维过程，都为一定的情境所制约和激发，因而在教学过程中教师必须根据问题的具体情况及时组织、调整教学内容、方法、手段，创设思维情境，实现教学过程的优化控制。

如对"有理数的加法"法则的说明，教师引导学生作如下的阅读研究。

从一点出发，经过两次运动：

① 向东走 5 米，再向东走 3 米（规定向东为正），结果是向东 8 米。由

具体事实抽象为数学问题：求两次向东运动的和，和小学一样，用加法来解答：$(+5)+(+3)=?$ 再将这个运算用数轴表示，数形结合，求得运算结果，即$(+5)+(+3)=+8$。

② 向西 5 米，再向西 3 米，结果是向西 8 米。向西 5 米可以看成是向东（-5）米，向西 3 米看成是向东（-3）米，则两次走的结果可用加法来解答，于是又得一数学问题：$(-5)+(-3)=?$ 将这个运算同样可用数轴表示，求得和为-8，即$(-5)+(-3)=-8$。

③ 向东 5 米，再向西 3 米，结果是向东 2 米。用同样的思维方法，两次走的结果可用加法解答，得数学问题：$(+5)+(-3)=+2$。

④ 向东 3 米，再向西 5 米，结果是在原地向西 2 米，抽象为数学问题：$(+3)+(-5)=-2$。

⑤ 向东 5 米，再向西 5 米，结果是仍在原地，即为数学问题：$(+5)+(-5)=0$。

⑥ 向西 5 米再向东 0 米，结果是向西 5 米，即数学问题：$(-5)+0=-5$。

最后，综合以上六种情况，可以知道有理数的加法和算术数的加法的意义相同。

再研究以上六个数学问题，体会到有理数加法法则规定的合理性。

以上整个的研究过程体现为：思维从一个水平——观察具体事实（情境）上升到另一个新水平——抽象为数学问题（数学事实的情境），再到更高的思维水平——将数学问题逻辑化，即得出有理数加法法则。

（3）逐步学会应用“思维的多向律”。

思维始于问题，研究问题的解决途径时，往往有多个切入口，同时问题解决以后，由问题本身或在解决问题的过程中又产生种种联想、猜想，使得研究的指向多向，思维水平不断提升，思维能力得以有效锻炼和提高，这就是思维的多向律。在教学中，我们要善于引导学生应用“思维的多向律”开展个人的学习研究活动。

例如，学习“平行线分线段成比例定理”时，在“想一想”中有这样一个问题：已知线段 a、b、c，你能根据平行线分线段成比例定理作出 a、b、

c 的第四比例项吗?

学生不仅要根据“平行线分线段成比例定理的推论”来作图，而且还要联想到推论的各种变形形式以及比例的性质，由此思维会多角度、多方向，得到各种解决问题的途径，使得学生的思维积极性不断高涨。

如图，已知线段 a、b、c，求作线段 a、b、c 的第四比例项 x。

思考一：应用“平行线分线段成比例定理的推论”作出线段 x（如图 5-48 所示）。

思考二：应用比例的更比性质，将推论表达式变形，作出线段 x（如图 5-49 所示）。

思考三：应用比例的合比性质，将推论表达式变形，作出线段 x（如图 5-50 所示）。

思考四：运用“平行于三角形一边，并且和其他两边（或其延长线）相交的直线，所截得的三角形与原三角形的三边对应成比例”，作出线段 x（如图 5-51 所示）。

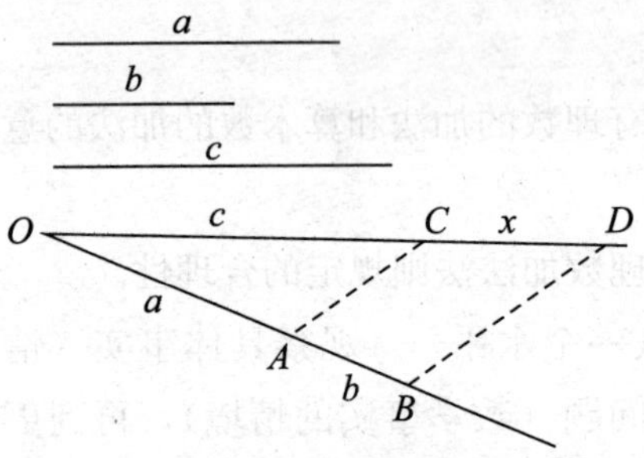

CD 为所求作的线段 x

图 5-48

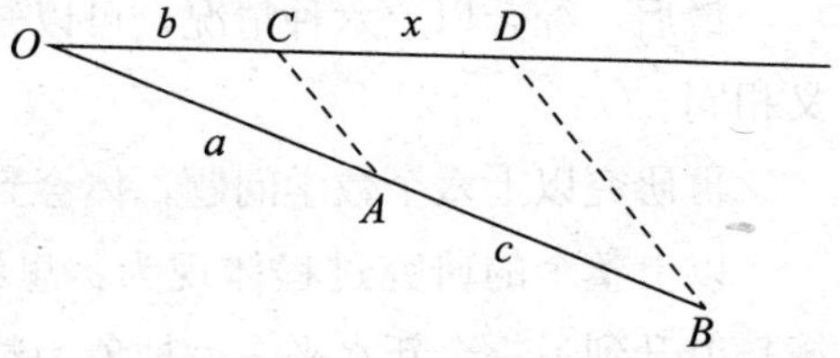

CD 为所求作的线段 x

图 5-49

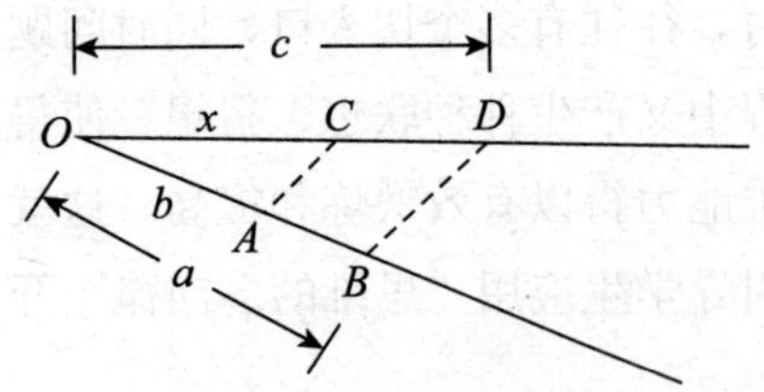

OC 为所求作的线段 x

图 5-50

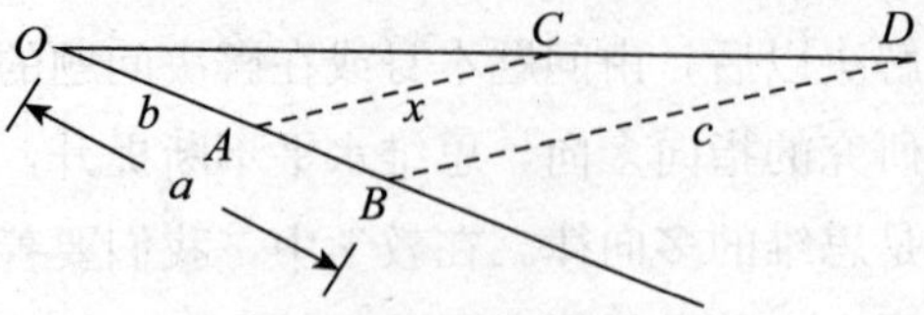

AC 为所求作的线段 x

图 5-51

(4) 逐步学会应用“思维的发展律”。

人的思维总是由形象思维到抽象思维发展的。这条规律在教育教学中的重要意义也是十分明显的。

1) 由具体到抽象。

例如，对角的定义的形成过程就是由具体到抽象的过程。

一是从日常固定的物体中抽象出角的定义。

圆规张开的两脚，钟表上的时针与分针，屋顶的人字木梁，黑板、窗框的边角等，都给我们以“角”的形象。将它们抽象为数学事实，即为“有公共端点的两条射线所组成的图形”。

二是从运动变化中抽象出角的定义。

钟摆摆动时，打开书页时，荡秋千时，开门时，等等，也给我们以“角”的形象。将这些运动变化的过程抽象为数学事实，即：“由一条射线绕着它的端点旋转而成的图形，起始位置的射线叫做角的始边，终止位置时的射线叫做角的终边。”

2) 由特殊到一般，由一般到特殊。

数学中的许多法则、定律、定理的归纳、推理过程就是一个由特殊到一般的过程，如“幂的运算性质”、“一元二次方程根的判别式定理”、“乘法公式”等的归纳、概括的过程就是由特殊到一般的过程。在几何中，将“相交弦定理”及其推论、“切割线定理”及其推论，统一为“圆幂定理”——圆的弦，被弦上或其延长线上的点 P 内分或外分成两条线段长的积等于定值 $|OP^2-r^2|$（r 为圆的半径）的过程也是从个别到一般的过程。

应用法则、定律、定理的过程又是由一般到特殊的过程。

人的思维就在这两个过程中不断深化、拓展、发展。

3) 由感性到理性。

在学习“轴对称和轴对称图形”以及“中心对称和中心对称图形”时，由观察日常生活和工农业生产中的一些对称图形入手，研究什么是轴对称、轴对称图形，把握定义中的“沿某直线”、“翻转”、“180°”、“重合”四要点；什么是中心对称、中心对称图形，把握定义中的“绕某点”、“旋转”、“180°”、“重合”四要点。再通过实验演示，进一步理解轴对称与轴对称图形的联系和区别以及中心对称和中心对称图形的联系和区别，就能促进学生由感性到理性的认识上的飞跃。

2. 在小组学习时，着重于培养学生良好的思维品质

(1) 培养思维的灵活性。

思维的灵活性，往往要求能从已知因素中看出新因素，从隐蔽的形式中辨清实质。据此特点，在小组解题议论中，应该教会学生各种思维的方法。

1) 定向联想。

这是有预定的目的，以到达某一目标为方向的联想。例如，如果-5是方程$5x^2+bx-10=0$的一个根，求方程的另一个根及b的值。

引导学生循着“根”作如下联想：已知方程的一个根，且方程中只含有一个待定系数b，故可运用“方程的解”的意义求得b；而后再解方程，求得另一个根。而方程的一个根及二次项系数和常数项均为已知，求另一根和未知系数b，故又应该联想“一元二次方程根与系数的关系”，应用“$x_1 \cdot x_2=\frac{c}{a}$”便可求得另一根。两根求出后，由于未知数$b$是一次项系数，便自然联想到“$x_1+x_2=-\frac{b}{a}$”，问题就得到了解决。

2) 逆向联想。

如，学习“二次函数$y=ax^2+bx+c$的图象”时，有练习题：已知抛物线$y=ax^2+bx+c$经过$A(0, 1)$，$B(1, 3)$，$C(-1, 1)$三点，确定a、b、c的值并画出这条抛物线。

学生解完此题之后，教师引导学生小组研究。

问1：抛物线向上平行移动一个单位后，点A、B、C的坐标怎样改变？

问2：若本题改为：已知抛物线$y=ax^2+bx+c$向下平行移动一个单位时，分别过$(0, 0)$，$(1, 2)$，$(-1, 0)$三点，确定a、b、c的值，并画出这条抛物线。如何解？

只要运用逆向思维的方法，便回到原题了。

3) 类似联想。

即从性质接近、形状相似的同类内容想起。如学习了“可化为一元一次

方程的分式方程及其应用”后，学生掌握了解分式方程的指导思想——转化成整式方程来解，转化方法是去分母，注意的问题是必须验根。因此在学习“可化为一元二次方程的分式方程”时，引导学生从“可化为一元一次方程的分式方程”的解题思想、依据、步骤联想起，小组探究“可化为一元二次方程的分式方程”的解法，不仅可大大加快思维进程和学习速度，而且在解方程的实践中产生了需要运用换元法来实现将分式方程向整式方程、将复杂的分式方程向简单的分式方程的转化，从而重点学用“换元法”解分式方程。

又如，学习“由一个二元一次方程和一个二元二次方程组成的方程组”的解法，解方程组$\begin{cases}x+y=7,\\xy=12\end{cases}$时，引导学生不仅要会用代入法解，而且还要会联想到“一元二次方程根与系数的关系”，把 x、y 看作一个一元二次方程的两个根，通过解这个一元二次方程求得 x、y。进而引导学生小组议论下列方程组：

$$\begin{cases}x-y=7,\\-xy=12;\end{cases}\begin{cases}x+y=7,\\-xy=12;\end{cases}\begin{cases}\dfrac{1}{x}+\dfrac{1}{y}=7,\\\dfrac{1}{xy}=12;\end{cases}\begin{cases}-\dfrac{1}{x}-\dfrac{1}{y}=7,\\\dfrac{1}{xy}=12。\end{cases}$$

想想如何用“一元二次方程根与系数的关系”来解这些方程组？

4）关系联想。

即从具体事物的因果关系、从属关系进行联想。例如，学习“一元二次不等式及其解法”时，根据一元二次不等式与二次函数的关系，引导学生小组议论：如何从“形”的方面，利用二次函数的图象来讨论一元二次不等式的解法；根据一元二次不等式与一元一次不等式组的关系，小组议论如何从“数”的方面来研究一元二次不等式的解法。最后殊途同归，即“数”、“形”统一，得出一元二次不等式的解法。

又如，学习“直角三角形全等的判定”时，引导学生从直角三角形是有一个角是直角的特殊三角形入手，联想一般三角形全等的判定方法，从而得到判定两个直角三角形全等的判定方法。除了可以应用一般三角形全等的判定方法外，再由斜边的对角是特殊的角——直角，已知斜边和一条直角边作出的直角三角形有且只有一个，即所画出的直角三角形是唯一确定的，联想一般三角形全等的判定方法的研究方法，于是得到判定两个直角三角形全等的斜边、直角边判定法。

5）对比联想。

即对具有相反特点的事物作比较。例如，引导学生将“不等式”与“等式”的定义、性质相对比，“一元一次不等式”与“一元一次方程”的解法及解集相对比。

又如，学习“中心对称、中心对称图形”时，与“轴对称、轴对称图形”相对比地学习，等等。

（2）培养思维的深刻性。

培养思维的深刻性，就是培养学生在学习过程中，不囿于事物的表面现象，而能够自觉地注意到从本质上看问题，比较全面地看问题，注意从事物之间的内在联系和矛盾上来理解事物的本质，在一定程度上克服和减少思维中的表面性和绝对化的毛病。常用的方法有如下几种。

1）将原命题的条件或结论用与它等价条件或结论替换，得到变式。

例如，⊙O的半径$r=5$厘米，圆心O到直线l的距离$d=OD=3$厘米，在直线l上有P、Q、R三点，且有$PD=4$厘米，$QD>4$厘米，$RD<4$厘米，P、Q、R三点对于⊙O的位置各是怎样的？

这个题可以改写成：⊙O的半径$r=5$厘米，圆心O到直线l的距离$d=OD=3$厘米，在直线l上有P、Q、R三点，且点P在⊙O上，点Q在⊙O外，点R在⊙O内，它们对于点D的位置是怎样的？

2）变换问题的形式和内容。

例如，将“和已知线段两个端点的距离相等的点的轨迹，是这条线段的垂直平分线”这一命题，变为：

和两个定点距离相等的点的轨迹是连接这两点的线段的垂直平分线；

以已知线段为底边的等腰三角形的顶点的轨迹是这条线段的垂直平分线（垂足除外）；

过两个已知点的圆的圆心的轨迹是连接这两点的线段的垂直平分线。

3）通过对原命题增加条件、减少条件或利用特殊和一般的关系进行变式，使问题进一步发展和深化。

例如，求函数 $y=-3x^2$ 中自变量 x 的取值范围后，可对 $y=-3x^2$ 进行如下变式，再对它们求 x 的取值范围。

$$y=-3x^2 \rightarrow y=\sqrt{-3x^2} \rightarrow y=\sqrt{-3x} \rightarrow y=\sqrt{-3x+1} \rightarrow y=\sqrt{-3x}+\sqrt{x+4}$$

$$\downarrow$$

$$y=\frac{1}{-3x^2} \rightarrow y=\frac{1}{\sqrt{-3x^2}} \rightarrow y=\frac{1}{\sqrt{-3x}} \rightarrow y=\frac{1}{\sqrt{-3x+1}} \rightarrow \cdots$$

又如，研究“作经过不在同一直线上的三个已知点的圆”时，可将问题延伸发展，不断深化：

① 作圆，使它过已知点 A（圆心位置、半径大小都不确定，故符合条件的圆有无数个）。

② 作圆，使它过已知点 A、B（半径的大小随圆心位置的确定而确定，而圆心位置不确定，故符合条件的圆有无数个）。

③ 作圆，使它过不在同一直线上的已知点 A、B、C（圆心位置、半径大小都唯一确定，故符合条件的圆有且只有一个）。

④ 作圆，使它过不在同一直线上的已知点 A、B、C、D（发现该圆不一定存在，为以后学习四点共圆打下基础）。

4）变换图形的位置。

例如，研究“同位角、内错角、同旁内角”时，练习找出图中所有的同位角、内错角、同旁内角时，可作如下变式图形（图 5-52）：

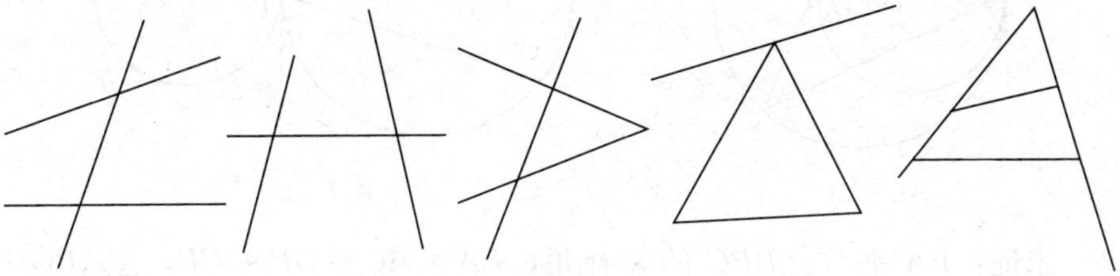

图 5-52

使学生深刻认识同位角、内错角、同旁内角的位置特征——有一边共线，该直线为截线；角的另一边分别在与截线相交的二直线上；角与截线和被截二直线的位置关系，并掌握在复杂图形中辨认或寻找同位角、内错角、同旁内角的技能。

(3) 培养思维的广阔性。

在解题教学中，我们常常采用以下方法培养思维的广阔性。

1) 一题多解。

例如，研究用换元法解一元高次方程：

$(3x^2-2x+1)(3x^2-2x-7)+12=0$。

为了培养思维的广阔性，引导同学小组议论多种换元法：

设 $y=3x^2-2x$； $y=3x^2-2x+1$； $y=3x^2-2x-7$；

$y=3x^2-2x+2$； $y=3x^2-2x-8$； $y=3x^2-2x-3$；…

最后指出：取+1和−7的算术平均数，换元后不含 y 的一次项，形式更简单。

2) 一题多变。

如题1：两圆内切于点 P，一直线与两圆之一相切于点 A，而与另一圆相交于点 B、C。证明：射线 PA 是$\angle BPC$的角平分线（图5-53）。

引申题：证明：$BA:AC=BP:CP$。

题2：将题1中条件改为两圆外切于点 P，其他条件不变（图5-54）。

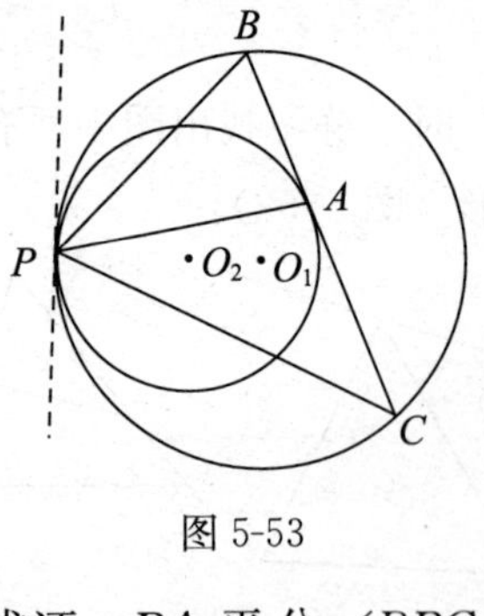

图5-53

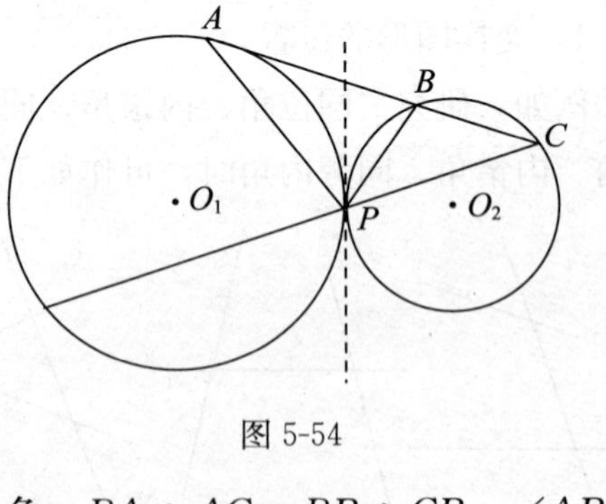

图5-54

求证：PA 平分$\angle BPC$的邻补角，$BA:AC=BP:CP$，$\angle APC+\angle APB=180°$。

题3：将题2中条件改为直线与两圆都相交（图5-55）。

两圆 O_1 和 O_2 外切于点 P，直线 AD 为两圆割线，依次交两圆于 A、

B、C、D。

求证：$\angle APD+\angle BPC=180°$。

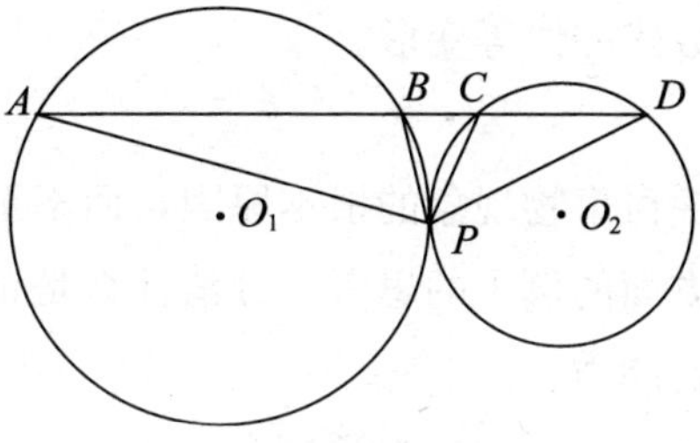

图 5-55

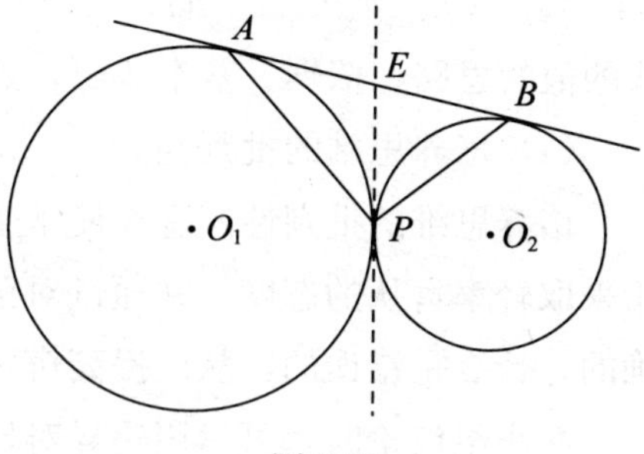

图 5-56

题 4：将题 2 中条件改为直线与两圆都相切（图 5-56）。

两圆 O_1 和 O_2 外切于点 P，AB 是外公切线，A、B 是切点。过 P 的两圆内公切线交 AB 于点 E。

求证：$\angle APB=90°$，E 是 AB 的中点。

题 5：将题 4 中条件改为两圆相交（图 5-57）。

两圆 O_1 和 O_2 相交于 C、D 两点，若 E 是直线 CD 与公切线 AB 的交点。

求证：E 仍是 AB 的中点，$\frac{AD}{AC}=\frac{BD}{BC}$。

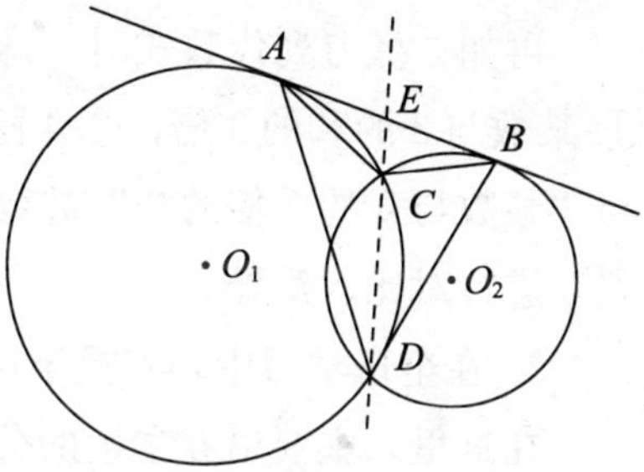

图 5-57

3）一法多用。

一法多用，能使学生对同一类型的数学问题，有一个基本的思路和基本方法，使之克服解题的盲目性，透过不同现象抓住共性本质，使之“做一题，解一类”，从另一个侧面来发展学生思维的广阔性。

例如，“一元二次方程的根与系数的关系”练习题：

设 x_1，x_2 是方程 $2x^2+4x-3=0$ 的两个根，利用根与系数的关系，求下列各式的值：

①$(x_1+1)(x_2+1)$；　　　　②$\frac{x_1}{x_2}+\frac{x_2}{x_1}$。

结合本题，补充讨论：求 $x_1^2+x_2^2$，$(x_1-x_2)^2$，$x_1^2x_2+x_1x_2^2$，$x_1^3+x_2^3$，$\frac{1}{x_1^2}+\frac{1}{x_2^2}$，$\left(x_1+\frac{1}{x_2}\right)\left(x_2+\frac{1}{x_1}\right)$的值，使学生掌握求关于已知方程两根的对称式的值的思路、依据、基本步骤，熟练代数式的恒等变形。

（4）培养思维的批判性。

培养思维的批判性，意在使学生善于探讨事物现象的根本原因，而不至于采取轻率盲从的态度，并通过对正反两方面的例子的思考，分清什么是正确的，什么是错误的，从而提高辨别是非的能力。

在小组议论时，可运用辨异对比的方法，防止学生混淆概念。

例如，对比解方程 $x^2=16$ 和解不等式 $x^2>16$。

又如，解方程$\frac{1}{x}=5$ 与解不等式$\frac{1}{x}>5$ 的对比，辨别“方程同解原理”与“不等式的同解原理”的异同点。

再如，练习列代数式时，课本中有例题：设某数为 x，用代数式表示：① 某数与 3 的和的 3 倍；② 4 除以某数平方的商减-5 的差。教学中可将①与“某数与 3 的 3 倍的和”进行对比；将②与“4 除某数平方的商减-5 的差”进行对比、辨异。

3. 在全班学习中，着重于培养学生形成良好的思维能力

在这里，主要培养学生的分析能力、综合能力、比较能力、概括能力，并且使诸能力协调发展。

（1）分析能力。

在大组讨论解题中，让学生分析题意，分析解题步骤、作用、根据，分析图形的性质，分析式子的特征，等等。

1）分析题意。

对于数学题，首先要分清题设和结论，即已知什么，要求什么，由已知条件能推出哪些结论，其中哪些结论必须具备哪些条件，哪些条件是题目中直接给出的，哪些还必须创设。“由因导果”、“执果索因”是在教学中常用的思维方法。在采用这种思维方法的过程中，学生的分析、综合能力可以得到很好的锤炼。

例如，学习“三角形相似的判定”时，引导学生思考以下问题：

如图 5-58，Rt△*ABC* 的斜边 *BC* 的中垂线分别交 *BC* 于点 *D*，交 *AC* 于点 *E*，交 *BA* 的延长线于点 *F*，过点 *A* 作 $AG \perp AD$，交 *DF* 于点 *G*。

① 指出图中一定和△*ABC* 相似的三角形；

② △*ADG* 和△*ABC* 相似，求相似比。

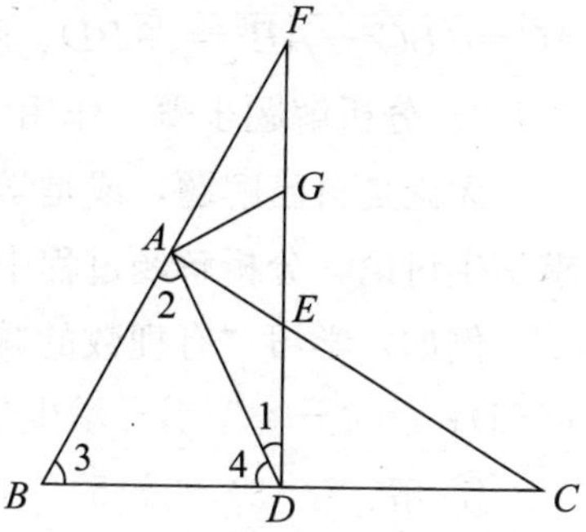

图 5-58

进行如下分析。

问①，要找和△*ABC* 相似的三角形，首先应研究△*ABC* 的特征，△*ABC* 是直角三角形，因而与它相似的三角形必定为直角三角形。在图中除 Rt△*ABC* 外还有 Rt△*DEC*、Rt△*FAE*、Rt△*FBD*、Rt△*ADG*。若在以上四个直角三角形中除直角外还有一个锐角与 Rt△*ABC* 的一个锐角相等，则便与△*ABC* 相似。由已知条件可推出：Rt△*DBF*∽Rt△*ABC*，Rt△*DEC*∽Rt△*ABC*，Rt△*DEC*∽Rt△*AEF*，Rt△*ABC*∽Rt△*AEF*。

对于问②，已知△*ADG* 和△*ABC* 相似，两个三角形中，除斜边为对应边外，直角边的对应关系不知道。因而分析结论时，应有两种情况：△*ADG*∽△*ABC* 和△*ADG*∽△*ACB*。再对这两种情况作进一步分析：若△*ADG*∽△*ABC* 成立，则对应角 $\angle AGD=\angle C$。因为 $\angle C$ 和 $\angle F$ 同是 $\angle B$ 的余角，所以 $\angle C=\angle F$，于是有 $\angle AGD=\angle F$。但 $\angle AGD$ 是△*AGF* 的外角，所以 $\angle AGD>\angle F$。所以 $\angle AGD$ 不可能等于 $\angle C$。因此，第一种情况不成立，故△*ADG*∽△*ACB*，相似比 $k=\dfrac{AD}{AC}$。如何求 $\dfrac{AD}{AC}$？由已知可知：“*AD* 是 Rt△*ABC* 斜边上的中线”，故 $AD=BD=DC$。由此进一步分析，要求 $\dfrac{AD}{AC}$，需求出 *AC* 与 *BC*、*AB* 与 *BC* 的关系，从而转化为研究△*ABD*，由 $AD=BD$ 推出 $\angle 2=\angle 3$，由△*ADG*∽△*ACB* 推出 $\angle 1=\angle C$。因为 $\angle C=\angle F$，所以 $\angle 1=\angle F$，又 $\angle 1$、$\angle F$ 分别是 $\angle 4$ 和 $\angle 3$ 的余角。所以 $\angle 4=$

$\angle 3$，推出$\angle 2=\angle 3=\angle 4$。得$\triangle ABD$为等边三角形后，便可由勾股定理得，$AC=\sqrt{BC^2-AB^2}=\sqrt{3}BD$。所以$AD=BD$。所以相似比$k=\sqrt{3}$。

2）分析解题步骤、作用、根据。

无论是自己解题，或是学习课本中的例题、他人的解题方法，都应该要求学生讨论、分析解题过程中每一步的作用及其根据。

例如，学习“有理数的减法”，研究课本的例1：“计算：①$(-3)-(-5)$；② $0-7$。”引导学生学会并养成分析解题步骤、作用及根据的习惯。

① 解：$(-3)-(-5)$

$=(-3)+(+5)$ …… 有理数的减法转化为有理数的加法来实施，转化的根据是有理数减法法则；具体方法是减号改成加号，减数的相反数作加数。

$=2$ ………………… 有理数加法法则：异号相加，取绝对值较大的加数的符号，并用较大的绝对值减去较小的绝对值。

② 解法一：$0-7$ ……… 看成是省略加号的和，即0与-7的和，按有理数加法法则：一个数同0相加，仍得这个数。

$=0+(-7)$

$=-7$

解法二：$0-7$

$=0-(+7)$ …… 看作0减去$+7$。

$=0+(-7)$ …… 运用有理数减法法则将其转化为有理数加法来实施。

$=-7$ ……………… 有理数加法法则：一个数同0相加，仍得这个数。

又如，“等腰三角形的判定”的“读一读”——三角形中边与角之间的不等关系的研究：

已知：$\triangle ABC$中，$\angle ACB>\angle B$。求证：$AB>AC$（图5-59）。

证明：在较大的$\angle ACB$内作$\angle BCD=\angle B$，CD交AB于点D，则

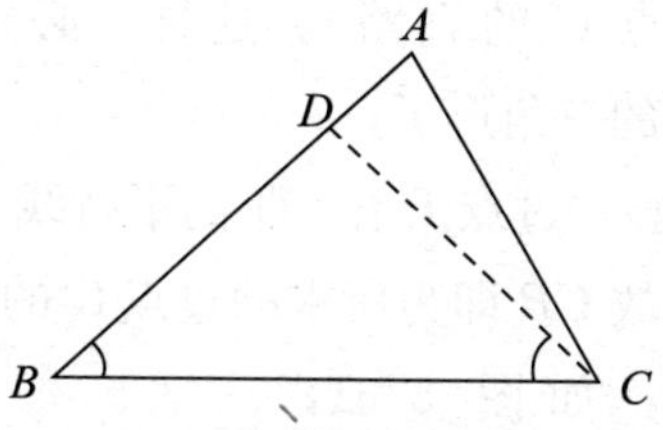

图 5-59

$BD=DC$……借助辅助线，化不等量问题为等量问题，应用已学过的边角之间的相等关系定理“等角对等边”。

在$\triangle ABC$中，$AD+DC>AC$（三角形的任意两边之和都大于第三边）

……　化“未知为已知”，把边集中到同一个三角形中，运用已学过的有关边的不等关系的定理，即“三角形三边关系定理”。

∴　$AD+BD>AC$（等量代换）。

即$AB>AC$……运用等量公理推出结论。

3）分析图形的性质。

会分析图形，应用图形的性质，就能由此及彼，产生联想、猜想、判断，有所“创造”，从而提高学力。

例如，思考下题：

图 5-60 中两块土地之间有一条小路 CFG，用作图方法把它改成经过点 C 的直路，使路两旁的土地面积仍不变。

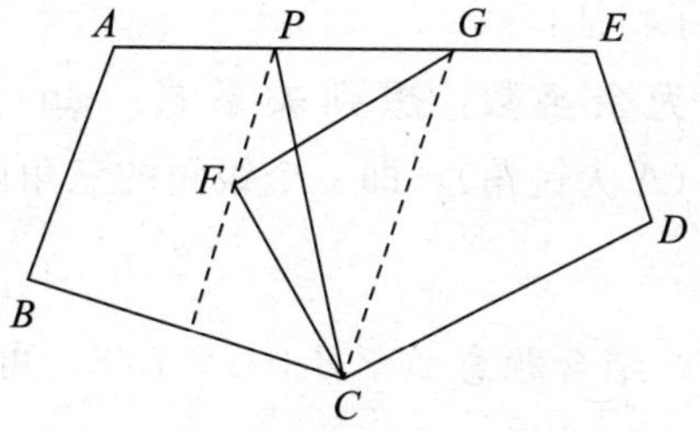

图 5-60

引导学生分析图形：

① 图中过点 C 的直路最易作的是 CG，这样原路右边的图形 $CDEGF$ 少去了一个$\triangle CFG$，不合题目要求；

② 问题转化为再作与$\triangle CFG$等积的三角形，且该三角形的一个顶点为

C（因为题意要求作过点 C 的直路）。这样，必定以 CG 为底，作出与 $\triangle CFG$ 同底（CG）等高的三角形了；

③ 根据已有知识经验，过点 F 作 CG 的平行线 FP，交 AE 于点 P，则 $\triangle CPG$ 与 $\triangle CFG$ 等积，故 CP 即为所求的过点 C 的直路了。

又如，思考问题：如图 5-61，$\odot O_1$、$\odot O_2$、$\odot O_3$……都经过点 A 和 B，求证：从线段 AB 的延长线上任意一点向各圆引切线，切点在同一个圆上。

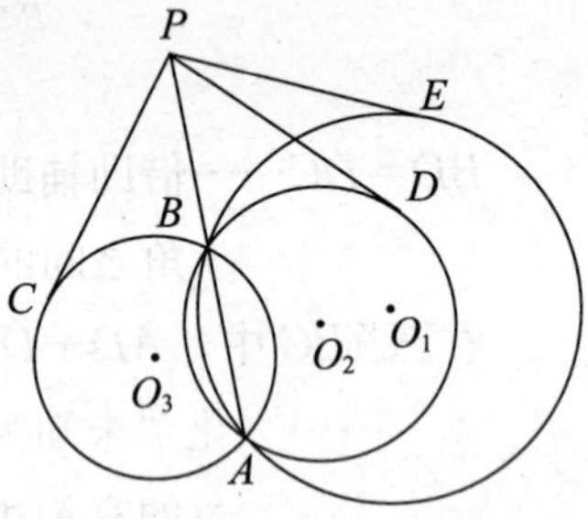

图 5-61

引导同学分析图形特征：

① $\odot O_1$、$\odot O_2$、$\odot O_3$……都有公共点 A、B，故 PAB 为诸圆的公共割线；

② PC、PD、PE……分别为过点 P 的诸圆的切线，由“切割线定理”，便可得 $PC=PD=PE=\cdots\cdots$ 所以切点 C、D、E……都在以 P 为圆心、切线长 PC 为半径的 $\odot P$ 上。

4）分析式子的特征。

式子的特征能启示解题者的解题思路，为问题深化提供向导。

例如，设 $\angle A$、$\angle B$、$\angle C$ 是 $\triangle ABC$ 的三个内角，求证：

① $\sin\dfrac{A+B}{2}=\cos\dfrac{C}{2}$；　　② $\tan\dfrac{B+C}{2}=\cot\dfrac{A}{2}$。

引导学生分析式子特征：

① 等号两边互为余函数，想到关系式：$\sin(90°-A)=\cos A$，$\tan(90°-A)=\cot A$（A 为锐角），即一个锐角的三角函数等于它的余角的余函数。

② 由 $\dfrac{A+B}{2}$ 和 $\dfrac{C}{2}$，结合题意 $A+B+C=180°$，可知 $\dfrac{A+B}{2}=90°-\dfrac{C}{2}$，$\dfrac{B+C}{2}=90°-\dfrac{A}{2}$，因而问题可获证。

（2）综合能力。

综合能力是由局部到整体的能力。它和分析能力彼此不可分离。

例如，研究有理数的“两数和的绝对值”与“这两数的绝对值的和”的关系时，先创设数学情境。

先计算下列各式的结果，再比较各对式子的大小：

1）$|(+4)+(+5)|$与$|+4|+|+5|$；

2）$|(-4)+(-5)|$与$|-4|+|-5|$；

3）$|(+4)+(-5)|$与$|+4|+|-5|$；

4）$|(-4)+(+5)|$与$|-4|+|+5|$；

5）$|0+(-5)|$与$|0|+|-5|$。

学生完成计算后，分析以上式子的特征和计算的结果，综合概括为：两个有理数的和的绝对值不一定等于两个有理数绝对值的和。当两个有理数同号或其中至少有一个数为 0 时，“和的绝对值”等于“绝对值的和”；当两个有理数异号时，“和的绝对值”小于“绝对值的和”，且“和的绝对值”等于两数中的较大的绝对值减去较小的绝对值的差。

有了这个分析、综合的经验，学生也就自觉地研究“积的绝对值”与“绝对值的积”了。自己选取数学素材进行计算，而后从这些计算的结果事实中分析概括出“两个有理数的积的绝对值一定等于这两个数的绝对值的积”的结论。

教材中许多结论的得到，如有理数运算法则、运算律，幂的运算性质，整式的运算法则，等等，都采用从实例入手，综合归纳出结论的方法，因而在教学中，要充分发挥教材的作用，大组议论时，要多给机会，让学生说出教材综合归纳的过程和自己对一些问题的结论综合归纳的过程，有效地培养综合能力。

（3）比较能力。

“在比较中认识一切”，显然比较能力有着十分重要的作用。在培养过程中，首先应该使学生明确比较的原则：一是比较应当有意义，二是比较应当按一定的步骤进行，三是比较应当是完整的、彻底的。在教学中，可以从以下几个方面来培养学生的比较能力。

1）比较问题（或是研究对象）的异同点。

例如，“一元二次方程的根的判别式”的应用练习题。

题 1：不解方程，判别下列方程的根的情况：

$2x^2+3x-4=0$；$16y^2+9=24y$；$5(x^2+1)-7x=0$。

题 2：k 取什么值时，方程 $2x^2-(4k+1)x+2k^2-1=0$ 有两个不相等的实数根？有两个相等的实数根？没有实数根？

题 3：求证方程 $(m^2+1)x^2-2mx+(m^2+4)=0$ 没有实数根。

引导学生进行比较：

以上三个练习题，其相同点都是一元二次方程的根的判别式的应用。不同点是，题 1 是已知系数，判定根的情况；题 2 是已知根的情况，求系数中字母的值（或取值范围）；题 3 是运用"非负数的性质"判定判别式的值的符号，从而证明根的性质。

在数学教材中，许多章节都可以引导学生用比较的方法来学习研究，这有利于深刻认识、正确运用知识，提高比较能力和比较水平。例如"分式"与"分数"的知识内含、结构体系，"全等三角形"与"相似三角形"的定义、性质、判定、相互联系与区别，"线段的垂直平分线"和"角的平分线"的教材结构、研究方法、定理的证明方法及其应用等方面的异同点，等等。

2）比较解题思路或解题方法的优劣。

如学习"三角形、梯形的中位线"，对于"梯形中位线定理"的证明，学生的思路虽相同，即设法利用三角形的中位线定理来证明，但想出的方法却有多种（如图 5-62 所示）。

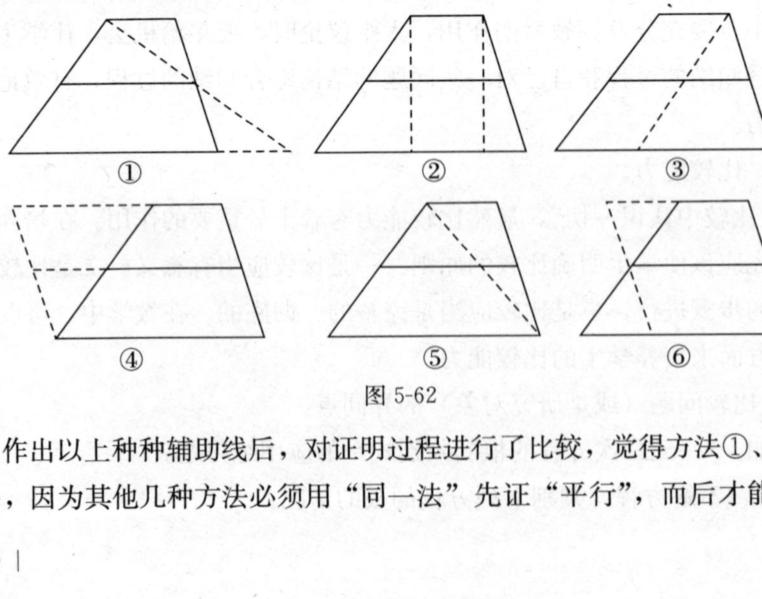

图 5-62

作出以上种种辅助线后，对证明过程进行了比较，觉得方法①、⑥比较容易，因为其他几种方法必须用"同一法"先证"平行"，而后才能利用三角形中位线定理证得梯形的中位线定理。

3）比较思维的速度和思维的层次。

例如，学生在运用“平行线转移比例”的方法证得了“三角形内角平分线的性质”后，教师给出了新的问题：

如图 5-63，已知 AD 平分 $\angle MAC$，交 BC 延长线于点 D，求证：$\dfrac{BD}{CD}=\dfrac{AB}{AC}$。

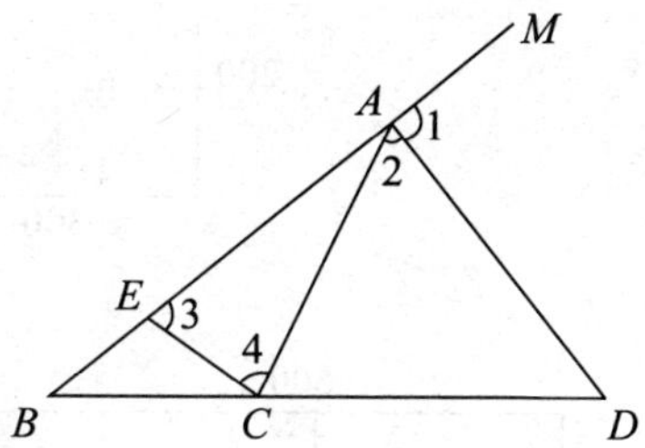

图 5-63

过点 C 作 $CE/\!/DA$ 交 AB 于点 E，由平行线分线段成比例定理得$\dfrac{BD}{CD}=\dfrac{BA}{AE}$；由 AD 平分 $\angle MAC$，得 $\angle 1=\angle 2$；由 $AD/\!/EC$ 得 $\angle 3=\angle 1$，$\angle 4=\angle 2$，所以 $\angle 3=\angle 4$，$AC=AE$。容易证得结论$\dfrac{BD}{CD}=\dfrac{AB}{AC}$成立。

然而有学生不只是套用“经验”或囿于已掌握的方法去证题，而是用已证得的结论为依据去推证新的结论。

方法如下：

如图 5-64，在 BA 延长线上截取 $AE=AC$，连接 ED，构造了 $\triangle AED\cong\triangle ACD$ 后，得 $DE=DC$。DA 平分 $\angle BDE$，DA 成为 $\triangle BDE$ 的内角 $\angle BDE$ 的角平分线，利用已证的三角形内角平分线性质得$\dfrac{BA}{AE}=\dfrac{BD}{DE}$。将 $AC=AE$，$DC=DE$ 代入比例式，得$\dfrac{BD}{DC}=\dfrac{AB}{AC}$。显见思维的层次比较高，这是创造性思维的表现。

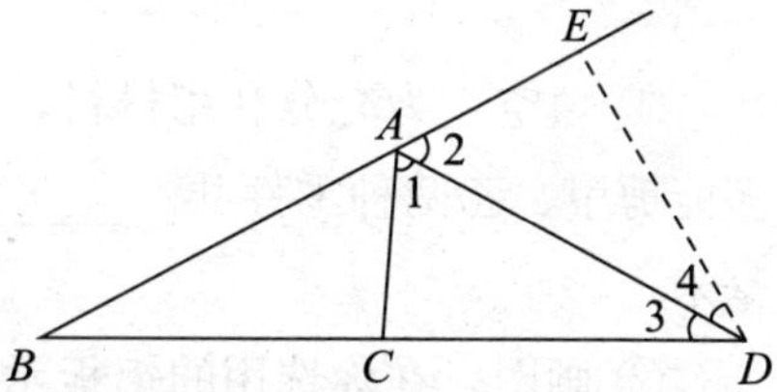

图 5-64

4）比较学习方法的科学性。

在全班学习时，引导学生不仅交流对知识的获得、理解、掌握和运用情况，还让他们交流获取知识的方法。评价学习方法，促使学生的学习方法符合认识规律。

例如，交流对下列问题的研究、解答方法。

要剪切如图5-65（尺寸单位：毫米）所示的甲、乙两种直角梯形零件，且使两种零件数量相等，有A、B两种面积相等的矩形铝板（如图5-66）可选用其中一种为材料。

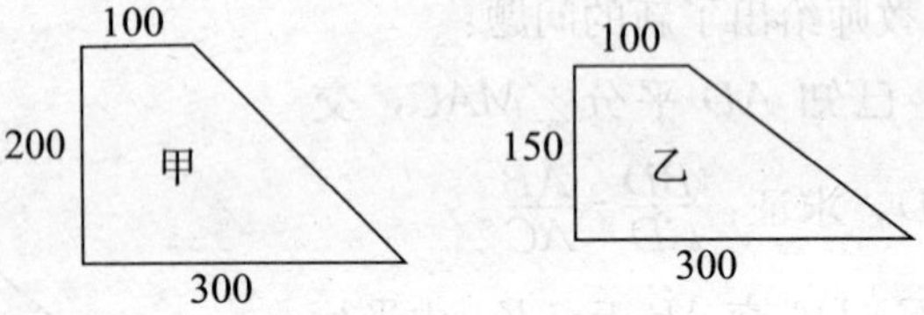

图5-65

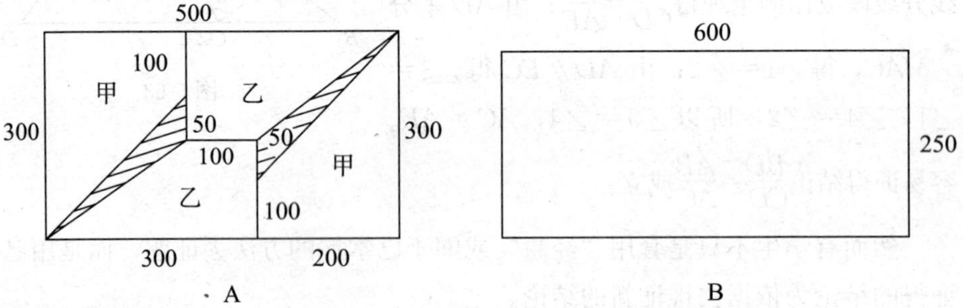

图5-66

① 填空：为充分利用材料，应选用________种铝板；这时一块铝板最多能剪甲、乙两种零件共________个，剩余的边角料的面积是________平方毫米。

② 画图，在你选用的铝板示意图上，画出剪切线，并把剩余的边角料用阴影表示出来。

有学生是这样分析研究的：

首先计算了甲、乙两种零件的面积分别为40 000平方毫米和30 000平方毫米，A、B两块铝板的面积相等均为150 000平方毫米，由于要“使两种零件数量相等”，故只有共做2个和4个两种可能，考虑到“要充分利用材料”，因而判断一块铝板最多能剪甲、乙两种零件共__4__个，剩余的边角料面积是150 000－70 000×2＝__10 000__平方毫米。这时，需考虑选哪块铝板的问题了，由甲、乙两种直角梯形的上底、下底及高的数据，对照A、B两块铝板的长和宽的数据考虑，只有选A种铝板了。

在A种铝板上如何剪切出甲、乙两种零件各2个呢？这时考虑到矩形的对称性质：既是中心对称图形又是轴对称图形，同时2块甲种零件，2块乙种零件可以拼成中心对称图形，也可以拼成轴对称图形，因而分别试画剪切线，最后在图5-66的A种铝板上按“中心对称”画出了如图所示的剪切线。

5）比较学习的意志、态度、情感。

在课堂学习中，智力和非智力因素是协调一致发挥作用的。学生的学习意志、态度、情感等往往是随同智力因素的交流而交流，应该常引导学生自觉地进行比较，及时自我调整。

（4）概括能力。

概括能力的培养，不仅体现在概念教学中，在解题教学中，也应有意识地引导学生在分析的基础上进行概括，培养和提高概括能力。同时，可以经常引导全班学生观察工农业生产实践或生活中的事实，抽象概括为数学知识或数学问题；观察数学实例，概括为数学概念、定义、性质、法则等，有效地培养学生的概括能力。另外，在课堂教学中，每堂课的学习小结让学生自己做；单元学习结束时，先让学生自己做单元小结，而后组织全班交流；等等。这些均是培养学生概括能力的有效途径。

四、遵循发展规律，提升自学能力

（一）数学自学能力的基本内涵

数学自学能力是一种以思维能力为核心的多层次、多因素的综合能力。它主要包括以下三个方面。

1. 独立获取知识的能力

阅读是主动获取知识的一个重要手段。我们发现学生阅读数学教科书有下面几种类型。

（1）背诵型。在阅读一开始时，只看黑体字的结论，未理解就背诵。例如，学习代数式的概念时，有学生背到“用运算符号把数或”时，背不下去了，他只得又从头背起，祈盼再次背到这里时，能凭借惯性的作用接着背“表示数的字母联结而成的式子叫做代数式。单独的一个数或一个字母也是代数式”，更谈不上把代数式的定义具体化和运用代数式的定义来判断式子的性质，解决有关的问题。对这类学生，应该引导他们向分析理解方面发展。

（2）析理型。学生对于每个概念，每一条定理、法则，都认真进行分析、研讨，以求真正理解。析理能力的发展，把学生的思维引入了数学知识的门槛。他们提高了学习数学的兴趣，感受到在智力劳动中取得成效的喜悦。有的学生不满足于教科书的论述，再去参阅其他有关书籍，进行对照、分析、比较。

（3）比较型。学生能对同一概念的不同阐述、同一例题的不同解法等进行分析、比较，从而加深对知识的理解。

（4）批判型。学生自学教材时，能掌握“同化”和“调整”的规律，对书上的知识进行加工，并自觉地进行评价。评价时，敢于发表自己的见解且有一定的深度。这表明学生的积极性被充分调动起来以后，他们并不停留于对教材内容的一般理解。

（5）探索型。对新情况、新问题、新内容能进行独立探讨。例如，学生学习了在数轴上表示一元一次不等式的解以后，在学习二元一次方程时，他们就研究如何在数轴上表示二元一次方程的解。甚至有人还想到三维空间，还有人要问四元一次方程的解的几何意义是什么。

在数学阅读中，上述五种类型是递进的，又是相辅相成的。教师应该尽早改变学生阅读中的“背诵型”，使他们注重理解，学会比较和批判，养成良好的阅读习惯，并进而能独立探索知识。

2. 系统整理数学知识的能力

知识的系统化是保持记忆的重要保证。学生只有不断地将新获取的知识纳入到已有的知识体系中去，进行系统化、条理化，才能促进知识的巩固、储存和应用。所以，系统整理数学知识的能力是一种十分重要的能力，它大致可分为两个方面的要求。

一是掌握知识的来龙去脉。首先指导学生在认真阅读教材，反复思考领会的基础上，理清教材中知识展开的顺序，根据这一顺序画出“→”，表示知识展开顺序图。

例如，初中《代数》学习“正数和负数”，学生整理出知识展开的顺序图如下：

由气温的实例 $\xrightarrow{\text{引入}}$ 相反意义的量 $\xrightarrow{\text{引入}}$ 正、负数概念 $\xrightarrow{\text{引入}}$ 集合的概念
有理数的概念

又如，“有理数的加法”，按教材中的知识展开顺序整理如下：

通过求从一点出发，经过两次运动（向东为正）的和的实例 $\xrightarrow{\text{引入}}$ 有理数的加法定义 $\xrightarrow[\text{规定的合理性，不是证明}]{\text{用数值试验，并说明}}$ 有理数的加法运算法则 $\xrightarrow[\text{运算律仍适用}]{\text{算术数加法}}$ 进行有理数加法的简便运算

在理清知识展开的顺序后，引导学生对每一个概念深入研究，弄清它们的来龙去脉、在整体结构中所处的地位、相互的因果关系、从属关系等，从而整理出单元教材的知识系统。

二是掌握知识的纵横联系。数学学科不仅具有逻辑上的严密性、系统上的完整性等特点，而且各分科之间的内容互相渗透，横向联系十分紧密。因此在数学教学进行到一定的阶段时，根据需要和可能，引导学生围绕某一专题进行知识和方法的系统整理，是十分重要的。整理的方法，一般是以某一专题（如“非负数”、“换元法”、“证线段成比例”等）为线索展开的，把分散在各节、各章乃至数学各分支中的知识串起来，理出数学知识纵横交错的网状结构。这种整理知识的方法，不但能加深学生对知识的理解，便于记忆和运用，而且可以拓宽学生的思路，提高分析问题、解决问题的能力。

3. 科学应用数学知识的能力

认识客观世界的目的在于适应和改造客观世界，所以应用数学知识的能力是学生自学能力结构中不可缺少的重要组成部分。它具体包括：(1) 正确地进行计算、画图、推理，并能自行检验正误，自行调整内化；(2) 在规定的时间内正确地完成一定数量的基本题，顺利地解决新的组合题、变式练习题，并能总结解题规律，举一反三；(3) 能用数学观点、数学思想和数学方法去解决实际问题；(4) 能创造性地应用数学知识去探索和解决新问题。其中创造性地应用知识的能力是最可贵、最重要的，因为自学能力的最终目标在于创造。

实际上，自学的过程是一个复杂的心理过程。在这一过程中，除学生的

自主学习的主体意识、学习的主体性外，一个人的观察力、注意力、想象力、思维力、记忆力都在发挥作用，并将得到发展。

（二）数学自学能力的内在联系

由“学会”达到“会学”，以“会学”实现“学会”，这是学生自学能力不断提升的螺旋上升的过程。

1. 什么是学会

学会，是指学生不仅懂得了所学的内容（指知识、技能、方法等）是什么，它是怎样形成的，而且能运用它分析问题和解决问题。

例如，学习一元二次方程根的判别式，学生懂得了一元二次方程 $ax^2+bx+c=0$（$a\neq0$）根的判别式是 b^2-4ac，用符号 Δ 表示。由用配方法解一般形式的一元二次方程 $ax^2+bx+c=0$（$a\neq0$）的过程可知，当 $b^2-4ac>0$ 时，方程有相异二实根；当 $b^2-4ac=0$ 时，方程有相同二实根；当 $b^2-4ac<0$ 时，方程无实根。从而能运用这个结论来解决如“不解方程而判断方程的根的情况”、“已知方程的根的情况，求方程中待定系数的值或范围”等问题。这就说明学生已学会了一元二次方程的根的判别式了。

又如，学生研究下题：

现有一块形如母子正方形的板材，其形状如图 5-67 上一行各图中实线所示。木工师傅想先把它分割成几块，然后适当拼接，制成某种特殊形状的板面（要求板材不能有剩余，拼接时不重叠，无空隙）。请你按下列要求，帮助木工师傅分别设计一种分割方案：

（1）板面形状为非正方形的中心对称图形；

（2）板面形状为等腰梯形；

（3）板面形状为正方形。

请在方格纸中的图形上画出分割线，在相应的下边的空格纸上画出拼接后的图形（见图 5-67）。

学生不仅解出这道题，而且懂得了这道题的实质是“等积变形”，因而解题时，首先研究了所给出的形如母子正方形的图形面积是 5 个平方单位，图形特征是由五个面积为 1 个平方单位的正方形组成的。再分析，满足问（1）的图形必须是面积为 5 个平方单位的中心对称图形，因此它可以是矩

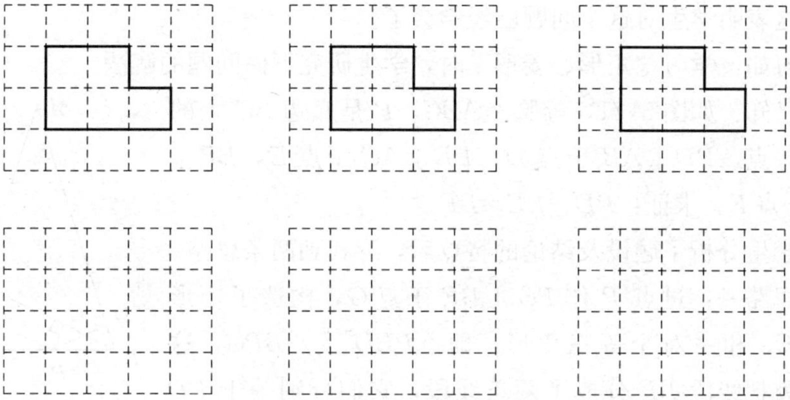

图 5-67

形、菱形等，但其中最简单的图形是矩形，矩形面积＝长×宽，因而问（1）的答案选取了下列图形（见图 5-68）。

分析问（2），是要割补成面积为 5 的等腰梯形，而等腰梯形是轴对称图形，结合已知图形的特点和梯形面积$=\frac{1}{2}$(上底＋下底)×高，故取梯形高为 2，则上、下底的和为 5，因此采用了这样的割补方法（见图 5-69）。

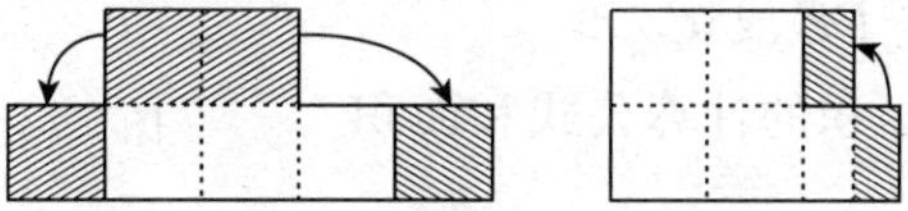

图 5-68

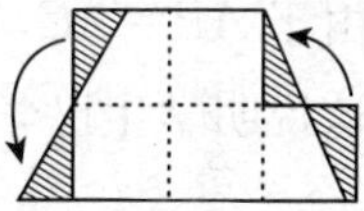

图 5-69

问（3），是割拼成面积为 5 个平方单位的正方形，学生由正方形面积公式计算出该正方形边长为$\sqrt{5}$个长度单位。结合已知图形的特征，取两个小正方形拼成的矩形的对角线作为所求正方形的边长，因而用下列方法割拼（见图 5-70）。

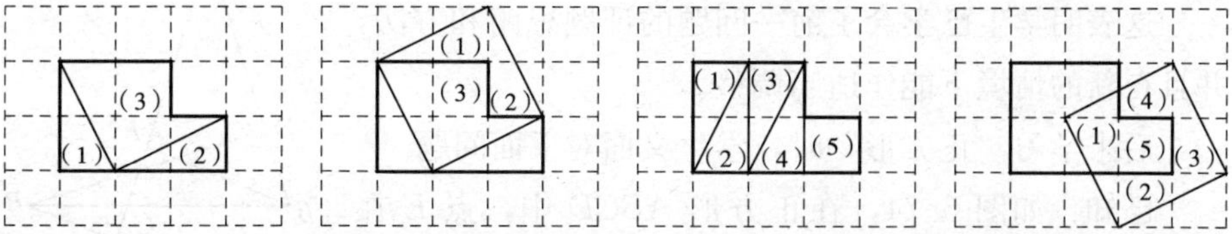

图 5-70

这表明学生对这个问题已经学会了。

再如，学习“矩形、菱形”时，学生研究下面问题的解法。

已知：如图 5-71，等腰$\triangle ABC$，P 是底边 BC 上的任意一点，$PD \perp AB$ 于点 D，$PE \perp AC$ 于点 E，$BF \perp AC$ 于点 F。求证：$PD+PE=BF$。

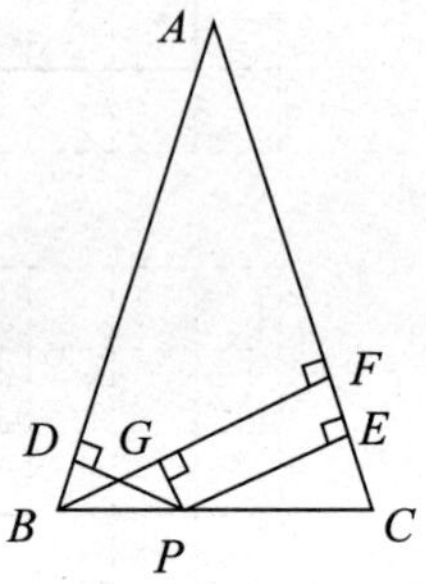

图 5-71

学生分析了题设及结论的特点后，寻找到两条思路。

思路一：过点 P 作 $PG \perp BF$ 于点 G，构造了矩形 $PGFE$，和一对全等三角形，即$\triangle PBD$ 及$\triangle BPG$，这样，就把线段 BF 分成了两条线段，它们分别等于 PD 和 PE，从而证得了结论。

这说明同学已学会了证一条线段等于另两条线段的和的常用方法“截长法”或“补短法”。

思路二：如图 5-72，连接 AP，则 $S_{\triangle ABC}=S_{\triangle ABP}+S_{\triangle APC}$，由此可得

$$\frac{1}{2}AC \times BF=\frac{1}{2}AB \times PD+\frac{1}{2}AC \times PE,$$

由于 $AB=AC$，故 $BF=PD+PE$ 成立。

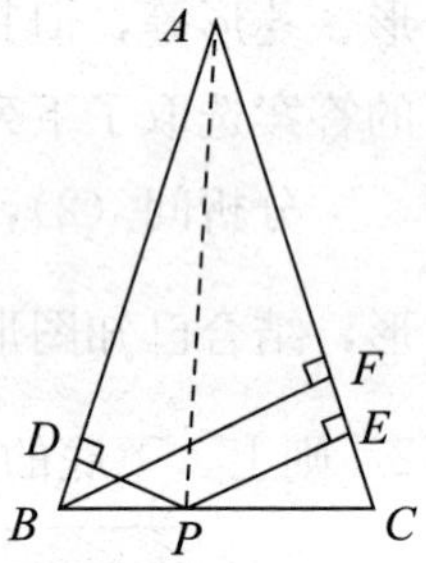

图 5-72

这说明学生已学会了三角形面积的计算公式和面积公理。

接着又解下面问题。

若上题中的点 P 是底边延长线上的任意一点，这时 PD、PE、BF 三条线段之间有怎样的数量关系？证明你的判断。

学生能迅速地作出判断，并且用命题 1 的证题思路一和思路二证得本题的结论 $PD-PE=BF$（见图 5-73）。

这表明学生已学会了前一问题的证题思路和方法，并且在新的情境下能作适当调整。

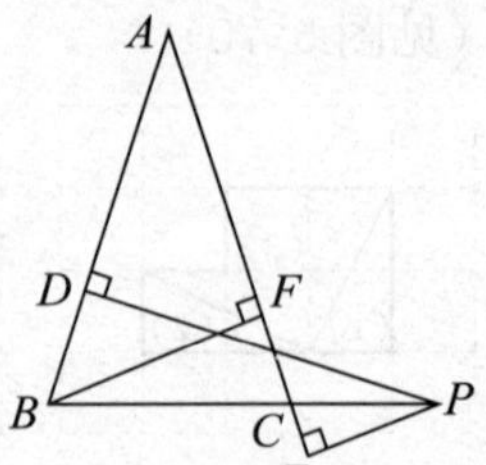

图 5-73

后来学习“正方形”时，学生又面对下面问题。

已知：如图 5-74，在正方形 $ABCD$ 中，点 E 在 BD 上，且 $BE=BC$，点 P 在 EC 上，$PR \perp BD$ 于点

R，$PQ\perp BC$ 于点 Q。

求证：$PR+PQ=\frac{\sqrt{2}}{2}AB$。

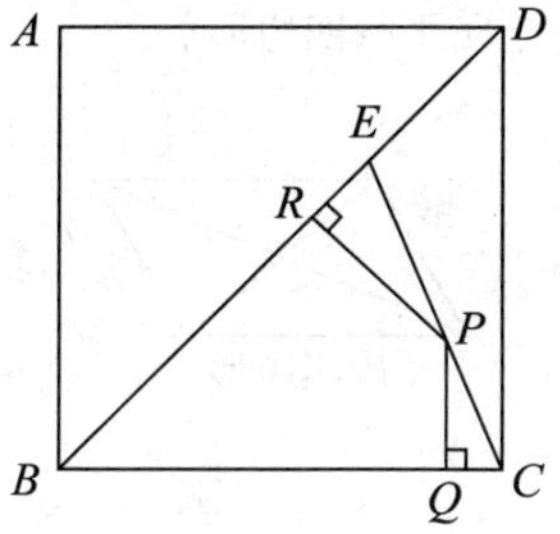

图 5-74

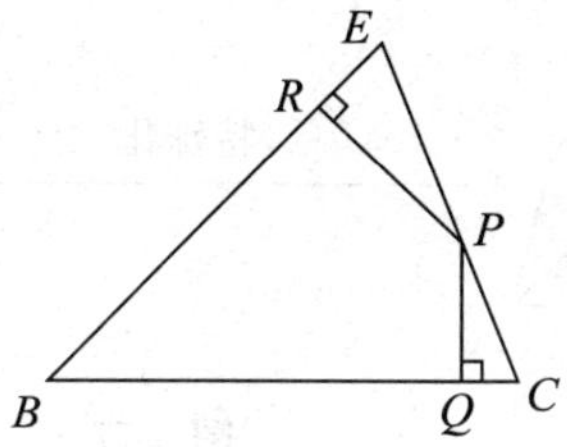

图 5-75

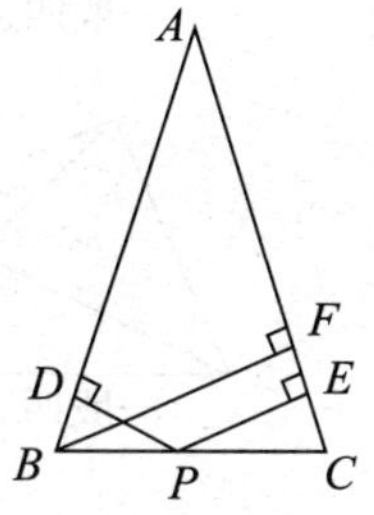

图 5-76

学生马上将该问题的图形中的一部分（图 5-75），与前面问题的图形（图 5-76）联系起来，确定了本命题的解题思路：

连接 AC 交 BD 于点 O，则 $AC=\sqrt{2}AB$，$CO=\frac{\sqrt{2}}{2}AB$，且 $CO\perp BO$。

∵　点 P 为等腰$\triangle BEC$ 的底边上的点，

∴　点 P 到两腰的距离之和等于一腰上的高 CO。

这表明学生已学会了如何解这类问题。

2. 什么是会学

学生面对新问题，会分析，能迁移（即能联想已掌握的知识、技能、方法等并用来分析和解决新问题），能独立地探寻和选择解决新问题的途径及依据；问题解决后，又能整合思维和操作的成果，内化为学习的潜能，并作新的迁移。在这一过程中既获得了学习的乐趣，品尝了成功的喜悦，更增强了自主学习的信心，进一步提高了自学能力。这就是会学了。

学习“平行四边形及其性质”时，教师引导学生研究四边形的两组对边之间的位置关系，由一般到特殊时，图形本身相应的变化（见图 5-77）。

根据研究四边形问题的基本思路是转化为三角形的问题来解决，因而作对角线，将其分成三角形来研究，发现四边形的一条对角线将原四边形分成的两个三角形的关系相应地也由“一般”→“全等”，四边形的两条对角线将原四边形分成的四个三角形之间的关系也由“一般”→“两对全等”。

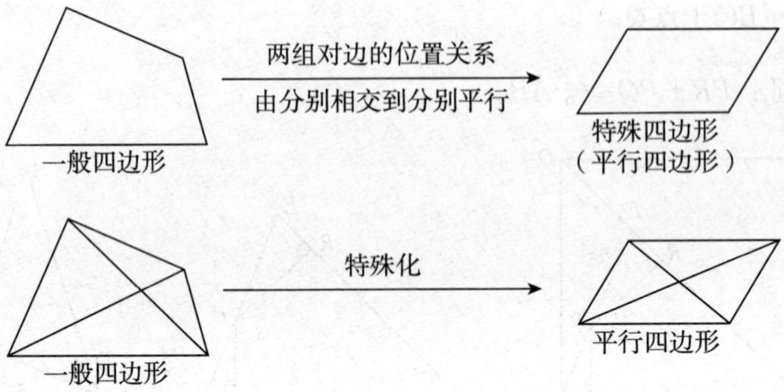

图 5-77

由全等三角形的性质推出了平行四边形的边、角、对角线之间的特殊关系，因而平行四边形除具有一般四边形的性质外，还具有这些特殊性质，即平行四边形的性质定理。学习“矩形、菱形”时，学生独立地研究一般平行四边形与特殊的平行四边形——矩形、菱形之间本质上的联系与变化（见图5-78）。

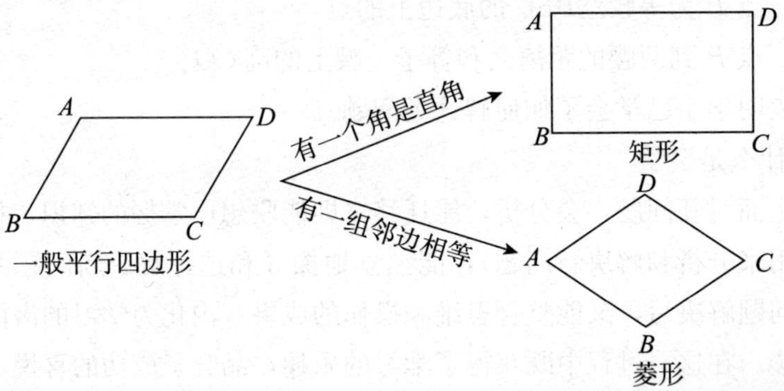

图 5-78

相应地，一条对角线将原平行四边形分成的两个一般的全等三角形，到分成了两个全等的直角三角形和两个全等的等腰三角形；两条对角线将原平行四边形分成两对全等的一般三角形，到分成两对全等的等腰三角形和四个全等的直角三角形，因而矩形、菱形的角、边及对角线除仍具有一般平行四边形的边、角、对角线的性质外，随之还具有自身的特殊性质——矩形的性质定理：矩形的四个角都是直角，矩形的对角线相等；和菱形的性质定理：菱形的四条边都相等，菱形的对角线互相垂直，并且每一条对角线平分一组对角（见图 5-79）。

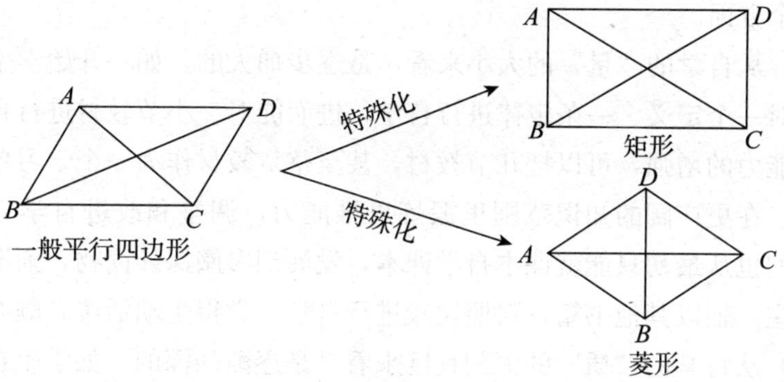

图 5-79

这表明，学生学会了平行四边形的有关知识和研究平行四边形的基本方法，从而会学矩形和菱形了。同时表明，学生是在学会中达到了会学，同时又由会学达到了学会。

（三）学生自学能力发展的一般规律

学生数学自学能力的发展一般有如下规律。

1. 自学能力可能发展的普遍性与实际发展的差异性

学生数学自学能力，能不能得到发展呢？能！是不是所有的学生都能得到发展呢？答案仍然是肯定的。这就是可能发展的普遍性。实际发展是不是大家的步伐一致呢？不是！这就是实际发展的差异性。

我们教改试验的众多事实表明，不管原先的成绩如何，智力基础如何，学生数学自学能力发展的可能性是普遍存在的，只要用心培养，就能得到发展；否则，即使学生原先基础很好，也学到不少知识，但自学能力不一定就能发展得很理想。当然，学生自学能力的实际发展又是不平衡的，有的人起步早，开窍早；有的人起步迟，反应慢。针对学生自学能力可能发展的普遍性与实际发展的差异性这一特点，我们认为，更要注意对学生提出分层次的要求，发挥小组互相帮助的作用，把自学方法作为大组交流的内容，同时把教师的示范指导和适当进行个别辅导结合起来，使学生的自学能力都得到较好的发展。

2. 自学能力发展的渐进性和跳跃性

一般地说，学生自学能力的发展过程具有循序渐进的特点。具体表现在以下两个方面。

(1) 从自学的“量”的大小来看，是逐步加大的。如一开始学生只能集中力量对一个定义、一条定律进行自学，进而能对一小节教材进行自学。随着自学能力的增强，可以把几节教材，甚至整章教材作为一个学习单元，进行自学，在更广阔的知识范围里锻炼思维能力，调整和改进自学方法。同时，他们也从最初只能就课本自学课本，发展到参阅课外读物，渐渐地能以课本为主，辅以其他书籍，对照比较进行自学，学得生动活泼，颇有兴味。

(2) 从自学的“质”的深刻程度来看，是逐渐加深的。如学生在对某些数学概念、法则、定律等进行自学时，最初是不求理解，只求记忆，以后才能仔细推敲，探求本质，并从教材的系统性、逻辑性上研究某一个数学知识的地位、作用。

由此可见，自学能力发展的渐进性是一个总的趋势，但在实际发展的各个阶段又经常发生某些跳跃现象。在实验教学进程中，一方面根据渐进性的特点，在安排自学的“量”和提出自学“质”的要求时，注意到由少到多、由易到难、由简到繁，不能操之过急；另一方面又根据跳跃性的特点，注意因势利导。某些同学在某个问题的自学上有比较突出的表现时，往往会给全班带来鼓舞和震动。比如，第一个对书本“挑刺”的人，对全班的影响就很大：“啊！原来书本上所说的也要仔细推敲哩！”这时，我们除了给予鼓励和赞扬以外，还有意识地引导他们总结自己的经验，强调自学能力的某些基本功必须练好，在自学能力的形成上不能只想走“捷径”。

3. 自学能力发展速度的变更性和发展倾向的交替性

初中新生入学时自学数学能力发展速度很慢，由于在小学的六年学习中，多数学生已经习惯了你讲我听、你写我抄、你布置我做、你考我背的学习模式，把数学课本也常常只当“习题集”用，这些习惯使自学不易实施，实施了又不能持续，持续了也不易提高。但是这种慢速度前进的时间并不长，一个月以后就出现了第一次自学能力发展的“潮汛”。比如，在开始阶段的连续几周里，学生总要依赖教师提出几个辅助性的问题，让他们进行阅读研究，对题找答案，否则自学就不能抓住要点，并有效地进行。可是在教到“整式”时，学生自学能力的发展突然加快了速度，他们能比较各种说法，不仅学了整式，还迁移到分式的概念（分式在第十六章才能学到），把整式和分式进行比较。有些学生还能提出一些耐人寻味的问题，如：“$\frac{2}{\pi}$是整式吗?”“如果a是已知数，则$\frac{1}{a}$是整式吗?”等等。学生的自学数学能力每前进一步，每取得一个突破，总会出现一个稳定阶段、巩固阶段。这个阶段，看起来是平稳的、停滞的，却孕育着新的突破。比如，当第一个同学独立提出有价值问题时，全班不胜惊讶，接着很多人仿效，进而蔚然成风。但是在这个水平上却停滞了一个时期，后来又突破了停滞情况，学生不仅能提出问题，而且还能说出自己的见解，出现了新的局面。这表明，自学能力发展的速度是变更的，有时快，有时慢，有时似乎是停滞了，但又孕育着新的突破。所以，当学生自学能力的发展速度较慢，似乎是停滞不前的时候，不要着急；当出现新的突破的时候，要能敏锐地看到，及时加以因势利导。

学生自学数学能力的特点，除了上述的发展速度的变更性外，在“质”与“量”这两个方面还常常出现交替偏重的状态。

如在自学一元一次方程时，有很多学生在“质”的方面有一定的突破。他们对$0 \cdot x=1$为什么叫方程也要追根究底，认为：“既然叫方程那就是等式，既然是等式就有相等关系，可是$0 \cdot x=1$没有相等关系。这问题如何认识?”“最好把书本上关于等式的定义‘表示相等关系的式子叫做等式’改为‘用等号连成的式子叫做等式’。”但是在后来学习到列一元一次方程解应用题时，又出现了另一种倾向，即在自学的“量”上又有了新的发展。他们中不少人因为列出的方程超越了一元一次方程，因而自学了解分式方程，和列分式方程解应用题，甚至有人列出二元一次方程组来解应用题。这样，学生在自学中，有时重“质”，学得较深；有时重“量”，学的面较广。这两种倾向交替发生，相互促进。

自学数学能力发展过程中的这种“变速”和“交替”现象之间是有联系

的，“交替”引起“变速”，“变速”促成“交替”。因此，我们在这方面也要因势利导，使“变速”与“交替”现象发挥积极作用，防止重“质”轻“量”或重“量”轻“质”的现象产生。

（四）自学能力培养的层次序列

培养学生数学自学能力的序列，可分为六个层次。

1. 层次一：学会阅读

初一学生刚入学时，采用教师示范读、教师引导学生读、学生独立读的方法，使学生逐步掌握阅读数学教科书的要求和方法，能独立地阅读课本。

首先是教师示范读。教师在课上带领同学边阅读教材，边讲解阅读要求和方法。

教师示范性地阅读了一两节教材之后，让学生自己阅读，阅读后交流讨论时，教师再给出适当的讨论题组织全班边议论边阅读，以此对学生的阅读方法作进一步的引导。这种方法可称之为“教师引导读”。

例如，学习“相反数”，先让学生自己阅读，而后交流讨论，教师提出的讨论题是：

（1）本节教材的学习要求是什么？学生答不出。教师指导学生再读教材中课题下方的方框中的学习要求：“给一个数，能求出它的相反数”，并指出：阅读教材正文之前要明确研究的课题以及教材提出的学习要求，这样阅读时，心中就有数了。比如本节教材，对照课题“相反数”和学习要求“给一个数，能求出它的相反数”，心里自然会提出问题：什么是相反数呢？如何求一个数的相反数呢？因而就有了明确的学习目标，但这只是主要的知识和技能目标，在学习过程中还要注意研究和总结本节课的学习方法和思维方法等。学生听后在书上记下纲目要点：“学习目标：什么是相反数？如何求一个数的相反数？总结学习方法和思维方法。”

（2）课本是怎样引入“相反数”的概念的？学生回答后，教师再领学生阅读教材。第一段教材给出数的实例“6 与－6”，观察它们的异同点，而后再在数轴上画出表示这两个数的点，分析它们在数轴上的对应点之间的位置关系。即先分析“数”的特征，再分析“形”的特征。第二段在第一段教材的基础上给出了相反数、互为相反数的意义，最后补充了 0 的相反数的意义。学生听后在书上的“只有符号不同的两个数，我们说其中一个是另一个的相反数”，“0 的相反数是 0”旁边写下了纲目：“相反数的代数意义”。在课本上第一段的“在数轴上表示这两个数的点，分别在原点的两旁，并且与原点的距离相等”旁边记下：“相反数的几何意义”。

（3）怎样表示一个数的相反数？学生回答：“数 a 的相反数是 $-a$”。教师指出：要写出一个数的相反数，只需在这个数的前面加上“－”号，例如“＋3 的相反数”表示为－(＋3)，“－5 的相反数表示为－(－5)”。学生又记下要点：“一个数的相反数的表示法”。

（4）你们如何研究课本的例题 1 和例题 2 的？学生回答：例题 1 是写出一些数的相反数。根据相反数的意义“只有符号不同的两个数，其中一个是另一个的相反数”写出答案。例题 2 是简化－(＋3）与－(－4）的符号，实质上就是求已知数＋3 与－4 的相反数，根据相反数的意义得：－(＋3)＝－3，－(－4)＝4，这样就简化了符号。这时一些同学又在例 1 和例 2 旁边分别写上了纲目：“求已知数的相反数”和“实质是求已知数的相反数”，根据是“相反数的意义”。

（5）学完教材后你们有没有自己的想法（包括经验、体会或疑点，或是对教材的补充等)？教师示范性讲解：比如说我们学习了例 1 后面的一段教材——相反数的表示法后，能否回过来将例 1 的解答：“9 的相反数是－9”，“－7 的相反数是 7”等，用符号语言表示为“－(＋9)＝－9”，“－(－7)＝7”呢？在例 1 中是否还可以补充第 3 问：“0 是什么数的相反数?”

又如，例 2，简化－(＋3）与－(－4）的符号。

解：－(＋3)＝－3；－(－4)＝4。

我们能否联想到是根据相反数的意义“去括号”，从而概括出如何去括号呢?

再如，数 m 的相反数是 $-m$，$-m$ 是不是表示负数？为什么？等等。

学生听后，在怎样阅读、怎样思考、怎样联想等方面受到启发，各自记下笔记。

（6）自我总结如何阅读教材。

经过一段时间的引导阅读，学生可以掌握数学阅读的基本方法，并初步养成阅读的习惯。因此，在学习新教材时，教师可先揭示课题，指导阅读方法，然后让学生自己阅读教材，而后交流讨论。交流讨论时，教师不提太具体的议题，而让学生自己汇报阅读的内容、方法，互相交流，教师进行点拨，这就是进入了学生独立读的阶段。如“有理数乘法法则、乘法的运算律”的教学过程，就可采用学生独立读的方式。

第一课时：自学课

（一）教师揭示课题，激发学习动机，提出自学要求，指导自学方法。

1. 回忆有理数加法法则和加法运算律。

2. 有理数的加法法则和小学里所学的加法有什么联系和区别（突出一个符号问题）？运算律呢（突出数集扩充后，原数集中的法则、概念、运算律在新数集中仍适用）？

谁能猜想：有理数的乘法法则和算术中的乘法会有什么联系和区别呢？运算律呢？

学生们根据已有的经验进行的猜想是否正确呢？首先看书检验自己的猜想、判断。

学生自学“有理数的乘法”。认真阅读教材，弄清得出结论的过程，记住结论，举例理解结论的内容。同时研究例题的类型，解题的步骤、根据和注意点，独立完成书上的练习题。在独立思考的基础上可与邻座同学展开讨论，也可询问老师。

（二）教师了解自学情况，及时在自学态度、方法、内容等方面给予帮助；指导和督促，为上交流讨论课做好准备。

（三）作业：围绕课本如何引入有理数乘法法则、乘法法则的内容，举例说明乘法法则的应用，乘法的运算律及其应用，以及本单元知识间的内在联系等，准备交流讨论课的发言内容。

第二、三课时：交流讨论课

教师提出的问题是：你是怎样阅读这两节教材的？研究了哪些主要内容？怎样研究的？在学生议论的基础上，教师适时引导、指导，把握住阅读的要求和方法，边讨论边总结如下：

1. 课本是用实例引入有理数乘法的定义和说明有理数乘法法则规定的合理性的，见课本。这与有理数加法的定义和法则的引入方法相同。

2. 以乘法法则为根据总结出三个或三个以上不等于零的有理数的乘法法则和有一个因数为零的乘法法则。

3. 课本的“注意”：含加减乘除的算式中，没有括号指明运算顺序时，要先算乘除，后算加减。说明数集从算术数集扩充到有理数集后，运算顺序未变。

4. 和有理数加法的运算律一样，课本是用数值试验来验证有理数乘法的运算律的。记忆乘法运算律的内容时，不仅要会用语言叙述、式子表达，还要会举例讲解运算律的内容，并且与加法运算律相对比，辨清异同。

5. 课本中对乘号的表示法的规定。

6. 研究乘法的分配律时，要重视其逆运用。

例如，计算：$5\times0.35+(-5)\times(-0.21)-5\times(-0.54)$。

逆运用乘法分配律可使运算简便。

解：原式$=5\times(0.35+0.21+0.54)$

$=5\times1.1$

$=5.5$

7. 重点讨论课本例题计算：

$(-3)\times(-7)-9\times(-6)$

解法一：$(-3)\times(-7)-9\times(-6)$

（“－”作运算符号）

$=21-(-54)$

$=75$

解法二：$(-3)\times(-7)-9\times(-6)$

（“－”作性质符号，原式为省略加号的两个积之和）

$=21+54$

$=75$

8. 相互检查对课本练习解答情况，选择典型题进行大组交流，分析运算过程、方法及运算法则的运用等。

这样的交流讨论，不仅使学生深化了知识和技能，而且进一步落实了阅读的要求，形成了良好的阅读习惯。他们在学会阅读的过程中，尝到了阅读滋味，进一步激发了阅读兴趣。

在初一第一学期的前半学期，结合教材特点及学生阅读能力的发展情况，可以反复交替使用示范读、引导读、独立读的方法，从而有效地培养学生的阅读能力，使学生渐渐地学会阅读。

初二学习平面几何时，阅读几何书虽有与阅读代数书相类似的地方，如同样需要析理、比较、批判、探索等，但又有其不同的地方，如学习几何必须采取文字语言、图形、符号语言相结合的方法，几何语言更加抽象概括，等等。因此，刚学几何时也须经历示范读、引导读、独立读几个阶段的反复训练与培养，才能使学生学会阅读几何书。

2. 层次二：学会整理

在学生学会阅读的同时，应该使学生学会在理解的基础上整理出知识的逻辑结构和相应的研究方法，善于把新的知识和研究方法有机地纳入到已有的认知结构里去。

如学习“代数式的值”时，在自学启示课上教师作如下的示范性引导。

我们研究了用字母表示数，进而又研究了用运算符号把数或表示数的字母联结而成的式子叫做代数式，单独的一个数或一个字母也是代数式，用代数式可以简明地表达数与数之间的运算或运算结果。由于代数式里的每个字母都表示数，因此，数的一些运算规律也适用于代数式，式的运算实质上是数的运算，当代数式中的字母所表示的数确定了的时候，该代数式所表示的数值，即代数式的值也相应确定。

边讲解边理出教材知识展开的顺序图：

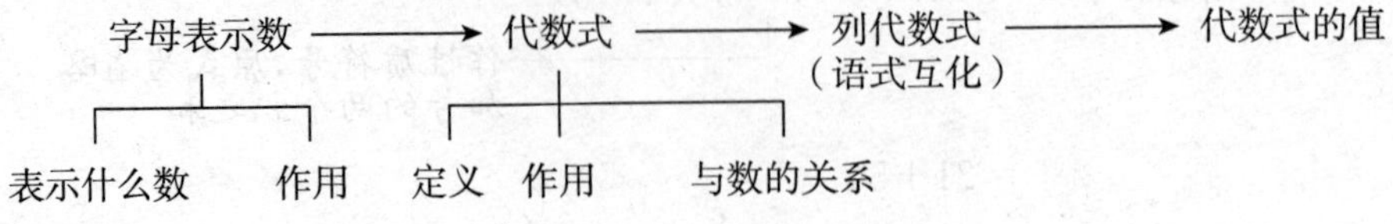

然后，教师揭示本课研究的课题“代数式的值”，要求学生自己阅读这节教材的内容。

学生在自学教材时，又对代数式的值的定义、求代数式的值的步骤进行了整理，并纳入到以上的知识结构中去：

代数式的值
- 定义
- 求值步骤
  - 代入
    - 用什么数值代入——代数式中字母的取值范围（不用使代数式和它所表示的实际数量失掉意义的数值代入）
    - 代入方法（一般先化简，后代入。代入时，代数式中的运算符号和具体数字都不能变；原来省略的运算符号应该添上；字母给出的值是负数或分数时，注意添加括号）
  - 计算　（按有理数运算法则、顺序和运算律进行）

3. 层次三：学会迁移

学生独立地运用已有的知识结构和认识方法学习新的内容。结构相同或相似的知识，乃至对结构不同或差异较大的新知识，也能通过“同化”和“调整”等手段，采用对比、类比、化归、实验等方法进行内化。这种学习上的迁移能力是十分重要的。

例如，学生将学习“角的平分线”的经验——知识结构和研究方法迁移到“线段的垂直平分线”的学习中。课堂教学实录整理如下：

师：我们已经学习了“角的平分线”，回顾一下这节教材的知识结构和相应的研究方法。

生：研究“角的平分线”时，首先复习了角平分线的定义，而后再研究它的性质定理“在角的平分线上的点到这个角的两边的距离相等”和判定定理“到一个角的两边的距离相等的点，在这个角的平分线上”，由性质定理和判定定理得：角的平分线是到角的两边距离相等的所有点的集合。

生：还研究了定理的应用。判定定理可用来证明角相等，即已知角被平分。性质定理可用来证明两线段相等，即一点到两相交直线的距离相等。

生：在作图中也有应用。

师：同学们都讲得很好。今天我们学习新的课题："线段的垂直平分线"。（板书课题）如何研究"线段的垂直平分线"？研究哪些问题呢？

生齐答：和"角的平分线"一样的！（同座的或前后桌的同学自由地小议论起来）

师：请同学们说说和"角的平分线"怎样一样？

生：研究方法一样！先回顾线段垂直平分线的定义，再画出线段的垂直平分线，研究这条直线上的点和线段有什么关系，以及有这样关系的点是不是都在这条线段的垂直平分线上，线段的垂直平分线是否是一个具有某种性质的所有点的集合。

师：同学们能猜想线段的垂直平分线上的点具有的性质吗？

生：能！线段垂直平分线上的点和这条线段两个端点的距离相等。

师：如图，MN 是线段 AB 的垂直平分线，垂足为点 O，怎样证明同学们猜想的命题呢？

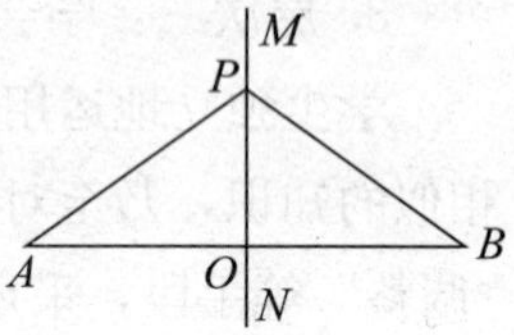

生：和证明角的平分线定理的方法一样！在 MN 上任取一点 P，连得 PA、PB，可证明 $\text{Rt}\triangle PAO \cong \text{Rt}\triangle PBO$，推出结论 $PA=PB$。

师：很好！同学们用在直线 MN 上任取一点 P 证明 $PA=PB$，从而证明直线 MN 上的所有点都与 A、B 的距离相等。由此得到线段的垂直平分线定理：线段垂直平分线上的点和这条线段两个端点的距离相等。它有逆定理吗？

生：有！和一条线段两个端点距离相等的点，在这条线段的垂直平分线上。

师：如何证明？

生：（独立研究）

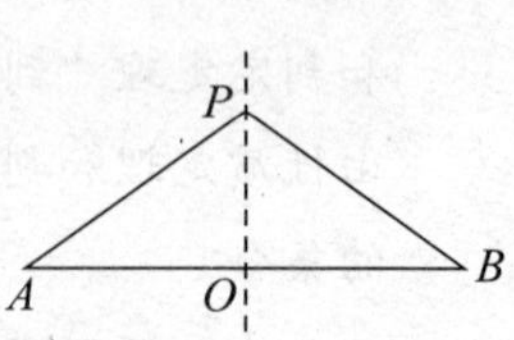

生：（板演）已知：如图，$PA=PB$。

求证：点 P 在 AB 的垂直平分线上。

证明：过点 P 作 $PO\perp AB$ 于点 O。

$\because$ $PA=PB$，

$\therefore$ PO 平分 AB。

生：由等腰三角形"三线合一性质"可知，也可以过点 P 作过 AB 中点 O 的直线 PO，直线 PO 也垂直于 AB。

师：很好！我们过点 P 作的直线 PO 只能满足"垂直于 AB"和"平分 AB"两个条件中的一个，而后运用等腰三角形的"三线合一性质"证明其也满足另一个条件。

师：证得线段的垂直平分线定理和逆定理之后，可知"线段的垂直平分线可以看作和线段两个端点距离相等的所有点的集合"。

同学们根据"角的平分线"一节教材的结构，能猜想"线段的垂直平分线"这节教材中安排的例题吗?

生：证三角形两边的垂直平分线的交点到三个顶点的距离相等。

师：对！证题思路也和证三角形两条角平分线的交点到三边的距离相等的思路一样！

生：也可以在已知三角形内作出一点，使这点到三角形的三个顶点的距离相等。

师：这就是同学们所说的"定理"和"逆定理"在作图中的应用吧！你们会吗?

生：会。

师：请同学们独立完成以上的证明题和作图题。

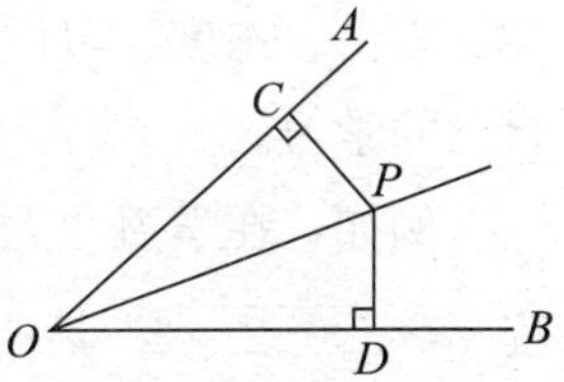

生：(独立完成练习后，相互交流讨论)

师：请同学们思考：如图，$PC \perp OA$ 于点 C，$PD \perp OB$ 于点 D，根据角的平分线定理的逆定理就可以判定 OP 平分 $\angle AOB$。

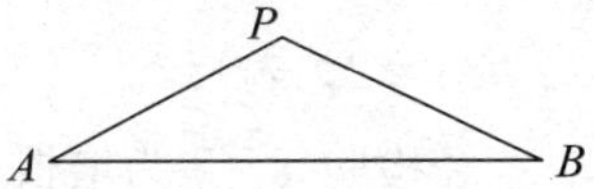

如图，$PA=PB$，根据线段的垂直平分线定理的逆定理能判断点 P 在 AB 的垂直平分线上，此时能否确定线段 AB 的垂直平分线的位置? 为什么?

生：不能！因为过 P 点有无数条直线。根据"两点确定一条直线"，必须再已知与 A、B 距离相等的一个点，如点 Q，这时过点 P、Q

的直线 PQ 才是 AB 的垂直平分线。

师：很好！这与角平分线定理的逆定理的运用不同，因为角的平分线是射线，它的端点就是角的顶点，这点是已知的。所以同学们学习新知识时不仅要善于由已掌握的知识去联系、猜想、推证新知识，而且还要善于比较，既掌握类似的、相近的知识和方法，也要掌握其不同的方面。

（下略）

在本节课的学习过程中，学生充分地运用了自己已有的“角的平分线”的知识结构和认识方法，对新的但结构和研究方法类同的教材“线段的垂直平分线”进行自学，显然不仅提高了学习效率，而且激发了学生自主学习的热情和兴趣。再加上教师的适时引导，使得学生不仅将新知同化到原有的知识结构中，而且学习了如何对新的情况、新的问题进行正确的调整，进一步提高了自己的自学能力。

4. 层次四：学会评价

学会评价，就是学生对自己和同学的学习成果能作出价值判断。具体地讲，就是在独立自学和交流讨论过程中，学生能及时获得反馈，从自己和同学对知识的理解、技能掌握的程度、应用能力、思维品质的形成和学习兴趣、方法、态度、习惯等方面进行恰当的评判，并能据以自觉地相应地调整自己的学习。

例如，在学习“无理方程”时，学生独立完成了课本中的练习题“解方程 $x+\sqrt{x-2}=2$”后交流讨论时，有如下的解法。

解法一：$\sqrt{x-2}=2-x$，

$x-2=(2-x)^2$，

$x_1=2$，$x_2=3$。

经检验 $x=3$ 为增根，$x=2$ 是原方程的解。

解法二：$(x-2)+\sqrt{x-2}=0$，

$\sqrt{x-2}(\sqrt{x-2}+1)=0$，

$\because\ \sqrt{x-2}+1\neq0$，

∴ $\sqrt{x-2}=0$，

∴ $x=2$。

解法三：$\sqrt{x-2}=2-x$，

∴ $\begin{cases}x-2\geqslant 0,\\ 2-x\geqslant 0。\end{cases}$

∴ $x=2$。

学生对以上学习成果作出了如下评价：

解法一是常规解法，说明已掌握了新知；解法二运用了非负数的性质得$\sqrt{x-2}+1\neq 0$，这就避免了产生增根；解法三运用了二次根式的意义及算术平方根的意义解方程，这种方法更简便。选用解法二和三的同学，不仅对旧知掌握得牢固，而且善于在新的数学情境中分析出这些已掌握的知识，从而运用这些旧知去解决新问题。这是提高解题能力的重要一点。

又如，学习课本上的例题：

已知：如图 5-80，BE、CF 是$\triangle ABC$ 的中线，它们相交于点 G。

求证：$\frac{GE}{GB}=\frac{GF}{GC}=\frac{1}{2}$。

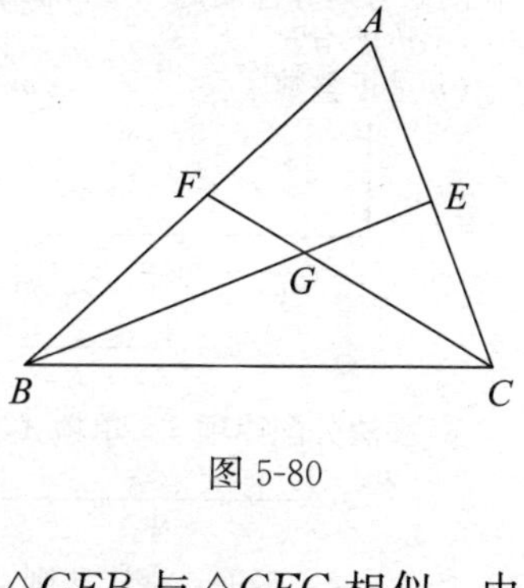

图 5-80

课本的分析如下：要证明四条线段成比例，一般是证明这四条线段分别是两个相似三角形的对应边，从图中可以看到，GF、GB 在$\triangle GFB$ 中，GE、GC 在$\triangle GEC$ 中，但是，即使$\triangle GFB$ 与$\triangle GEC$ 相似，由于$\angle FGB=\angle EGC$，可能得到的比例$\frac{GE}{GC}=\frac{GF}{GB}$或$\frac{GE}{GC}=\frac{GB}{GF}$也不符合要求，因而只能另找办法。考虑到点 E、F 是 AC、AB 的中点，如果连接 EF，那么 $EF\parallel BC$，又 GF、GE 在$\triangle GFE$ 中，GB、GC 在$\triangle GBC$ 中，这样就可以证明比例式成立了。

学生们独立阅读后，对课本的分析进行评价：这种分析不符合我们的思维规律，因为从题设 F、E 是 AB、AC 的中点，很自然就会想到“三角形中位线定理”，再从结论$\frac{GE}{GB}=\frac{GF}{GC}=\frac{1}{2}$很快想到连接 EF，根据“平行于三角形的一边的直线和其他两边（或两边的延长线）相交，所构成的三角形与原三角形相似”便可证得比例成立。这种思路明显，分析时不易走弯路。而课本的分析，阅读时反而难以理解。

5. 层次五：学会总结

就是要学会作课堂学习总结、单元学习总结、全章学习总结、学期学习总结以及专题总结等，把已学的数学知识、思维方法和研究方法条理化、系统化，并达到熟练掌握、灵活运用的程度。

例如，学生学完了幂的四条运算性质和多项式的乘除法则后，有同学作了如下的总结：

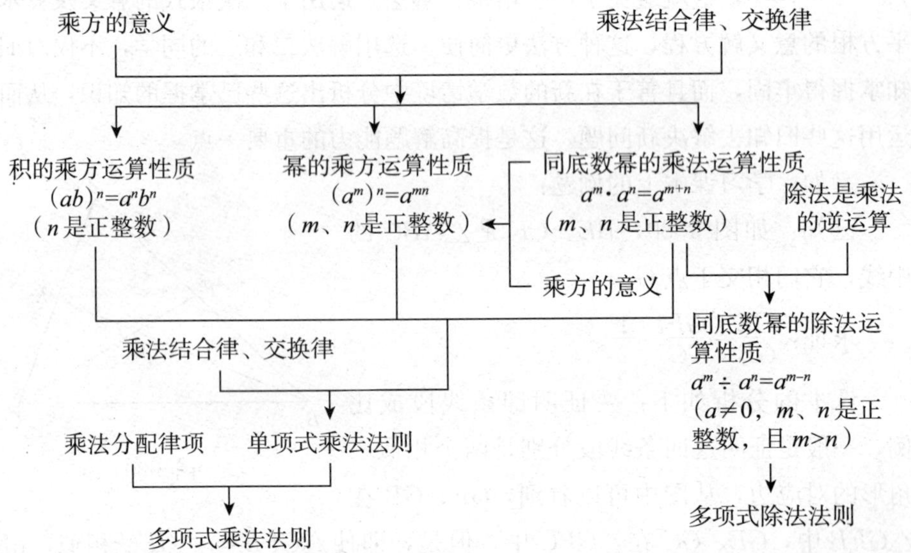

6. 层次六：学会探索

学会探索就是在教师的引导下，学生以已有的知识结构和研究方法为基础，在阅读新教材内容前，抓住课题，按照数学知识的结构特点和内在逻辑的发展趋势，进行创造性的探索，并对探索成果进行系统概括，然后再通过阅读课文、交流讨论，进行补充和深化。

例如，学习反比例函数 $y=\frac{k}{x}$ 时，学生根据研究一次函数的经验，首先研究特殊的反比例函数 $y=\frac{1}{x}$，分析自变量 x 与函数 y 的取值范围，由此判断该函数图象不过原点（0，0），再列出自变量 x 与函数 y 的对应值表：

x	…	-2	$-\frac{3}{2}$	-1	1	$\frac{3}{2}$	2	…
y	…	$-\frac{1}{2}$	$-\frac{2}{3}$	-1	1	$\frac{2}{3}$	$\frac{1}{2}$	…

发现该函数图象关于原点对称，由此推测其图象分别在第一、三象限，无限延伸但不会与 x 轴、y 轴相交……由此进一步探究函数 $y=\frac{-1}{x}$ 的图象和性质，概括出反比例函数 $y=\frac{k}{x}$（$k\neq0$）的图象和性质后，再通过阅读教材，补充和深化认识。

上述培养自学能力的六个层次间的关系是辩证的。

（1）阅读是重要的基础，整理、迁移、评价是发展，总结、探索是追求的目标。

（2）学生自学能力的发展是逐步提高层次的，前面层次是后面层次发展的基础。六个层次是螺旋式上升的。

（3）六个层次之间的联系，往往是“你中有我，我中有你”。纵向发展有递进关系，横向发展又有交叉关系。

五、创设适宜情境，构建和谐关系

（一）营造学生身心愉悦、感受心理安全和心理自由的学习环境

学习“三角形相似的判定”的习题课上，教师给出练习题：

如图 5-81，正方形 $ABCD$ 中，点 E 是 CD 的中点，点 F 在 BC 上，且 $BF=3CF$，则图中有几对相似三角形？写出相似的三角形，并说明理由。

稍加思考后，就有几个学生同时从座位上站起来，要上讲台讲解，此时 A 同学离开位置最快，“捷足先登”，其余的几位同学也就默契地回到了自己的座位上，坐下来后，认真地听 A 同学的讲解。

A 同学说：图中有一对相似三角形，即 $\text{Rt}\triangle ADE\backsim\text{Rt}\triangle ECF$（指着图形讲解），因为由已知条件可知 $\frac{AD}{DE}=\frac{EC}{FC}=2$，且夹角 $\angle D=\angle C=90°$，所以

判定它们相似。话音刚落，“不止一对！还有！”下面的同学异口同声。与此同时，B同学快步走上了讲台，指着图形给A同学及全班同学看，还边讲解：“还有Rt$\triangle ABF$也与Rt$\triangle ADE$和Rt$\triangle EFC$相似。”“哈哈！不对，不相似！”下面的同学情不自禁地友善地边笑边提示B同学。这时讲台上的A同学反过来帮助B同学，说：“$\frac{AB}{BF}$

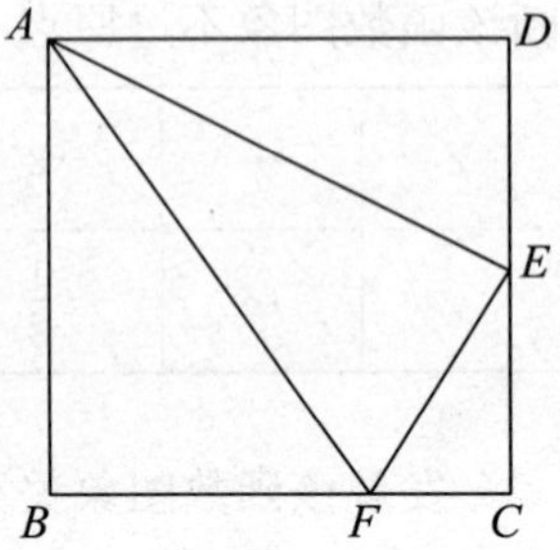

图 5-81

$\neq 2$，所以$\triangle ABF$与另两个直角三角形的直角边不对应成比例，所以它与$\triangle ADE$和$\triangle ECF$不相似！”B同学明白了，两人高兴地走下了讲台。“还有三角形与$\triangle AFE$和$\triangle EFC$相似！”C同学边说边跑，走上了讲台，拿起粉笔在黑板上指着图形边写边讲：设正方形边长为a。由已知条件，运用勾股定理可求得$AE=\frac{\sqrt{5}}{2}a$，$EF=\frac{\sqrt{5}}{4}a$，$AF=\frac{5}{4}a$，由勾股定理逆定理可得$\angle AEF=90^\circ$，因为$\frac{AE}{EF}=2$，所以Rt$\triangle AEF$与Rt$\triangle ADE$和Rt$\triangle ECF$都相似。“对！”全班同学高兴地认同C同学的讲解。但赞同的同时，又有同学站起来争着要发言。其中一位同学说：“证得Rt$\triangle ADE \backsim$ Rt$\triangle ECF$后，由相似三角形的对应角相等，可得$\angle AED=\angle EFC$；由直角三角形两锐角互余知，$\angle EFC+\angle FEC=90^\circ$，因而$\angle AED+\angle FEC=90^\circ$。因为$\angle DEC$为平角，所以$\angle AEF=90^\circ$。”教师鼓励学生说：“同学们积极地思考，思路虽不同，但都正确！不同的思路，应用了不同的知识，大家交流后，一个同学的成果，成为大家的成果，因而每个人的收获就更大了。现在总结一下，一共有几对相似三角形？”“三对！”学生们富有成就感地回答。教师又问：“Rt$\triangle AEF$与Rt$\triangle ABF$相似吗？”学生们肯定地回答：“不相似！”

在这个学习过程中，充分表现了学生不仅需要一种表现的满足，更需要求得学习的共鸣，获得创造的成果。也就是说，学生需要自由地、自主地释放自己的学习主体性，施展自己的学力。如果教师占据讲台不让，一言堂，一定要学生在教师的指挥棒下，按照教师设计的教学流程一程一程地往前走，或者对学生的不严密、不完整甚至错误的思维结果简单地否定了之，甚至不耐烦或者呵斥，就会关闭许多学生思维的阀门，熄灭学生思维的火花，造成学生的心理拘谨或压力。而教师把学习的主动权真正还给学生，让学生敢于表达自己的见解，既自由地表现自己，又互相真诚地交流合作，并且教师以及在教师引导之下的学生群体都不给学生的行为和思维以无谓的限制，而是用赞许期待的言行，热情的鼓励、启发、指导，无拘无束的互助合作，迎来的就不仅是一节课的成功，更是师生之间、同学之间的深切的信任和学生主体意识的张扬。如果每节课都能营造出学有主动权、学有乐趣、学得忘我的氛围，学生就可以在一个民主、开放的课堂里，深深体验和享受着心理安全和心理自由的幸福，从而释放出自己潜在的智慧，独立思考，独立创造，独立交往，独立判断，使学悟其义、悟其理、悟其情，那么我们的课堂肯定会充满智慧的交流、情感的交融和激励。若这种智慧与情感的交流贯穿于学生学习、生活的所有过程，那么学校生活就不只是学生学习过程的重要构成部分，而且会成为学生张扬个性、汲取知识、获得发展的生命历程中的重要组成部分。

（二）构建平等、民主、互助合作的师生关系和同学关系

虽然师生之间在知识和年龄上是有较大差异的，学生之间在学习情感态度、学习能力、学习质量等方面也存在着不平衡，但是教师和学生都是具有独立人格的人，首要的是要相互平等、民主、尊重。由于教师在与学生交往过程中，其一言一行所表现出来的观念、道德情操、学识、性格、气质等无不对学生产生巨大的榜样作用、示范作用，因此教师首先必须把自己置于与学生平等的位置上，要认识到教师和学生只是知识的先知者与后知者、知多者与知少者的关系，并不存在尊卑的关系；教师不应以知识的权威者自居，并对学生存在偏见和歧视；教师更应明确自己的职责，教师是学生的引导者、指导者、辅导者、帮助者，与学生共同探索、创造，使学生获得全面发展。因此，应该从根本上改变传统的教育观念，真正地把学生看成是“一个具有世界上最大丰富性和主动性的生命”，是“学习的主人”，并把这种理念转化为一种自觉行为贯彻落实到教育教学全过程中去，真正地让学生想自己所想，说自己所说，质自己所疑。在课堂上要给予学生自主学习、发展的时间，引导学生自己（辅以小组议论、帮助）阅读课本、参考书，自己进行分

析、归纳、综合、分类等；给学生表达、交流、自行调整的机会，课上不仅要革除“传授性教学”，还要克服“纯演绎性学习”方式；给学生动脑、动手、动口实践、体验、交流的机会，这样才能变成研究性、探索性学习；给学生以方法，介绍如何阅读、如何研究问题变化和发展情况、如何开展联想、猜想等；还要指导学生选取学习材料，不仅以课本为主要学习研究材料，同时还向不同层次水平的学生介绍一些有关的参考读物；等等。只有在这样的学习环境中，才能真正建立师生间、生生间的民主、平等、互助合作的关系。

（三）创设课堂教学的良好状态

课堂教学的良好状态，是保证课堂学习活动顺利进行和取得理想效果的重要条件。

1. 什么是课堂教学的良好状态

1970 年以前，我基本上采用的是传统的教学方法，因此认为课堂教学的良好状态是以“学生不吵不闹，认真听讲”为主要特征的。在进行教学改革的初期，也曾认为“有问有答，热热闹闹”才是良好状态的主要标志，也曾为课堂上有学生“答题出差错”破坏了良好状态而感到遗憾……所有这些都说明，当时对“什么是课堂教学的良好状态”的认识是模糊不清的。随着教学改革的不断深入，总结正反两方面的经验，对这个问题有了新的认识，并以此作为教学中不断追求的目标和不断探讨的课题。

（1）课堂教学良好状态的外在特征。

① 和谐。课堂上气氛和谐，关系融洽，配合默契，听不到呵斥，看不到僵局和苦恼的阴影，有的是推心置腹的交流讨论，有的是妙趣横生的智力活动的生动场面和取得智力劳动成果而感到欢快的镜头。

② 热情。情绪热烈，锲而不舍，课堂上看不到“旁观者”，看不到“怠学生”，而是生动活泼的寻求知识的场面。

③ 深刻。议论时有胆略、有见地、有深度，学生能提出值得探讨的问题和发表有一定水平的见解，教师能把学习引向纵深。

④ 扎实。从课堂上反映出学生学到的知识比较巩固，能经受时间的检验。新知识的获得是他们智力劳动的成果，教学过程显示了学生知识与智

力、智力与非智力的和谐发展。

（2）形成课堂教学良好状态的内在因素。

① 信赖。师生之间、同学之间在思想上彼此信赖和支持，情感上水乳交融。

② 热爱。师生都热爱数学，对学习有兴趣，有强烈的求知欲望，不仅用理智而且用情感感知周围世界。教师也渴望取得良好的教学效果，不仅用理智而且用情感引导学生学习数学。

③ 渴求。把知识及掌握知识的能力看成是现在和未来精神文明生活的需要，看成是将来从事工作和学习的必不可少的条件。

④ 自信。有着顽强的探索精神，有着教好、学好的自信心。

上述的“外在特征”是从“内在因素”中迸发出的外部表现，这些外部表现又反过来激发和强化“内在因素”。被激发和强化了的“内在因素”又进一步促使外部表现更为强烈，这种连续不断的良性循环，往往使课堂学习出现高潮，它是“良好状态”取得巩固和发展的直接动力，但还不是决定因素，起决定因素和指导作用的是科学的教育思想。如果这种科学的指导思想也作为内在因素的话，它才是内在因素的核心。

（3）正确的教育思想。

从根本上来说，正确的教育思想才是课堂教学良好状态的决定因素。在教学中我们可以用以下几条作为考虑问题的出发点。

① 学生是学习的主体。从这个指导思想出发，充分调动和发挥智力因素的作用，尊重学生学习的主动权，力图使学生在学习时始终保持主动、能动的状态。在任何时候都不忘记给学生显示才能、发展才能的机会。而教师是课堂教学的组织者，是学生学习的引路人，一切从学生实际出发，教为学服务。因此，要和学生平等相处，共同探讨问题，教学相长。

② 全面体现智育要求。教学要做到知识与智力发展的协调一致。如果智力落后于知识的掌握，学生就会感到学习是一种负担和苦恼，知识越多，记忆的负担越重，思维也会僵化。如果知识落后于智力，那么智力的发展就会受到限制。因为知识是智力发展的源泉，获得知识的过程应是追求真理的过程，是生动的智力活动的过程。

③ 讲究实际效果。即要求与实效的一致。教学要讲究实效，表面的热闹、脱离“双基”的难题训练等等是虚假的繁荣。少数人的发言“失误”也不一定就是效果差，看效果是要看学生受益的深度和广度。

④ 切实贯彻素质教育的要求。要在数学教育中，融德、智、体、美、劳各育为一体，全面培养学生，面向全体学生，使全体学生都获得个人全面的、充分的、最大的发展。

2. 怎样使课堂教学形成良好状态

怎样使课堂教学形成良好的状态？除了树立正确的教育思想，确定恰当的追求目标外，还要选择有效的方法。对于自学·议论·引导教学，无论是什么课型的课，都要注意处理好下面几个关系。

（1）动和静。

学生个体自学时，为了使学生能“静悄悄地从事紧张的脑力劳动”，不因受到某种干扰而打断思路，就要求教室里有个宁静的状态，切忌隔几分钟提示几句，隔几分钟再叮嘱几句。但是静并不意味着松松垮垮、没精打采，而是静中有动。此时，由于渴求知识、探索规律的愿望，学生的脑海里翻腾着各种问题。讨论应该热烈地进行，敞开思路，广开言路，各抒己见，这是一种动的状态。但是，动也并不意味着凑凑热闹、瞎说一气，而是动中有静，任何一个见解都应该是深思熟虑、冷静思考的结果。课堂中的一切活动都热烈镇定而有秩序地进行着。

（2）放和收。

要使交流讨论既能取得好的效果又不浪费时间，影响进度，就要处理好放和收的关系。原则上是放中有收，收中有放。所谓放中有收，就是说“放”是在教学要求的一定程度上的“放”，知识领域的一定范围内的“放”，教学进度一定发展阶段上的“放”。学生在师生所控制的这种尺度内（一定时间后，学生也会与教师形成一种默契，自觉地掌握这种尺度）敞开思路，广开言路。所谓收中有放，就是说控制的尺度也不是一成不变的，有时可根据教学的进展情况作灵活的调度，同时也允许有少数人冲破这个“禁区”，向更广泛、更深入的领域进行探讨。

特别要注意的是，当学生的思维活动和思维成果越出教师所设计安排和期望的轨道时，教师不要中断学生的思维活动，不要强行将学生的思维过程纳入设计的轨道。因为这样做会抑制学生创造性思维的发展。在讨论过程中，教师应该发挥学生相互之间的激励作用，引导学生充分地利用他人的思维成果来激励自己的创造性思维。

(3) 得和失。

每一位教师总是希望通过教学活动使学生学有所得。但是，事实上总会有得有失，或者是“得利失弊”，或者是“得弊失利”。如果以解题为中心来组织教学，实际上得到的是机械的解题“诀窍”，失去的是分析与解决问题的能力的培养、系统的基础知识的掌握和学习的信心与兴趣，这就叫“得弊失利”。只有重视基础知识的学习和基本技能的训练，发展学生的学力，才能“得利失弊”。如果教师过于迷信自己讲的功效，而忽视让学生自主自觉地进行自学实践，学生获得的知识是死的知识，这就是“明得实失”。而且这种靠机械记忆的知识往往是不巩固的，得而复失的危险是明显存在的。重视学生自学能力的培养，虽然在初期要多花一些时间，影响一点进度，但随着能力的增强，学习进度会逐步加快，会出现“失而复得”的现象。课堂上满足于少数人的积极活动，而置多数人于不顾，势必造成“得少失多”。如果只是一味追求考试得分，而把学生辩证唯物主义世界观的形成、智力发展和能力培养放在可有可无的地位，那就会“得近失远”、“得小失大”，使我们的教育教学工作犯战略性的错误。

正确处理好以上三个关系，才能使课堂教学的良好状态纳入正确的轨道。

有了正确的指导思想，有了明确的追求目标，有了恰当的教学方法，还不等于可以立竿见影地使课堂教学形成良好的状态。为了形成课堂教学的良好状态，至少要完成三件事：一是教和学双方旧的教学观的革除和新的教学观的建立，二是教和学双方旧的学习习惯（依赖性、传承型）的改变和新的学习习惯（自主性、探索型）的形成，三是教和学双方教和学的能力的训练和增强。

学生从幼儿园到进入中学的近十年中，已习惯于传统教法和学法，现在要变“教师讲为主”为“学生自学为主”，这就要碰到一系列问题：为什么要以“学生自学为主”呢？这个“主”学生能做得了吗？这个“主”该是怎么做呢？这里就有个师生共同提高认识的过程，也有一个通过实践来摸索具体方法的过程，还有一个改变习惯和训练能力的过程。实践证明，只有经过长期探索和实践，不断地总结规律，才能形成课堂教学的良好状态。

第六章
自学·议论·引导教学实践案例（上）

案例1　正整数指数幂的乘法

（单元教学，第一课时）

［**教学目标**］

1. 经历同底数幂的乘法、幂的乘方与积的乘方的运算性质的探索过程，体会由特殊到一般的认知方法，建构幂的三条运算性质的结构框架。

2. 通过幂的三条运算性质的简单运用，体验由一般到特殊的思想方法。

3. 通过逆运用幂的运算性质，发展学生思维的灵活性，激发学习兴趣。

［**教学重点**］

幂的三条运算性质的生成，建构知识结构。

［**教学过程**］

一、提供运算情境，激发学生自主运用乘方的意义探讨同底数幂乘法的运算性质

1. 请学生说出下列式子的意义（启发学生内选自学新知识的基础知识）

2^3，2^5，a^m（m 是正整数）。

2. 学生独立计算

（1）$2^3\times2^5$；（2）$\left(\frac{1}{3}\right)^2\cdot\left(\frac{1}{3}\right)^3$；（3）$(0.2)^3\times(0.2)^4$。

3. 比较这三个算式的共同点、运算方法、运算的依据

在个人独立思考的基础上，交流讨论，共同概括：

同底数幂相乘，底数不变，指数相加。

4. 师生共同研究结论的一般性

用 a^m、a^n（m、n 都是正整数）表示两个同底数的幂，证明：

$a^m \cdot a^n = a^{m+n}$（m、n 都是正整数）

$$a^m \cdot a^n = (\underbrace{aa\cdots a}_{m\text{个}a}) \cdot (\underbrace{aa\cdots a}_{n\text{个}a}) \quad \text{……乘方意义}$$

$$= \underbrace{aa\cdots a}_{(m+n)\text{个}a} \quad \text{……乘法运算律}$$

$$= a^{m+n} \quad \text{……乘方意义}$$

5. 总结

同底数幂的乘法运算性质：同底数幂相乘，底数不变，指数相加。

即 $a^m \cdot a^n = a^{m+n}$（m、n 都是正整数）。

6. 拓展延伸

计算：$a^m \cdot a^n \cdot a^k$（m，n，k 都是正整数）。

二、提供实例，引导学生在积极主动的数学实践活动中建构幂的乘方的运算性质

1. 学生独立计算

（1）$(2^3)^2$；（2）$(a^5)^2$；（3）$(a^m)^n$（m、n 都是正整数）。

2. 交流计算方法和依据

（1）解：$(2^3)^2$

$= 2^3 \times 2^3$　……根据乘方的意义转化为同底数幂的乘法

$= 2^{3+3}$　……同底数幂的乘法运算性质

$= 2^6$

（2）解：$(a^5)^2 = a^5 \cdot a^5 = a^{10}$

（3）解：$(a^m)^n = \underbrace{a^m \cdot a^m \cdot \cdots \cdot a^m}_{n\text{个}a^m} = a^{\overbrace{m+m+\cdots+m}^{n\text{个}m}} = a^{mn}$

3. 小结

幂的乘方运算性质：

幂的乘方，底数不变，指数相乘。

即 $(a^m)^n = a^{mn}$（m、n 都是正整数）。

4. 类比同底数幂乘法的运算性质的拓展

猜想：$[(a^m)^n]^k = a^{mnk}$。

三、创设情境，揭示积的乘方的运算性质

计算：（1）$(ab)^2$；（2）$(ab)^n$。

（1）解：$(ab)^2=(ab)\cdot(ab)$　　……乘方的意义

$=(a\cdot a)\cdot(b\cdot b)$　　……乘法交换律、乘法结合律

$=a^2b^2$　　……乘方的意义

（2）解：$(ab)^n=\underbrace{(ab)(ab)\cdots(ab)}_{n个(ab)}=\underbrace{(a\cdot a\cdot\cdots\cdot a)}_{n个a}\underbrace{(b\cdot b\cdot\cdots\cdot b)}_{n个b}=a^nb^n$

总结幂的第三个运算性质。

积的乘方：积的乘方，等于把积的每一个因式分别乘方，再把所得的幂相乘。

即 $(ab)^n=a^nb^n$（n 是正整数）。

同样可得

$(abc)^n=a^nb^nc^n$（n 是正整数）。

四、通过简单的计算练习，将幂的三条运算性质具体化

计算：（1）$x^3\cdot x^2$；　　（2）$m\cdot m^2\cdot m^3$；

（3）$(a+b)(a+b)^3(a+b)^5$；　　（4）$(-5)^2(-5)^3(-5)$；

（5）$(3m)^2$；　　（6）$(a^3)^4$；

（7）$(mnp)^2$；　　（8）$(a^2bc)^3$。

五、课堂小结，形成知识网络

六、课外作业

1. 理解幂的三条运算性质的内容及其形成过程。

2. 阅读三节教材（同底数幂的乘法、幂的乘方、积的乘方）中的例题，体会幂的运算性质的应用。

3. 独立完成教材中的三个练习。

[板书设计]

正整数指数幂的乘法

1. 正整数指数幂的运算性质

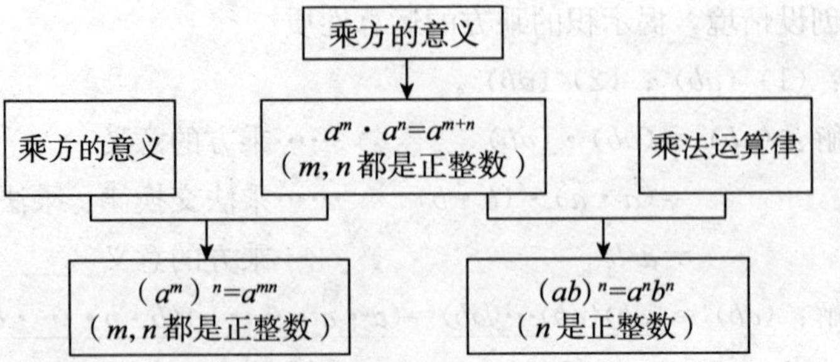

2. 研究方法：特殊——般—特殊

案例 2　正整数指数幂的乘法

（单元教学，第二课时）

［**教学目标**］

1. 通过综合练习，深刻理解、正确运用正整数指数幂的三条运算性质。

2. 通过逆运算正整数指数幂的运算性质，优化思维品质，发展思维能力，丰富数学体验。

3. 通过练习、议论、归纳，提高运算能力。

［**教学重点**］

灵活运用正整数指数幂的乘法运算性质。

［**教学过程**］

一、回顾正整数指数幂的三条运算性质及其生成过程

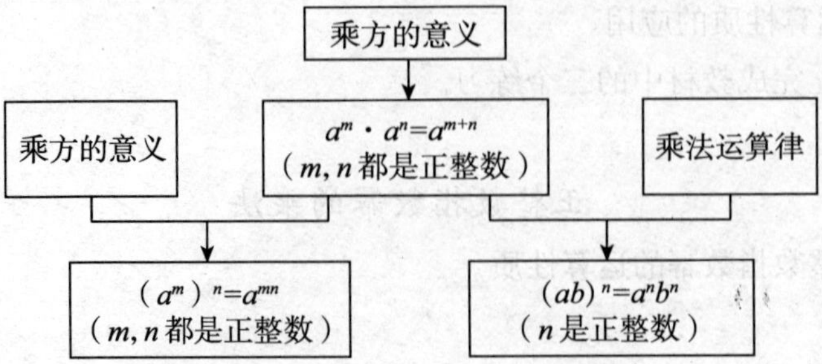

二、独立练习，然后交流，互相评价，总结归纳

1. 计算

（1）$a^5 \cdot a^2 \cdot a=$__________；（2）$a^3 \cdot (-a)^4=$__________；

（3）$(x-y)^2 \cdot (y-x) \cdot (-y+x)^4=$________________；

（4）$(2a+b)^{2n+3} \cdot (b+2a)^{n-2}$（$n>2$ 的整数）$=$________________；

（5）$(-a)^n \cdot a$（n 为正整数）$=$__________；

（6）$x^2 \cdot x^{m+2}-x^{2m} \cdot x^2$（$m$ 为正整数）$=$________________。

归纳：当指数为字母时，只要符合幂的运算性质就可以使用性质；当底数带有“—”号，指数中含有字母时，往往要对指数分奇数与偶数进行分类讨论。

2. 填空

（1）$a^{12}=a^2 \cdot a^{-} \cdot a^3=$__________ $\cdot$ __________（答案不唯一）；

（2）$a^5 \cdot a^3 \cdot a^{-}=a^{10}$；（3）$a^{m-1+-}=a^{2m}$；

（4）$(x-y)^{11}=(x-y)^2 \cdot (y-x)^{-} \cdot ($__________$)^3$。

归纳：可以逆运用同底数幂的乘法运算性质。

3. 填空

（1）$(a^2)^3=$________；（2）$[(a-b)^3]^5=$________；

（3）$[(-x)^3]^4=$________；（4）$a^9=a^4 \cdot$ ________ $=(a^3)^{-}$；

（5）(________$)^2=$ (________$)^3=$ $(a^3 \cdot$ ________$)^2=a^3 \cdot$ ________ $=a^{12}$；

（6）$(c^2)^n \cdot c^{n+2}=$________；（7）$(x^2y)^4=$________；

（8）$(-2xy^2z^3)^2=$________。

归纳：要分析式子特征，正确选用幂的运算性质，善于逆用幂的运算性质。

三、综合练习

1. 计算

（1）$-(-x^5)^2(-x^2)^3$；（2）$(a^2 \cdot a \cdot a^3)^4+(a^3)^8$；

（3）$-m(-m^5)^3$；（4）$-(2pq)^3 \cdot [-(-pq)^2]^6$。

归纳：按照运算顺序，正确运用幂的运算性质和整式运算法则运算。

2. 解答下列各题

(1) $4^x=2^{x+3}$，求 x；

(分析：两个底数不为 1 或 0 的同底数幂相等，则指数也相等，所以应将等式的两边同化成同底数的幂。)

(2) $3\times9^m\times27^m=3^{26}$，求 m；

(3) 已知 $x^{2n}=5$，求 $(x^{3n})^2-4(x^2)^{2n}$；

(4) $a^m=3$，$a^n=2$，求 a^{2m+3n} 的值；

(5) $0.125^{16}\times(-8)^{17}$；

(6) $\left(\frac{3}{2}\right)^9\times\left(\frac{8}{9}\right)^{10}\times0.75^{11}$。

归纳：(1) 要善于观察所求式子的底数与条件中式子的底数的关系，考虑运用（包括逆运用）同底数幂的乘法运算性质；

(2) 在某些计算中逆运用幂的运算性质使运算变得大为简捷。

四、课外作业

1. 填空

(1) $x^5=x^4\cdot(\quad)=(\quad)\cdot(\quad)=(\quad)\cdot(\quad)\cdot(\quad)$；

(2) $a^{12}=(a^2)^{(\ )}=[a^{(\ )}]^{(\ )}$；

(3) $\left(\frac{2}{7}\right)^3\cdot\left(\frac{7}{2}\right)^3=$__________；

(4) $3^{2\,011}\times\left(\frac{1}{3}\right)^{2\,010}=$__________。

2. 计算

(1) $-c\cdot c^5+(c^2)^3$；(2) $(a^2\cdot a\cdot a^3)^4+(a^3)^8$；(3) $(-a)^n\cdot a$（n 为正整数）。

3. 解答下列各题

(1) 已知：$3^a=4$，求 3^{a+2}；

(2) 已知：$3\times9^m\times27^m=3^{26}$，求 m；

(3) 若 $2^a=3$，$2^b=6$，$2^c=18$，求 a、b、c 之间的关系。

4. 分析下列运算类型，探讨运算方法和分析运算依据，尝试总结概括计算：

(1) $3a^3b\cdot2ab^2\cdot(-5a^2b^2)$；

（2）$-4a(2a^2+3a-1)$；

（3）$(a-2b)(3a+b)$。

[**板书设计**]

正整数指数幂的乘法

一、正整数指数幂的运算性质

$a^m\cdot a^n=a^{m+n}$（m、n 都是正整数）

$(a^m)^n=a^{mn}$（m、n 都是正整数）

$(ab)^n=a^nb^n$（n 是正整数）

二、独立练习

1. 计算

归纳：当指数为字母时，只要符合幂的运算性质就可以运用正整数指数幂的运算性质；当底数带有“－”号且指数中含有字母时，往往要对指数分奇数与偶数进行分类讨论。

2. 填空

归纳：可以逆运用同底数幂的乘法运算性质，即 $a^m\cdot a^n \Leftrightarrow a^{m+n}$（$m$、$n$ 都是正整数）。

3. 填空

归纳：要分析式子特征，正确选用幂的运算性质，善于逆用幂的运算性质。

三、综合练习

1. 计算

归纳：按照运算顺序，正确运用幂的运算性质和整式运算法则运算。

2. 解答下列各题

归纳：两个底数不为 1 或 0 的同底数幂相等，则指数也相等，所以应将等式的两边同化成同底数的幂；观察、分析已知条件和所求式子的特征及联系，是能正确运用幂的运算性质的前提。

[**教学研究**]

正整数指数幂的三条运算性质的生长点都是乘方的意义和乘法的运算律。研究的方法也相同，即从特殊入手，发现共性，抽象概括，形成一般规律——运算性质。研究了同底数幂的乘法运算性质之后，学生不仅获得了新知识，更可获得研究的策略和方法，激发深入探究的热情和自信，促进自主建构幂的乘方和积的乘法运算性质的积极主动性。幂的乘方运算性质也可根据乘方的意义将幂的乘法运算转化为同底数幂的乘法运算，运用已建构的同底数幂的乘法运算性质推导出幂的乘方运算性质，因此将三条运算性质作为一个教学单元，不仅出于知识本身的内在逻辑关系和相同的研究方法，而且扩大了学生思维的境域，为学生自主获取、自主建构、自主超越、自主发展创设了更广阔的平台，利于发展学生的学力。

本单元教学分两课时实施，第一课时，重点是生成新知，建构知识结构，完善认知结构；第二课时，重在知识向技能的转化，在运用幂的运算性质运算和解答问题中优化思维品质，提高思维能力，丰富数学体验，激发数学学习兴趣，增强自主探究的信心和主动积极性。

案例3 二次根式的加减

[**教学目标**]

1. 立足整式加减的方法以及经验的迁移，探究二次根式的加减运算方法，提高学生自主学习水平。

2. 在运算实践中，体会有理数的运算、二次根式的运算以及整式运算之间的联系，感受数的扩充过程中运算性质和运算律的一致性以及数式通性等。

3. 正确进行二次根式的加减运算。

[**教学重点**]

二次根式的加减运算方法。

[**教学难点**]

正确进行二次根式的加减运算。

[**教学过程**]

一、在问题解决的现实情境中，呈现二次根式的加减运算，引导学生自主将整式的运算法则和公式正向迁移到二次根式的运算中，体会研究二次根

式的加减运算是实际的需要

1. 提出问题

现有一个面积为 32 cm^2 的大正方形 S_1，能否在这个大正方形上截出两个面积分别为 8 cm^2 和 18 cm^2 的小正方形？（不拼接）

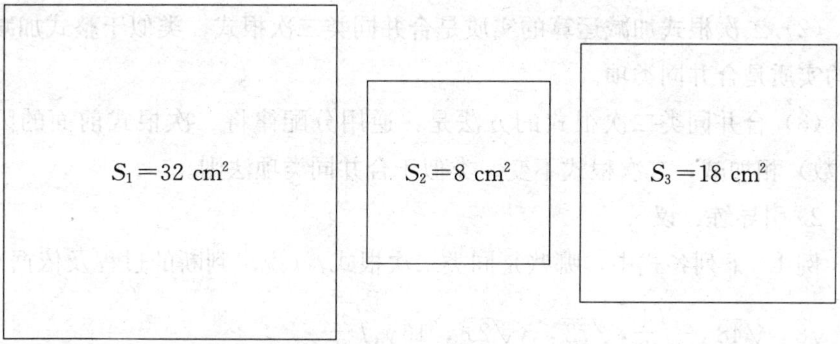

（三个正方形纸板的教具）

图 6-1

2. 思考分析

问题的实质是比较大正方形的边长与两个小正方形边长之和的大小。

3. 探究、交流

∵ $\sqrt{32}=4\sqrt{2}$　　……化成最简二次根式

$\sqrt{8}+\sqrt{18}=2\sqrt{2}+3\sqrt{2}=(2+3)\sqrt{2}=5\sqrt{2}$　　……类似于整式合并同类项，将化简后完全相同的二次根式合并

又∵ $5\sqrt{2}-4\sqrt{2}=(5-4)\sqrt{2}=\sqrt{2}>0$　　……用“作差方法”比较两个数的大小

∴ 不能在面积为 32 cm^2 的正方形上截出这样的两个小正方形。

4. 揭示解决问题的过程

这就是本节课研究的课题——二次根式的加减。

二、在尝试探究的基础上，揭示二次根式加减运算的方法、根据、一般步骤

1. 反思总结

如何求出$\sqrt{8}+\sqrt{18}$，$5\sqrt{2}-4\sqrt{2}$的？

学生自己类比整式的加减运算方法，教师适时点拨，得出如下知识。

(1) 化简后被开方数相同的二次根式是同类二次根式，类似于整式中的同类项。

(2) 二次根式加减运算的实质是合并同类二次根式，类似于整式加减运算的实质是合并同类项。

(3) 合并同类二次根式的方法是：逆用分配律将二次根式前面的因数（系数）相加减，二次根式不变。类似于合并同类项法则。

2. 引导练、议

例1　下列各式中，哪些是同类二次根式？（说出判断的过程及依据）

$\sqrt{8}$，$\sqrt{48}$，$\sqrt{\frac{1}{3}}$，$\sqrt{72}$，$y\sqrt{2x}$，$16y\sqrt{\frac{x}{8}}$。

总结：判断几个二次根式是不是同类二次根式，首先要将各二次根式化成最简二次根式，而后再看被开方数是否相同。

例2　下列计算是否正确？如有错误，请改正。

(1) $\sqrt{8}-\sqrt{2}=\sqrt{6}$；(2) $2\sqrt{3}+5\sqrt{2}=7\sqrt{5}$；(3) $3\sqrt{x}+x\sqrt{x}=3+x\sqrt{x}$。

强化二次根式加减运算的实质是合并同类二次根式，若二次根式前面的因数是多项式，必须添加括号。

例3　若最简二次根式$\sqrt{6a-b}$与$\sqrt[b+3]{7a+b}$是同类二次根式，求这两个二次根式的和。

（将最简二次根式、同类二次根式、二次根式加减运算综合在一起，提高学生的思维能力，在比较中进一步强化对概念的认识和掌握。）

解：∵　最简二次根式$\sqrt{6a-b}$与$\sqrt[b+3]{7a+b}$是同类二次根式，

∴ $\begin{cases} b+3=2, \\ 6a-b=7a+b. \end{cases}$

解这个方程组得$\begin{cases} a=2, \\ b=-1. \end{cases}$

∴　$\sqrt{6a-b}+\sqrt[b+3]{7a+b}=\sqrt{13}+\sqrt{13}=2\sqrt{13}$。

例4　计算：

（1）$2\sqrt{8}+5\sqrt{\frac{1}{50}}-\frac{1}{4}\sqrt{32}$；　　（2）$\frac{1}{2}x\sqrt{4x}+6x\sqrt{\frac{x}{9}}-2x^2\sqrt{\frac{1}{x^3}}$。

（1）解：$2\sqrt{8}+5\sqrt{\frac{1}{50}}-\frac{1}{4}\sqrt{32}$

$=4\sqrt{2}+\frac{1}{2}\sqrt{2}-\sqrt{2}$　　……将各二次根式化成最简二次根式

$=\left(4+\frac{1}{2}-1\right)\sqrt{2}$　　……合并同类二次根式

$=\frac{7}{2}\sqrt{2}$　　……根式前面的因数若是带分数必须化成假分数

（2）解：$\frac{1}{2}x\sqrt{4x}+6x\sqrt{\frac{x}{9}}-2x^2\sqrt{\frac{1}{x^3}}$

$=x\sqrt{x}+2x\sqrt{x}-2\sqrt{x}$　　……将各二次根式化成最简二次根式

$=(x+2x-2)\sqrt{x}$　　……合并同类二次根式

$=(3x-2)\sqrt{x}$　　……根式前面的因数若是多项式，必须添加括号

在学生独立练习，并有同学进行板演的基础上，师生共同评价解题的过程、依据、结果及注意点，并概括二次根式加减运算的一般步骤：先化简、后合并。

三、熟练进行二次根式的加减运算，体验数、式运算算法的一致性

计算：

（1）$\sqrt{24}-\left(\sqrt{\frac{1}{2}}-2\sqrt{\frac{2}{3}}\right)-\sqrt{\frac{1}{8}}$；

（2）$2x\sqrt{\frac{2}{x}}+\frac{1}{3}\sqrt{4y}-\left(\sqrt{\frac{x}{2}}-y\sqrt{\frac{16}{y}}\right)$。

（1）解：$\sqrt{24}-\left(\sqrt{\frac{1}{2}}-2\sqrt{\frac{2}{3}}\right)-\sqrt{\frac{1}{8}}$

$=2\sqrt{6}-\frac{1}{2}\sqrt{2}+\frac{2}{3}\sqrt{6}-\frac{1}{4}\sqrt{2}$

$=\left(2+\frac{2}{3}\right)\sqrt{6}-\left(\frac{1}{2}+\frac{1}{4}\right)\sqrt{2}$ ……有理数加法运算律仍适用

$=\frac{8}{3}\sqrt{6}-\frac{3}{4}\sqrt{2}$

(2) 解：$2x\sqrt{\frac{2}{x}}+\frac{1}{3}\sqrt{4y}-\left(\sqrt{\frac{x}{2}}-y\sqrt{\frac{16}{y}}\right)$

$=2\sqrt{2x}+\frac{2}{3}\sqrt{y}-\frac{1}{2}\sqrt{2x}+4\sqrt{y}$ ……去括号法则

$=\left(2-\frac{1}{2}\right)\sqrt{2x}+\left(\frac{2}{3}+4\right)\sqrt{y}$ ……加法运算律、合并同类二次根式法则

$=\frac{3}{2}\sqrt{2x}+\frac{14}{3}\sqrt{y}$

四、师生共同小结

1. 师生共同回顾本节课所研究的内容以及知识形成的过程。

2. 要善于利用类比、迁移、调整的方法去获得新知。

3. 在学习和已学知识相近的新知识时，要学用对比的方法，弄清它们的区别，达到正确掌握。

五、课外作业

必做题：

课本练习/1、2、3。

选做题：

1. 计算：

(1) $\sqrt{x-1}+\sqrt{1-x}+\frac{1}{2}$；

(2) $\sqrt{\frac{x}{y}+\frac{y}{x}-2}+\sqrt{\frac{x}{y}+\frac{y}{x}+2}$ $(x>y>0)$。

2. 若最简二次根式$\sqrt[2a+b]{x^{3a-2}}$与$\sqrt{x^{1-b}}$是同类二次根式，求它们的和。

[**板书设计**]

二次根式的加减

一、化简后被开方数相同的二次根式

——同类二次根式

类似于整式中的同类项。

二、二次根式加减运算的实质是合并同类二次根式

类似于整式加减运算的实质是合并同类项。

三、合并同类二次根式的方法

逆用分配律将二次根式前面的因数（系数）相加减，二次根式不变。类似于合并同类项法则。

四、例题研究

例1 下列各式中，哪些是同类二次根式？（说出判断过程及依据）

$\sqrt{8}$，$\sqrt{48}$，$\sqrt{\frac{1}{3}}$，$\sqrt{72}$，$y\sqrt{2x}$，$16y\sqrt{\frac{x}{8}}$。

例2 下列计算是否正确？如有错误，请改正。

（1）$\sqrt{8}-\sqrt{2}=\sqrt{6}$；（2）$2\sqrt{3}+5\sqrt{2}=7\sqrt{5}$；

（3）$3\sqrt{x}+x\sqrt{x}=3+x\sqrt{x}$。

例3 若最简二次根式$\sqrt{6a-b}$与$\sqrt[b+3]{7a+b}$是同类二次根式，求这两个二次根式的和。

例4 计算

（1）$2\sqrt{8}+5\sqrt{\frac{1}{50}}-\frac{1}{4}\sqrt{32}$；（2）$\frac{1}{2}x\sqrt{4x}+6x\sqrt{\frac{x}{9}}-2x^2\sqrt{\frac{1}{x^3}}$。

［**教学研究**］

很多数学知识、方法间往往存在必然的逻辑联系，生成性的数学教学应关注如何让新知、新法成为已有知识和方法合乎逻辑的自然延伸。对于已有一定知识、技能和方法的学生而言，面对新的研究课题，他们是蕴藏着巨大的学习潜能的。教师必须深入研究教材，研究学生，把握知识的生长点、思维的连接点、方法的迁移点，为学生搭建好自主探究、发挥潜能、体验自身探索创新的能力、水平和价值的平台。在“实数”的学习中，学生对数的认识已经由有理数范围扩大到实数范围，并对实数的运算性质和运算法则有了较好的掌握。二次根式，实质就是非负数的算术平方根。因此，学习“二次根式”时，学生已有了一定的知识、方法和经验的基础，学生对“有理数运

算律和运算法则在实数范围内仍然成立”已有所体验，且在“实数”一章中对二次根式的加减运算已有所接触。在学生初步理解了实数与整式在思考问题的方法以及运算律、运算法则等方面的一致性的基础上，引导学生自觉地正向迁移，进行二次根式的加减运算是完全有条件的。因此，本节课采用了创设情境，引导学生自主探究的学习方法。

课本的引例是：问题：现有一块长 7.5 dm，宽 5 dm 的木板，能否采用如图的方式，在这块木板上截出两个面积分别是 8 dm^2 和 18 cm^2 的正方形木板？

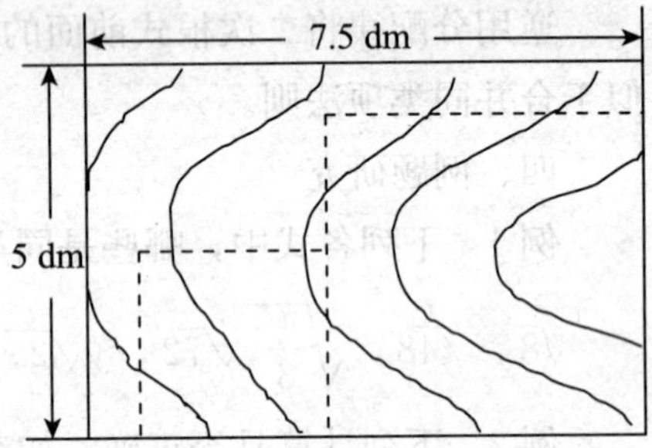

图 6-2

我们考虑到课本给出的图形容易产生误示，认为可以截出这两个正方形木板！所以我们在教材提出的问题的启发下，进行了变换：给出三个正方形纸板，一是减少了运算量，直接化简二次根式；二是更直观，利于启发学生求两个小正方形边长之和再求其与大正方形边长之差，因为提出问题的目的是呈现二次根式的加减，并让学生有能力将整式加减法运算的经验和方法迁移到二次根式的加减运算中来。这样，学生获得二次根式的加减运算方法和一般步骤的过程就不是纯粹被动地接受和记忆的过程，而是不断地迁移、探究，不断地归纳、总结的过程。这样的学习就是探究学习，它把学习建立在人的能动性、自主性和创造性之上，学习过程中的发现、探究、认识活动得到凸显，学生的学习兴趣和热情在学习活动中不断得到激发和激励！我们提倡并实施探究学习对于学生的终身发展是具有深远意义的。

案例 4　相似三角形的判定

[教学目标]

1. 学用类比思维制作相似三角形的判定假设，了解“叠合法”证明的原理和步骤。

2. 理解相似三角形的判定定理，并能初步应用。

3. 通过相似三角形的判定与全等三角形的判定的比较，进一步体会事物间的内在联系。

［教学重点］

相似三角形判定定理的生成及初步运用。

［教学难点］

理解运用“叠合法”证明相似三角形的判定定理。

［教学过程］

一、类比、猜想，启发学生研究“三角形相似的判定”的思路

我们研究了全等三角形的定义、判定、性质，在这个基础上，又研究了相似三角形的有关概念，明白了全等三角形是相似比为1时的相似三角形。我们能用三角形全等的判定方法来判定三角形相似吗？肯定能！但是不需要这么多条件，因为相似三角形只要求形状相同，不要求大小一定相等。现在我们研究如何把条件简化到能保证三角形相似的最少情况——“三角形相似的判定”。

二、师生共同回顾三角形全等的判定方法

三角形全等的判定方法
- “边角边”
- “角边角”——“角角边”
- “边边边”
- “斜边、直角边”

三、学生研究如何由简化三角形全等的判定条件及推论中的条件“$k=1$”（即相似比为1）得出三角形相似的判定条件

四、在学生个人探索研究、小组交流讨论的基础上，全班交流研究成果——猜想的判定命题

三角形相似的判定命题
- 两边对应成比例，夹角相等的两个三角形相似。
- 两角对应相等的两个三角形相似。
- 三边对应成比例的两个三角形相似。
- 斜边和一条直角边对应成比例的两个直角三角形相似。

五、师生共同探究如何证明三角形相似的判定命题，分析证明的思路、方法、依据

1. 教师肯定了同学们根据相似三角形与全等三角形的联系与区别对三角形全等的判定条件进行的调整，制作了三角形相似的判定命题之后，进一步引导："同学们制作的四个命题是不是真命题，能否作为判定三角形相似的依据呢？我们是要对这四个命题一一证明的。回忆一下，我们现在判定三角形相似已有哪些依据了？"

学生们已掌握了两个依据，一是相似三角形的定义；二是根据相似三角形的定义，得到的一个关于三角形相似的结论：平行于三角形一边的直线和其他两边（或两边的延长线）相交，所构成的三角形与原三角形相似（简称"预备定理"）。

2. 教师画出"预备定理"的图形，写出定理的表达式。

如图 6-3，$DE /\!/ BC$，分别交 AB、AC 于点 D、E，则$\triangle ADE \backsim \triangle ABC$。

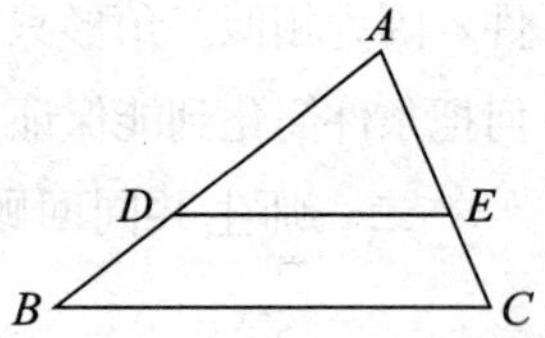

图 6-3

这样，教师不仅为学生证明判定命题启发了思路，而且通过凸显定理的图形和表达式，进一步为学生学用"叠合法"证题创设了思维情境。

3. 教师适时讲解，启发思路。

我们已经掌握了判定三角形相似的两种方法：相似三角形的定义及由定义推出的"预备定理"。这样，根据定义或"预备定理"均可判定两个三角形相似了。因此，证明同学们制作的四个命题的思路，是要将其题设转化为符合定义或"预备定理"的题设。现在请同学们观察"预备定理"中图形的特征，研究如何将命题 1 的题设转化为符合"预备定理"的题设，从而可以用"预备定理"判定三角形相似。

4. 学生分析"预备定理"和判定命题 1 的题设和图形特征：

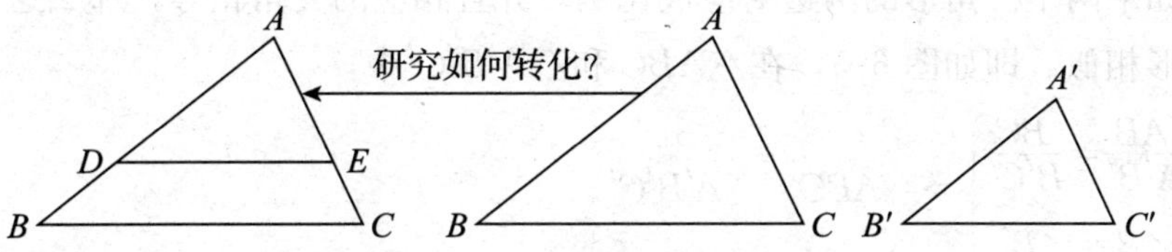

“预备定理”图形特征：
两个三角形在同一个图形中，
不共线的边 DE 和 BC 平行。

判定命题 1 图形特征：
两个三角形不在同一个图形中，
但$\frac{AB}{A'B'}=\frac{AC}{A'C'}$，$\angle A=\angle A'$。

图 6-4

容易想到需要把$\triangle A'B'C'$（或$\triangle ABC$）移到$\triangle ABC$（或$\triangle A'B'C'$）上去，使其满足“预备定理”的图形特征及定理的题设。

六、学生亲自动手实践，独立研究“移动三角形”的具体方法，而后全班交流

有的学生是在$\triangle ABC$的边 AB、AC（或在 $A'B'$、$A'C'$延长线）上，分别截取 $AD=A'B'$，$AE=A'C'$（或 $A'D=AB$，$A'E=AC$），连接 DE 就得到与$\triangle A'B'C'$（或$\triangle ABC$）全等的$\triangle ADE$（或$\triangle A'DE$），这就相当于把$\triangle A'B'C'$（或$\triangle ABC$）移到$\triangle ABC$（或$\triangle A'B'C'$）上去，因而只要证明 $DE /\!/ BC$（或 $DE /\!/ B'C'$），就可根据“预备定理”判定$\triangle ADE\backsim\triangle ABC$（或$\triangle A'DE\backsim\triangle A'B'C'$），再根据相似的传递性证得$\triangle A'B'C'\backsim\triangle ABC$（或$\triangle ABC\backsim\triangle A'B'C'$）。老师对同学们的这种思路进行了概括：先作“全等三角形”，再证“平行”。

有的学生是在$\triangle ABC$的边 AB（或 $A'B'$的延长线）上，截取 $AD=A'B'$，（或 $A'D=AB$），过点 D 作 $DE /\!/ BC$（或 $DE /\!/ B'C'$）交 AC（或 $A'C'$延长线）于点 E，由“预备定理”证得$\triangle ADE\backsim\triangle ABC$（或$\triangle A'DE\backsim\triangle A'B'C'$），再证得$\triangle ADE\cong\triangle A'B'C'$（或$\triangle A'DE\cong\triangle ABC$），由相似的传递性证得$\triangle A'B'C'\backsim\triangle ABC$（或$\triangle ABC\backsim\triangle A'B'C'$）。

这时学生们能自行总结思路：先作“平行”，再证“三角形全等”。

七、概括“叠合法”的证明步骤和原理，总结相似三角形的判定定理

1. 通过以上的实践讨论和适时概括，不仅获得了三角形相似的判定定

理：如果两个三角形的两边对应成比例，并且相应的夹角相等，那么这两个三角形相似。即如图 6-5，在$\triangle ABC$和$\triangle A'B'C'$中，

$$\left.\begin{array}{l}\dfrac{AB}{A'B'}=\dfrac{BC}{B'C'}\\ \angle B=\angle B'\end{array}\right\}\Rightarrow \triangle ABC\backsim\triangle A'B'C'。$$

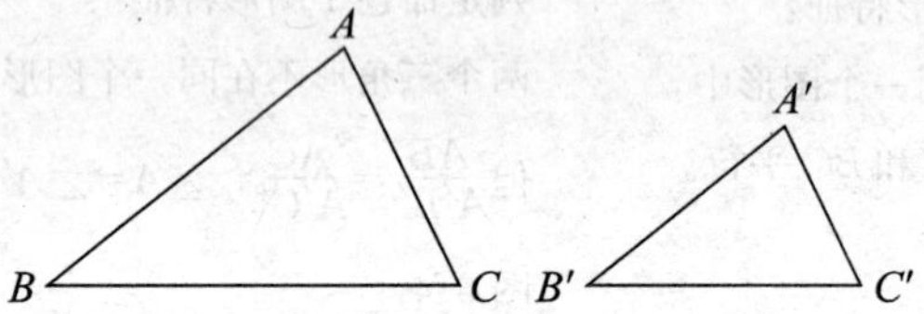

图 6-5

而且学生对用“叠合法”来证明三角形相似的判定命题已有了较深刻的理解，接着让学生阅读教材中用“叠合法”证明“如果两个三角形的三组对应边的比相等，那么这两个三角形相似”的方法和规范化的表达，判定命题“两角对应相等的两个三角形相似”的证明就迎刃而解。(作为学生课外作业)

2. 讨论判定命题“斜边和一条直角边对应相等的两个三角形相似”的证明思路。

在学生个人思考的基础上全班交流讨论。

思路一 用“叠合法”证明。

已知：如图 6-6，Rt$\triangle ABC$和Rt$\triangle A'B'C'$中，$\angle C=\angle C'=90°$，$\dfrac{AB}{A'B'}=\dfrac{AC}{A'C'}$。

求证：Rt$\triangle ABC\backsim$Rt$\triangle A'B'C'$。

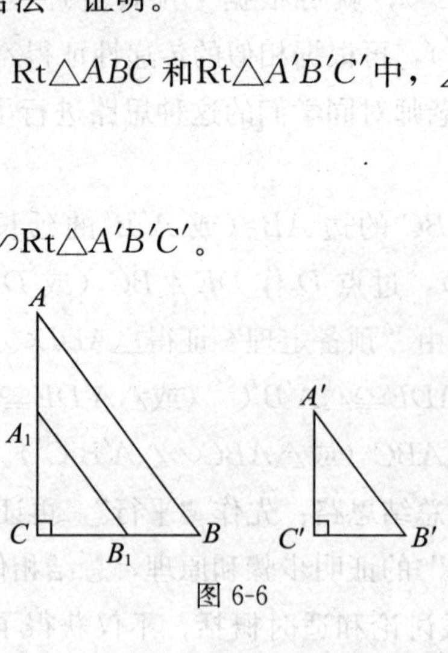

图 6-6

证明：在 CA 上截取 $CA_1=C'A'$，过 A_1 作 $A_1B_1 /\!/ AB$，交 CB 于点 B_1。

$\therefore\ \dfrac{AB}{A_1B_1}=\dfrac{AC}{A_1C}$。$\because\ A_1C=A'C'$，$\therefore\ \dfrac{AB}{A_1B_1}=\dfrac{AC}{A'C'}$。

$\because\ \dfrac{AB}{A'B'}=\dfrac{AC}{A'C'}$，$\therefore\ \dfrac{AB}{A'B'}=\dfrac{AB}{A_1B_1}$。

$\therefore\ A_1B_1=A'B'$。$\therefore\ \text{Rt}\triangle A_1B_1C\cong\text{Rt}\triangle A'B'C'$。

又$\because\ \text{Rt}\triangle A_1B_1C\backsim\text{Rt}\triangle ABC$，$\therefore\ \triangle A'B'C'\backsim\triangle ABC$。

思路二 用比例的性质和勾股定理证明。

$\because\ \dfrac{AB}{A'B'}=\dfrac{AC}{A'C'}$，$\therefore\ \dfrac{AB}{AC}=\dfrac{A'B'}{A'C'}$。

$\therefore\ \dfrac{AB^2}{AC^2}=\dfrac{A'B'^2}{A'C'^2}$。

$\therefore\ \dfrac{AB^2-AC^2}{AC^2}=\dfrac{A'B'^2-A'C'^2}{A'C'^2}$。（比例性质）

由勾股定理，得 $\dfrac{BC^2}{AC^2}=\dfrac{B'C'^2}{A'C'^2}$。

$\because\ \dfrac{BC}{AC}$，$\dfrac{B'C'}{A'C'}$ 都是正数，

$\therefore\ \dfrac{BC}{AC}=\dfrac{B'C'}{A'C'}$，即 $\dfrac{BC}{B'C'}=\dfrac{AC}{A'C'}$。

又$\because\ \angle C=\angle C'=90^\circ$，

$\therefore\ \triangle ABC\backsim\triangle A'B'C'$。（两边对应成比例且夹角相等，两三角形相似）

八、师生共同总结三角形相似的判定方法

相似三角形定义 ⟶ 判定三角形相似的预备定理 ⟶

三角形相似的判定定理 —
- ① 两边对应成比例，夹角相等的两个三角形相似。
- ② 两角对应相等的两个三角形相似。
- ③ 三边对应成比例的两个三角形相似。
- ④ 斜边和一条直角边对应成比例的两个直角三角形相似。

九、练、议

1. 判定 $\triangle ABC$ 与 $\triangle A'B'C'$ 是不是相似，并说明为什么。

(1) $\angle A=45^\circ$，$AB=12$ cm，$AC=15$ cm，

$\angle A'=45^\circ$，$A'B'=16$ cm，$A'C'=20$ cm；

(2) $AB=12$ cm，$BC=15$ cm，$AC=24$ cm，

$A'B'=20$ cm，$B'C'=25$ cm，$A'C'=40$ cm。

2. $\triangle ABC$ 中，$\angle A=47^\circ$，$AB=1.5$ cm，$AC=2$ cm；$\triangle DEF$ 中，$\angle E=47^\circ$，$ED=2.8$ cm，$EF=2.1$ cm。这两个三角形相似吗？为什么？如果相似，写出表示式。

解：相似。∵ $\dfrac{AB}{EF}=\dfrac{AC}{ED}$，$\angle A=\angle E$，

∴ $\triangle ABC\backsim\triangle EFD$。

3. 要做两个形状相同的三角形框架，其中一个三角形框架的三边的长分别为 4，5，6，另一个三角形框架的一边长为 2，怎样选料可使这两个三角形相似？

解：有三种选法，使另一个三角形的长为 2 的边分别与长为 4，5，6 的边对应，可由下列比例求得框架边长：

$2:4=x:5=y:6$，

$2:5=x:4=y:6$，

$2:6=x:4=y:5$。

4. 如图 6-7，Rt$\triangle ABC$ 和 Rt$\triangle A'B'C'$ 中，$\angle C=\angle C'=90^\circ$，$AB=15$，$BC=9$，$A'B'=10$，$A'C'=8$。这两个三角形相似吗？说明理由。

解：在 Rt$\triangle A'B'C'$ 中，$\angle C'=90^\circ$，

∵ $A'B'=10$，$A'C'=8$，

∴ $B'C'=\sqrt{A'B'^2-A'C'^2}$

$=\sqrt{10^2-8^2}$

$=6$。

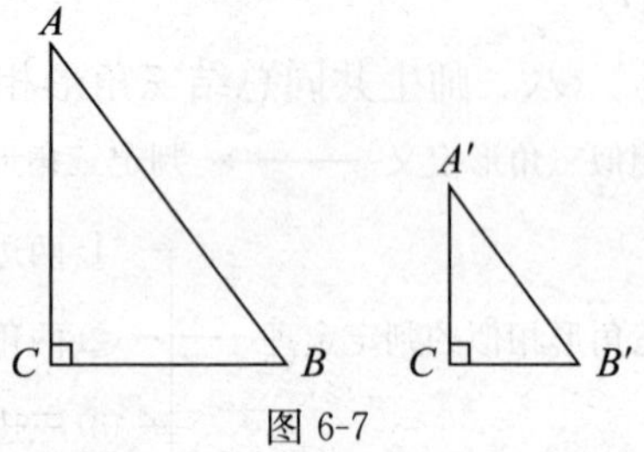

图 6-7

在 Rt$\triangle ABC$ 和 Rt$\triangle A'B'C'$ 中，

∵ $\angle C=\angle C'=90^\circ$，$AB=15$，$BC=9$，$A'B'=10$，$B'C'=6$，

∴ $\dfrac{AB}{A'B'}=\dfrac{BC}{B'C'}=\dfrac{3}{2}$。 ∴ Rt$\triangle ABC\backsim$Rt$\triangle A'B'C'$。

十、师生共同小结

本节课我们不仅懂得了相似三角形的判定定理，而且学用了类比推断的思想方法。又将类比得到的结论进行了证明，才把它当作三角形相似的判定定理。类比的思想方法是获取新知识的一种重要方法，我们应该掌握。

十一、课外作业

必做题：

1. 根据下列条件，判断$\triangle ABC$与$\triangle A'B'C'$是否相似，并说明理由。

（1）$\angle A=40^\circ$，$AB=8$，$AC=15$，
$\angle A'=40^\circ$，$A'B'=16$，$A'C'=30$；

（2）$AB=10\ \text{cm}$，$BC=8\ \text{cm}$，$AC=16\ \text{cm}$，
$A'B'=16\ \text{cm}$，$B'C'=12.8\ \text{cm}$，$A'C'=25.6\ \text{cm}$。

2. 图中的两个三角形是否相似？

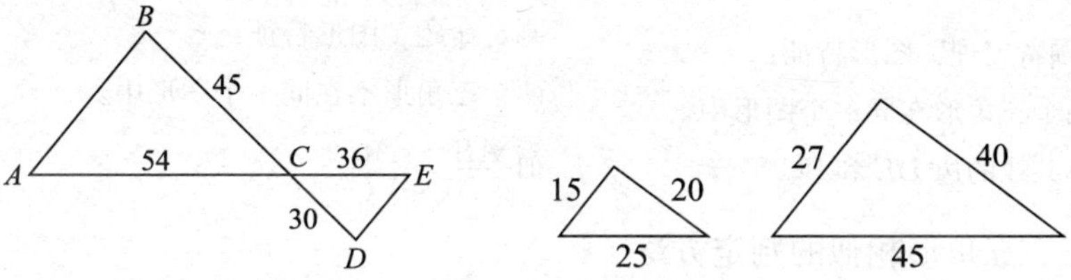

（1）　　　　（2）

图 6-8

3. 底角相等的两个等腰三角形是否相似？顶角相等的两个等腰三角形呢？证明你的结论。

4. 如图 6-9，Rt$\triangle ABC$中，CD是斜边上的高，（1）$\triangle ACD$和$\triangle CBD$都和$\triangle ABC$相似吗？证明你的结论；（2）你发现图中有哪些成比例的线段？证明你的发现。

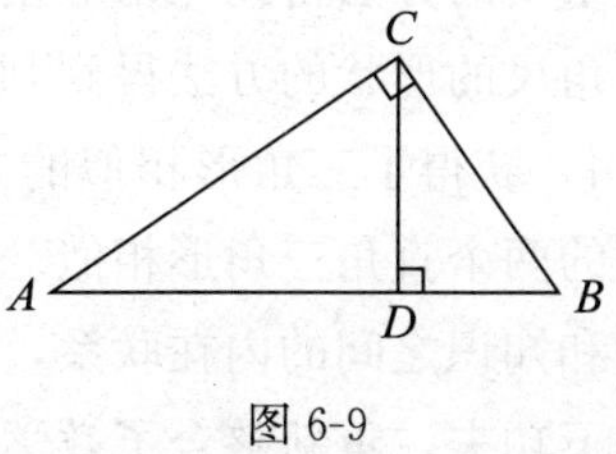

图 6-9

［板书设计］

相似三角形的判定

一、三角形全等的判定方法

- “边角边”
- “角边角”——“角角边”
- “边边边”
- “斜边、直角边”

二、相似三角形判定的“预备定理”及判定命题 1 的题设和图形特征

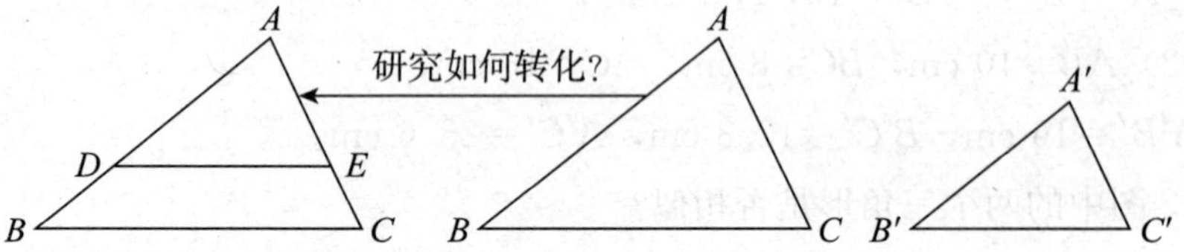

“预备定理”图形特征：
两个三角形在同一个图形中，
不共线的边 DE 和 BC 平行。

判定命题 1 图形特征：
两个三角形不在同一个图形中，
但$\frac{AB}{A'B'}=\frac{AC}{A'C'}$，$\angle A=\angle A'$。

三、三角形相似的判定方法

相似三角形定义——→判定三角形相似的“预备定理”——→

三角形相似的判定定理

- ① 两边对应成比例，夹角相等的两个三角形相似。
- ② 两角对应相等的两个三角形相似。
- ③ 三边对应成比例的两个三角形相似。
- ④ 斜边和一条直角边对应成比例的两个直角三角形相似。

［教学研究］

课本上用“画”、“度量”的方法得到三角形相似的判定命题 1、命题 3，用观察同样角度的两块三角尺的形状的方法得到判定命题 2，然后介绍“叠合法”，对命题进行了证明，获得了三角形相似的判定定理，而未介绍“斜边和一条直角边对应相等的两个直角三角形相似”的判定定理。

我们根据学生的实际和知识之间的内在联系，突出了“类比”的思想方法，在知识的“生成”上下功夫，重新整合了教学内容。首先回顾相似三角

形与全等三角形之间的“一般”与“特殊”的内在联系，三角形全等的判定方法，为学生运用类比方法自主制作新命题创设情境，提供可能条件。而后引导学生设法证明类比得到的命题，使学生既学用“合情推理”，又懂得必须“演绎推理”，对学生进行严谨的科学态度的教育。学生对于“叠合法”是陌生的，但是由于我们启发得当，讲解到位，充分发挥了学生学习的主体意识，发扬了学生学习创造的潜能，因而学生的知识、智力、能力、方法得到了充分的发展，加之学生间、师生间的交流、互助、合作，使得学生的学习达到了他们的“最近发展区”。这样不仅用“叠合法”证明了判定定理一，而且学生能迁移到其他判定命题的证明，从而建立了完整的“三角形相似的判定方法”的完整体系，并且掌握了一种新的证题方法“叠合法”。学生获得了成就，必将激发后续课运用判定定理去解决问题的积极主动性。本节课的教学不是“教教材”而是“用教材”，革除了单向的传输、整齐划一的要求，实现了纯演绎推断向自主探究、自然生成的转变。

案例 5　一元二次方程及其解法

［**教学目的**］

1. 了解一元二次方程的应用价值，掌握一元二次方程的定义及一般形式。

2. 建立解一元二次方程的基本思想、具体方法和理论依据的知识体系框架。

3. 激发自主探索学习的意识、兴趣，培养自我获取、构建、发展、超越的精神、态度和能力。

［**教学过程**］

一、提出实际问题，激发研究的兴趣，培养数学意识，引入课题

1. 如何用一张长 16 厘米，宽 12 厘米的硬纸片做成一个底面积为 96 平方厘米的无盖的长方体盒子？（由课本引例中的数据改编而成）

研究结果是：在纸片的四个角上剪去四个相同的小正方形，然后把四边

折起来，就可以做成无盖的纸盒。问题是要使做成的盒子的底面积必须是96平方厘米，因而实际问题转化为数学问题，即要求出截去的小正方形的边长。

2. 全班研究：如何用列方程的方法求解？

解：设截去的小正方形的边长为 x 厘米，则盒子的底面的长及宽分别为（$16-2x$）厘米和（$12-2x$）厘米。

由题意，得 $(16-2x)(12-2x)=96$，

整理后，得 $x^2-14x+24=0$。

学生发现，方程 $x^2-14x+24=0$ 不是已学的一元一次方程，不会解。

3. 教师给出一元一次方程 $3x-5=0$，引导学生比较两个方程的异同点：

$3x-5=0$，

$x^2-14x+24=0$。

相同点：都是整式方程，合并同类项后，两个方程都只含一个未知数。

不同点：新方程中，未知数的最高次数为2，而一元一次方程中未知数的最高次数是1。

通过比较，学生由学习一元一次方程的经验，自觉地给新方程命名为“一元二次方程”，明确了本节课研究的课题。

二、引导学生由概括一元一次方程的定义和一般形式的经验，自主地概括一元二次方程的定义及一般形式

1. 一元二次方程的定义：只含有一个未知数，并且未知数的最高次数是2（是就合并同类项之后而言）的整式方程叫一元二次方程。

2. 一元二次方程的一般形式：$ax^2+bx+c=0$（$a\neq0$）。

有关概念：二次项、一次项、常数项及二次项、一次项的系数。

3. 教师根据学生的学习水平，编制练习题，引导学生练、议。

(1) 关于 x 的方程 $mx^2+m=nx^2-nx$ 是不是一元二次方程？说明判断的根据（意在突出一元二次方程一般形式中的条件“$a\neq0$”，强化对一元二次方程的定义的认识）。

(2) 将下列方程化成一元二次方程的一般形式后，说出各项及二次项、

一次项的系数：

$(x+1)^2-2(x-1)^2=6x-5 \rightarrow x^2-4=0$； ①

$3x(x-1)=2(x+2)-4 \rightarrow 3x^2-5x=0$； ②

$(x+2)(x-4)=7 \rightarrow x^2-2x-15=0$。 ③

三、引导学生探讨解方程①、②、③的基本思想和具体方法

1. 研究由已有知识能否求得方程①$x^2-4=0$的解。

方法一：由平方根的意义求得方程的解为：$x_1=2$，$x_2=-2$→给出解法的名称："直接开平方法"。

方法二：根据因式分解的知识和"如果两个因式的积等于0，那么这两个因式中至少有一个等于0；反过来，如果两个因式有一个等于0，它们的积就等于0"，可以解方程。

解：$x^2-4=0$，

$(x+2)(x-2)=0$，

∴ $x+2=0$或$x-2=0$。→给出解法的名称："因式分解法"

∴ $x_1=-2$，$x_2=2$。

2. 小组研究方程②、③的解法。

学生用因式分解法解方程②$3x^2-5x=0$和③$x^2-2x-15=0$。

3. 教师引导学生进一步研究、概括。

（1）解一元二次方程的基本思想：降次，转化为一元一次方程来解。

（2）降次方法：直接开平方法，因式分解法。

教师提出新的研究课题：

如何通过适当变形，运用直接开平方法来解方程③$x^2-2x-15=0$?

学生独立思考后，经过小组交流讨论，自主学会了配方法。

解：$x^2-2x-15=0$，

$x^2-2x=15$，

$x^2-2x+1=16$，

$(x-1)^2=16$，　　……可以用直接开平方解

∴ $x-1=4$或$x-1=-4$。

∴ $x_1=5$，$x_2=-3$。

教师在肯定了学生自主学习的积极主动性和取得的成果的基础上指出：把方程变形为左边是一个完全平方式，如果右边是非负数，就可以进一步通过直接开平方法求出方程的解。这种解法叫做“配方法”。

用配方法来解一般形式的一元二次方程 $ax^2+bx+c=0$（$a\neq0$），若有解，则它的解是用含系数 a、b、c 的式子来表示的，这就是一元二次方程的求根公式，以后直接用这个公式来求一元二次方程的解。这种解法称为“公式法”。

综上，一元二次方程的解法有：直接开平方法、配方法、公式法、因式分解法。后续课我们深入研究配方法和公式法。

4. 请学生求出引例中做无盖盒子需要在四个角截去的小正方形的边长。

学生选用因式分解法求得问题的解，即截去的小正方形的边长为 2 厘米。

四、师生共同回顾学习过程，总结学习经验

1. 对于知识，要注重知识形成的过程、知识的本质以及知识间的相互联系。

本节课研究的知识结构是：

一元一次方程 ←（降次 / 转化）— 一元二次方程

- 一元二次方程
  - 定义：只含有一个未知数，并且未知数的最高次数是 2 的整式方程叫做一元二次方程。
  - 一般形式：ax^2（二次项） $+bx$（一次项） $+c=0$（常数项） （$a\neq0$）
  - 解法
    - 基本思想：降次，转化为一元一次方程来解。
    - 具体方法
      - 直接开平方法
      - ↑（转化）
      - 配方法
      - ↓（推出）
      - 公式法
      - 因式分解法

相同点：整式方程，合并同类项后，方程只含一个未知数。
不同点：未知数的最高次数分别是 1 和 2。

2. 学习方法：要学会观察现象，概括本质或规律，善于积极主动猜想、联想，探究未知。

五、作业

做课本习题 22.1，研究运用配方法、公式法解一元二次方程。

［**教学研究**］

按常规教学，是将一元二次方程的四种基本解法，一种方法一种方法地学、练，最后综合练四种方法。这是先让学生学习“部分”，而后到“整体”的方法。

本节课采用了反常规的教学方法。由于一元二次方程的定义、一般形式与一元一次方程类同，教师稍加点拨，学生便能迁移，自主获得新知。一元二次方程的四种解法的指导思想一致，且相互间又有转化关系，所以首先帮助学生建立知识体系框架，即形成“整体”知识，后续课再让学生站在知识“整体”的高度，自主而深入地研究知识整体的各个“局部”，因而需要重新组织教学内容。

教师选编的关于整理成一元二次方程的一般形式的练习题，整理后的方程分别为 $x^2-4=0$，$3x^2-5x=0$，$x^2-2x-15=0$，这就为学生根据“降次，转化为一元一次方程来解”这一基本思想进行自我探索转化的方法，提供了数学情境。再根据学生学习四种解法的知识基础和四种解法之间的相互联系，即：

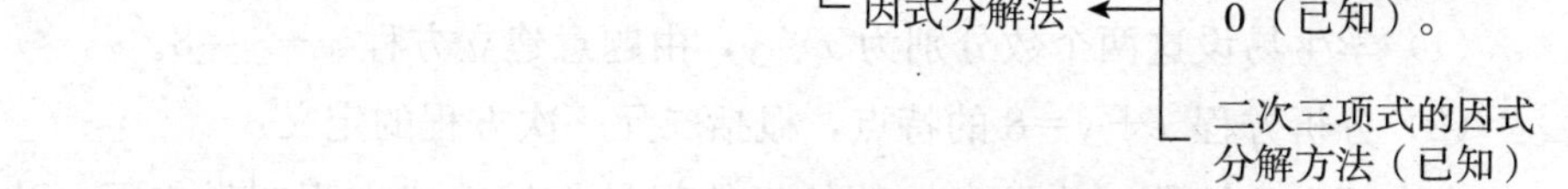

运用所创设的教学情境，探讨了一元二次方程的四种基本解法。

本节课的引例，改变了课本引例的数据，使整理的方程为 $x^2-14x+24=0$，也是为学生初步了解一元二次方程的四种解法后，自我尝试运用这些方法解方程 $x^2-14x+24=0$，以解决本节课开始时提出的实际问题打下埋伏的。问题的解决，又使学生再次体验到了数学与生活实际的关系，学数学的价值所在。

这样教学，利于学生把握知识的生成过程、知识的本质、知识间的相互联系，也有利于培养学生自我探索、体验、自主建构的学习主体性。当然，只有教师充分地发挥了教学的主体创造性，才能确保有效地、充分地发挥和发展学生的主体创造性。

案例6 二元一次方程组

[**教学目标**]

1. 了解二元一次方程、二元一次方程组及其相关概念，理解二元一次方程组的求解思想和求解方法。

2. 立足于学生已有的学习经验，引导学生积极探究，自主建构二元一次方程（组）的知识、方法体系，促进学生学力的发展。

3. 通过“二元”向“一元”的转化，揭示事物之间是普遍联系且可以相互转化的，提高学生认识事物的辩证观点。

[**教学过程**]

一、从学生已熟悉的算术模型“（两数和＋两数差）÷2＝大数，（两数和－两数差）÷2＝小数”入手，建立“二元一次方程”、“二元一次方程组”两个数学模型，分析求解思想，探究求解方法

问题1 已知两数的和等于8，求这两个数？

（1）学生易设这两个数分别为 x、y，由题意建立方程 $x+y=8$。

（2）分析方程 $x+y=8$ 的特点，概括二元一次方程的定义：

含有两个未知数，并且未知数的指数都是1的整式方程叫做二元一次方程。

（3）二元一次方程的解：使二元一次方程两边的值相等的两个未知数的值，叫做二元一次方程的解。

如何求 $x+y=8$ 的解？

在学生研究的基础上总结：

① 求解方法。

把关于 x、y 的二元一次方程看作关于 y（或关于 x）的一元一次方程，而先把 x（或 y）看作已知数，给定一个 x（或 y）的值，再求相应的 y（或 x）的值，这一对 x、y 的值就是二元一次方程的一个解。

② 二元一次方程解的特点。

二元一次方程的一个解是一对未知数的值；两个未知数的值是相互制约的，所以记作：$\begin{cases}x=1,\\y=7;\end{cases}$ $\begin{cases}x=0,\\y=8;\end{cases}$ $\begin{cases}x=-2.5,\\y=10.5;\end{cases}$ …；x、y 这两个数虽相互制约但不唯一。一般地，二元一次方程有无数个解。

问题 2　已知两数的差是 2，求这两个数？

学生易解：设这两数中的较大的数为 x，较小的数为 y，则 $x-y=2$，

∴ $\begin{cases}x=0,\\y=-2;\end{cases}$ $\begin{cases}x=-1,\\y=-3;\end{cases}$ $\begin{cases}x=1,\\y=-1;\end{cases}$ …；同样，这两个数也是不唯一的。

问题 3　已知两数的和为 8，两数的差为 2，求这两个数？

（1）学生易得方程组，建立“方程组”概念。

设这两数中较大的数为 x，较小的数为 y。

由题意得 $\begin{cases}x+y=8, & ①\\x-y=2。 & ②\end{cases}$

把这样的两个含有相同未知数的二元一次方程合在一起，就组成了一个二元一次方程组。

（2）什么是二元一次方程组的解？

二元一次方程组的两个方程的公共解，叫做二元一次方程组的解。（应由学生自主建构）

（3）如何解方程组 $\begin{cases}x+y=8, & ①\\x-y=2? & ②\end{cases}$

在学生将算术中“和、差”问题的解题经验自觉地迁移到解方程组

$\begin{cases}x+y=8, & ①\\ x-y=2 & ②\end{cases}$的基础上，师生共同分析：

①±②，即两个方程的等号两边分别相加（或减）得到新的等式，这种做法的依据是等式的性质，即“等式两边都加（减）相等的量，结果仍相等”，目的是“消去一个未知数 y（或 x）”转化为关于 x（或 y）的一元一次方程，先解出 x（或 y），然后再求另一个未知数 y（或 x）。

方法一：①＋②，消去 y，

得 $x=5$，

将 $x=5$，代入方程①或②，得 $y=3$，

∴ 方程组的解为$\begin{cases}x=5,\\ y=3。\end{cases}$

方法二：①－②，消去 x，

得 $y=3$，

将 $y=3$，代入方程①或②，得 $x=5$，

∴ 方程组的解为$\begin{cases}x=5,\\ y=3。\end{cases}$

（4）概括二元一次方程组求解思想和加减消元法。

二元一次方程组的求解思想是“消元”——将未知数的个数由多化少、逐一解决的想法，叫做消元思想。

消元方法一：

两个二元一次方程中同一未知数的系数互为相反数或相等时，将两个方程的两边分别相加或相减，就能消去这个未知数，得到一个一元一次方程，这种方法叫做加减消元法，简称加减法。

（5）研究解方程组$\begin{cases}x+y=8, & ①\\ x-y=2, & ②\end{cases}$有没有其他消元的方法？

在学生探究、交流的基础上，概括代入消元法：

由②，得 $x=y+2$。③ ……将一个未知数用含另一个未知数的式子表示

把③代入②，得 ……“代入”根据是“等量代换”

$y+2+y=8$。 ……消去 x，得关于 y 的一元一次方程

解这个方程，得

$y=3$。　　　　　　　　……解出一个未知数

把 $y=3$ 代入③，得　　　……“回代”，即将已解出的未知数的值代入表示另一未知数的式子

$x=3+2$，

$x=5$。

∴方程组的解为$\begin{cases}x=5,\\y=3。\end{cases}$

概括代入消元法：

将二元一次方程组中的一个方程，变形为一个未知数用含有另一个未知数的式子表示的形式，再代入另一个方程，实现消元，进而求得这个二元一次方程组的解，这种方法叫做代入消元法，简称代入法。

二、总结二元一次方程组的求解思想和方法，理解运用加减法和代入法的条件

1. 解二元一次方程组的基本思想是消元，转化为一元一次方程。

2. 消元的方法：

加减法——方程组中必须有一个未知数的系数的绝对值相等。

代入法——必须将一个方程中的一个未知数用含另一个未知数的式子表示，再代入另一个方程。

三、探究解题策略，感受“消元”过程

1. 如何用代入消元法将下列各方程组转化为一元一次方程？

(1) $\begin{cases}7x-3y=1, & ①\\y=2x; & ②\end{cases}$　　(2) $\begin{cases}2x-y=3, & ①\\3x+2y=8。 & ②\end{cases}$

总结：选择其中一个方程变形为用含一个未知数的式子表示另一个未知数的形式，而后代入另一个方程，得一元一次方程。

2. 如何用加减消元法将下列各方程组转化为一元一次方程？

(1) $\begin{cases}3x+7y=-20, & ①\\3x-5y=16; & ②\end{cases}$　　(2) $\begin{cases}9m+2n=15, & ①\\3m+4n=10。 & ②\end{cases}$

总结：当两个方程不具备未知数的系数的绝对值相等关系时，则先将方

程变形，使其具备该条件，从而通过两个方程相加或相减消去一个未知数，得一元一次方程。

四、回顾反思、总结提升，建构表示消元法解二元一次方程组的过程框图

1. 由二元一次方程组的解的意义“二元一次方程组的两个方程的公共解，叫做二元一次方程组的解”，可以检验一对未知数的值是否为方程组的解。即把一对未知数的值代入原方程组，看它们是否满足两个方程，由此判定它们是否原方程组的解。

2. 解方程组的基本思想是消元，使二元问题先转化为一元问题，求出一个未知数后再求出另一个未知数。方法有代入法和加减法。

回顾解方程组$\begin{cases} x+y=8, & ① \\ x-y=2 & ② \end{cases}$的过程。

（1）师生共同建构表示代入法解二元一次方程组的过程的框图：

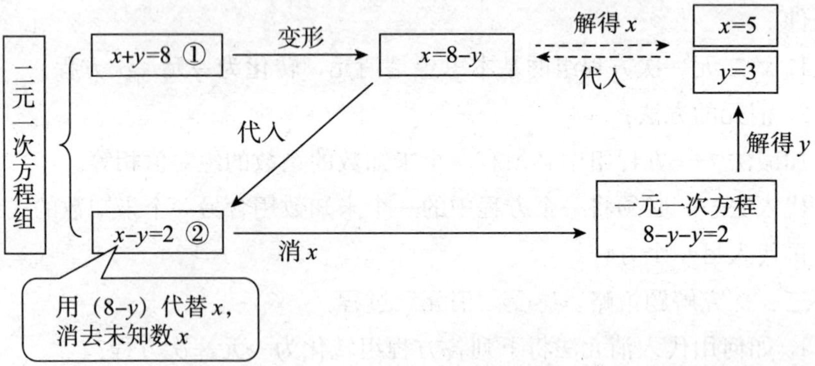

（2）学生自主建构表示加减法解方程组$\begin{cases} x+y=8, & ① \\ x-y=2 & ② \end{cases}$的过程的框图：

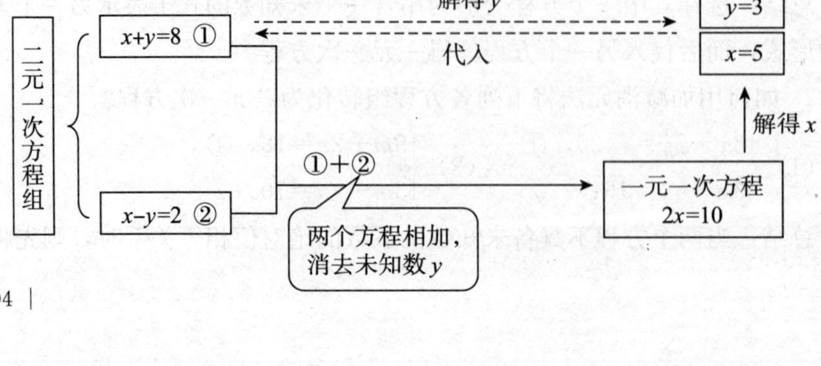

五、课外作业

1. 阅读教材第 100 至 110 页，并完成习题 8.1 中复习巩固 1、2。

2. 分别用代入法和加减法解（三）中的两组方程组。

3. 建构表示代入法或加减法解方程组$\begin{cases}6x-5y=-1, & ①\\ 3x=2y & ②\end{cases}$的过程的框图。

[**板书设计**]

二元一次方程组

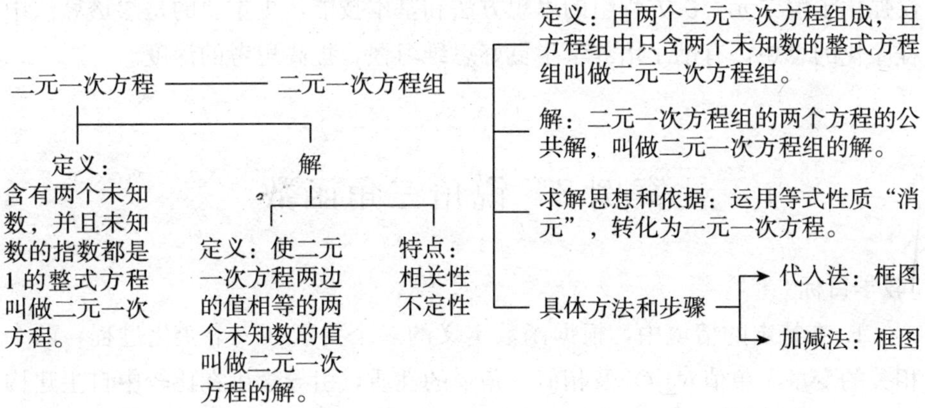

[**教学研究**]

教学从学生已有的知识基础、学习经验出发，选择学生熟悉的与新知紧密联系的背景作为研究的切入口，既源于学生实际，又高于学生实际，学生既感亲切又感新鲜，易调动学生的激情和探究的积极性。故本节课教者未用书本的引例——篮球赛问题，而是用了更贴近学生已有的算术模型——小学应用题中的“两数和差问题”，引入新知和新技能的研究，巧妙地引导学生运用学习一元一次方程已建立的方程思想，将问题中的两数归结为两个未知数，从而建立二元一次方程和二元一次方程组的概念，以及它们的解的性质。新知识这样的生成过程，既自然又生动，并具有生命力。

进而将“（两数和＋两数差）除以 2，得大数”、“（两数和－两数差）除以 2，得小数”的经验，抽象为数学的“消元”思想和消元方法之一——加减消元法，既使新技能加减法的原理、步骤自然生成，又是学生原有学力的新提高、新发展。

明确了解二元一次方程组的基本思想是“消元”，且有了“加减法”的体验基础，这又成为学生进一步研究代入法的“创造性学力”的基础——“基础性学力”，加以教师的适时点拨和巧妙引导，问题易得到解决。

这样处理教材，设计课程意在提高课堂效率，发展学生的学力。

人教版教材中，引用了框图展示代入法和加减法的解题步骤，以及各步骤的作用，本节课在课堂小结中利用这个框图进行解题后的回顾与反思，不仅强化了解二元一次方程组的思想方法和基本技能，更重要的是渗透算法中程序化的思想，有助于培养学生良好思维习惯，提高思考的深度。

案例 7　锐角三角函数

[**教学目标**]

1. 在特定的情境中，根据函数定义的三个要素（一个变化过程，两个相关的变量，单值对应）及相似三角形的性质，引导学生在比较中自主建构锐角三角函数的定义。

2. 理解互余两角的三角函数关系式。

3. 探索概括 30°，45°，60°的三角函数值，了解锐角三角函数值随角的大小的变化而变化的规律，渗透同角三角函数关系式。

4. 引导学生在自主探究、自主归纳整理、自主建构锐角三角函数的知识体系的学习活动过程中，欣赏自己的学力和学习成果，体验成功的乐趣。

[**教学重点**]

锐角三角函数的定义。

[**教学过程**]

一、研究直角三角形中的边角之间的关系，建构锐角三角函数的定义

1. 回顾直角三角形中的边、角之间的关系：

在 Rt$\triangle ABC$ 中（见图 6-10），$\angle C=90°$，$BC=a$，$AC=b$，$AB=c$，

边：$a^2+b^2=c^2$（勾股定理）；

角：$\angle A+\angle B=90^\circ$（三角形内角和定理推论——直角三角形中两锐角互余）。

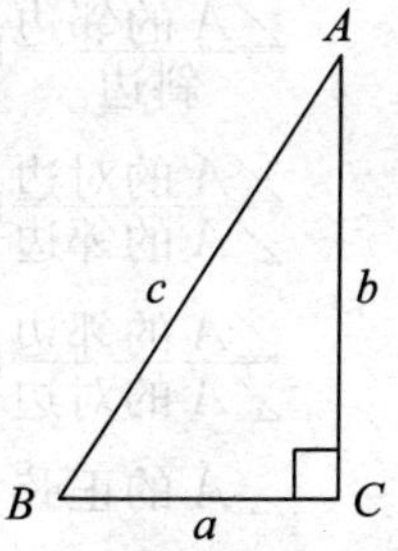

图 6-10

2. 探讨直角三角形中边与角之间的关系：

(1) 当锐角$\angle B$大小不变时，Rt$\triangle ABC$的三边可以变化（见图 6-11）。探究变中之不变——每两边的比值不变。

(2) 当锐角$\angle B$大小改变时，例如由原来的 30°变化为 45°时，每两边的比值也改变了，$\angle B=60^\circ$时，比值又随之改变（见图 6-12）。所以在直角三角形中，当锐角的大小变化时，直角三角形的每两边的比值也随之变化，且当锐角每取一个确定的值时，三边中的每两边的比值都有唯一确定的值与之对应。

(3) 在直角三角形中，锐角与三角形的两边的比值之间是函数关系（见图 6-13）。

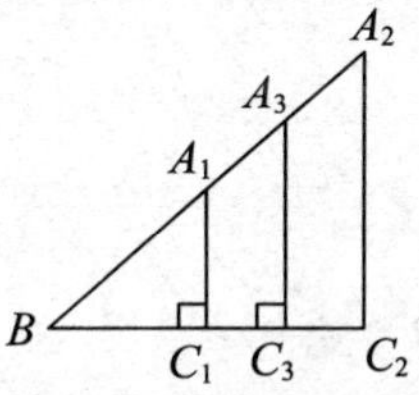

图 6-11

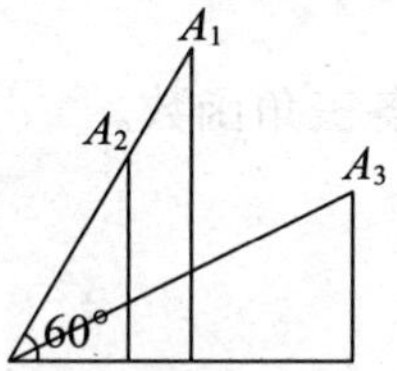

图 6-12

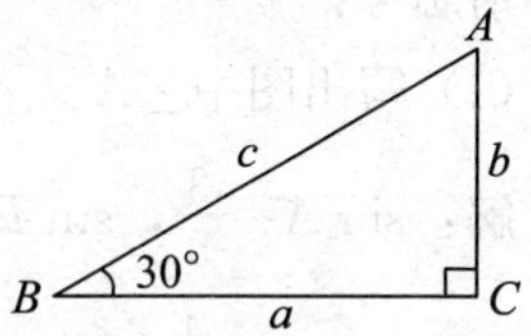

图 6-13

(4) 由函数的定义：在某一变化过程中有两个变量 x、y，当 x 每取一个确定的值时，y 都有唯一确定的值与它对应，y 叫做 x 的函数，x 叫做自变量。可以知道$\frac{b}{c}$，$\frac{a}{c}$，$\frac{b}{a}$，$\frac{a}{b}$是$\angle B$的函数，$\angle B$是自变量，这就是今天研究的课题：锐角三角函数。

二、创设情境，观察思考，建构锐角三角函数概念和互余两锐角的三角函数关系式

1. 把直角三角形中的锐角与每两边的比之间的关系给定名称：

$\frac{\angle A\text{的对边}}{\text{斜边}}$叫做$\angle A$的正弦；

$\frac{\angle A\text{的邻边}}{\text{斜边}}$叫做$\angle A$的余弦；

$\frac{\angle A\text{的对边}}{\angle A\text{的邻边}}$叫做$\angle A$的正切；

$\frac{\angle A\text{的邻边}}{\angle A\text{的对边}}$叫做$\angle A$的余切。

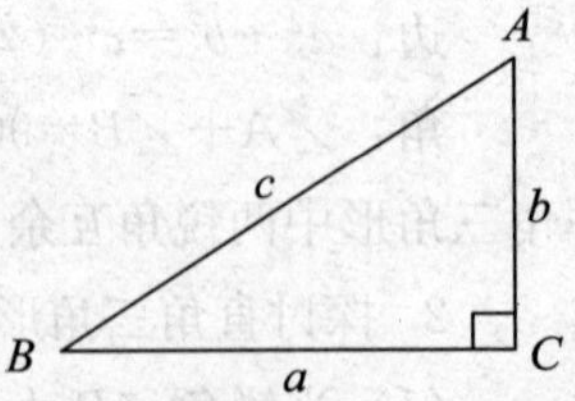

图 6-14

$\angle A$的正弦、余弦、正切、余切统称$\angle A$的三角函数。

2. $\angle A$的正弦记作$\sin\angle A$；

$\angle A$的余弦记作$\cos\angle A$；

$\angle A$的正切记作$\tan\angle A$；

$\angle A$的余切记作$\cot\angle A$。

记号里习惯省去角的符号“$\angle$”，如$\sin A$即$\angle A$的正弦。

在$\mathrm{Rt}\triangle ABC$中，若$\angle C=90°$，三边分别记作a、b、c，则a，b是直角边，c是斜边。a，b，c分别是$\angle A$，$\angle B$，$\angle C$的对边。

请思考：

(1) 写出图中$\angle A$、$\angle B$的各三角函数。

解：$\sin A=\frac{3}{5}$，$\sin B=\frac{4}{5}$；

$\cos A=\frac{4}{5}$，$\cos B=\frac{3}{5}$；

$\tan A=\frac{3}{4}$，$\tan B=\frac{4}{3}$；

$\cot A=\frac{4}{3}$，$\cot B=\frac{3}{4}$。

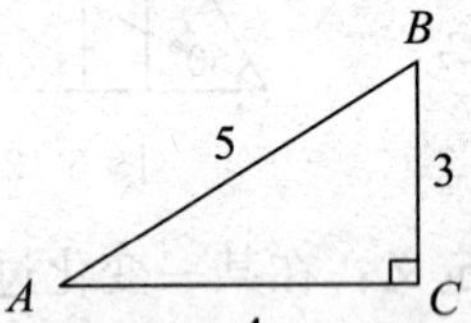

图 6-15

$\sin A=\frac{a}{c}$，$\sin B=\frac{b}{c}$；

$\cos A=\frac{b}{c}$，$\cos B=\frac{a}{c}$；

$\tan A=\frac{a}{b}$，$\tan B=\frac{b}{a}$；

$\cot A=\frac{b}{a}$，$\cot B=\frac{a}{b}$。

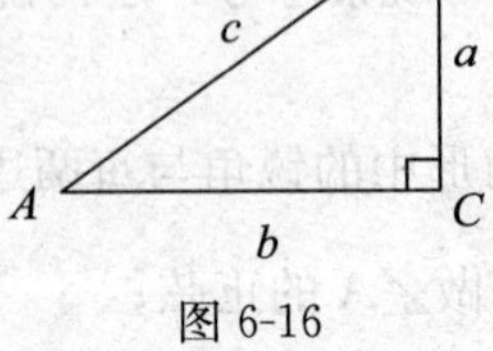

图 6-16

（2）$\angle A$ 和 $\angle B$ 互余，通过思考（1），有什么发现？

任意锐角的正弦值（余弦值）等于它的余角的余弦值（正弦值），任意锐角的正切值（余切值）等于它的余角的余切值（正切值）。这个关系可用下列式子表示（$0^\circ<\alpha<90^\circ$）：

$\sin\alpha=\cos(90^\circ-\alpha)$，$\cos\alpha=\sin(90^\circ-\alpha)$，

$\tan\alpha=\cot(90^\circ-\alpha)$，$\cot\alpha=\tan(90^\circ-\alpha)$。

三、根据直角三角形的边和角性质以及三角函数的定义，引导学生自主探究归纳列出 30°，45°，60°的三角函数值表

1. 如图 6-17，在 Rt$\triangle ABC$ 中，$\angle A=30^\circ$，研究 30°的三角函数值。

α	30°	45°	60°
$\sin\alpha$	$\frac{1}{2}$	$\frac{\sqrt{2}}{2}$	$\frac{\sqrt{3}}{2}$
$\cos\alpha$	$\frac{\sqrt{3}}{2}$	$\frac{\sqrt{2}}{2}$	$\frac{1}{2}$
$\tan\alpha$	$\frac{\sqrt{3}}{3}$	1	$\sqrt{3}$
$\cot\alpha$	$\sqrt{3}$	1	$\frac{\sqrt{3}}{3}$

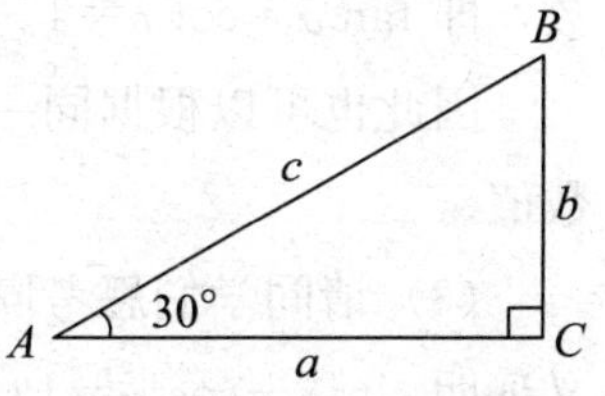

图 6-17

（学生将研究结果 $\sin 30^\circ=\frac{1}{2}$，$\cos 30^\circ=\frac{\sqrt{3}}{2}$，$\tan 30^\circ=\frac{\sqrt{3}}{3}$，$\cot 30^\circ=\sqrt{3}$ 填入上表）

2. 交流研究 60°的三角函数值的方法。

方法一：根据定义求得 60°的三角函数值分别为：

$\sin 60^\circ=\frac{\sqrt{3}}{2}$，$\cos 60^\circ=\frac{1}{2}$，$\tan 60^\circ=\sqrt{3}$，$\cot 60^\circ=\frac{\sqrt{3}}{3}$。

方法二：根据互余两角三角函数的关系，直接求得 60°的各三角函数值，并将结果填入上表。

3. 同样方法求得 45°的三角函数值后填入上表。

四、引导学生观察 30°，45°，60°的三角函数值表，探究表中数值间的内在关系

1. 学生独立研究，伴以小组议论。

2. 全班交流。

3. 在学生交流的基础上，教师适时点拨归纳。

(1) 根据互余两角的三角函数关系式，只需记住30°，45°，60°的正弦、正切值就可知它们的余弦、余切值。

(2) 发现：①锐角α的正弦、正切值是随角α的增大而增大的，而余弦、余切值是随角α的增大而减小；②$0<\sin\alpha<1$，$0<\cos\alpha<1$（α为锐角）；③角α的正弦与余弦的比等于角α的正切，角α的余弦与正弦的比等于角α的余切，即$\tan\alpha=\frac{\sin\alpha}{\cos\alpha}$，$\cot\alpha=\frac{\cos\alpha}{\sin\alpha}$；④角$\alpha$的正切和余切互为倒数，即$\tan\alpha\cdot\cot\alpha=1$。

因此也可以根据同一个角的各三角函数的关系来记忆特殊角的三角函数值。

(3) 请同学们思考同一个角的正弦和余弦之间有什么关系？能否根据定义证明$\sin^2\alpha+\cos^2\alpha=1$？

五、师生共同总结

1. 锐角三角函数的实质是所在直角三角形的两边的比值，当一个锐角确定时，它对应的每一个比值也就唯一确定了。每一个比值都是这个角的一个函数，这个角是自变量。

2. 掌握了锐角三角函数的定义，特殊角的三角函数值、三角函数的增减性、互余两角的三角函数的关系式以及同角三角函数关系式便迎刃而解了，因而掌握定义是关键。

3. 要善于观察、思考、拓展、概括，不断提高学力水平。

六、课外作业

1. 复习、整理本节课的研究内容。

2. 完成下列书面作业：

(1) 在Rt△DEF中，$\angle F=90°$，$EF=3$，$DE=\sqrt{13}$，写出$\angle D$和$\angle E$的三角函数。

(2) 在△ABC中，$\angle C=90°$，$\sin A=\frac{2}{3}$，求$\cos A$、$\tan A$、$\cot A$。

（3）已知$\angle A+\angle B=90°$，请把$(90°-\angle A)$的三角函数写成$\angle B$的三角函数。

（4）已知 $\sin 67°18'=0.922\,5$，求 $\cos 22°42'$；

已知 $\tan 13°46'=0.245\,0$，求余切值等于 0.245 0 的锐角 α。

（5）比较大小：

$\cos 75°$______ $\cos 65°$；$\sin 75°$______ $\sin 65°$；$\sin 49°$______ $\cos 41°$；

$\cot 30°$______ $\cot 60°$；$\tan 20°$______ $\cot 60°$。

［**板书设计**］

锐角三角函数

一、把直角三角形中的锐角与每两边的比之间的关系给定名称

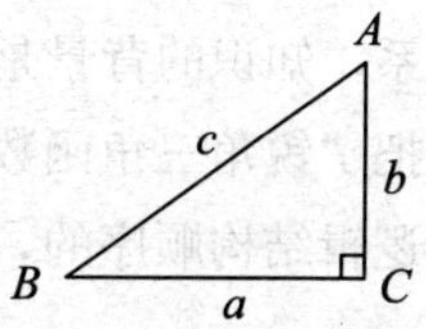

$\dfrac{\angle A\text{的对边}}{\text{斜边}}$叫做$\angle A$的正弦；

$\dfrac{\angle A\text{的邻边}}{\text{斜边}}$叫做$\angle A$的余弦；

$\dfrac{\angle A\text{的对边}}{\angle A\text{的邻边}}$叫做$\angle A$的正切；

$\dfrac{\angle A\text{的邻边}}{\angle A\text{的对边}}$叫做$\angle A$的余切。

$\angle A$的正弦、余弦、正切、余切统称$\angle A$的三角函数。

二、锐角的三角函数

$\angle A$的正弦记作 $\sin\angle A$；

$\angle A$的余弦记作 $\cos\angle A$；

$\angle A$的正切记作 $\tan\angle A$；

$\angle A$的余切记作 $\cot\angle A$。

三、互余两角的三角函数关系式

$(0°<\alpha<90°)$

$\sin\alpha=\cos(90°-\alpha)$；

$\cos\alpha=\sin(90°-\alpha)$；

$\tan\alpha=\cot(90°-\alpha)$；

$\cot\alpha=\tan(90°-\alpha)$。

四、30°，45°，60°的三角函数值表

α	30°	45°	60°
$\sin\alpha$	$\frac{1}{2}$	$\frac{\sqrt{2}}{2}$	$\frac{\sqrt{3}}{2}$
$\cos\alpha$	$\frac{\sqrt{3}}{2}$	$\frac{\sqrt{2}}{2}$	$\frac{1}{2}$
$\tan\alpha$	$\frac{\sqrt{3}}{3}$	1	$\sqrt{3}$
$\cot\alpha$	$\sqrt{3}$	1	$\frac{\sqrt{3}}{3}$

[**教学研究**]

锐角三角函数的实质是直角三角形中的锐角与两边之比的变化对应关系，知识的背景是函数的定义和“相似三角形对应边成比例”的性质。教材把“锐角三角函数”编排在“函数”和“相似三角形”的后面是符合知识的逻辑结构顺序的，因此应以函数的观点来审视本节教材，突出在 Rt△ABC 中，c 为斜边，a、b 为直角边，当锐角取一个确定的值时，$\frac{a}{c}$，$\frac{b}{c}$，$\frac{b}{a}$，$\frac{a}{b}$ 的值分别唯一确定，所以每一个比便是该锐角的一个函数，该锐角为自变量。根据知识的本质，应将这四个比的名称——锐角的正弦、余弦、正切、余切同时给出，使学生整体认识且在整体中辨别，易于掌握概念。

是以静态结论让学生记忆，再将现成“套路”让学生反复操练，还是将学生置于“流动”知识链，让知识随学生思维的推动而延伸，让学生的思维随知识的必然发展而不断深化、活化，这显然是截然不同的两种课堂价值的追求。本堂课试图以全屏的视野，为学生提供资助探究的背景，让学生沿着发展、对应、构建函数研究特性的线索，展开对三角函数最基本内容的全面探究，学生从中获得的不仅仅是有关三角函数的知识，也不仅仅是基本思维品质的优化，还包括研究问题的思想方法与策略，包括学生人格、情感等领域的发展。

本节课虽然学习了比较多的知识，由于教者掌握了知识的背景、本质及其逻辑结构（学生对含 30°，45°，60°角的直角三角形的性质已充分掌握），遵循这一科学规律，引导学生步步深入，不断建构，形成体系，所以也就顺

理成章，自然生成。学生不仅不会感到“负担”，而且在知识间的微妙深邃的联系中享受思维创造的乐趣。学生的学力也就在这种日积月累中不断发展。

案例 8　二次函数、二次函数 $y=ax^2$ 的图象

［**教学目标**］

1．运用已有的学习经验迁移、猜想、验证、归纳，自主建构二次函数的定义，总结二次函数 $y=ax^2$ 的图象和性质。

2．通过学习活动进一步理解并掌握研究函数的基本内容及一般研究方法，充分体验式、数、形之间的内在联系。

3．运用对直线 $y=kx$ 平移的学习经验初步探讨抛物线 $y=ax^2$ 上、下、左、右平移的方法，引发自学二次函数 $y=ax^2+c$，$y=a(x+m)^2$ 的图象和性质及抛物线平移法则的积极主动性。

［**教学重点**］

二次函数 $y=ax^2$ 的图象和性质。

［**教学过程**］

一、回顾一次函数的学习内容和研究方法，为学习新课题“二次函数”作好基础知识和研究方法的准备

全班同学共同回顾：

1．一次函数的解析式。

2．由解析式可知一次函数 $y=kx+b$（$k\neq0$）的自变量 x 和函数值的取值范围均为全体实数。

3. 一次函数 $y=kx+b$（$k\neq0$）的图象特征：

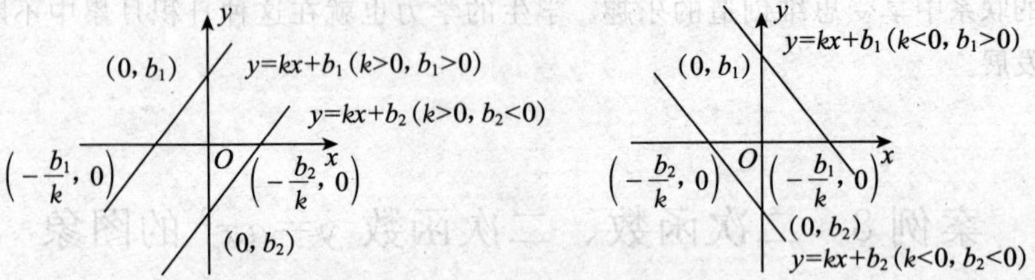

图 6-18

二、迁移建构二次函数的定义

1. 由“用自变量的一次式表示的函数叫做一次函数”可建构二次函数的定义：用自变量的二次式表示的函数叫做二次函数，即形如 $y=ax^2+bx+c$（a、b、c 均为常数，且 $a\neq0$）的函数叫做二次函数。

2. 分析、二次函数 $y=ax^2+bx+c$ 中常数 a、b、c 的取值范围。

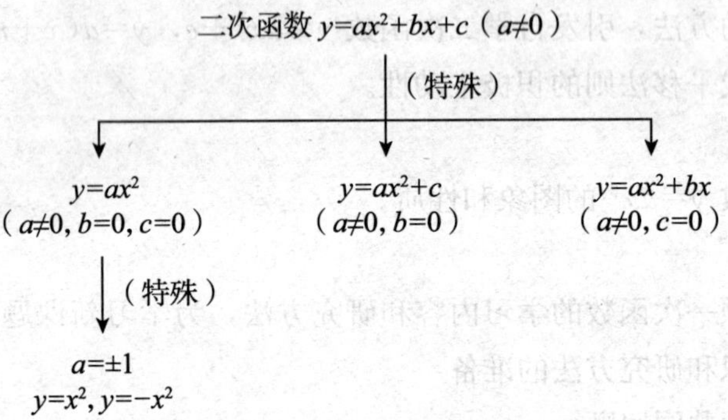

三、探究 $y=ax^2$ 的图象和性质

1. 研究 $y=x^2$ 的图象和性质的方法：

（1）从解析式（式）分析自变量和函数的取值（数）范围：x 为任意实数，$y\geqslant0\longrightarrow$预测函数 $y=x^2$ 的图象（形）特点：过原点（0，0），其余各点均在 x 轴上方；无最高点，原点为最低点；图象向上无限伸展；图象关于 y 轴对称。（学生原有知识和学习经验迁移，自主探究，获得了自学成果。）

（2）列表体验由解析式到数到形的判断：

x	…	−2	−1.5	−1	−0.5	0	0.5	1	1.5	2	…
$y=x^2$	…	4	2.25	1	0.25	0	0.25	1	2.25	4	…

（列表计算的过程中，不断体验和品尝自学的成果，增强了自学信心，激励进一步自学探究的内驱力。）

（3）描点验证：将表格中各对 x 与 y 的对应值作为点的坐标在直角坐标系中描出点。

学生自己动手实践，建立直角坐标系，

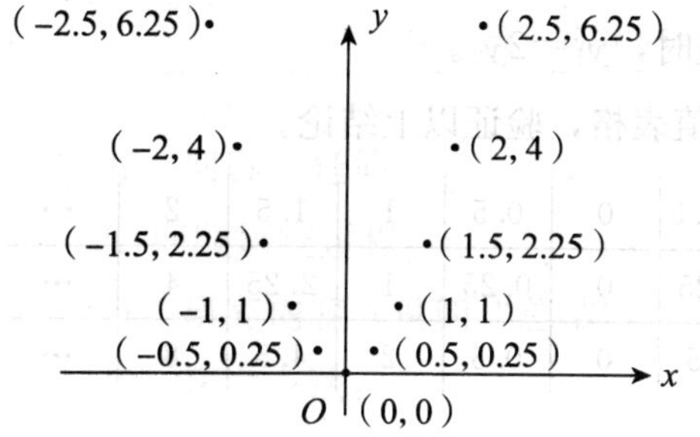

图 6-19

（描点的过程中，验证了对二次函数 $y=x^2$ 的图象上的点的特征的分析，形象地展示了二次函数 $y=x^2$ 的图象的轴对称性质和图象的最低点及变化趋势。）

描点并从左向右顺次用平滑的曲线连接描出的点。

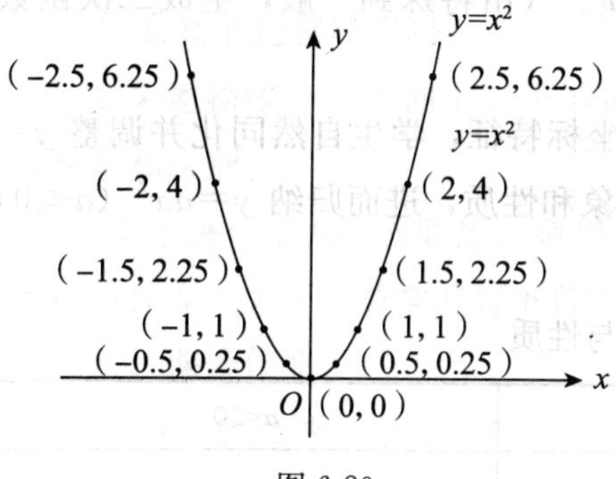

图 6-20

（学生亲自经历函数 $y=x^2$ 的图象的生成过程，也就是经历了由“数”到“形”的过程，亲身感悟函数的“数形统一”的特征，自觉地强化了函数思想。）

2. 概括二次函数 $y=x^2$ 的图象与性质。

图象形状：抛物线；

点为对应点，以对应点为端点的线段便是对应线段）。同学们可以形象化地记忆：当同一个比中的两条线段在同一直线上时，“上比下等于上比下”，“下比上等于下比上”，“上比全等于上比全”，“下比全等于下比全”；当同一个比中的两条线段不在同一直线上时，“左比右等于左比右”，“右比左等于右比左”。

二、研究“平行线分线段成比例定理”的推论

1. 我们进一步研究被三条平行线所截的两条直线的位置情况，可分为两类：$l_1 /\!/ l_2 /\!/ l_3$，它们截 AC、DF，$AC /\!/ DF$；$l_1 /\!/ l_2 /\!/ l_3$，它们截 AC、DF，AC 与 DF 相交。

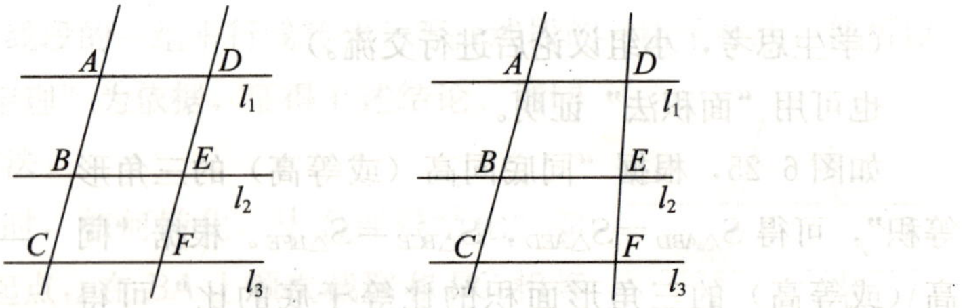

图 6-27

2. 再研究被三条平行线所截的两条相交直线的交点与平行线的位置情况，你认为有几种情形？请你画出相应的图形，根据图形用符号语言表达“平行线分线段成比例定理”的内容。

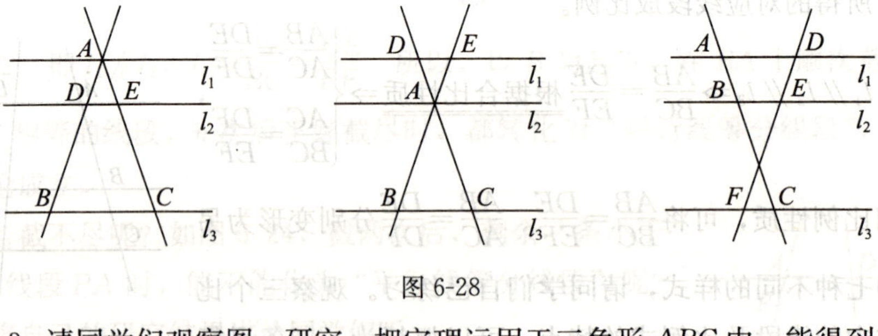

图 6-28

3. 请同学们观察图，研究：把定理运用于三角形 ABC 中，能得到怎样的推论？

$\triangle ABC$ 中，$DE /\!/ BC$ 交 AB 于点 D，交 AC 于点 E 时，则 $\dfrac{AD}{DB}=\dfrac{AE}{EC}$，

$\frac{AD}{AB}=\frac{AE}{AC}$，$\frac{DB}{AB}=\frac{EC}{AC}$。由此可得以下命题。

推论：平行于三角形一边的直线截其他两边（或其延长线），所得对应线段成比例。

三、定理推论应用的例举

你注意到推论的比例式中，$\frac{AD}{AB}=\frac{AE}{AC}$的每个比中的线段与$\triangle ADE$和$\triangle ABC$的关系了吗？正好是这两个三角形的两组对应边！即直线DE平行于$\triangle ABC$的一边BC并和其他两边相交于D和E时，所截得的$\triangle ADE$的两边AD和AE与原$\triangle ABC$的两边AB、AC对应成比例（见图 6-29）。由此，你又想到了什么新命题了吗？两个三角形的第三组对应边DE、BC也与AD、AB对应成比例吗？

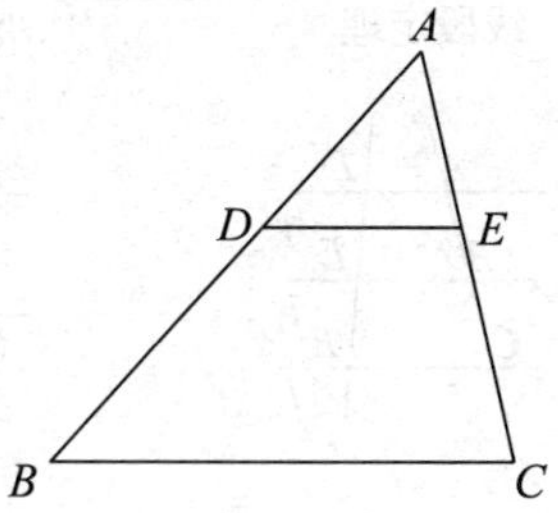

图 6-29

现在我们来证明“平行于三角形的一边，并且和其他两边相交的直线，所截得的三角形的三边与原三角形三边对应成比例”。

已知：如图 6-30，$\triangle ABC$中，$DE /\!/ BC$，DE分别交AB、AC于点D、E。

求证：$\frac{AD}{AB}=\frac{AE}{AC}=\frac{DE}{BC}$。

请同学们思考：

① 根据平行线分线段成比例定理推论，对照命题的结论，只需证明什么？$\left(\frac{AE}{AC}=\frac{DE}{BC}或\frac{AD}{AB}=\frac{DE}{BC}\right)$

② 若证$\frac{AE}{AC}=\frac{DE}{BC}$，对照推论的题设及结论尚缺什么条件？（过点$E$平行于$AB$的直线以及将$DE$平移到$BC$边上）

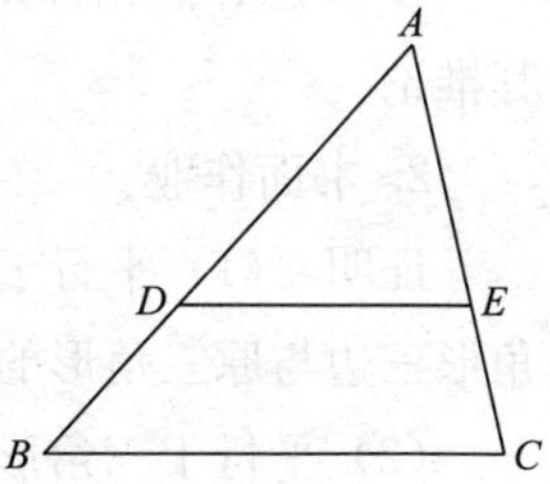

图 6-30

思考到这里时，证题思路和方法已显现，你明白了没有？请自己完成证明过程。

四、师生共同小结本节课研究的过程和研究结果

1. 知识结构

平行线等分线段定理 （推广）→ 平行线分线段成比例定理 （推论）→

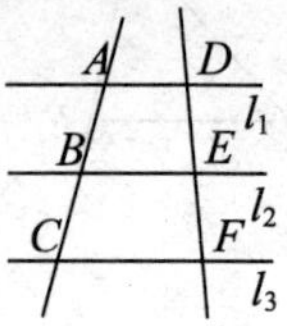

$\left.\begin{matrix} l_1 /\!/ l_2 /\!/ l_3 \\ AB=BC \end{matrix}\right\} \Rightarrow$

$\dfrac{AB}{BC}=\dfrac{DE}{EF}=1$

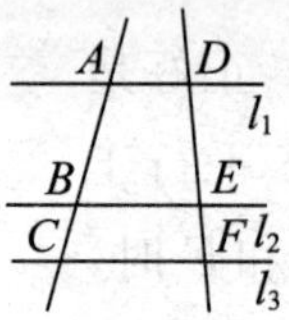

$l_1 /\!/ l_2 /\!/ l_3 \Rightarrow$

$\begin{cases} \dfrac{AB}{BC}=\dfrac{DE}{EF} \\ \dfrac{AB}{AC}=\dfrac{DE}{DF} \end{cases}$

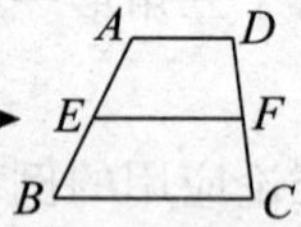

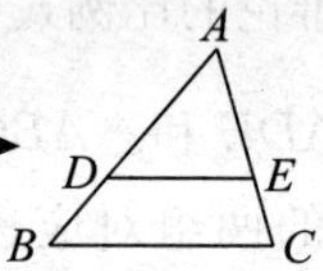

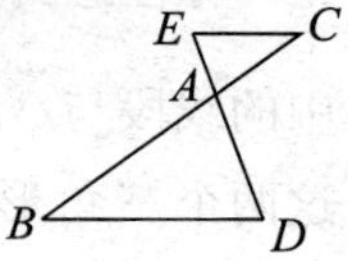

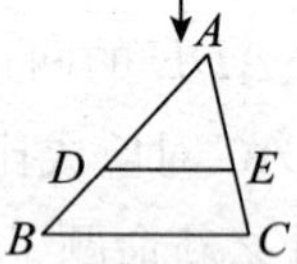

$DE /\!/ BC \Rightarrow \dfrac{AD}{AB}=\dfrac{AE}{AC}=\dfrac{DE}{BC}$

2. 思想方法：“转化”思想，特殊→一般，一般→特殊

3. 面积转移比例

五、课外作业

1. 反思、总结课堂研究方法和内容，掌握平行线分线段成比例定理及其推论。

2. 书面作业：

证明：(1) 平行于三角形一边并且和其他两边相交的直线，所截得的三角形三边与原三角形的三边对应成比例；

(2) 平行于三角形一边并且和其他两边的反向延长线相交的直线，所截得的三角形的三边与原三角形的三边对应成比例。

[**板书设计**]（见知识结构）

[**教学研究**]

本章教材的“探究”为：

如图 6-31，任意两条直线 l_1、l_2，再画三条与 l_1、l_2 相交的平行线 l_3、l_4、l_5，分别度量 l_3、l_4、l_5 在 l_1 上截得的两条线段 AB、BC 和在 l_2 上截得

的两条线段 DE、EF 的长度，$\frac{AB}{BC}$与$\frac{DE}{EF}$相等吗？任意平移 l_5，再度量 AB、BC、DE、EF 的长度，$\frac{AB}{BC}$与$\frac{DE}{EF}$相等吗？

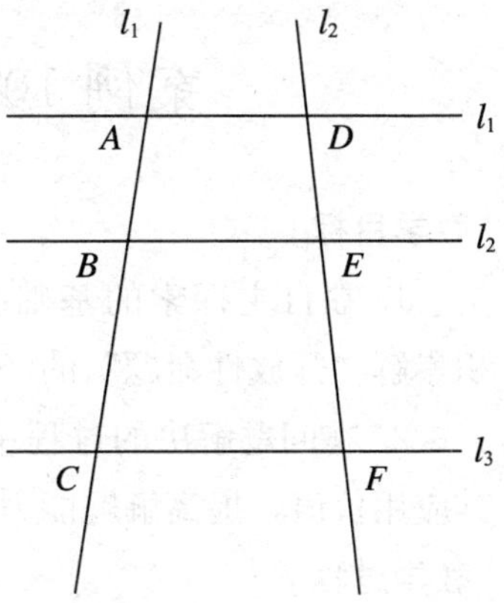

图 6-31

“探究”后，交代结论：

事实上，当 $l_3 /\!/ l_4 /\!/ l_5$ 时，都可以得到 $\frac{AB}{BC}=\frac{DE}{EF}$，还可以得到$\frac{BC}{AB}=\frac{EF}{DE}$，$\frac{AB}{AC}=\frac{DE}{DF}$，$\frac{BC}{AC}=\frac{EF}{DF}$，等等。

接着，给出定理：

经证明（这里略去）后，人们得到平行线分线段成比例定理：三条平行线截两条直线，所得的对应线段的比相等。

教材所以这样编写，可能是考虑学生的基础和可能达到的思维水平而降低思维深度或难度的，如果教师按教材讲定理，而后就应用定理来解题，教学的结果，只能使学生知道了“是什么”，却不知道“为什么”，更不知道自己有没有学会，是怎样学会的。显然这样的教学，学生获得的不是活的有生命力的知识，而且“得而复失”的危险是明显存在的。因此本课题的教学，我从自己的学生实际出发重组教学内容。教学的目标定位在使自己的学生通过课题的学习，在保证达到基本要求的基础上，使得每个学生能最大限度地发挥自己的学习潜能，达到自己的最大发展。

在教学本课题前，补充了学习关于“比例线段”的一些基础知识和“平行线等分线段定理”，为学习“平行线分线段成比例定理”奠定基础知识。

教学的实施过程表明，绝大多数学生达到了“知其然”，并“知其所以然”的效果，而且感受了“无理数”、“极限”思想的渗透以及数学知识之间微妙深邃的联系，享受了探索、创造的快乐与满足！

案例 10　菱形（第二课时，习题课）

［**教学目标**］

1. 在自主探索的基础上，通过合作交流，体验“化归”的思想方法，积累解“开放性命题”的经验，发展思维能力，培养积极的学习情感。

2. 在问题解决的过程中，深化对菱形的性质和判定定理的理解，体悟其应用价值，提高解题能力。

［**教学过程**］

一、回顾菱形的知识结构

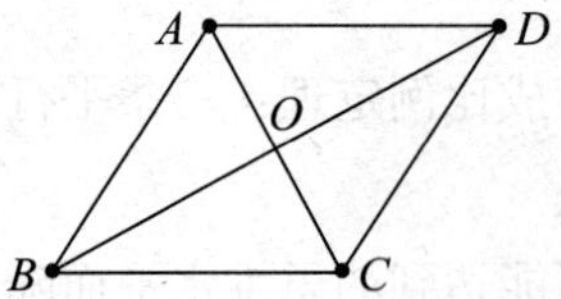

菱形的定义：

$\square ABCD$，$AB=BC$ （判定）⇌（性质） 菱形 $ABCD$

↓　　　　↓

性质定理 ——互逆—— 判定定理

性质定理	判定定理
1. 菱形的四条边都相等。	1. 四边相等的四边形是菱形。
2. 菱形的两条对角线互相垂直，并且每一条对角线平分一组对角。	2. 对角线互相垂直的平行四边形是菱形。

二、解题研究

题组一：

1. 如图 6-32，菱形 $ABCD$ 中，O 是两条对角线的交点，$AB=5$ cm，$AO=4$ cm. 求 AC、BD 的长和菱形的周长。

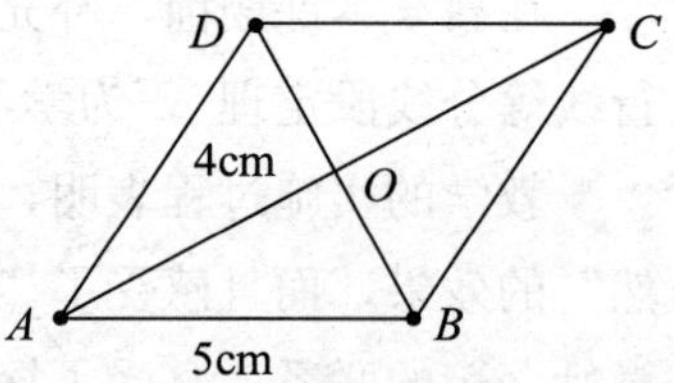

图 6-32

分析：(1) 如何应用已知条件求 AC、BD 的长？——应用菱形对角线性质和勾股定理可求。

(2) 如何求菱形周长？——运用菱形四条边都相等的性质可求。

∵ AC、BD 互相平分，

∴　$AC=2AO=2\times4=8$（cm）。

在 Rt$\triangle AOB$ 中，$BO=\sqrt{AB^2-AO^2}=\sqrt{5^2-4^2}=3$（cm），

∴　$BD=2BO=6$（cm）。

∵　$AB=BC=CD=DA$，∴　菱形 $ABCD$ 的周长$=4\times5=20$（cm）。

2. 变式与拓展研究：

（1）将原题中 $AO=4$ cm 改为$\angle BAD=60°$，其他条件不变，求菱形对角线 AC、BD 的长和菱形的面积（见图 6-33）。

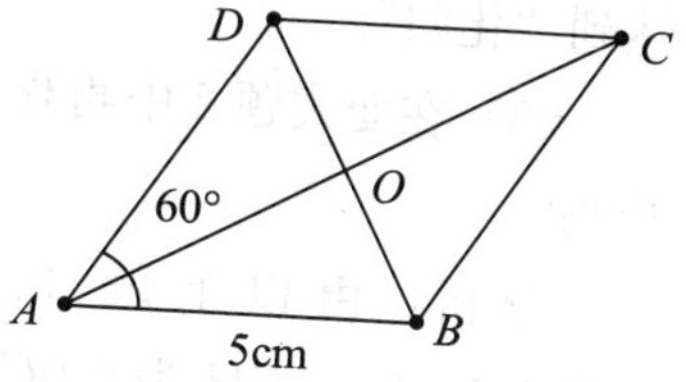

图 6-33

思路分析：

如何求 AC、BD 的长？

由题设推出等边$\triangle ABD$，则 $BD=AB=5$ cm，由菱形对角线性质知 AO 为等边$\triangle ABD$ 的高，故 $AO=\frac{5}{2}\sqrt{3}$ cm，进而求得 $AC=2AO=5\sqrt{3}$ cm。

条件$\angle BAD=60°$，是原题中 $AO=4$ cm 变换来的，显然由菱形 $ABCD$，$\angle BAD=60°$可得等边$\triangle ABD$，进而求得其高 AO。求得 AO 的长，就是原来的问题了。这就是数学中的"化归"思想，将新问题转化为已解决的问题。

如何求菱形 $ABCD$ 的面积？

思路一：运用平行四边形面积公式，及 $S_{菱形ABCD}=BC\cdot h_{BC}$。

思路二：由菱形四边相等和对角线互相垂直平分的特殊性质可得：

$$\left.\begin{array}{l} S_{菱形ABCD}=2S_{三角形ABD}=2\times\frac{1}{2}BD\cdot AO \\ 或 \\ S_{菱形ABCD}=2S_{三角形ADC}=2\times\frac{1}{2}AC\cdot DO \end{array}\right\}\rightarrow S_{菱形ABCD}=\frac{1}{2}BD\cdot AC。$$

这样，菱形有其求面积的特殊公式，即"菱形面积等于它的两条对角线之积的一半"。

（2）将原题中 $AB=5$ cm 改为$AC=5$ cm，$AO=4$ cm 改为 AH 垂直平分 BC 于点 H，求菱形各个角的度数、周长和面积（见图 6-34）。

五、转化迁移，发展学力

在学生形成了科学的知识结构、建立了合理的认知结构、发展了良好的个性结构的基础上，激发新的学习热情，增强自学能力，向新的学习层面迁移，开展新的学习活动。

培养、发展人的发展性学力是教育改革的一个主题，也是深化改革的一个重要突破口。思想政治课教学不仅要使学生“接受”、“适应”已有的和既定的一切，也要使他们具有改造和发展现存社会、自我的能力。弘扬和培植学生的主体性，在教育教学活动中突出学生的主体地位，强调教学民主，强调自我激励，强调学会学习，将使学生获益终身。

（张玲，女，江苏省南通市启秀中学政治教师，中学高级教师，心理咨询师。南通市骨干教师，南通市“226高层次人才培养工程”中青年科学技术带头人，南通名师第二梯队培养对象，江苏省教育科学“十一五”规划课题“学生学力发展与课堂教学创新”课题组成员。曾获江苏省政治优质课评比一等奖。）

案例2　北方民族大融合

江苏省南通市启秀中学　祁金莉

[教学目标]

1. 通过了解南北朝时期我国民族大融合的基本史实，掌握十六国以后北方地区民族融合的趋势和北魏孝文帝改革的措施。

2. 通过学习和思考本课所叙述的民族大融合的进程，培养学生正确的民族观念。

3. 通过引导探究、自主建构、互助合作，强化学生感知历史的学习体验，培养历史学习的兴趣、能力。

4. 通过对身边历史现象的归纳，加深对中国历史和中国文化的认同感。

［**教学重点**］

北魏孝文帝改革的措施。

［**教学难点**］

民族大融合的含义。

［**教学过程设计**］

一、播放视频，引导学生发现问题，感受中华民族形成的历史过程

活动 1　播放歌曲《爱我中华》的视频，展示现在的 56 个民族，引导学生发现问题：为什么历史上有些少数民族不在其中？

活动 2　提问：看到标题“北方民族大融合”，你想到了哪些知识？

设计思考

1. 激发学生学习历史的兴趣，是初中历史教学的基本任务，是新课程强调的重点。从学生熟知的民族知识入手，创设历史教学情境，激发对陌生的历史概念“民族大融合”的探究欲望。

2. 通过引导学生比较发现，中华民族的形成是一个复杂的历史过程，民族融合是重要方式，初步建立起对民族融合这一历史概念的理解。

二、十六国以来的民族融合趋势

活动 1　出示《内迁少数民族分布图》，引导学生回忆前面所学的北方少数民族迁入中原的情况，指导阅读教材，思考：“少数民族进入中原后，对中原地区的生产生活有什么影响？”

指导学生阅读课本，找到答案。

活动 2　教师引导，以多媒体展示图片，学生观察、比较、判断、归纳，感知东汉以来北方少数民族和汉族人民共同生活，相互影响，在衣、食等生活方面的变化。

多媒体展示“北魏骑马俑”、裤褶服，比较北方少数民族与汉族服装的区别；展示“穿裤褶服的南朝乐队”、“穿汉族服装的少数民族”，推断民族之间服饰的相互交融，相互接纳；展示采桑图、烙饼图，少数民族过上农耕生活，农产品成为主要食物，汉族人也接受北方的食物；展示汉人席地而坐的场景和马扎、方凳、圆凳图，推断汉族人接受少数民族的就座方式。

活动 3　提出问题：你怎么理解民族融合？

设计思考

正确的示范动作让学生形成正确的动作表象，激发学生的求知欲。教师引导，学生讨论，探讨新知，给学生留下深刻的印象，培养学生的语言表达能力。两人一组的互踢练习，使学生亲自体验动作，领悟重点与细节。由理论到实践，让学生感受到获得成功的喜悦。

四、拓展性学练（“保龄球”游戏）

活动 1 “想一想”

师生共同交流讨论保龄球运动的方法。

活动 2 模拟保龄球的踢球游戏

（教师讲解示范→学生分组学练→教师巡视，个别辅导，加油鼓励→学生代表展示→师生总结）

要点：踢球“准”——击球部位控制。

踢球“狠”（有力）——摆动腿的积极摆动。

要求：学生在游戏中思考（球瓶如何摆、怎样才能踢倒更多的球瓶）。

组织队形（男女生各四组）：

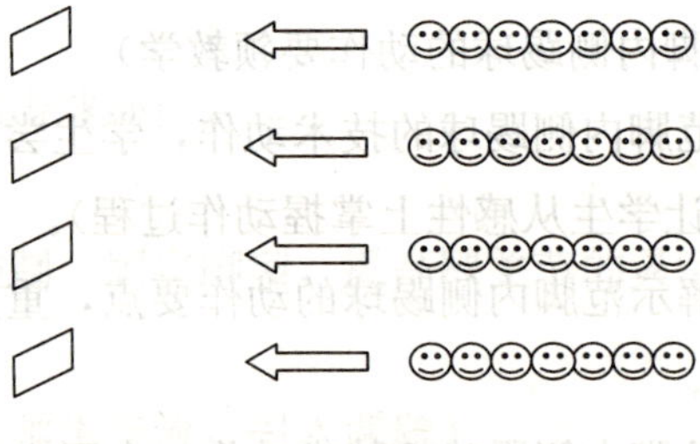

设计意图

进一步创设情境，引导学生体验技术动作。学生在游戏中感悟大小腿的摆动对提高出球力度的重要作用。通过游戏，开发学生的思维，促进学生学力的发展。

五、分组探究，总结经验（创设情境，巩固技术，探索控制出球方向的主要因素）

“点球大战”。

活动 1 教师讲解示范“点球大战”的方法，引导学生思考：“如何控制踢出球的方向？”

活动 2　学生分组进行“点球”练习（男女生各四组）。

（学生独立体验研究动作后，全班交流，总结：支撑脚的选位和击球部位是控制出球方向的重要因素，需提高踢球脚踝关节的灵活性。）

组织队形：

设计思考

让学生在问题中学练，有利于激发学生的兴趣，诱导学生进行积极的思维，从而使教学过程成为学生实践、探索、建构的过程。

六、发展体能，增智激趣（投篮接力赛）

活动 1　“听一听”。

学生认真听“投篮接力赛”的方法，教师诱导有潜力学生拓展延伸（头或脚的不同部位踢球）。

活动 2　学生有序进行“投篮接力赛”，体验脚内侧踢空中球的技术，尝试其他部位的踢球（依据本人的能力），培养学生自主学练的能力。

组织队形：

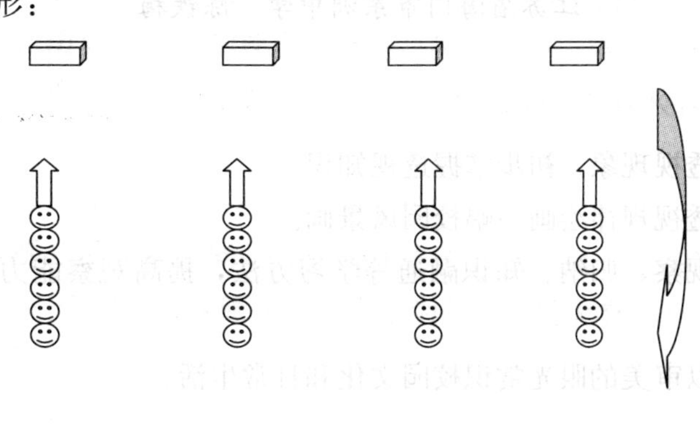

生：应该让它静止在水平位置。

师：很好，请同学回忆一下前面我们学到物体处于平衡状态，是指哪两种情况？

生：静止或匀速直线运动。

师：那么杠杆平衡，依你的理解是指处于什么状态呢？

生：杠杆处于静止状态或绕支点匀速转动。

师：很好，同学们自己找到了杠杆平衡的定义。

板书：什么是杠杆平衡？是指杠杆处于静止状态（或缓慢匀速转动）。

二、创设情境，分解难点

师：初中阶段，杠杆平衡主要研究杠杆处于静止状态。杠杆平衡处于静止状态应满足什么条件呢？思考一下：肯定与哪些物理量有关？

生：与动力、动力臂、阻力、阻力臂有关。

师：对了，它们之间有什么样的具体关系呢？

(学生茫然，教师寻找学生的知识生长点。)

师：小时候都坐过跷跷板，如图 7-2 所示。

图 7-2

若小明想把爸爸翘到水平位置平衡，有什么办法？

生：小明远离支点向后移或者爸爸向支点靠近。

师：这里改变了什么？

生：力臂。

师：若瘦小的妈妈代替爸爸，妈妈坐的地方应比爸爸力臂长还是短？

生：长。

师：从这里你发现，使跷跷板平衡在水平位置，力大时对应的力臂应该……

生：小一点。

师：力小时，对应的力臂应该……

生：大一点。

三、设计实验，探究规律

师：力与力臂之间它们有怎样定量关系？同学们自己猜猜看，等会我们就要通过实验来探究证实它。

师：每个桌上都有一根杠杆（图 7-3），实验前，我们应调节两端平衡螺母，使杠杆平衡在水平位置，为什么？

图 7-3

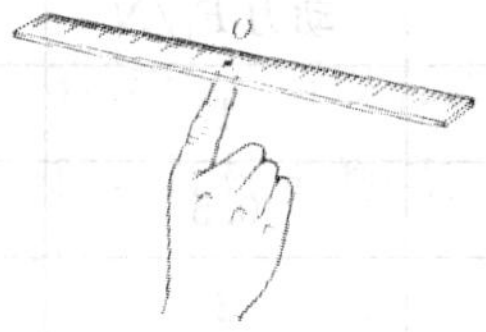

图 7-4

生：可以不计杠杆自重。

师：不妨请同学拿出笔或直尺搁在两只手指上，向中间移，可寻找到它们的重心，然后用一手指可支起它平衡在水平位置，如图 7-4 所示。

现在调节杠杆平衡在水平位置，杠杆重力实际就通过悬挂的支点，所以这个力臂为 0，不用考虑重力。

师：实验时，我们用什么力当作动力、阻力呢？

生 1：分别可以两端挂钩码，

生 2：一端挂钩码，另一端用弹簧测力计向下拉。

师：这两种情况动力与阻力在支点的两侧，能否使动力和阻力在支点的同侧？

生 3：能。可以用弹簧测力计在挂钩码的同侧，向上拉杠杆（如图 7-5）。

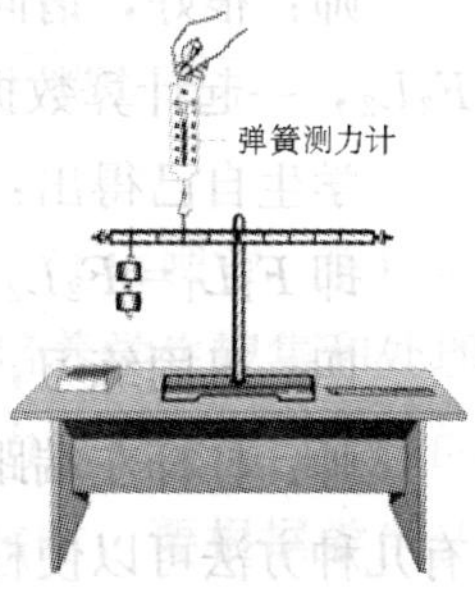

图 7-5

师：很好。每次实验，改变钩码数或移动力的位置，都应使杠杆再次平衡在水平位置上，这样做，目的是什么？

生：便于直接测出力臂大小（杠杆上有刻度）。

师：在实验前，请同学先设计收集测量数据表格。

生：设计表格，请一同学上黑板。

师：开始动手做实验，改变钩码数，测多组数据。动力可以挂钩码，也可以用弹簧测力计竖直向下拉，或竖直向上拉，都试试看。哪组做得最快的，将数据首先填到表格中。

燥乏味的，不是强加给他的，而是真实鲜活的、亲身感觉到的，真正领悟所学物理知识“理”的魅力所在。比如，怎么强调“力臂”是支点到力的作用线的垂直距离而不是一般的长度？可以创设情境，在铁架台上支起一杠杆，一端挂钩码，另一端用弹簧测力计拉，竖直向下拉，再斜着拉，分别使杠杆静止在水平位置，比较两次弹簧测力计的示数，发现斜着拉时读数比较大，从而又强调这里力臂的距离不是点到点的距离，而是支点到力的作用线的距离，让学生对所学物理知识融会贯通。

2. 说理

语言是思维的工具，课堂上可以通过教师预设的问题，不断追问，像苏格拉底的“产婆术”，启发学生积极思维。在师生对话互动交流中，揭示物理思维的过程，将学生心灵中的智慧不断引出、不断发展、不断生成，悟出真知真理；培养学生学习物理的科学性原则，懂得凡事应讲事实，摆道理，而不是凭空乱猜瞎说、凭空想当然下结论，真正提高学生解决问题的分析判断、推理归纳、综合评价能力。比如在探究杠杆平衡条件时，设置这样的对话分析情景：

师：杠杆平衡处于静止状态应满足什么条件呢？思考一下：肯定与哪些物理量有关？

生：与动力、动力臂、阻力、阻力臂有关。

师：对了，它们之间有什么样的具体关系呢？

(学生茫然，教师寻找学生的知识生长点。)

师：小时候都坐过跷跷板，若小明想把爸爸翘到水平位置平衡，有什么办法？

生：小明远离支点向后移或者爸爸向支点靠近。

师：这里改变了什么？

生：力臂。

师：若瘦小的妈妈代替爸爸，妈妈坐的地方应比爸爸力臂长还是短？

生：长。

师：从这里你发现，使跷跷板平衡在水平位置，力大时对应的力臂应该……

生：小一点。

师：力小时，对应的力臂应该……

生：大一点。

师：力与力臂之间它们有怎样定量关系？同学们自己猜猜看……

现在要证实同学们的猜想，怎样设计实验呢？我们教师可以再次设计问题，引导学生明晰实验方案。

在学生明了实验方案后，让他们亲自实验，收集测量数据填入表格。如下表：

实验次数	动力 F_1/N	动力臂/cm	阻力 F_2/N	阻力臂/cm
1	1	10	0.5	20
2	0.5	20	0.5	20
3	2	20	4	10
4	0.3	15	0.5	9

在尊重实验事实的基础上，教师再组织学生处理数据，交流评价。

师：大家通过实验，已经各自收集到数据，现在你将怎样处理数据，从中你发现了什么？

生：因为前面分析中已经知道力大时力臂小，我就试着把收集到的数据动力×动力臂，阻力×阻力臂，发现它们的乘积正好相等。

师：很好，请同学把自己设计的表格根据需要，再增添两列 F_1L_1 与 F_2L_2，一起计算数据。

学生自己得出：杠杆平衡条件，动力×动力臂=阻力×阻力臂，

即 $F_1L_1=F_2L_2$。

学生在经历探究活动过程中，探究的思维程序及其各要素得到很好的培养，逐步领悟物理学习的过程与方法。

3. 论理

学生学完新的物理概念、定律后，还要进一步学会运用它解决具体问题，学会评判自己解决问题的方法、思路是否正确，有何理论依据，尝试把自己做出来的过程用语言表达出来。这就要求我们教师教会学生养成感悟、

附录

专家点评李庾南自学·议论·引导教学法

李庾南老师带领的团队长期进行的实验，是一项成功的教育教学改革。这项改革在实践层面上有三点尤为可贵。一是始终坚持聚焦学生的宗旨。自学·议论·引导教学法以发挥学生主体性为根本，既把学习的主动权赋予学生，又循循善诱地引导学生学会学习、善于学习；从“自学能力培养”到“彰显学生的个性”，都是以促进学生全面发展作为改革的落脚点和归宿。二是始终坚持实践第一的原则。李庾南老师改革的动机来自实践，她是在共和国教育获得新生的岁月深切感受到来自广大学生、教师和社会各界人士变革基础教育现状的强烈呼声而萌发变革中学数学教学现状的冲动的。她用心指导改革的观念既有来自新时期改革开放的社会大潮中涌现的生机勃发的思想观念，又有她从包括自己和身边优秀教师在内的广大教育工作者契合教育规律，富有实际成效的教学经验中总结提炼的教育思想精华。她带领的团队实验改革的方案更是在长期的教学实践中酝酿产生、不断丰富，并不断试验、提高、完善的。三是始终坚持与时俱进的精神。……三十余年，李庾南老师和她带领的团队坚持自学·议论·引导教学法，但从来不将其视为一成不变的固定模式，而是在不断发展的现代教育思想引领下，且行且思，且思且行，不断优化教学模式，深入发展新的教学模式，教学过程不断完善，教学智慧不断丰富，教学绩效不断彰显，研究成果不断涌现。李庾南老师带领的团队开展的这项教学改革，既具有鲜明的校本研究的特点，又契合课程改革的时代要求，彰显了优秀改革成果的实践品格和创新精神。

……

李庾南老师半个多世纪教师生涯展示的情怀有三点感人至深：一是敬业爱生的职业操守，二是鞠躬尽瘁的精神境界，三是追求卓越的品格风范。正是因为具有了这样的精神和情怀，李庾南老师才成为一位深受学生爱戴并受到社会各界尊敬的人民教师，成为一位成就卓越的教育家。

——王　湛（教育部原副部长）

李老师的自学·议论·引导教学法研究了学生自学能力的内涵、发展规律和培养学生自学能力的层次序列。它着眼于变机械地沿袭凯洛夫的课堂教学环节为“自学”、“议论”、“引导”三个基本环节，并灵活运用于教学全过程；变单向传输的教学模式为生动活泼的个人学习、小组学习、全班学习三结合的教学形式；变照本宣科为从学生和大纲实际出发重组教学内容；变只重知识、技能的“学会”为让学生“会学”。这一研究，更好地体现了数学教学以培养和发展学生的自学能力为核心的基本要求，因而符合当今时代潮流，具有一定的现实意义。

——朱小蔓（北京师范大学教授、博士生导师，
中国教育学会副会长）

李庚南老师只是神交，未曾晤面，但知道她年届古稀，仍然以一位普通教师的身份在教数学，做班主任，一身兼二任，实现两个“半百”（50 年），这样的情形在我个人的视野或交往范围内“尚付阙如”，而就我所知，则堪称“绝无仅有”。只要这两个“半百”，而不需要其他任何信息，我们就能认定她是一位优秀的乃至杰出、乃至卓越的教育工作者，保守一点说，是一位教育家级的教师，所以对她我是心存敬意的。

——朱永新（全国政协副秘书长，民进中央副主席，
中国教育学会副会长）

李庚南老师首创自学·议论·引导教学法。她执着于教学的探索与变革，而对于课程改革，似乎涉猎不深，专门论述也不多。但我们不应忽视她及其教学法的课改价值与贡献。她的教学法三元素与新课程倡导的自主学习、合作学习、探究学习的精神不谋而合，她对于初中数学教育的思考与实践也和“四基”理念——基础知识、基本技能、基本思想、基本活动经验等也高度契合。完全可以说，数学课改是汲取了她与像她一样优秀教师丰富实

后 记

还在正月中，已是阳历三月时，乍暖还寒之际，本书责编嘱我写一篇后记。我原先不曾有这样的考虑，倒不是因为无话可说，恰恰相反，有太多的话语要说，有太多的感谢要表达，而不管怎么写，写到怎样的程度，都只能挂一漏万——写书不易，写后记也难。我决计还是写点什么，不到之处敬请给予我很多支持和呵护的各位领导、友朋以及广大读者海涵、教正。

我想表达这样几层意思：

第一，这本书是我（和团队）三十余年心血所凝，不管水平或品质怎样，我都有一种敝帚自珍的内在情愫。1978 年，那是一个百废待兴、百业待举的年头，我开始了自学·议论·引导教学的探索历程，从那时到现在，整整 35 年，我矢志不渝，一以贯之，其间经历了八个课题研究阶段，尽管课题名称不同，研究的具体因素也有异，但都紧紧锁定“自学”、“议论”、“引导”三个关键词。这其实也是我个人的教学主张、思想的内核和灵魂所在，是个人教学实践、探索特征的写照，或者说，是对个人“教学性格”的诠释与彰显。我想，如果没有对这三个关键词及其所代表的思想不离不弃的坚持与恪守，我也许也会有所成绩，但肯定不能像今天这样，走得如此坚定、稳健和久远。在此前和今后的基础教育领域里，有过并将不断产生许多比我的所思、所行、所获更大也更好的实践范型和理论成果，但就这种立根不移的坚守精神而言，我则抱有足够的自信。倘若说我个人对中国基础教育，对一代代学子尚有一些微不足道的贡献，我以为，这种精神就是最大的贡献因素所在，也是自我最大的精神财富所在。

第二，对于自己从事了五十余年的教育事业，对于自己探索了三十余年的教学法，我确实一直在坚守着，但只有坚守还不够，我以为，对它的痴情迷恋，对它的乐此不疲，也（更）是一种非常重要的力量源泉。拥有了这种源泉，才能不为外物所动，自得其乐；才有可能享受教育，感受它的幸福与魅力。说到享受，说到幸福，很容易让人感到“作秀”，认作矫情，但对于我，对于我们这一代教育工作者中的许多人来说，这是最真诚不过的心灵感受、肺腑之言。我曾把自己的教育生涯分为三种境界——职业境界、事业境界和生命境界：处于职业境界时，确有“为稻粱谋”的功利考虑；处于事业境界时，更多的是一种甘愿坚守的责任感和使命感；而处于生命境界时，人与工作、教与学或师与生便浑然一体，难分彼此……说自己已经处于“生命境界”之中，或许有自夸之嫌，但至少，这种境界是我乐于达到、心向往之的，我愿意在这种境界里，或者说，在对这种境界的追求中，度过“夕阳无限好”的晚年时光。

第三，也因此，我把进一步深化与升华多年来持之以恒探索、研究、建构与发展起来的教学法当作自我生命存在、生命成长、生命圆满的一项非常重要的事情。作为一名实际工作者，我的使命是上好课，教好学生；我的生命属于实践，属于教育教学田野。按照常人的理解，我有理由满足、满意于对自我实践经验的已有总结，对自我实践智慧的已有提炼，过去为此发表过一些论文，出版过若干专著，使自学·议论·引导教学法得以往外传播，向远辐射，在更多的学校里，在更大的区域范围内，产生了较大的“教育生产力”。但我又常常不满足，这似乎与职业满意度无关，与事业成就感也没有密切联系。后来我终于悟到，原来是自我教育生命的一种欠缺感、不圆满感。那么，我用什么来使教育生命更加饱满、更趋圆满呢？我想，必须让自创的教学法基于经验而又超越经验，更加富有理性智慧，更能向数学教学乃至教书育人之规律的深处靠拢、逼近，于是，我尝试再写一本书，在力所能及的范围内实现思维与表达方式的改变、转换，并站到一个更高的视点上，解读、阐释与发展自己的教学范式、思维乃至教育思想。不知道呈现在读者面前的这本书是否让你感觉到我所说的这种“生命感”，特别是读过我多本著作的读者，是否觉得比从前相对圆满一些的“生命感”？“如鱼饮水，冷暖自知”，作为所有历程亲历亲为者的我，作为本书作者的我，却是感觉到了，也希望能与你分享。

第四，本义上的生命属于个体，而作为一种事业的教育，其生命却为志同道合者所共有。如果说，自学·议论·引导教学法也有生命的话，那么，它的生命根植于我和团队全体老师的生命之中；不仅如此，也离不开许许多多关心与栽培它的人。是大家给了它良好而又丰富的"营养基"，是大家向它吹来源源不断、新鲜馥郁的生命芳香，使它得以蓬勃生长、和谐发展。江苏省教科院副院长杨九俊是"擦亮"这一生命的人，在他的提议之下，我开始了长达一年多的写作征程；南通市教育局局长郭毅浩、副局长王笑君以及师资处处长余宙，是"催生"这一生命的人，他们在繁忙的行政事务中经常过问进展情况，提供强大"后援"；而本市教育战线两代资深专家则倾情襄助，也给了它丰盈的底气，如原南通教育学院院长、市教育局副局长朱培元，市教科研中心副主任冯卫东等等，大到全书架构，小到具体行文，他们都跟我一起谋划，精心润饰，共同修改；上海市教科院的顾泠沅教授则在繁忙的研究工作中拨冗赐序，这个序在很多方面发表了高屋建瓴、深具价值的见解与指导意见，于无形中提升了本书的学术品位；还有人民教育出版社的刘立德、诸惠芳、田载今、冯卫斌等老师。如此之人是何其多也，而我五十余年教育生命"生于斯，长于斯"的启秀中学，历任校长、诸多同事都是这样的人，在此愧不能一一道及，而我对他们的内心所感，却与前面所表达的对各位领导、专家的感激、感谢之情是完全一样的。大家"玉成"了我，也"玉成"了必定有不少瑕疵而又在一定意义上成就了我、我的引学教学论著作；并在一定程度上综合了自我"生命感"的这本著作。涌泉之恩我只能以滴水相报，在此向大家——我生命中的所有"贵人"们诚挚地道一声：谢谢！

我已经过了"从心所欲不逾矩"的古稀之年，现在还说自己在"长大"，也不怕别人暗笑，但又喜欢"成长"、"长大"等一些字眼儿。几年之前，在我的一堂大型公开课后，一位专家说："似乎又听到了李老师清脆的拔节声"，还说，要"像李老师一样终身成长"。"终身成长"是一幅多么美丽的生命画面，它也是我孜孜以求的一种生命愿景，对此我想说的是：我愿意，我能够，我努力！

李庾南

于2013年早春